Fehler im Griff

Martin Sauerland

Fehler im Griff

Fehlleistungen begreifen. Fehlertypen
unterscheiden. Fehlerursachen vermeiden.

 Springer

Martin Sauerland
Management & Recht
HS für öffentliche Verwaltung
Waldeck, Hessen, Deutschland

ISBN 978-3-662-68471-9   ISBN 978-3-662-68472-6   (eBook)
https://doi.org/10.1007/978-3-662-68472-6

Die Deutsche Nationalbibliothek verzeichnet diese Publikation in der Deutschen Nationalbibliografie; detaillierte bibliografische Daten sind im Internet über https://portal.dnb.de abrufbar.

Planung/Lektorat: Marion Kraemer
Springer ist ein Imprint der eingetragenen Gesellschaft Springer-Verlag GmbH, DE und ist ein Teil von Springer Nature.
Die Anschrift der Gesellschaft ist: Heidelberger Platz 3, 14197 Berlin, Germany

Das Papier dieses Produkts ist recyclebar.

Inhaltsverzeichnis

Die neuen alten Fehlerfaktoren

Wer das erste Knopfloch verfehlt,
kommt mit dem Zuknöpfen nicht zu Rande.

(Johann Wolfgang von Goethe (2013), Maximen und
Reflexionen, Aphorismen und Aufzeichnungen.
Nachlass; u. a. Hecker, 1907. Dem kann entgegnet
werden: Zum Glück gibt es Reißverschlüsse.)

1.1   Fehlende Fragmente der Fehlerforschung

Die Originalvorlage im Kopiergerät liegen lassen, eine E-Mail ohne den erforderlichen Anhang versenden, im neuen Jahr einen Termin mit dem Datum des vergangenen Jahres vorschlagen, eine vertrauliche Nachricht falsch adressieren, eine Rechnung über 17.683 € statt über 17.863 € ausstellen, das falsche Material bestellen, eine Stelle mit einer inkompetenten Person besetzen oder einfach mal wieder ein Passwort vergessen – menschliche Fehlleistungen sind auch bei administrativen Tätigkeiten ubiquitär und omnipräsent (vgl. auch Abb. 1.1). Kennen Sie solche perfiden Heimsuchungen? – vom Hörensagen aus dem Kollegenkreis, meine ich natürlich!

Fehlleistungen sind ärgerlich; falls sie offenkundig werden, auch peinlich; sie erfordern mindestens einen Korrekturaufwand, können jedoch auch erheblichen ökonomischen

M. Sauerland, *Fehler im Griff*, https://doi.org/10.1007/978-3-662-68472-6_1

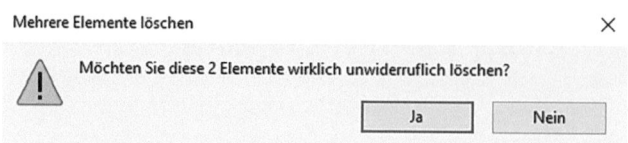

Abb. 1.1 Ein häufiger Fehler: trotz warnendem Dialogfeld wichtige Dateien endgültig löschen. Klassische, erwartbare Warnungen können ihr Ziel verfehlen, weil eine initiierte Aktion routiniert zu Ende geführt werden soll und der Handlungsfokus auch nicht auf dem Inhalt liegt, der verloren gehen könnte. Hier sind Fehler gewissermaßen vorprogrammiert. Gehören Sie auch zu den Menschen, die sich gelegentlich über die Existenz von Papierkorbinhalten freuen?

Schaden verursachen[1] oder sogar Menschenleben kosten.[2] Aus diesen Gründen wurden menschliche Fehlleistungen bereits intensiv erforscht. Die Forschung konzentrierte sich dabei zumeist auf industrielle Katastrophenereignisse *(z. B. Reaktorunfälle wie in Tschernobyl oder in Three Mile Island, Unfälle in Chemiewerken wie in Bhopal, Fähr- und Tankerunglücke wie die der Herald of Free Enterprise in Zeebrügge oder der Exxon Valdez)*, aber auch Flugzeugabstürze, Zugunglücke, Straßenverkehrsunfälle, Brände sowie Diagnose- und Behandlungsfehler im klinischen Umfeld wurden detailliert untersucht.[3] **Bei administrativen Tätigkeiten hingegen ist ein Forschungsdefizit zu verzeichnen,** obwohl auch bei der Büroarbeit durchschnittlich 10 % der Arbeitszeit auf die Korrektur von Fehlern entfallen.[4] Einer unserer Interviewpartner schilderte beispielsweise den Fall eines Asylbewerbers, welcher in ein falsches Herkunftsland abgeschoben wurde – ein Fehler, der einen erheblichen Arbeitsaufwand nach sich zog und beträchtlichen monetären Schaden verursachte. Im Rahmen einer von uns durchgeführten Untersuchung gaben 46 % der befragten Beschäftigten verschiedener Organisationen an, dass ihnen im Rahmen ihrer Arbeitstätigkeit im zurückliegenden Jahr *3- bis 5-mal* ein *nicht trivialer* Fehler unterlaufen ist. Frese schätzt die Kosten für die Korrektur solcher Fehler in einer Organisation mit ca. 1000 Mitarbeitern auf über 4 Mio. € pro Jahr.[5] Findet man denn wirklich

---

[1] Am 05.10.2021 fielen weltweit die prominentesten Dienste der *Meta AG* aus (darunter die Plattformen Facebook, Instagram und WhatsApp). Der Schaden wurde auf 7 Mrd. USD beziffert (gemessen am Wertverlust des Unternehmens laut Bloomberg). Die Ursache war laut *Meta* ein interner Konfigurationsfehler [https://www.bloomberg.com/news/articles/2021-10-04/zuckerberg-loses-7-billion-in-hours-as-facebook-plunges]. Der monetäre Schaden, der Unternehmen durch fehlerhafte Produkte entsteht, lässt sich auch bei der Durchsicht so mancher Produktrückrufaktionen erahnen: https://www.produktrueckrufe.de/.

[2] Beispiele finden sich in Kap. 2. In der Europäischen Union werden die arbeitsbedingten Unfälle mit Todesfolge auf ca. 5000 Menschenleben jährlich beziffert. Der volkswirtschaftliche Schaden beläuft sich allein dadurch auf bis zu 3 % des Bruttoinlandsprodukts [(OSHA; 2002, https://www.osha.gov/data/commonstats)].

[3] Vgl. z. B. Badke-Schaub et al. (2011); Norman (2013); Reason (1991).

[4] Vgl. Brodbeck et al. (1993); Frese (1998).

[5] Frese et al. (1991), Abruf: 2022.

keine sinnvolle Verwendung für das Geld? Am Ende müsste man sonst auf die Frage, was man beruflich denn so macht, auch noch antworten: „Hauptsächlich Fehler."

Häufig können Ursachen für Fehlleistungen ausfindig gemacht werden, die *prima facie* auf die beteiligten Akteure zurückzuführen sind: So haben Mitarbeitende z. B. *etwas übersehen, etwas verwechselt, etwas vergessen* oder *etwas nicht bedacht*.[6] Gleichwohl wurde auch deutlich, dass ein Fehler selten monokausal dem menschlichen Faktor oder gar einer „Unfallpersönlichkeit" zuzuschreiben ist.[7] Menschliche Fehlleistungen sind demnach oft weniger die *ultimate Ursache* von Misserfolgen und Schäden, sondern vielmehr ein *proximates Symptom* eines widrig gestalteten Arbeitskontextes.[8] So gibt es häufig einen *systemimmanenten* Grund dafür, warum eine Person abgelenkt oder übermüdet ist und deshalb beispielsweise ein Signal übersieht: z. B. tätigkeitsbedingte Unterbrechungen oder monoton gestaltete Arbeitsabläufe. Ebenso kann es *strukturelle* Gründe dafür geben, warum eine Person überlastet ist und deshalb beispielsweise Termine vergisst: z. B. Personalmangel, Zeitdruck oder fehlende Einarbeitung.[9] Fehler und daraus erwachsene Unfälle sind genuin interaktiver und verketteter Natur.[10] Ein Beispiel:

1. Eine *übermüdete Person* steigt in ihr Auto,
2. aufgrund (a) *widriger Wetterverhältnisse* funktionieren (b) dessen *Fahrerassistenzsysteme* nur *eingeschränkt;*
3. die Person wird sodann während der Fahrt von einer *eingehenden Message* auf dem Smartphone abgelenkt,
4. während sie das Fahrzeug (a) aufgrund *hohen Termindrucks* seitens des Arbeitgebers *zu schnell* (b) in eine
   sehr *enge Baustellenpassage* steuern muss –
   … es kommt zum Unfall.
   Die Baustelle überlebt.

Die bisherige Fehlerforschung hat zu außerordentlich detaillierten und ergiebigen Erkenntnissen geführt. Sie war hinsichtlich einer fehlerpräventiven Systemgestaltung enorm fruchtbar und hat überdies – wie wir in den nachfolgenden Kapiteln noch sehen werden – tiefe Einsichten in die menschliche Psyche gewährt. Allerdings hat sie bislang wenig dazu beigetragen, dass ein Individuum *sich selbst* proaktiv in die Lage versetzen könnte, im eigenen Verantwortungsbereich unter den gegebenen Umständen Fehler zu vermeiden.

---

[6] Vgl. z. B. Giesa und Timpe (2000): bis zu 70 % der Unfälle lassen sich auf menschliches Versagen zurückführen.

[7] Vgl. Hoyos (1980); Wehner et al. (2010).

[8] Norman (2013).

[9] Dies lässt sich empirisch belegen, wie Studien zur Wirkung von Unterbrechungen und Ablenkungen von Altmann et al. (2014) und Smith et al. (2007) zeigen. Auch in unseren eigenen Untersuchungen werden Faktoren wie Ablenkung, Zeitdruck und Stress häufig als Fehlerquellen benannt.

[10] Vgl. z. B. das Schweizer-Käse-Modell von Reason (1991).

Abb. 1.2 Die *persönliche* Risikoneigung lässt sich als Ursache für die Unfallentstehung nicht vollkommen leugnen.[11] Bekanntlich könnte nur Chuck Norris mit solchen Geschwindigkeiten sicher umgehen

Die im Allgemeinen durchaus berechtigte Attribution von begangenen Fehlern auf suboptimale Systembedingungen hat als Nebeneffekt auch dazu geführt, dass Mitarbeitende und Führungskräfte bezüglich der Entwicklung individueller Kompetenzen zur Fehlerprävention aus dem Fokus gerieten. Einzelne Beschäftigte können häufig jedoch nicht mal eben das System ändern. Selbst die Organisation als solche kann nicht ohne Weiteres sämtliche strukturell bedingten Fehlerrisiken, wie z. B. den Fachkräftemangel, eliminieren. Zudem lässt sich der menschliche Faktor bei der Fehlergenese auch nicht vollkommen leugnen; selbst in optimal gestalteten Systemen treten interaktiv immer noch Fehler unter Beteiligung von *individueller Inkompetenz, mangelnder Gewissenhaftigkeit, hoher persönlicher Risikoneigung, träger Bequemlichkeit* oder *motivationaler Gleichgültigkeit* auf (vgl. Abb. 1.2). Wenn ein Glas umkippt und zerbricht, sind zumeist sowohl der ungeschickte Umgang einer Person mit dem Glas als auch eine zu dünne Glaswand verantwortlich – es sein denn, es war zu viel Wein drin, dann war's der Ehepartner.

Es ist sogar denkbar, dass ein Individuum aufgrund hoher Leistungsmotivation widrige Arbeitsbedingungen aktiv auswählt, sich also z. B. selbst ein zu hohes Arbeitspensum unter Zeitdruck mit vielen Unterbrechungen und Multitaskinganforderungen auferlegt und dabei ggf. auch noch unter permanentem Schlafmangel ständig Konflikte lösen muss – so eine Art Bruce Lee der Amtsstube. Sollten sich in einem solchen Fall Fehler häufen, können eben auch nur Interventionsverfahren, die das Individuum selbst in den Blick nehmen, Abhilfe schaffen – wie z. B. die Senkung des völlig überzogenen *persönlichen* Anspruchsniveaus. In diesem Buch wollen wir aus den genannten Gründen folgender

---

[11] Wilde (2006).

Frage nachgehen: **Was kann ein Individuum unter den gegebenen Umständen proaktiv unternehmen, wenn es selbst gewillt ist, bei der beruflichen Aufgabenbearbeitung Fehler zu vermeiden?**

Das Forschungsprogramm zielt somit auch auf die Entwicklung von Strategien ab, die Mitarbeitende und Führungskräfte unter den gegebenen Umständen dazu befähigen und motivieren, Fehler zu vermeiden. Doch ist die *Motivation* für die Fehlerprävention überhaupt von Bedeutung?

Fehler kommen häufig dadurch zustande, dass von bewährten Routinen abgewichen werden muss – wer hat nicht schon einmal vergessen, auf dem Weg von der Arbeit nach Hause noch das Geburtstagsgeschenk für den Lebenspartner zu beschaffen? Dies soll eigentlich eine rhetorische Frage sein, also lassen Sie mich bei der Antwort bitte nicht allein! Es handelt sich jedenfalls um Fehler, welche menschlich, allzu menschlich anmuten und zumeist auf die bekannten und nicht weiter hinterfragten Schwächen unseres „kognitiven Apparates" zurückgeführt werden – wir vergessen eben alle mal etwas, wir lassen uns alle hin und wieder ablenken, wir übersehen und verwechseln ganz natürlich bestimmte Dinge, und wer wollte von sich behaupten, alles zu wissen?! Eine Ausnahme stellt womöglich Ihr Chef dar.

Die tiefer liegenden Ursachen werden dabei jedoch oft übersehen oder eben, wenn etwas tiefer geschürft wird, lediglich auf das widrig gestaltete System zurückgeführt. So wird zumeist nicht weiter gefragt, *warum* sich eine Person in einer bestimmten Situation ablenken lässt, *warum* sie einen Handlungsschritt vergisst oder *warum* sie Abweichungen von einer Routineregel übersieht. Die Ursachen mögen zwar in der Tat in widrig gestalteten Systemumständen liegen, wie z. B. in tätigkeitsbedingten Unterbrechungen. Die *noch* tiefer liegenden Ursachen sind jedoch genuin *motivationaler* Natur. Wer motiviert ist, Stromkosten zu sparen, wird trotz situativer Ablenkung *nicht* vergessen, das Licht im Keller auszuschalten. Wenn der Partner das Wichtigste im Leben einer Person ist, wird diese Person sicher *nicht* vergessen, das Geburtstagsgeschenk auf dem abendlichen Weg von der Arbeit nach Hause noch zu besorgen. Wer hochgradig motiviert ist, etwas Attraktives zu erreichen, läuft *nicht* Gefahr, entsprechende Ziele unklar zu definieren, diese aus dem Blick zu verlieren oder zielführende Handlungsschritte auszulassen. Eine solche Person wird auch proaktiv Vorkehrungen treffen, um bei der ihr wichtigen Aufgabenbearbeitung eben *nicht* ungewollt unterbrochen zu werden. Auch wird diese Person sich intensiv in die möglichen Mittel und Wege der Zielerreichung hineindenken, deren Wirkung ständig prüfen, diese optimieren und einen einmal begangenen Fehler sicher *nicht* wiederholen, sondern mit maximaler Effizienz lernen. So lässt sich sogar empirisch nachweisen, dass fehleraffine Handlungsregeln, wie z. B. solche, die auf sozialen Stereotypen und Vorurteilen beruhen, verschwinden, wenn es einen monetär-motivationalen Anreiz gibt, eine gute Entscheidung zu treffen.[12] Selbst einem der am häufigsten auftretenden und mit intensiven Reuegefühlen einhergehenden Fehler, nämlich zulasten langfristiger Ziele nicht imstande

---

[12] Z. B. Stagnaro et al. (2018).

gewesen zu sein, einer situativen Verlockung zu widerstehen, lässt sich nur mit motivationalen Mitteln auf individueller Steuerungsebene begegnen. Dem leckeren Eis ist an
einem schönen Sommertag mit präzisen Kenntnissen seines kalorischen Gehalts einfach
nicht beizukommen.

Es ist klar erkennbar, dass die bislang prominent im Vordergrund stehenden kognitiven und systembezogenen Modelle der Fehlergenese die zu erklärenden Fehler zu einem
gewissen Grad bloß beschreiben, aber nicht tiefer gehend erklären können. **Die Berücksichtigung motivationaler, d. h. letztlich energetischer Aspekte der Fehlerentstehung
kann daher einen erheblichen Erkenntnisfortschritt mit sich bringen und auch zur Entwicklung wesentlich effektiverer Präventionsmethoden führen, da Aufmerksamkeits-,
Gedächtnis- und Denkleistungen unmittelbar davon gesteuert werden.**[13] **Es bedarf
offenkundig eines ergänzenden _motivationalen_ Modells der Fehlergenese.** Ein solches Modell wollen wir in diesem Buch entwickeln und daraus systematisch innovative
Methoden der Fehlerprävention ableiten, die jeder niedrigschwellig anwenden kann.

1.2   Jeder Fehler zählt

Fehlern liegen zuweilen auch Verhaltensweisen zugrunde, die im Normalfall routiniert
funktionieren und oft sogar belohnt werden; bis zu der einen abweichenden Ausnahme,
in der dasselbe Verhalten plötzlich einen Fehler erzeugt. In der Rückschau allein erscheint
der Fehler dann zwingend und vorhersehbar (s. _hindsight bias_)[14] – so wird er dann in der
Regel auch individuell bestraft oder sanktioniert. Auch risikoreiches Verhalten, wie z. B.
zügig zu einem Geschäftstermin zu fahren, wird in der Regel belohnt, so lange, bis es
eben zu einem Unfall kommt – dann wird dasselbe Verhalten bestraft.

Bestrafungen, Sanktionen, Drohungen und Schuldzuweisungen sind im Dienste einer
nachhaltigen Fehlerbewältigung jedoch wenig zielführend. Fehler werden (im Unterschied
zu Verstößen) nicht absichtlich begangen.[15] Wenn sich nun Vorwürfe zu den ohnehin schon vorhandenen Selbstvorwürfen gesellen, wird damit wenig Positives bewirkt.
Das berüchtigte Triumvirat _naming, blaming, shaming_ setzt vielmehr einen massiven
angstbesetzten Anreiz für Beschäftigte, Fehler zukünftig zu verschleiern oder andere zu
beschuldigen. Die Suche nach einem Sündenbock führt lediglich dazu, dass Fehler im
System haften bleiben und sich auf diese Weise reproduzieren und ausweiten können. Da
die frühzeitige Entdeckung von Fehlern auf diese Weise erschwert wird, kann auch deren

---

[13] Die kognitiven Informationsverarbeitungskapazitäten des Menschen mögen begrenzt und daher
für viele Fehler verantwortlich sein. Kognitive Ressourcen können jedoch willentlich mobilisiert,
geschöpft und im Dienste begehrter Ziele auch strategisch zugeteilt und effizient genutzt werden.
Daraus erwachsen Potenziale für die Fehlervermeidung.

[14] Blank et al. (2007); Fischhoff (1975).

[15] Norman (2013).

Informationsgehalt bezüglich der Unwirksamkeit bestimmter Verhaltens- oder Verfahrensweisen nicht mehr im Rahmen eines systematischen Lernprozesses zur Weiterentwicklung der Organisation genutzt werden. Die mutige Suche nach innovativen Ideen, kreativen Lösungen oder neuartigen Verfahrensweisen, die in einer hochdynamischen und komplexen Welt zunehmend wichtiger zu werden scheint, wird unter solchen Umständen ohnehin vollends torpediert. Viel aufschlussreicher als die Frage *„Wer war es?"* kann daher die Beantwortung der Fragen sein, *warum die fehlerhafte Handlung der handelnden Person in der konkreten Situation sinnvoll erschien* oder auch, *unter welchen Bedingungen die Handlung erfolgreich gewesen wäre.*[16] Auf diese Weise kristallisieren sich nämlich zumeist die wahren organisationalen und motivationalen Fehlerursachen heraus, und effektive Verbesserungsmöglichkeiten legen sich unmittelbar nahe.[17] Mitarbeitende zu verstehen, zu unterstützen und zu motivieren, anstatt sie zu beschuldigen, zu sanktionieren und erziehen zu wollen, wäre somit im Dienste der konstruktiven Fehlerbewältigung und Fehlerprävention weitaus zielführender.[18]

Eine vergleichbar negative Wirkung ist auch der *Ignoranz* von Fehlern zuzuschreiben. Die offizielle Unfehlbarkeitshaltung „Ich/wir mache/n keine Fehler" ist in vielen Organisationen, gerade im administrativen Bereich, ebenso verbreitet wie weltfremd (vgl. die Abb. 1.3 und 1.4). Man möchte ergänzen: Wir machen keine Fehler, insbesondere, wenn sie falsch sind.

Ein von uns interviewter Abteilungsleiter in der öffentlichen Verwaltung brachte diese Kultur pointiert zum Ausdruck: *„Die meisten Organisationen, also ich war nur bei öffentlichen-rechtlichen Verwaltungen, haben ein sehr schwieriges Verhältnis zu Fehlern. Eigentlich war eher so die Ansicht: Fehler macht man nicht. Und wenn, dann spricht man nicht darüber. Fehler waren oftmals mit Schuld sozusagen kombiniert, mit der Schuldfrage, sehr destruktiv …"*

In komplexen Systemen lassen sich Fehler jedoch nicht vollständig ausschließen. Man kann sich zwar um deren Vermeidung bemühen, aber es kommt ebenso auf den offenen und kompetenten Umgang mit geschehenen Fehlern an, damit sich diese und vergleichbare nicht wiederholen. Aus diesem Grund wurden von mehreren Autoren Vorschläge für einen konstruktiveren Umgang mit Fehlern in Organisationen erarbeitet: die Implementierung anonymer Fehlermelde- oder Fehlermanagementsysteme (z. B.

---

[16] Wehner (1992).

[17] Probieren Sie es mal aus und wenden die erste Frage auf das Beispiel mit der unangepassten Geschwindigkeit an. Vermutlich resultiert dann eine Antwort wie z. B.: „Ich wollte, dass die Kollegen etwas früher Feierabend machen können und nach einem harten Tag schneller zu Hause sind" oder „... damit wir an dem Tag noch etwas anderes erledigen können".

[18] Norman (2013).

Abb. 1.3 Das Ideal der
Unfehlbarkeit: Nein, wir
machen keine Fehler. Was,
wenn diese in die
Öffentlichkeit gelangen? Der
Wunsch eines schönen Abends
war völlig überflüssig. Wegen
der Message musste ich mich
außerordentlich echauffieren:
Wie kann man mir diese
dienstliche Nachricht nach
17.00 Uhr senden?

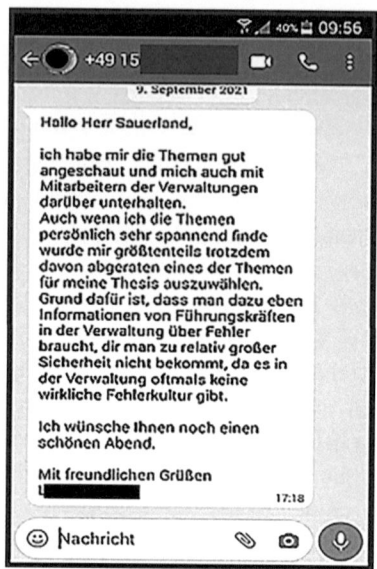

Sie haben im Frühjahr formuliert: „**Wir werden in ein paar Monaten einander viel verzeihen müssen.**" Was war Ihr größter Fehler?

Spahn: Es geht dabei nicht um mich. Sondern darum, dass wir uns untereinander zugestehen, sich mal geirrt zu haben, dass wir nicht so unerbittlich werden. Mir ist wichtig, dass wir in dieser Pandemie im Umgang miteinander Maß halten. Wir sollten vielmehr aus Fehlern lernen. Das gilt übrigens nicht nur für Politiker. Es gibt sicher auch Journalisten, die im März Kommentare geschrieben haben, die sie heute nicht mehr schreiben würden. Und auch Virologen haben Empfehlungen abgegeben, die sie so nicht mehr formulieren würden.

Abb. 1.4 Die Corona-Pandemie und der damalige Bundesminister für Gesundheit Jens Spahn. Äußert sich hier eine sinnvolle Einstellung zu komplexen fehleraffinen Aufgaben, oder ist es die Flucht aus der Verantwortung nach dem Motto „Ich verspreche nichts, aber das halte ich dann auch"?[19]

auch CIRS), die Transformation der Organisation in Richtung einer positiven Fehlerkultur, der Aufbau von organisationaler Resilienz, die Einführung fehlervermeidender Qualitätsmanagementsysteme (QMS) und viele mehr (vgl. dazu Kap. 7).[20]

Zwar sind unzählige Vorschläge zum konstruktiven Umgang mit Fehlern in der einschlägigen Literatur dokumentiert, diese basieren jedoch zum größten Teil darauf, organisationale Strukturen oder Prozesse anzupassen; oder sie sind, sofern sie sich tatsächlich

---

[19] Quellen: Spahn et al. (2022); auch: https://www.focus.de/politik/deutschland/ich-stelle-mich-wie-jens-spahn-auf-die-ueblen-attacken-wuetender-buerger-reagiert_id_12418498.html.

[20] Vgl. u. a. Argyris und Schön (2008); Brunnermeier (2021); Edmondson (2011); Wehner et al. (2010).

auf das Individuum beziehen, genuin kognitiver Natur. Es geht unter diesem Blickwinkel dann z. B. darum, durch die Verwendung von Checklisten bestimmte Aufgaben nicht
mehr zu vergessen, durch maximal unterschiedliche Farb- und Formgestaltung bestimmte
Bedienelemente nicht mehr zu verwechseln oder durch den Einsatz von Simulatoren
schwierige Verfahrensweisen wiederholt zu trainieren. Doch auch hier kann **die stärkere Berücksichtigung individuell-motivationaler Faktoren weitere ursachenbezogene
Interventionstechniken hervorbringen** und die bisherigen Vorschläge zur konstruktiven
Fehlerbewältigung effektiv ergänzen, denn bei neuartigen, komplexen und dynamischen
Aufgaben helfen die alten Techniken nicht weiter.

Die motivationale Perspektive löst auch eine groteske Übertreibung auf: Fehler werden im Rahmen der positiven Fehlerkultur derzeit tatsächlich zuweilen zu etwas *per se
Positivem* stilisiert; man solle sie lieben, weil man aus ihnen lernen könne; man solle
sogar Partys feiern, wenn einem Mitarbeitenden ein Fehler unterlaufen ist, damit die
gesamte Belegschaft den offengelegten Fehler zur Kenntnis nehmen könne. Fehler scheinen zuweilen mehr wert zu sein als eine Aufgabe fehlerfrei bewältigt zu haben.[21] Diese
artifiziell-pädagogische Betrachtung von Fehlern verkennt, dass ein Fehler zumindest zu
Beginn subjektiv etwas höchst Aversives sein muss, damit überhaupt eine Lernmotivation entstehen kann (manche Kollegen müssten sonst sehr glücklich sein). Eine Person,
die motiviert ist, ein für sie persönlich begehrtes Ziel zu erreichen, wird einen Fehler,
der sie von der effizienten Zielerreichung abhält oder abhalten könnte, zwangsläufig als
etwas Frustrierendes oder Aversives erleben. Und genau dies hilft dabei, Fehler zu vermeiden oder aus ihnen zu lernen. Unter *diesen individuell-motivationalen* Umständen
sind Schuldzuweisungen oder Bestrafungen tatsächlich vollkommen überflüssig. *Fehler
per se* sind subjektiv aversiv und nicht positiv, aber im Rahmen einer konstruktiven *Fehlerkultur* kann dafür gesorgt werden, dass aus Ihnen etwas Positives wird – der FEHLER
wird zum HELFER. Die individuelle Motivation, ein Ziel zu erreichen, ist dabei eine der
erfolgsentscheidenden Zutaten.

Zu beachten ist allerdings, dass organisational aufoktroyierte Sicherheitsbeschrän-
kungen und Überstrukturierungen des Arbeitsprozesses der Motivation zumeist eher
abträglich sind. Die individuelle Motivation erfordert vielmehr einen hohen Grad an organisationaler Freiheit. Die bisherige Unfall- und Fehlerforschung hat zu einer akzentuierten
Sicherheitsorientierung geführt; eine Orientierung, die man unter bestimmten Bedingungen durchaus verteidigen kann. Dabei muss jedoch *auch* der Blick für die motivationale
Komponente der Fehlergenese bewahrt bleiben. Strenge Vorschriften, engmaschige Über-
wachung und restriktive Handlungsanweisungen stehen nämlich nicht selten in einem

---

[21] Ein Perspektivenwechsel kristallisiert die Perversion deutlich heraus: Als Kunde feiert man sicher
keine Party, wenn man ein fehlerhaftes Produkt erhält oder für eine mangelhafte Dienstleistung
bezahlt hat.

inversen Verhältnis zum inspirierten, freiheitlichen Spiel der Gedankenkräfte, zum explorativen Ausprobieren und zur mutigen, risikobehafteten Innovation.[22] Insbesondere in der modernen Arbeitswelt, in welcher Routineaufgaben vermehrt von Algorithmen übernommen werden und für Beschäftigte gerade solche Aufgaben übrigbleiben, die durch völlige Neuartigkeit, hohe Komplexität, geringe Berechenbarkeit und eine enorme Entwicklungsdynamik charakterisiert sind (s. Kap. 3), erweisen sich starre Regeln und strikte Standardisierungen als zunehmend realitätsfremd und dysfunktional. In den nachfolgenden Kapiteln werden wir näher darauf eingehen, wie dieses Dilemma aufgelöst werden kann.

1.3   Fazit und Ausblick

Zusammenfassend lässt sich festhalten:

- *Fehler sind auch in administrativen Tätigkeitsbereichen allgegenwärtig und durchaus kostspielig.*
- *Die Fehlerursachen sind dem ersten Anschein nach den handelnden Akteuren zuzuschreiben, allerdings liegt bei genauerer Betrachtung in der Regel auch ein systemimmanenter Grund vor.*
- *Häufig lassen sich die Systembedingungen aber von einzelnen Mitarbeitenden und teils auch von der Organisation selbst nicht unmittelbar ändern, und auch in gut gestalteten Systemen passieren immer noch individuelle Fehler.*
- *Daraus erwächst die Frage, was Individuen selbst unternehmen können, um Fehler unter den gegebenen Bedingungen zu vermeiden.*
- *Vielversprechend ist die Betrachtung motivationaler Faktoren, weil diese Aufmerksamkeits-, Gedächtnis- und Denkleistungen unmittelbar steuern und auch vom Individuum selbst beeinflusst werden können.*
- *Die Berücksichtigung motivationaler Fehlerfaktoren hilft dabei, Fehler ursächlich und nachhaltig zu vermeiden, auch in völlig neuartigen, komplexen und dynamischen Aufgabenfeldern, in denen die herkömmlichen Präventionsstrategien mit ihren Standardisierungsbemühungen versagen.*
- *Schuldzuweisungen und Sanktionierungen sind in komplexen Aufgabenfeldern hingegen wenig zielführend; sie schaffen eher Anreize für die Vertuschung von Fehlern und tragen somit zu deren Reproduktion bei.*
- *Für motivierte Personen sind Schuldzuweisungen und Sanktionierungen ohnehin überflüssig.*

---

[22] Die VUCA- und BANI-Welt erfordert jedoch zunehmend die individuelle Fähigkeit zur Suche, zum Auffinden und Ausprobieren ebensolcher innovativer Lösungen (vgl. dazu Kap. 3). Eine facettenreiche und ausgewogene Darstellung zu diesem Sachverhalt findet sich bei Hale und Swuste (1998).

- *Organisationen sollten stattdessen Maßnahmen ergreifen, damit sich die fehlerhemmende Wirkung der Motivation frei entfalten kann.*

Das im Folgenden dargestellte Forschungsprogramm verfolgt in dem beschriebenen Kontext somit drei Ziele:

1. **Die Untersuchung von Fehlern, Fehlertypen, Fehlerursachen und Fehlerbewältigungsmöglichkeiten im administrativen (nicht industriellen) Bereich**
2. **Die Entwicklung eines motivationalen Modells der Fehlergenese**
3. **Die Ableitung eines Methodenkatalogs zur individuellen und organisational unterstützten Fehlerprävention in einer komplexen Umwelt**

Um dies vorwegzunehmen: Am Ende wird die Erkenntnis stehen, dass es einer authentisch handelnden Person möglich ist, ein fehlerfreies Leben zu führen. Doch bis diese zunächst grotesk anmutende Aussage nachvollziehbar und transparent wird, sind noch einige Ausführungen zu machen.

In diesem Kap. 1, *„Die neuen alten Fehlerfaktoren"*, haben wir die drei Zielsetzungen herausgearbeitet, denen die Untersuchungen in diesem Buch gewidmet sind.

Kap. 1	Die neuen alten Fehlerfaktoren • *Zielsetzung*	1.1 Fehlende Fragmente der Fehlerforschung
		1.2 Jeder Fehler zählt
		1.3 Fazit und Ausblick
Kap. 2	Die Fälle der Fälle • *Fehlerphänomene*	
Kap. 3	Fehler gehen in (die) Ordnung • *Fehlertypen*	
Kap. 4, 5 und 6	Kognitive, systemische und motivationale Fehlergenesemodelle • *Fehlerursachen*	
Kap. 7, 8 und 9	Organisational, technisch und motivational orientierte Fehlervermeidung • *Fehlermanagement*	
Kap. 10	Das Ende aller Fehler • *Zusammenfassung*	

In Kap. 2, *„Die Fälle der Fälle"*, wenden wir uns einigen diagnostisch relevanten Fehlerbeispielen zu, woraufhin wir in Kap. 3, *„Fehler gehen in (die) Ordnung"*, erläutern, was ein Fehler überhaupt ist, welche Fehlertypen unterschieden werden können und welche Eigenschaften diese besitzen. Die darauffolgenden Kapitel beschäftigen sich sodann mit prominenten Theorien über die Entstehung von Fehlern. Wir gehen dabei auf kognitive (Kap. 4), auf systemorientierte Theorien (Kap. 5) und auf unser eigenes motivationales

Modell der Fehlergenese (Kap. 6) ein. Aus den Modellen lassen sich jeweils verschiedene Schlussfolgerungen über die Möglichkeiten der Fehlerprävention ableiten; diese werden in den Kap. 7, 8 und 9 entsprechend dargestellt. Das Buch schließt mit einer Zusammenstellung sämtlicher Mittel der Fehlerbekämpfung in Kap. 10, *„Das Ende aller Fehler"*.

Literatur

Altmann, E. M., Trafton, J. G., & Hambrick, D. Z. (2014). Momentary interruptions can derail the train of thought. *Journal of Experimental Psychology, General, 143*(1), 215–226.

Argyris, C., & Schön, D. A. (2006/2008). *Die Lernende Organisation. Grundlagen, Methode, Praxis.* Cotta.

Badke-Schaub, P., Hofinger, G., & Lauche, K. (2011). *Human Factors. Psychologie sicheren Handelns in Risikobranchen.* Springer.

Blank, H., Musch, J., & Pohl, R. F. (2007). Hindsight bias. On being wise after the event. *Social Cognition, 25*(1), 1–9.

Brodbeck, F. C., Zapf, D., Prümper, J., & Frese, M. (1993). Error handling in office work with computers: A field study. *Journal of Occupational and Organizational Psychology, 66*(4), 303–317.

Brunnermeier, M. K. (2021). *Die resiliente Gesellschaft. Wie wir künftige Krisen besser meistern können.* Aufbau Verlag.

Edmondson, A. C. (2011). Strategies for learning from failure. *Harvard Business Review, 89*(4), 48–56.

Fischhoff, B. (1975). Hindsight ≠ foresight: The effect of outcome knowledge on judgment under uncertainty. *Journal of Experimental Psychology: Human Perception and Performance, 1*(3), 288–299.

Frese, M. (1998). Managementfehler und Fehlermanagement. *Personalführung, 31*(2), 58–62.

Giesa, H.-G., & Timpe, K.-P. (2000). Technisches Versagen und menschliche Zuverlässigkeit: Bewertung der Verlässlichkeit in Mensch-Maschine-Systemen. In K.-P. Timpe, Th. Jürgensohn, & H. Kolrep (Hrsg.), *MenschMaschine Systeme.* Symposion Verlag.

von Goethe, J. W. (2013). Maximen und Reflexionen. Aphorismen und Aufzeichnungen. In M. Hecker & M. Neu Holzinger (Hrsg.), *Nach den Handschriften des Goethe- und Schiller-Archivs.* CreateSpace Independent Publishing Platform.

Hale, A. R., & Swuste, P. (1998). Safety rules: Procedural freedom or action constraint. *Safety Science, 29*(3), 163–177.

Hoyos, C. G. (1980). *Psychologische Unfall- und Sicherheitsforschung.* Kohlhammer.

Norman, D. (2013). *The design of everyday things.* Basic Books.

Reason, J. (1991). *Human error.* Cambridge University Press.

Smith, R. E., Hunt, R. R., McVay, J. C., & McConnell, M. D. (2007). The cost of event-based prospective memory: Salient target events. *Journal of Experimental Psychology: Learning, Memory, and Cognition, 33*(4), 734–746.

Spahn, J., Käfferlein, P., & Köhne, O. (2022). *Wir werden einander viel verzeihen müssen. Wie die Pandemie uns verändert hat – Und was sie uns für die Zukunft lehrt. Innenansichten einer Krise.* Hyne.

Stagnaro, M. N., Dunham, Y., & Rand, D. G. (2018). Profit versus prejudice: Harnessing self-interest to reduce in-group bias. *Social Psychological and Personality Science, 9*(1), 50–58.

Wehner, T. (1992). *Sicherheit als Fehlerfreundlichkeit. Arbeits- und sozialpsychologische Befunde für eine kritische Technikbewertung.* Springer.

Wehner, T., Mehl, K., & Dieckmann, P. (2010). Handlungsfehler und Fehlerprävention. In U. Kleinbeck & K.-H. Schmidt (Hrsg.), *Arbeitspsychologie* (S. 785–820). Hogrefe.

Wilde, G. J. S. (2006). The theory of risk homeostasis: Implications for safety and health. *Risk Analysis, 2*(4), 209–225.

Internetquellen

Frese, M., Irmer, C., & Prümper, J. (1991). Das Konzept Fehlermanagement: Eine Strategie des Umgangs mit Fehlern in der Mensch-Maschine Interaktion. https://people.f3.htw-berlin.de/Professoren/Pruemper/publikation/1991/Frese_Irmer_Pruemper(1991).pdf.

Jens Spahn. https://www.focus.de/politik/deutschland/ich-stelle-mich-wie-jens-spahn-auf-die-ueblen-attacken-wuetender-buerger-reagiert_id_12418498.html.

Produktrückrufaktionen. https://www.produktrueckrufe.de/.

Verlust bei der Meta AG. https://www.bloomberg.com/news/articles/2021-10-04/zuckerberg-loses-7-billion-in-hours-as-facebook-plunges.

Volkswirtschaftlicher Schaden. https://www.osha.gov/data/commonstats.

Die Fälle der Fälle – *Fehlerphänomene*

2

> *Von all den Befürchtungen, die man hegt,*
> *treffen zum Glück nur die schlimmsten ein.*
>
> *(Marie-Henri Beyle, Bittrich, 2014)*

In diesem zweiten Kapitel beschreiben wir einige Fehler, die kurios anmuten und daher nach einer Erklärung verlangen. Wir beschreiben aber auch Fehler, die einen prototypischen Charakter haben oder bei administrativen Tätigkeiten gehäuft in Erscheinung treten. Damit benennen wir exemplarisch auch den Gegenstandsbereich dieser Arbeit. Wir schildern also beispielhaft das, was es wissenschaftlich zu erklären gilt – wir bestimmen das *Explanandum* unserer Forschung anhand einiger Phänotypen. Zahlreiche Beispiele sind von hohem diagnostischem Wert für die weitergehende Ursachenanalyse und werden aus diesem Grund auch in den darauffolgenden Kapiteln mehrfach wieder aufgegriffen.

© Der/die Autor(en), exklusiv lizenziert an Springer-Verlag GmbH, DE, ein Teil von Springer Nature 2024
M. Sauerland, *Fehler im Griff*, https://doi.org/10.1007/978-3-662-68472-6_2

Abb. 2.1 Ein rotes Shirt in der
Kochwäsche. Fehlleistungen
können auch ganz ohne Brille
zuweilen durchaus zu rosaroten
Ergebnissen führen. Wer es
heute wagt, einen Fehler zu
machen, kann manchmal in der
Tat morgen schon darüber lachen

2.1   Amüsante Fehler

Kürzlich ist mir ein Satz mit mehreren recht amüsanten Rechtschreib- und Gramma-
tikfehlern in der Seminararbeit einer Studentin begegnet. Sie schrieb: *„Die meisten viel
versprechenden Politiker haben letztlich doch kein Rückrad."* Auch die Groß- und Klein-
schreibung kann zuweilen den entscheidenden Unterschied ausmachen: „Er sieht dir
Ungeheuer ähnlich!" Über den Wahrheitsgehalt beider Sätze kann man sicher geteilter
Meinung sein.

Die Wahrheit kann aber selbst im Fall eines Fehlers zuweilen durchaus rosarot
erscheinen: s. Abb. 2.1. Unter bestimmten Bedingungen hilft es tatsächlich, durch den
Resilienzfaktor *Humor* schnell einen anderen (ggf. distanzierteren und dadurch rationa-
leren) Blickwinkel zum angerichteten „Schaden" einzunehmen.[1] Oft erscheinen Fehler
nur anfänglich oder auch nur im Kontrast zu den eigenen perfektionistischen Ansprüchen
katastrophal.[2]

Eher zufällig ist mir während des Trainings ein Fehler aufgefallen, der mir nun immer
ein gewisses Schmunzeln entlockt, wenn ich ihn sehe. Er ist an sich gänzlich trivial
und doch auch unbarmherzig, unleugbar und unabänderlich für die Ewigkeit „in Stein
gemeißelt": siehe Abb. 2.2. Der Fehler ist im Grunde genommen belanglos, weil er für
den Zweck des Produkts völlig irrelevant ist und die Funktion des Trainingsgerätes nicht

---

[1] Vgl. z. B. Masten (2016).
[2] Ellis und Ellis (2014).

Abb. 2.2 Fehler können sich für die Ewigkeit eingravieren. Wenn Fehler von Mitarbeitenden nicht offen kommuniziert werden können, sondern aus Pein und Angst vor Schuldzuweisungen und Sanktionen vertuscht werden, bleiben sie im Fertigungssystem haften, reproduzieren sich, weiten sich aus und führen irgendwann zu einem tatsächlichen (Image-)Schaden für die Organisation. Die Anwendung der **magischen Sieben** ist für Unternehmen und Individuen wesentlich konstruktiver: (1) den Fehler annehmen, (2) offen kommunizieren, (3) ihn nach Möglichkeit beheben, (4) gemeinsam die Ursachen analysieren, (5) daraus lernen, (6) Maßnahmen zur zukünftigen Vermeidung ergreifen und (7) irgendwann darüber lachen

beeinträchtigt. Vermutlich haben ihn die meisten Kunden nicht einmal bemerkt. Die Reaktionen, welche er in dem betreffenden Unternehmen nach seiner Entdeckung ausgelöst hat, lassen sich jedoch erahnen. Was bleibt in einem solchen Fall nur noch übrig? Lernen für die Zukunft!

Mein Sohn fragte allerdings kürzlich, nachdem ich ihn getröstet hatte und ihm in weisen Worten vermitteln wollte, dass es nicht so schlimm sei und er aus dem begangenen Fehler ja immer noch etwas für die Zukunft lernen könne: „Papa, muss ich?"

Auch die „Schwarzbücher" der Steuergeldverschwendung sind gefüllt mit teils durchaus amüsanten Fehlern – zumindest beim Anblick der grotesken Endergebnisse. Wenn dabei jedoch die Kosten für die Steuerzahlenden bedacht werden, vergeht das Lachen auch schnell wieder.[3] Ein Baufehler bei der 3,2 Mio. € teuren Sanierung der Hinterzartener Skisprungschanze soll als Beispiel genügen: Um bloß 80 cm waren der Verbund aus Sprungturm, Anlaufgerüst und Schanzentisch versetzt, doch am Ende blieb nur der Abriss der fehlerhaften Teile und deren Neubau für zusätzliche 380.000 €, die voraussichtlich aus Steuermitteln bezahlt werden müssen.[4]

Um Studierende dafür zu sensibilisieren, dass man wenigstens manchem Alltagsfehler dennoch mit Humor begegnen sollte, beauftragte ich diese im Rahmen einer Vorlesung damit, eine Woche lang ein Fehlertagebuch zu führen. In der darauffolgenden Sitzung

---

[3] Vgl. dazu: https://www.schwarzbuch.de/aufgedeckt/steuergeldverschwendung-alle-faelle.

[4] https://www.schwarzbuch.de/aufgedeckt/steuergeldverschwendung-alle-faelle/details/verflixte-80-zentimeter

forderte ich die Studierenden sodann auf, einige Beispiele aus dem Fehlertagebuch vorzustellen. Eine Studentin meldete sich unverzüglich und schilderte offen und selbstbewusst ihren schlimmsten Fehler: *„Mein größter Fehler, der mir im Laufe der letzten Woche passiert ist, war der, dass ich vergessen habe, das Fehlertagebuch zu führen."*

2.2   Freud'sche Fehler

Während meines Studiums erzählte mir einer meiner Kommilitonen, dass er sich kurz vor seinem Zivildienst ganz unglücklich den Arm bei einem stürmischen Fußballspiel gebrochen hatte. Dies führte zu seinem „großen Bedauern" dazu, dass er den unliebsamen Zivildienst zunächst nicht antreten musste – ein durchaus willkommener Nebeneffekt des Missgeschicks. Doch war es wirklich bloß ein *Neben*-Effekt eines *Miss*-Geschicks oder doch vielmehr ein provozierter Akt?

Sigmund Freud (z. B. 1904/2021) konzipierte Fehlleistungen im Rahmen seiner Psychoanalyse als unbeabsichtigtes Verhalten (z. B. in Form von Versprechern), welches auf einer unbewussten Ebene (z. B. durch unbewusste Motive) initiiert und gesteuert werden kann. Für Freud sind Fehler keine Zufälligkeiten, sondern „vollgültige psychische Akte", die nicht ohne Grund zustande kommen.

Freud analysierte beispielsweise die Sitzungseröffnung des österreichischen Abgeordnetenhauses durch den amtierenden Präsidenten, welcher sagte: *„Ich … erkläre somit die Sitzung für geschlossen" (statt eröffnet)*. Wahrscheinlich wünschte sich der Präsident, die Sitzung, von der, wie es hieß, „wenig Gutes zu erwarten stand", schon schließen zu können.

Ein Lapsus Linguae von Wolfgang Schäuble soll als weiteres Beispiel dienen (24.11.2008, 3. Berliner Medienreden): *„Aber natürlich hat uns spätestens das letzte Jahrhundert gelehrt, dass wir der Verführungskraft der Medien auch nicht zu uneingeschränkt trauen dürfen. Und inzwischen eröffnen nun Computer und Internet ganz neue Austausch- und Informationskontrolle, … äh … -kanäle … über Grenzen hinweg."* Offenbar hatte Schäuble gerade an das Konzept „Kontrolle" gedacht, welches seine eigentliche politische Einstellung in diesem Themenzusammenhang vermuten ließ. Freud'sche Versprecher könnten somit durchaus auf das hindeuten, was eine Person gerade gedacht hat. Sie könnten entlarven, was eine Person im Gegensatz zu dem, was sie öffentlich darzustellen versucht, tatsächlich glaubt (vgl. die unbeabsichtigte Selbstoffenbarungsbotschaft einer Nachricht).

Der ehemalige Bundeskanzler, Helmut Kohl, sagte im März 1989 nach zähen Krisenverhandlungen mit dem Koalitionspartner und nach Stimmanteilsverlusten in diversen Wahlen für seine Partei beispielsweise vor laufender Kamera: *„Bei einem guten Koalitionsklima, wie wir es haben, wenn wir pfleglich miteinander untergehen …"* Damit offenbarte er womöglich unbeabsichtigt das wahre Verhältnis der Koalitionäre und illustrierte eine düstere Vorahnung, welche in diesem Satz zum Vorschein kam.[5]

Bis heute ist allerdings unklar, was die ehemalige SPD-Landesvorsitzende, Andrea Ypsilanti, mit folgender Aussage preisgeben wollte: *„Ich bin in Rüsselsheim als Sohn eines Opelarbeiters geboren …"* (Andreas Ypsilanti; Quelle: Wirtschaftswoche, 11.06.2012).[6]

Im wissenschaftlichen Diskurs wurden die Theorien Freuds zwar im Allgemeinen zu Recht kritisiert (so gibt es z. B. zahlreiche Alternativerklärungen für Versprecher),[7] für die vorliegende Arbeit ist eines seiner Konzepte jedoch durchaus inspirierend. So ist es auch eine Annahme Freuds gewesen, dass das *Vergessen von Vorsätzen* auf das *Vorhandensein eines starken Gegenmotivs* hinweisen kann („Gegenwille").[8] Motivational betrachtet handelt es sich beim Vergessen eines Vorsatzes also gar nicht um einen begangenen Fehler, da die betreffende Person die vermeintlich vergessene Handlung „im Grunde genommen" überhaupt nicht ausführen *wollte*.

Das nachfolgende Beispiel zeigt, dass dieser Grundgedanke Freuds auch ohne theoretische Überhöhung[9] durchaus plausibel ist: Eine Eventagentur, mit der ich kooperierte, fragte bei mir an, ob ich für eine Veranstaltung zwei Personen aus dem potenziellen Teilnehmerkreis gewinnen könne, welche Interesse daran hätten, einige der geplanten Diskussionsrunden zu moderieren. Um Interessenten zu gewinnen, schrieb ich die potenziellen Teilnehmer an. In der entsprechenden E-Mail schrieb ich nebenbei auch den Satz „Eine Einladung zur Veranstaltung ist Ihnen bereits zugegangen". Am selben Tag noch erhielt ich zahlreiche Rückfragen von verärgerten Adressaten, die mich darauf hinwiesen, noch gar keine Einladung erhalten zu haben oder dass sie gar nicht wüssten, worum es gehe. Kein Wunder, denn die Einladung war zu dem Zeitpunkt vom Veranstalter noch gar nicht an den potenziellen Teilnehmerkreis versendet worden. Dies war mir eigentlich bekannt, da ich das optimale Datum für den Versand der Einladungen selbst ausgewählt hatte. Als ich aber aus dem potenziellen Teilnehmerkreis mitwirkende Moderatoren für die Diskussionsrunden gewinnen wollte, war mir dies nicht mehr präsent. Oberflächlich betrachtet lagen dem Fehler mehrere rein kognitive Ursachen zugrunde, wie z. B. das *Vergessen* des Einladungstermins. Es scheint mir jedoch vollkommen am realen Sachverhalt vorbeizugehen, das *Vergessen* als primäre Ursache dieses Fehlers verantwortlich zu machen. Tatsächlich war das Vergessen lediglich ein kognitives Epiphänomen eines viel tiefer liegenden motivationalen Grundes; das *Vergessen* hatte selbst einen Grund: Die

---

[5] Saarbruecker-Zeitung; https://www.zeit.de/1989/13/worte-der-woche.

[6] https://www.wiwo.de/politik/europa/merkel-westerwelle-und-co-die-zehn-peinlichsten-politiker-versprecher/6726810.html

[7] Z. B. Stemmler et al. (2010); vgl. auch die ausgewogene Darstellung von Poscheschnik und Crepaldi (2021).

[8] Freud (1904).

[9] Ohne „theoretische Überhöhung" bedeutet hier: Das Phänomen ist nicht unbedingt an die Annahme des *aktiven* Gegensteuerns durch ein unbewusstes Gegenmotiv gebunden. Das Vergessen von Vorsätzen kann auch – passiv – dadurch zustande kommen, dass eine Handlung nicht stark genug durch Motive unterfüttert ist.

Organisation der Veranstaltung war für mich nämlich eine lästige Nebenaufgabe, zu deren Bearbeitung ich überhaupt keine Lust hatte. Wäre mir die Veranstaltung wichtig gewesen oder hätte ich mich auf das Event gar gefreut, wären mir natürlich auch alle damit im Zusammenhang stehenden Termine vollkommen präsent gewesen. Eine *motivationale* Ursachenanalyse erklärt das Zustandekommen dieses Fehlers daher treffender, als es die üblichen kognitiven Erklärungsansätze vermögen. Dies ist ein zentraler Aspekt unseres *motivationalen Fehlergenesemodells,* welches wir in Kap. 6 vorstellen.

2.3   Bekannte Fehler

Ein häufiger Fehler besteht darin, zu vergessen, die Kochplatte oder das Licht auszuschalten. Sich selbst auszuschließen, d. h. die Haustüre zuzuziehen, obwohl sich der Haustürschlüssel noch im Haus befindet, gehört wohl ebenfalls zu den weit verbreiteten Fehlleistungen. Diese Fehler sind derart häufig, dass sich mit technischen Lösungen dieser Probleme offenbar durchaus Geld verdienen lässt.

Ein Fehler, der vielen Beschäftigten bei der Büroarbeit wohl ebenfalls vertraut ist, kann der nachfolgenden Abb. 2.3 entnommen werden: *Die Kopiervorlage im Kopiergerät vergessen.* An dem vergleichbaren, aber deutlich seltener auftretenden Gegenbeispiel *Die Bankkarte oder das Geld im Bankautomaten vergessen* kann veranschaulicht werden, dass auch dieses Beispiel sich erst auf *motivationaler* Ebene treffend erklären lässt: Mit dem Vorliegen der fertigen Kopien in der Papierausgabe des Kopiergeräts ist das *angestrebte Ziel* der Tätigkeit erreicht, während das nicht mehr erforderliche *Mittel* kaum noch mental präsent ist und die Kopier*vorlage* daher in Vergessenheit gerät. Im Fall der Bedienung des Geldautomaten hingegen stellt die Herausgabe der angeforderten Geldscheine das gewünschte Ziel der Handlung dar; diese erhält man allerdings erst *nach der Entnahme der Bankkarte,* weshalb weder die Karte noch das Geld im Automaten zurückgelassen werden. Manche sind allerdings schon dazu übergegangen, gleich den ganzen Geldautomaten mitzunehmen.

Wer regelmäßig Briefe von Bürgern, Klienten oder Kunden erhält, dem sind mit hoher Wahrscheinlichkeit auch schon die im Folgenden aufgelisteten Fehler begegnet. Diese Fehler sind derart häufig, weil eine *an sich gute Rechtschreibregel* in diesen Fällen ausnahmsweise in die Irre führt.

Verbreitete Rechtschreibfehler:

• Standart	*statt*	Standard
• wiederspiegeln	*statt*	widerspiegeln
• Terasse	*statt*	Terrasse
• Sylvester	*statt*	Silvester
• revangieren	*statt*	revanchieren
• Kreissaal	*statt*	Kreißsaal

- du hälst   *statt*   du hältst
- brilliant   *statt*   brillant
- Looser   *statt*   Loser
- Akkustik   *statt*   Akustik

Solche Fehler sind jedenfalls weniger brisant als derjenige, der einem Imbisswagenbetreiber unterlaufen ist, als er vor der Universität „Hot-Docs" anstelle seiner „Hotdogs" bewarb.

Doch es gibt auch verbreitete Fehler, die aufgrund des ihnen zugrunde liegenden Prinzips weitaus dramatischere Konsequenzen haben können. Wer hat nicht schon einmal Salz in den Kaffee geschüttet, obwohl an dessen Stelle eigentlich der süßende Zucker hätte gewählt werden sollen? Dies ist ein klassischer *Verwechslungsfehler,* der durch die häufig ähnlich gestalteten Behälter und die darin optisch nur schwer zu unterscheidenden Substanzen zustande kommt. Dies ist harmlos, solange nur Salz und Zucker miteinander verwechselt werden und nicht die Medikamente *N* und *M* vertauscht werden (Abb. 2.4).

Eindeutige Identifikationsmerkmale können daher von Vorteil sein, um Verwechslungen zu verhindern, wie sich schon aus diesem Klassiker ableiten lässt:[10]

Person A: „Ich finde, der Junge ist sehr hässlich, meinen Sie nicht?!"

Person B: „Das ist meine Tochter."

Person A: „Entschuldigen Sie bitte, ich wusste nicht, dass Sie der Vater sind."

Person B: „Ich bin die Mutter."

Doch Spaß beiseite: Der Schaden, der aus solchen scheinbar harmlosen Erinnerungs- oder Verwechslungsfehlern hervorgehen kann, wird offenkundig, wenn sie sich in entsprechenden „Risikoumwelten" ereignen – viele Autoren zählen z. B. die Luftfahrt, Kraftwerke, Kliniken oder das Militär dazu.

Fehler können sich aber auch auf andere Weise als enorm kostspielig erweisen, wie den meisten Menschen wohl schmerzlich bekannt sein dürfte. Man denke hier nur daran,

- den falschen Job gewählt zu haben,
- den falschen Partner geheiratet zu haben,
- den falschen Bewerber eingestellt zu haben,
- die falschen Aktien gekauft zu haben,
- die falsche Diagnose gestellt zu haben,
- auf das falsche Produkt gesetzt zu haben,
- die letzte Verhandlungsoption nicht genutzt zu haben …

---

[10] https://dict.leo.org/forum/viewGeneraldiscussion.php?idForum=9&idThread=1327065&lp=ende&lang=de; u. a. Otto Waalkes.

Abb. 2.3 Die Kopiervorlage im Kopierer liegen zu lassen stellt einen häufigen Fehler bei der Büroarbeit dar. Obwohl der Fehler oberflächlich betrachtet rein kognitiver Natur zu sein scheint (etwas *vergessen*), hat er doch tiefer liegende *motivationale* Ursachen, wie das deutlich seltener auftretende Vergleichsbeispiel *Die Bankkarte oder das Geld im Bankautomaten zurücklassen* zeigt

Abb. 2.4 Salz statt Zucker – ein klassischer Verwechslungsfehler. Besser, es werden Salz und Zucker miteinander verwechselt als die oft ähnlich aussehenden Medikamente N und M oder die Akten X und Y. Unterschiedliche Etiketten, Gefäßformen oder Lagerorte können Abhilfe schaffen

Der Fehler, den falschen Partner gewählt zu haben, lässt sich wenigstens intellektuell abmildern, denn schon Sokrates wusste: „Heirate oder heirate nicht, du wirst beides bereuen."

2.4 Verblüffende Fehler

Ich machte mich eilig auf den Weg vom Homeoffice in mein Büro. Ich betrat das Unternehmensgebäude, fuhr mit dem Lift in das dritte Stockwerk, schloss hastig die Bürotür auf, schaltete das Licht ein, ging ein paar Schritte hinein und … stand verdutzt mitten im Büro. Ich sah mich um und fragte mich, was ich hier eigentlich suchte. Was wollte ich hier? Irgendetwas Wichtiges wollte ich hier holen oder erledigen, was mich dazu veranlasst hatte, von zu Hause aus 10 km viel zu schnell ins Büro zu fahren. Aber ich wusste nicht mehr, was es war. Ich sah mich noch eine Weile um, in der Hoffnung, vielleicht noch einen Hinweis zu bekommen, doch nach fünf Minuten vergeblicher Suche fuhr ich unverrichteter Dinge wieder zurück. In den nachfolgenden Kapiteln werden wir ergründen, wie es zu Fehlern dieser Art kommen kann. Um dies vorwegzunehmen: Wie stark kann die *motivationale* Grundlage eines Vorhabens gewesen sein, wenn das Ziel der Handlung durch die zwischenzeitlich gedankliche Beschäftigung mit anderen Dingen oder aufgrund der büroortsbezogenen Spontanassoziationen tatsächlich überschrieben wird und in Vergessenheit gerät?

Das nachfolgende Bild löst bei Betrachtenden zumeist ebenfalls Verblüffung aus: eine medizinische Klemme, die im Oberkörper eines operierten Patienten vergessen wurde (s. Abb. 2.5). Hinter diesem Beispiel verbirgt sich eine besondere Tragik: Medizinische Behandlungsfehler stellen gemäß einer Studie des *Institute of Medicine, USA,* die Todesursache Nummer 3 mit über 400.000 Toten in den USA pro Jahr dar.[11] Die sogenannte *Utah-Colorado Studie*[12] legt indes nahe, dass es jährlich bis zu 98.000 vermeidbare einschlägige Todesfälle in den USA gibt.[13] In Deutschland wurden im Jahr 2020 über 2800 einschlägige Verdachtsfälle von Behandlungsfehlern gemeldet. Die Interpretation dieser Daten ist jedoch hochgradig umstritten (z. B. relativieren sie sich schon, wenn die Anzahl der vor ihrem Tod nicht behandelten Personen bedacht wird, der Anteil der erfolgreich Behandelten mit ins Kalkül gezogen wird oder die Rate derjenigen Behandelten geschätzt wird, die ohnehin gestorben wären).[14] Nicht zu leugnen ist aber wohl, dass im medizinischen Bereich eine besondere Sensibilität für den Umgang mit Fehlern bestehen muss.[15] Ebenso wenig zu leugnen ist, dass die Geschichte der Medizin ein sehr gutes Beispiel für die Möglichkeit der permanenten – auch fehlerbasierten – Weiterentwicklung und Verbesserung einer angewandten Disziplin ist.

Ein Kuriosum ganz anderer Art betrifft *Stefan Thomas,* einen deutschen Programmierer, der über 7000 Bitcoins besitzt. Diese hatten zeitweise einen Wert von über 200 Mio. €. Allerdings hat er das Passwort zu seiner Festplatte *vergessen,* sodass er keinen Zugang

---

[11] U. a. Ärzteblatt (2016).

[12] Thomas et al. (2000).

[13] Kohn et al. (2000).

[14] McDonald et al. (2000).

[15] Vgl. auch Schrappe (2018).

Abb. 2.5 Operationsbesteck, welches im Oberkörper eines operierten Patienten vergessen wurde (fiktive Zeichnung). Umstrittene Zahlen: Behandlungsfehler werden einigen Quellen zufolge als die Todesursache Nummer 3 in den USA geführt

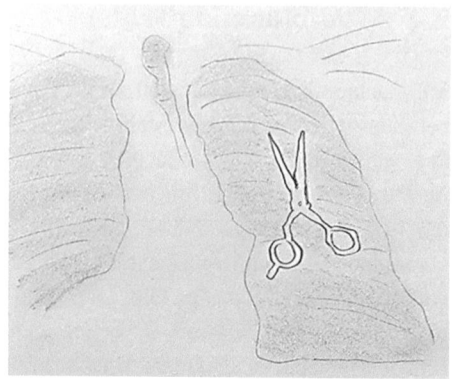

mehr zu seiner „Wallet" hat, in der seine Bitcoins aufbewahrt sind.[16] Er kann sein enormes Vermögen in gewisser Hinsicht also nun auch *vergessen* – aufgrund eines menschlichen, allzu menschlichen Fehlers.

Doch auch die Diskussion, ob *Maschinen* Fehler machen können, kann mit einiger Verblüffung verfolgt werden:[17] In meinem eigenen hoch technisierten Auto versagt die Spracherkennung des Navigationssystems gelegentlich, der Lidschlagsensor diagnostiziert trotz vollkommener Wachheit fälschlich die Müdigkeit des Fahrers, der Regensensor veranlasst den Scheibenwischer zuweilen schon bei leichtem Regen, sich so schnell zu bewegen, als führe man unter einer Gewitterwolke durch, und das Videosystem hinter der Windschutzscheibe kann Geschwindigkeitsregelungen, die auf bestimmte Tageszeiten beschränkt sind, nicht interpretieren und zeigt in der Regel die falsche an. Maschinen machen keine Fehler, heißt es, nur Programmierer. Gilt das dann aber nicht auch für die Überlebens- und Reproduktionsmaschine *Mensch,* die von der natürlichen Selektion mithilfe von Genen für die Lösung bestimmter adaptiver Probleme *programmiert* wurde?[18] Müsste man nicht auch auf *menschliche* Fehlleistungen, die in unnatürlichen Umgebungen auftreten (oder die sich unter besonderen Bedingungen ereignen, in denen die evolvierten mentalen Programme nicht richtig funktionieren *können*), mit gleicher Nachsicht reagieren? Können am Ende beide – Mensch *und* Maschine – gar nicht anders „handeln", als es ihre jeweilige Programmierung in der gegebenen Situation vorsieht? Diese die *motivationalen Grundlagen* und die *Freiheit des menschlichen Willens* betreffenden Aspekte der Fehler- bzw. Schuldzuschreibung werden in den nachfolgenden Kapiteln nochmals aufgegriffen (vgl. Abb. 2.6).

Es mag verblüffen, doch selbst die exakte Wissenschaft ist nicht frei von Fehlern. Die Akteure sind sich dieser Tatsache aber bewusst und beziehen sie daher in ihre

---

[16] Business Insider Deutschland (2021).

[17] Vgl. z. B. Hofinger (2011).

[18] Vgl. Dawkins (1994, 2014).

Abb. 2.6 Können Maschinen Fehler machen? Nein? Kann die Genmaschine *Mensch* dann Fehler machen?

Verfahrens- und Analysemethoden ein. So ist z. B. das Erfordernis von Messwiederholungen in der Wissenschaft ein Eingeständnis, dass jede singuläre Messung mindestens mit einem unsystematischen Messfehler behaftet ist, der sich erst bei wiederholter Messung statistisch „herausmitteln" kann. Die Wissenschaftshistoriographie kann aber überhaupt als Aneinanderreihung von falsifizierten Theorien aufgefasst werden; angefangen bei naiven Atommodellen, die immerhin schnell zu einem Erkenntnisfortschritt Anlass gaben, bis hin zu medizinischen Fehlbehandlungen, die allerdings zunächst mehr Schaden als Nutzen gestiftet haben.[19]

2.5 Administrative Fehler

Ja, die Fehler der anderen … Doch nun zu Ihnen: Gab es da etwas in den letzten Jahren? Wie viele Fehler unterlaufen Ihnen an einem ganz normalen Arbeitstag? Eher wenige? In einer Untersuchung stellte sich heraus, dass bei einer durchschnittlich schwierigen administrativen Aufgabe, die am PC zu bearbeiten war, einer durchschnittlichen Person durchschnittlich vier Fehler passierten – pro Stunde. Die Fehlerrate lag bei denjenigen, die sich mit einer neuartigen Aufgabe konfrontiert sahen, jedoch noch deutlich höher.

In einer eigenen anonymen Befragung, an der 30 Mitarbeitende verschiedener Organisationen teilnahmen, gaben 48 % an, dass ihnen *schwerwiegende* Fehler durchschnittlich

---

[19] Vgl. Feyerabend (1986).

1-mal jährlich unterlaufen. In einer weiteren Untersuchung mit 165 Beamten und Angestellten verschiedener Verwaltungen gaben 46 % der Befragten an, dass ihnen im Rahmen ihrer Arbeitstätigkeit im letzten Jahr *3- bis 5-mal* ein *nicht trivialer* Fehler unterlaufen sei; 15 % gaben an, dass ihnen dies *6- bis 10-mal* passiert sei. Von den 102 interviewten Personen einer weiteren eigenen Studie konnten 80 Befragte mindestens drei nicht triviale Fehler konkret benennen, die ihnen in den vergangenen drei Monaten passiert waren. Im Rahmen einer weiteren Untersuchung mit 128 Teilnehmenden gaben 107 Befragte (84 %) an, mindestens *1-mal wöchentlich* mit einem fremdverursachten Fehler *auch trivialer Art* konfrontiert zu sein. Vergleichbare Ergebnisse erzielte auch eine weitere Befragung von 30 Mitarbeitenden verschiedener Organisationen bezüglich *selbst gemachter* Fehler (vgl. Abb. 2.7). Auch in administrativen Tätigkeitsfeldern sind Fehler, wie in anderen Bereichen auch, somit allgegenwärtig.[20]

Den meisten Leserinnen und Lesern sind aus der jüngeren Vergangenheit vermutlich die schwerwiegenden Wahlpannen in Berlin noch beispielhaft in Erinnerung. Mehrere Wahlen wurden auf einen Termin gelegt: (1) die Bundestagswahl, (2) die Abgeordnetenhauswahl, (3) die Bezirksverordnetenversammlung und (4) die Volksabstimmung über die Enteignung von Wohngesellschaften. Die durchschnittliche Wahlzeit wurde jedoch aus den Erfahrungswerten der Vergangenheit mit zwei Minuten kalkuliert, faktisch benötigten viele Wähler allerdings über fünf Minuten, um die Vielzahl von Wahlen durchzuführen. Eine Nachlieferung der zudem knapp bemessenen und z. T. vertauschten Wahlzettel durch die mit Absperrungen durchzogene Innenstadt erwies sich als langwierig, sodass einige Wahllokale teils bis nach 20 Uhr noch geöffnet blieben. Nach der Wahl erfolgten „Korrekturen" der falschen Stimmzettel. Und dies sind nur einige der Zutaten, die zu der sogenannten „Pannenwahl von Berlin" führten.[21] Spott und Häme blieben nicht aus. So titelte das Magazin *Titanic* vor der Wahlwiederholung:

„Berlin – Ihre Wahlheimat".

Fehler treten bei administrativen Arbeitstätigkeiten in einer enormen Vielfalt auf. Dies kann angesichts der zahlreichen heterogenen Aufgabenbereiche, mit denen die

---

[20] Diese Darstellung darf nicht als Kritik der Verwaltungsarbeit verstanden werden. Es ist keinesfalls beabsichtigt, Verwaltungsmitarbeitende in Misskredit zu bringen oder naive einschlägige Stereotype vom „faulen Beamten" o. Ä. zu bedienen. Die nähere Analyse unserer Daten zeichnet tatsächlich auch ein völlig anderes Bild, wie in den nachfolgenden Kapiteln, z. B. bei den Ausführungen zu den Fehlerursachen, noch deutlich werden wird. Unsere Untersuchungen „in administrativen Tätigkeitsfeldern" beschränkten sich zudem auch nicht auf Verwaltungen, sondern bezogen mit vergleichbaren Ergebnissen auch Mitarbeitende in Kreditinstituten, Versicherungen, Kirchen und organisationslastigen Wirtschaftsunternehmen mit ein. Gemessen an einschlägigen Befunden im industriellen Bereich sind die von uns erfassten Fehler in der Verwaltung vergleichsweise harmlos. Wie im medizinischen Bereich auch sollte unsere Fehlersammlung im administrativen Bereich zudem an der Anzahl der millionenfach korrekten Bearbeitung von Verwaltungsvorgängen relativiert werden.

[21] Quellen: WELT https://www.welt.de/regionales/berlin/article239763689/Expertenkommission-Wahlpannen-in-Berlin-waren-vermeidbar.html; https://www.welt.de/politik/deutschland/article23 9763961/Wahl-Chaos-in-Berlin-Vertrauen-nachhaltig-gestoert.html; Tichys Einblick https://www.tichyseinblick.de/daili-es-sentials/wahl-berlin-rot-rot-gruen-rotstift/.

Fehlerhäufigkeit:
Wie oft sind Ihnen im vergangenen Monat
Fehler bei der Arbeit unterlaufen?

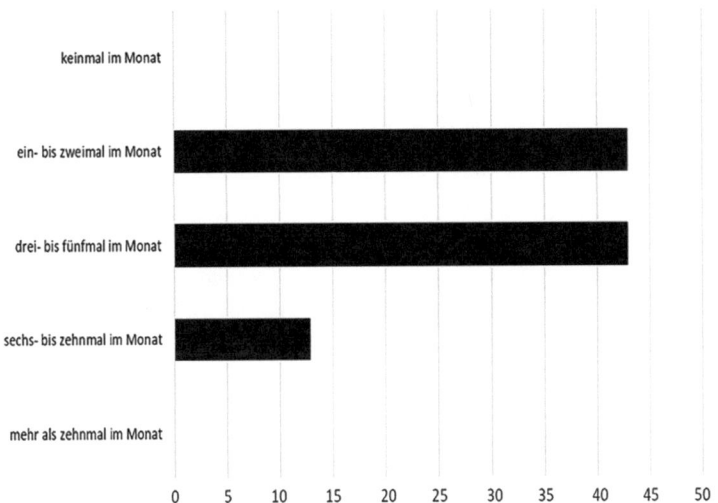

Abb. 2.7 Prozentuale Verteilung verschiedener Fehlerhäufigkeiten. Fehler sind auch in administrativen Tätigkeitsfeldern allgegenwärtig: 43 % der Befragten geben an, dass ihnen ein- bis zweimal monatlich ein Fehler unterläuft, ebenfalls 43 % geben an, dass ihnen drei- bis fünfmal im Monat ein Fehler passiert, und 13 % geben an, dass dies sechs- bis zehnmal monatlich der Fall ist

Administration in der Regel beschäftigt ist, kaum verwundern. So reicht das Feld von *vergessenen E-Mail-Anhängen* über *fehlerhafte Materialbeschaffungen, falsche Rechtsauskünfte* oder *überhöhte Leistungsauszahlungen* bis hin zu *personellen Fehlbesetzungen in Führungspositionen.*

In einer eigenen Untersuchung mit 261 Mitarbeitenden verschiedener Organisationen erwiesen sich folgende (noch generalisierbare) Fehler als häufig:

1. Zahlendreher
2. Falsches Vorzeichen (Erstattung statt Forderung)
3. Tippfehler
4. Copy & Paste, dabei Fehler im Satzbau produziert (z. B. doppelte Verneinung: ja statt nein)
5. Ausdruck auf falschem Vordruck
6. Übermittlungsfehler
7. Adressen beim E-Mail-Versand für alle sichtbar
8. Bildschirm nicht gesperrt (Datenschutzverstoß)
9. Falsche Zuordnung (von Akten, Schlüsseln, Daten)

10. Ablagefehler (falsche Schlagwörter/falsche Kategorien)
11. Falscher Adressat (z. B. Müller sen. statt Müller jun.; Doppeladressierungen)
12. Weitergabe von Unterlagen versäumt
13. Vergessene Passwörter
14. Datenverlust (wichtige Dateien nicht gespeichert)
15. Folgewirkungen von Maßnahmen nicht bedacht

Im Rahmen einer weiteren eigenen Befragung von 230 Beamten verschiedener Behörden kristallisierten sich folgende häufige Fehler heraus:

1. Schreib- und Rechenfehler (Vorzeichenfehler, falsche Berechnung, falsches Datum)
2. Termine vergessen, Sitzungen vergessen, Aufgaben oder Arbeitsschritte vergessen
3. Fehler in Bescheiden (unzulässige Ablehnung oder Gewährung von Anträgen)
4. Fehlerhafte Adressierung (E-Mails, Briefe, Bankkonten, Vertauschungen)
5. Offizieller Dienstweg nicht eingehalten, Zuständigkeiten nicht korrekt erfasst
6. Fehleinschätzung von Bürgerreaktionen bei geplanten Projekten
7. Fehleinschätzung von Eltern in Kinderschutzangelegenheiten
8. Mangelnder oder fehlender Einbezug bestimmter Parteien
9. Datenschutzverstöße (z. B.: im E-Mail-Verteiler waren alle Adressen zu sehen)
10. Falscher Umgang mit (schwierigen) Mitarbeitern, falsche Personalentscheidung

In einer weiteren eigenen Studie mit 15 Führungskräften verschiedener Verwaltungen *(Abteilungsleitung, Fachbereichsleitung, Geschäftsbereichsleitung, Hauptamtsleitung, Stabstellenleitung, Sachgebietsleitung, Dezernenten und Bürgermeisterinnen)* wurden folgende Fehler benannt, die sich in der jeweiligen Organisation häufig wiederholen:

1. Mangelnde Kontrolle von Arbeitsunfähigkeitsbescheinigungen, sodass Lohnfortzahlungen über sechs Wochen Krankheitsdauer hinaus rückabgewickelt oder zurückgefordert werden müssen
2. Fristversäumnisse beim Sitzungsunterlagenversand, sodass keine Freigabe für die Sitzung mehr erfolgen kann oder diese beanstandet werden können
3. Fehleinschätzungen bei Verkehrszeichenplänen, sodass jemand zu Unrecht einen Strafzettel erhält oder Wege für Baufahrzeuge nicht freigehalten werden
4. Erfassungsfehler der Leistungssachbearbeitung, sodass es zu falschen Zahlungen kommt.
5. Zu späte Einbindung von Parteien, wie z. B. der Schwerbehindertenvertretung in Personalauswahlprozessen
6. Rechtschreibfehler und Zahlendreher, die zu einem Imageverlust oder zu Glaubwürdigkeits- und Vertrauensminderungen bei Bürgern führen können
7. Auslassungen in Protokollen

8. Mangelnde Veranstaltungsplanung, sodass Teilnehmende oder Referierende am falschen Ort oder zur falschen Zeit erscheinen
9. Übersehen von Zuständigkeiten, Untätigkeit trotz Handlungserfordernis oder Ungleichbehandlung von Gruppen
10. Fehlbesetzungen von Stellen, falsche Eingruppierungen
11. Nicht funktionierende Technik, sodass es zu Verzögerungen oder Ausfällen kommt

In einer abschließenden Befragung von 131 Mitarbeitenden verschiedener Organisationen wurden Fehler in den folgenden beiden Kategorien erfasst:

1. der *schwerwiegendste Fehler im aktuellen Tätigkeitsbereich* und
2. *sich wiederholende Fehler*

Die Ergebnisse lassen sich der nachfolgenden Tab. 2.1 entnehmen.

Selbst die erwähnten „schwerwiegendsten Fehler" in unserer Befragung erscheinen im Vergleich zu industriellen Katastrophen oder Unfällen mit Personenschäden recht harmlos. Aber auch schwere Fehler mit großen Folgeschäden können administrativ mitverursacht sein. Zu erinnern ist hier beispielsweise an die Organisation der Loveparade in Duisburg (vgl. Abb. 2.8), an den Eishalleneinsturz in Bad Reichenhall oder an die bekannt gewordenen Fehleinschätzungen von Jugendämtern, durch deren Entscheidungen Kindesmisshandlungen nicht vorgebeugt wurde (vgl. auch den Fall Yagmur[22]).

In unseren eigenen Untersuchungen wurde bislang zwar kein einziger Fall benannt, in denen es zu Personenschäden im engeren Sinne kam, aber selbst im Rahmen unserer Befragungen wurden einige Beispiele mit hohen persönlichen Belastungsfolgen beschrieben: Einer unserer Interviewpartner schilderte beispielsweise den Fall einer Abschiebung in ein falsches Herkunftsland. Frese et al. (2022) berichtet sogar, dass der Fehler eines einzelnen Mitarbeiters in einer Organisation „die Arbeit von einem Jahr" zunichtegemacht hat. Auch wenn die große Masse der fehlerfrei bearbeiteten Aufgaben ins Kalkül gezogen werden muss, so sind die genannten Beispiele doch Grund genug, sich detailliert mit den Ursachen (s. Kap. 4, 5 und 6) und vor allem mit den Präventionsmöglichkeiten (s. Kap. 7, 8 und 9) solcher Fehler auseinanderzusetzen.

---

[22] Quelle: https://www.faz.net/aktuell/gesellschaft/ermittlungen-im-fall-yagmur-gegen-jugendamt-eingestellt-13713533.html. Vermutlich folgte das Jugendamt der generell sinnvollen Regel (s. regelbasierte Handlungssteuerung, Kap. 4), das Mädchen wieder an die Mutter heranzuführen.

Tab. 2.1 Zusammenstellung der schwerwiegendsten Fehler von 131 Befragten in ihrem aktuellen Tätigkeitsbereich und der sich häufig wiederholenden Fehler

Schwerwiegendster Fehler im aktuellen Tätigkeitsbereich	Sich wiederholende Fehler
• Löschen von Daten • Löschung einer Datenbank • Beim Aufräumen eines mobilen Rechners wurde ein Projekt versehentlich gelöscht; ein Tag Außendienstarbeit musste dafür neu arrangiert werden • Update an einen Server, und danach kam er nicht mehr hoch; alle konnten dann für eine bestimmte Zeit nicht mehr mit dem PC arbeiten • Ich habe eine E-Mail, die für einen Kollegen bestimmt war, versehentlich nach außen geschickt; der Inhalt war nicht für den Empfänger bestimmt • Mail an falsche Person versendet • Falsche Firma beim Buchen der Überweisung angeklickt • Auszahlung erfolgte an falschen Zahlungsempfänger • Verwechslung von Klientenunterlagen • Falsch bestellte Visitenkarten, die dringend gebraucht wurden • Anstecknadeln mit Wappen im falschen Design bestellt • Nach mangelhafter externer Beratung wurde durch mich eine Bestellung ausgelöst, welche nicht komplett zu unserem Einsatzgebiet passt • Bei einer Agentur aus Versehen etwas Falsches gebucht, was ziemlich hohe Kosten für mein Team verursacht hat • Fehler, die in der Kommunikation mit Menschen passieren • Mangelhafte Abstimmung mit den Vorgesetzten • Fehlende Info-Weitergabe an obere Stellen, da nicht klar war, wer für die Weitergabe verantwortlich war und wen die Infos überhaupt interessieren • Einstellung einer Person auf eine Stelle, bei der sich herausstellte, dass sie mich im Vorstellungsgespräch geblendet hat und für die Stelle ungeeignet war; im Nachgang betrachtet, hätte ich es erkennen können • Eine Aufgabe ganz vergessen • Vergessen, eine Aufgabe zeitnah abzuarbeiten • Ablauf einer Abgabefrist • Wichtige Frist verpasst • Vollstreckungsmaßnahmen wurden nicht rechtzeitig eingeleitet; dadurch ist der mögliche Erfolg der Beitreibungsmaßnahme verringert worden • Viel zu lang während Klärung eines Sachverhalts inkl. des weiteren Vorgehens mit finanziellen Auswirkungen • Ich habe versäumt, eine ausscheidende Praktikantin ein Formular unterschreiben zu lassen • Mitteilung über die Gültigkeit eines Dokumentes, obwohl die Voraussetzungen noch nicht alle erfüllt waren	• Tippfehler, Rechtschreibfehler • Flüchtigkeitsfehler (aufgrund von Zeitdruck und zu schnellem Lesen falsche Informationen aufgenommen) • Sachverhalte nicht genau und ganz durchgelesen • Übersehen von kleineren Fehlern in Verträgen • Ein Schriftstück ist unvollständig, enthält Schreibfehler, oder Angaben sind falsch • Fehlerhafte §-Angabe in Schreiben • Daten aus Formularen werden fehlerhaft oder nicht vollständig erfasst • Hohe Menge an Fehldrucken • Fehlerhafte Berechnungen • Falsches Vorzeichen bei Beträgen • Mail ohne Anhang versendet • Termine falsch eingetragen • Versäumnis von Fristen • Aufgaben können nicht fristgerecht umgesetzt werden • Zu lange Reaktionszeiten auf Kundenanfragen • Rechnungen werden angemahnt • Aufgaben mit niederer Priorität werden einfach vergessen • Unterschied von Dringendem zu Unwichtigen wird nicht erkannt • Mangelnde Vorbereitung auf einen Projekttermin • Im Buchungsprozess werden falsche Buchungsstellen/Kontoverbindungen angegeben • Einzugebende Änderungen an Kundendaten werden nicht erfasst, aufgrund mangelnder Zeit • Alten Rechnungsbogen mit falschen Öffnungszeiten genommen, kurz nachdem neue Öffnungszeiten vereinbart wurden • Ein altes Schreiben kopiert und überschrieben und nicht alle Daten abgeändert • Formfehler im Schriftverkehr nach extern: Adressfeld und Anrede stimmen nicht überein. Kalendertag und Wochentag stimmen nicht überein (wegen Übernahme der Schreiben aus vorherigen Vorgängen) • Bei Bewilligungszeiträumen das aktuelle Jahr 2022 angegeben statt des korrekten Datums mit dem Jahr 2023 • Stempel zu spät umgestellt • Wenn sich etwas ändert, werden keine neuen Bescheide erstellt • Vergessen, etwas für die weitere Antragsbearbeitung anzufordern • Fehler bei der Eingabe der Stellenausschreibungen (z. B. Feld vergessen, in dem Voll- oder Teilzeit ausgewählt werden muss)

(Fortsetzung)

Tab. 2.1 (Fortsetzung)

Schwerwiegendster Fehler im aktuellen Tätigkeitsbereich	Sich wiederholende Fehler
• Nicht ausreichendes Erkennen der fachlichen Fördervoraussetzungen • Zusage bei Einstellung, dass Bewerberin Anspruch auf Zahlungen hat, die sie aber eigentlich nicht hatte • Falsche Eingruppierung im Entgeltsystem • Falsche Stufenberechnung im Rahmen einer Verbeamtung • Falsche Holzsortierung, sodass diese vom Käufer reklamiert wurde, und Baumarten verwechselt, sodass beim Auszeichnen die falschen Bäume markiert wurden • Es waren mehr taktische Fehler, auch wenn ich diese nicht wirklich als einen Fehler ansehen würde. Ich würde den Zeitpunkt einer PR-Beteiligung für die Entwicklung eines neuen Systems hierfür benennen • Ich habe gewechselt. Da mir der Bereich nicht optimal übergeben werden konnte, ist währenddessen ein Vollstreckungsfall verjährt, mit Rückständen in Höhe von etwa 25.000 € • Versicherungsschaden falsch abgewickelt • Ich habe bei einer Vermögensaufstellung eine Vermögensposition doppelt aufgeführt und somit Leistungen zu Unrecht nicht gewährt • Dokumente falsch ausgestellt • Falschbeurkundungen • Erteilung eines Aufenthaltstitels auf einer Rechtsgrundlage, die für die Person eigentlich nicht zutreffend war • Aufenthaltserlaubnis aufgrund einer falschen Auskunft vom Standesamt zu Unrecht erteilt • Einbürgerung – trotz Sicherheitsbedenken durch den Verfassungsschutz. Info zu Bedenken in der Sicherheitsabfrage übersehen • Ich habe einen Aufenthaltstitel erteilt, obwohl die Überprüfung nicht komplett abgeschlossen war bzw. er keine Aufenthaltserlaubnis kriegen durfte • Ich habe einem mutmaßlichen Anhänger des IS gesagt, dass wir die Mitteilung erhalten hätten, er sei IS-Anhänger. So wusste er dies vor dem Sicherheitsgespräch, bei dem er vom Verfassungsschutz befragt wurde • Freigabe von Abfall zur Ablagerung, der Sonderabfall war • Einzelanzeige falsch abgelegt • Ein bereits Geehrter wurde nochmals als Ehrungsvorschlag vorgelegt und im Gremium zur Ehrung beschlossen (ungenügende Recherche im Vorfeld) • Im Protokoll nicht alle entschuldigten Personen mit Grund aufgeführt • Erstellung einer unternehmensrelevanten Vorlage basierend auf einem grundlegenden Missverständnis	• Handzeichen an falscher Stelle • Unbestimmte Ablage bei neu aufkommenden Sachverhalten (abwechselnd in Papierform oder digital); wurde teilweise nicht mehr gefunden • Wiedervorlage weg • Vorgeschriebenen Weg für eine Auszahlung nicht eingehalten, sondern eine leichtere Alternative gewählt • Software-Installation: Teile der Anleitung übersprungen • Fehler bei Zeichnungsläufen (Dokumente kommen zurück, weil Unterschriftsbefugnisse nicht geklärt sind) • Fehlerhafte Vermögensaufstellungen • Fehlerhaftes Ausfüllen von Anträgen • Formular beim Ausscheiden vorher nicht unterschreiben lassen • Mangelnde Information von anderen Stellen und Kommunikation mit diesen • Eine Fehlinterpretation von Informationen, die bei der Weitergabe zu falschen Auskünften geführt hat • Ausfüllfehler von Protokollen • Falsche Speicherung in digitaler Akte • Daten vergessen zu erfassen (Nacherfassung) • Bewirtungsutensilien bei Besprechungen zu kurzfristig bereitgestellt • **Ich verwechsle rechts und links**

(Fortsetzung)

Tab. 2.1 (Fortsetzung)

Schwerwiegendster Fehler im aktuellen Tätigkeitsbereich	Sich wiederholende Fehler
• Aufgrund von Unachtsamkeit und Unkonzentriertheit falsche Schlüsse gezogen • Überblick verloren, welcher Mitarbeiter bei welchem Kurstermin war und wer abgesagt hat und von wem eine Bescheinigung vorliegt • Fehlende Berücksichtigung von Rechtsprechung bei steuer- und sozialversicherungsrechtlichem Vorgang • Über einen Zeitraum von 9 Monaten wurden bei einem Mitarbeiter/Mitarbeiterin 10 % zu viel Gehalt monatlich ausbezahlt • Ich habe mal 4000 € aus Versehen ausgezahlt • Zu viel Geld ausgezahlt • Veranlassung zur falschen Geldauszahlung • Ich habe die Auszahlung in einem Fall nicht gestoppt, obwohl ich wusste, dass in diesem Fall die Leistungsvoraussetzung nicht mehr vorlag • Rechnungen mit falschem Betrag ausgestellt; Bescheide falsch erstellt ohne Rechtsbehelfsbelehrung • Berechnungsfehler bei der Wohngeldbewilligung • Falsche Berechnung der Bestattungsgebühren bei Vertretung • Urlaubstage falsch berechnet und falsch weitergegeben • Beschluss Haushaltssatzung: leicht unterschiedliche Werte in Satzung und Haushaltsplan • Erteilung einer Falschauskunft aufgrund einer konkreten Anfrage von Beschäftigten; falsche rechtliche Auskunft • Eine Auskunft über ein Projekt im Rahmen einer Umfrage, die, wie sich im Nachgang herausgestellt hat, falsch war • Einem Kunden aus Versehen das Gewerbe wieder abgemeldet • Catering für zu wenige Teilnehmende organisiert • Etwas unterschrieben, was ein Fake war • Unachtsamer Umgang mit Materialien	

2.6   Fazit und Ausblick

Mithilfe der in diesem Kapitel beschriebenen Beispiele für Fehlleistungen ist der Gegenstandsbereich dieser Forschungsarbeit umrissen. Im nächsten Schritt kann daher konkret bestimmt werden, was das gemeinsame Wesen dieser mannigfaltigen Fehlerphänomene ist. In anderen Worten: Im nächsten Kapitel werden wir den Begriff *Fehler* definieren. Dies erweist sich als alles andere als trivial.

Abb. 2.8 Auf der Loveparade 2010 in Duisburg kamen 21 Menschen ums Leben, und mindestens 652 wurden teils schwer verletzt. Das Gelände war für die Veranstaltung ungeeignet, was bei der Genehmigung und Planung des Events nicht erkannt oder ignoriert wurde (eigenes Foto, Personen unkenntlich gemacht)

Literatur

Bittrich, D. (2014). *Böse Sprüche für jeden Tag*. dtv.

Dawkins, R. (1994/2014). *Das egoistische Gen*. Spektrum.

Ellis, A., & Ellis, D. J. (2014). Rational emotive behavior therapy. In G. R. VandenBos, E. Meidenbauer, & J. Frank-McNeil (Hrsg.), *Psychotherapy theories and techniques: A reader* (S. 289–298). American Psychological Association.

Feyerabend, P. (1986). *Wider den Methodenzwang*. Suhrkamp.

Frese, M., & Keith, N. (2015). Action errors, action management, and learning in organizations. *Annual Review of Psychology, 66*, 661–687.

Freud, S. (1904/2021). *Zur Psychopathologie des Alltagslebens. Über Vergessen, Versprechen, Vergreifen, Aberglaube und Irrtum*. Lunata.

Hofinger, G. (2011). Fehler und Unfälle. In P. Badke-Schaub, G. Hofinger, & K. Lauche, *Human Factors. Psychologie sicheren Handelns in Risikobranchen* (S. 39–59). Springer.

Kohn, L. T., Corrigan, J. M., & Donaldson, M. S. (2000). *To err is human: Building a safer health system*. National Academies Press.

Masten, A. S. (2016). *Resilienz: Modell, Fakten & Neurobiologie. Das ganz normale Wunder entschlüsselt*. Junfermann.

McDonald, C. J., Weiner, M., & Hui, S. L. (2000). Deaths due to medical errors are exaggerated in the Institute of Medicine Report. *Journal of the American Medical Association, 284*, 93–95.

Poscheschnik, G., & Crepaldi, G. (2021). Only chance and circumstances? Or, how Freudian are Freudian slips? A review of research literature concerning parapraxes. *Psychoanalytic Psychology, 39*(3), 189–197.

Schrappe, M. (2018). *APS-Weißbuch der Patientensicherheit. Sicherheit in der Gesundheitsversorgung: Neu denken, gezielt verbessern*. Medizinisch Wissenschaftliche Verlagsgesellschaft.

Stemmler, G., Hagemann, D., Amelang, M., & Bartussek, D. (2010). *Differentielle Psychologie und Persönlichkeitsforschung*. Kohlhammer.

Thomas, E. J., Studdert, D. M., Burstin, H. R., Orav, E. J., Zeena, T., Williams, E. J., Howard, K. M., Weiler, P. C., & Brennan, T. A. (2000). Incidence and types of adverse events and negligent care in Utah and Colorado. *Medical Care, 38*, 261–271.

Internetquellen

Ärzteblatt. https://www.aerzteblatt.de/nachrichten/66550/US-Studie-Medizinische-Irrtuemer-dritthaeufig ste-Todesursache.

Behandlungsfehler. Quelle: https://www.ndr.de/ratgeber/gesundheit/Behandlungsfehler-Wie-lassen-sie-sich-vermeiden,behandlungsfehler144.html.

Doppelbescheide. https://www.mz.de/lokal/sangerhausen/fehler-in-stadtverwaltung-doppelte-bescheide-in-sangerhausen-1521461.

Fall Yagmur. https://www.faz.net/aktuell/gesellschaft/ermittlungen-im-fall-yagmur-gegen-jugendamt-ein gestellt-13713533.html.

Falschüberweisung. https://www.sueddeutsche.de/wirtschaft/citigroup-501-millionen-dollar-faelschlich-ueberwiesen-1.5207685.

Frese, M., Irmer, C., & Prümper, J. (1991/2022). Das Konzept Fehlermanagement: Eine Strategie des Umgangs mit Fehlern in der Mensch-Maschine Interaktion. https://people.f3.htw-berlin.de/Profes soren/Pruemper/publikation/1991/Frese_Irmer_Pruemper(1991).pdf.

Loveparade. https://de.wikipedia.org/wiki/Ungl%C3%BCck_bei_der_Loveparade_2010#/media/Datei: Loveparade-Ungl%C3%BCck-2010-CN,_Ostrampe.jpg; https://www.flickr.com/photos/carschten/ 4856841237/; kaⱨstn Disk/Cat

Passwort vergessen. https://www.businessinsider.de/wirtschaft/finanzen/bitcoin-vergessenes-passwort-kann-viele-millionen-euro-kosten-c/.

Pannenwahl Berlin. https://www.welt.de/regionales/berlin/article239763689/Expertenkommission-Wah lpannen-in-Berlin-waren-vermeidbar.html; https://www.welt.de/politik/deutschland/article23976 3961/Wahl-Chaos-in-Berlin-Vertrauen-nachhaltig-gestoert.html.

Steuergeldverschwendung. https://www.schwarzbuch.de/aufgedeckt/steuergeldverschwendung-alle-fae lle/details/verflixte-80-zentimeter.

Tichys Einblick. https://www.tichyseinblick.de/daili-es-sentials/wahl-berlin-rot-rot-gruen-rotstift/.

Verwechslungswitz. https://dict.leo.org/forum/viewGeneraldiscussion.php?idForum=9&idThread=132 7065&lp=ende&lang=de.

Ypsilanti. https://www.wiwo.de/politik/europa/merkel-westerwelle-und-co-die-zehn-peinlichsten-politi ker-versprecher/6726810.html.

Fehler gehen in (die) Ordnung – *Fehlertypen* 3

Niemand hat die Absicht,
einen Flughafen in Berlin zu eröffnen.

(in Anlehnung an Glasauer, 2013)

In diesem dritten Kapitel wird definiert, was unter einem *Fehler* zu verstehen ist. Fehler können in unzähligen Formen und Ausprägungen vorkommen. Um mit der phänomenalen Vielfalt konstruktiv umgehen zu können, analysieren wir, welche Fehler*typen* ihnen zugrunde liegen und welche Fehlerkategorien gewinnbringend voneinander unterschieden werden können. Wir gehen weiterhin darauf ein, wie Fehler zu *bewerten* sind und was aus der Bewertung für verschiedene praktische Ziele folgt – in diesem Zusammenhang setzen wir uns insbesondere mit der Frage auseinander, unter welchen Bedingungen es überhaupt sinnvoll ist, Fehler zu vermeiden.

Die Themen dieses Kapitels hängen weniger stringent miteinander zusammen, als dies in den übrigen Kapiteln der Fall ist. Es handelt sich jedoch um eine Zusammenstellung von ungewöhnlichen Perspektiven und vorbereitenden Überlegungen, die dazu dienen, die späteren Ausführungen zu den Fehlerursachen und zum Fehlermanagement besser einordnen zu können.

Eine Gemeinsamkeit stellt jedoch die Tatsache dar, dass sämtliche Ausführungen in diesem Kapitel zu einer erheblichen persönlichen Entlastung führen und im Umgang mit eigenen oder fremden Fehlern durchaus milder stimmen können:[1] Dies beginnt schon mit der Einsicht in die Relativität dessen, was überhaupt als Fehler gewertet wird. Es setzt sich mit der Illusion der Willensfreiheit fort und den damit verbundenen Zweifeln,

---

[1] Sofern dies angestrebt wird. Der Begriff Entlastung kann in diesem Zusammenhang im Sinne einer moralischen Entlastung oder einer Entlastung des schlechten Gewissens aufgefasst werden.

M. Sauerland, *Fehler im Griff*, https://doi.org/10.1007/978-3-662-68472-6_3

ob eine bessere Handlung überhaupt hätte gewählt werden können. Auch die faktische
Komplexität des menschlichen Daseins, die es unmöglich erscheinen lässt, Fehler völlig
zu vermeiden, trägt ihren Teil dazu bei. Und zu guter Letzt zeigen unzählige berühmte
Beispiele, dass Fehler zu wahren Erkenntnis- und Fortschrittstreibern werden können.

Kap. 1 – Zielsetzung		
Kap. 2 – Fehlerbeispiele		
Kap. 3 **Fehler gehen in (die) Ordnung** **– *Fehlertypen***	**3.1 Definitionen**	
	3.2 Bewertungen	3.2.1 Determinismus – hätte man anders handeln können?
		3.2.2 Rahmenbedingungen administrativer Tätigkeiten
		3.2.3 Vom Sinn des Ziels, Fehler zu vermeiden
	3.3 Kategorien	
	3.4 Reale Anteile	
	3.5 Fazit und Ausblick	
Kap. 4, 5 und 6 – Fehlerursachen		
Kap. 7, 8 und 9 – Fehlermanagement		
Kap. 10 – Zusammenfassung		

3.1   Definitionen – *die Relativitätstheorie der Fehler*

Es ist keineswegs trivial, den Begriff „Fehler" zu definieren. In den vorangegangenen
Kapiteln war bereits von *Fehlern* die Rede, obwohl noch nicht bestimmt wurde, was
ein Fehler überhaupt ist. Einige der Beispiele, welche wir bereits aufgeführt haben, wurden allerdings von den befragten Personen selbst als Fehler bezeichnet. Der subjektiven
Wahrnehmung dessen, was ein Fehler ist, kommt in der Tat eine bedeutende Rolle zu.

Von einem *Fehler* kann in einer ersten Annäherung gesprochen werden, wenn **der**
Ist-Wert von einem angestrebten *Soll-Wert* abweicht,[2] eine Entscheidung oder eine
Handlung also ihr Ziel verfehlt hat.[3] Allerdings werden zumeist lediglich *negative* Abwei-
chungen als Fehler gewertet, während Abweichungen in positiver Richtung, also z. B. im

---

[2] Vgl. Miller et al. (1960/2013).

[3] Inbegriffen ist auch das *Nichthandeln,* welches ggf. auch zu einer Abweichung von Ist- und Soll-
wert führen kann, z. B., wenn zur Zielerreichung eine Handlung erforderlich gewesen wäre. Im Fall
von Verstößen (z. B. Sabotageakte) kann aufgrund des bewussten Vorsatzes von einer Klassifika-
tion als Fehler auch abgesehen werden; ein Fehler setzt *im allgemeinen Verständnis* nämlich voraus,
dass man ihn nicht absichtlich begangen hat bzw. dass man die Abweichung von Ist- und Sollzustand
nicht mit bewusster Intention herbeigeführt hat.

Abb. 3.1 Ein offensichtlicher Fehlwurf – die Abweichung (eines Ist-Zustands) von einer Norm (als angestrebter Soll-Zustand) kann als Fehler bezeichnet werden

Sinne eines „Übertreffens", eher als Erfolg wahrgenommen werden. Doch bedenken Sie den Kontext: Im Sanitärbereich wird das Übertreffen zumeist nicht als Erfolg gewertet.

Dieses Verständnis lässt sich an zahllosen Beispielen, wie auch einem Fehl*wurf* (s. Abb. 3.1), verdeutlichen. Dementsprechend liegt dieses Grundverständnis auch einer Vielzahl von Konzepten, Kriterien, Definitionen und Synonymen des Begriffs *Fehler* zugrunde (vgl. z. B. Tab. 3.1).[4] So definiert auch Hofinger (2011; S. 40) einen Fehler als *„Abweichung von einem als richtig angesehenen Verhalten oder von einem gewünschten Handlungsziel, das der Handelnde eigentlich hätte ausführen bzw. erreichen können."*

Maschinenfehler lassen sich diesem Grundverständnis auf den ersten Blick auch plausibel zuordnen: Wenn das Fahrerassistenzsystem in einem Auto eine Geschwindigkeitsbeschränkung beispielsweise nicht registriert oder die Lidschlagkamera kurz nach Beginn der Fahrt schon die Müdigkeit des Fahrers detektiert und eine Pause empfiehlt, dann sind dies klare Diagnose- und Signalfehler der Maschine: Das System zeigt vermeintliche Sachverhalte an (Ist-Werte), die es nicht anzeigen *soll*te, und vice versa. Da Maschinen allerdings keine **besseren Absichten** herausbilden und keine Wünsche haben, können sie (in einer schon etwas voraussetzungsreicheren Lesart des Begriffs) auch keine Fehler begehen. Diese sind dann der unausgereiften Programmierung oder der unangemessenen Bedienung zuzuschreiben, also letztlich wieder menschlichen Akteuren.[5] Bei Maschinen spricht man daher häufiger von einer Störung, einem Defekt, einer Fehlfunktion oder mangelnder Usability. Festzuhalten ist demnach, dass Fehler zwar nicht absichtlich begangen werden, aber eine (bessere) Absicht vorgelegen haben muss, um überhaupt von einem Fehler sprechen zu können. Für Maschinen gilt jedoch, dass sie

---

[4] Vgl. auch Althoff (1999); Grassinger et al. (2015); Parker et al. (1995); Senders und Moray (1991); Wehner et al. (2010).

[5] Hofinger (2011).

Tab. 3.1 Varianten des Grundverständnisses von einem Fehler als Abweichung von Ist- und Soll-wert

IST-Zustand des Bezugsobjekts	Diskrepanz = Fehler	SOLL-Zustand des Bezugsobjekts
Aktueller Zustand	Abweichung Verfehlung Nichterreichen	Ziel Erwartung Wunsch
Vorliegendes Ergebnis	Nichterfüllung Misserfolg	Anforderung Kriterium
Tatsächlicher Ablauf	Verstoß Übertritt Nichteinhaltung Unterlassung	Regel Norm Richtigkeit
Vorhandenes Produkt	Mangel Defizit Defekt Störung	Standard Norm Anforderung DIN EN ISO 9000

weder anders wollten noch anders konnten.[6] In den meisten Fehlerdefinitionen wird der Terminus „Abweichung zwischen Ist- und Sollwert" aus diesem Grund mit Zusätzen versehen, wie z. B. „*angestrebter* Soll-Wert" oder „*gewünschtes* Ziel".[7]

Bei menschlichen Akteuren in ihrem sozialen Geflecht wird der Sachverhalt aus mehreren Gründen noch deutlich komplizierter: Ein Fehler verdankt seine Existenz der Setzung, Geltung und Anwendung einer Norm, von welcher der Bewertungsgegenstand in unerwünschter Weise abweicht.[8] Diese Norm fällt aber nicht vom Himmel, wie Heid (2015) treffend feststellt. Es ist daher möglich, dass die **sozial gesetzte Norm individuell überhaupt nicht akzeptiert wird (oder vice versa). Zuweilen existiert nicht einmal eine einheitliche soziale Norm, oder sie ist erst auszuhandeln.** Dieselbe Handlung kann daher aus verschiedenen Perspektiven unterschiedlich bewertet werden. Was ein Kritiker oder Oppositioneller als Fehler der Regierung ansieht, würde die Regierung

---

[6] Im nachfolgenden Kapitel werden wir die These, dass Maschinen keine Fehler machen können, noch genauer analysieren. Menschen sind durch die Evolution mithilfe von Genen programmierte Überlebens- und Reproduktionsmaschinen (Dawkins, 1976, 2014). Man könnte also analog postulieren, dass auch Menschen keine Fehler machen können bzw. dass menschliche Fehler geschehen, wenn sie in Umwelten agieren müssen oder mit Aufgaben konfrontiert werden, für die sie nicht programmiert wurden. Dies ist offenkundig einer näheren Analyse wert. Darüber hinaus wohnt dem Begriff „Störung" eine deutlichere Appellbotschaft ohne Vorwurfs- oder Schuldcharakter inne, nämlich unmittelbar mit der Reparatur zu beginnen. So ist es auch sinnlos, eine Maschine zu bestrafen. Auch dies könnte, übertragen auf den Humanbereich, interessante Implikationen haben.

[7] An diesem Beispiel lassen sich bereits die nuanciert unterschiedlichen Lesarten erkennen, die mit dem Begriff „Fehler" in verschiedenen Disziplinen, wie z. B. Technik, Mathematik, Recht, Politik, Psychologie und Kunst, verbunden sind.

[8] Heid (2015).

selbst wohl eher als Erfolg interpretieren. Oder: Wenn ein Versicherungsmakler einem Kunden eine Versicherung verkauft, die dieser eigentlich gar nicht benötigt, wird der Geschäftsvorgang an sich wohl nur von einem der beiden Akteure als Fehler gewertet werden.[9] Was als Fehler zu interpretieren ist, erscheint nicht nur in diesen Beispielen hochgradig an eine bestimmte *Perspektive* oder auch an ein bestimmtes *Interesse* gekoppelt zu sein. Wie ein Student von mir forsch bemerkte: „Ein Fehler ist das, was der Dozent als solchen ansieht." Ein adäquates Fehlerkriterium müsste somit spezifizieren, von wem die Norm gesetzt wird und für wen sie gilt, also ob es sich bei einer Ist-Soll-Abweichung z. B. um einen „*individuell/persönlich/subjektiv* angestrebten Soll-Wert" und/oder um einen „*sozial/gesellschaftlich/allgemein/normativ* angestrebten Sollwert" handelt (vgl. dazu auch die allgemein akzeptierten Sachnormen, wie z. B. 1 + 1 = 2, vs. die oft diskussionswürdigen Moralnormen).[10]

Was ein Fehler ist, wie Soll- und Ist-Werte zu interpretieren sind, ist eine zu einem substanziellen Grad *subjektive* oder zumindest *perspektivische Angelegenheit.* Menschen schreiben sich noch am ehesten selbst einen Fehler zu, wenn sie im Angesicht einer subjektiv unerwünschten Abweichung von Ist- und Soll-Wert in der Rückschau zu der Überzeugung gelangen, dass sie „es" zum Entscheidungszeitpunkt besser hätten wissen können (z. B., weil sie offenkundige Warnhinweise ignoriert haben) oder es rückblickend durchaus möglich gewesen wäre, erfolgreicher zu handeln. Wer sich z. B. eine Zigarettenschachtel mit der Warnung *„Rauchen kann tödlich sein"* kauft, hätte es besser wissen können – er hätte sich besser eine Schachtel kaufen sollen mit der Aufschrift *„Fügt den Menschen in ihrer Umgebung erheblichen Schaden zu".*

Allerdings kann es dabei auch zu einer *zeitlichen Relativität* der Fehlerwahrnehmung kommen: Bei sinkendem Aktienkurs erscheint eine Investitionsentscheidung beispielsweise zunächst wie ein Fehler. Aber nur so lange, bis Jahre später der Kurs möglicherweise wieder sprunghaft ansteigt. Über die temporär instabile Bewertung der Eheschließung fangen wir besser gar nicht erst an zu reden – so soll Peter Sellers gesagt haben: „Manche Männer, von denen man denkt, sie seien längst tot, sind bloß

---

[9] Heid (2015).

[10] Die Tatsache, dass Fehler oft *peinlich* sind, ist ein bemerkenswerter Umstand. Denn Scham- und Schuldgefühle sind genuin soziale Emotionen. Ohne einen sozialen Kontext würden sie wohl nicht entstehen. Die Art und Weise, wie wir einen Fehler definiert haben, weist darauf hin, dass ein Fehler genau dann als solcher wahrgenommen wird, wenn ein Handlungsergebnis gegen einen Gütemaßstab verstößt. Objektive Qualitätsmerkmale existieren häufig jedoch gar nicht; es handelt sich in der Regel eher um soziale Kriterien. In einer fiktiven Welt, in der man nur sich selbst gegenüber verantwortlich wäre, gäbe es keine peinlichen Fehler. Einen ernsten Fehler würde man beseitigen, sofern das *Ereignis* für das Überleben und die Reproduktion relevant ist, ganz ohne Scham und Schuld, vielleicht mit energetisierendem Ärger, aber nicht begleitet von sozialen Emotionen. Der Maßstab, gegen den Abweichungen auftreten können, ist also i. d. R. sozialer Natur. Dies kann dazu führen, dass man in solchen Kontexten häufig eher darum bemüht ist, Scham und Schuld zu vermeiden, als „die Sache an sich" gut zu machen. Die Internalisierung sozialer Maßstäbe kann sogar derart überdehnt sein, dass eine Person glaubt, einen Fehler gemacht zu haben, obwohl „die Gesellschaft" dies im konkreten Fall gar nicht so einordnen würde.

„Ein alter Mann besaß ein wunderschönes weißes Pferd. Eines Morgens fand er sein Pferd nicht im Stall. Das ganze Dorf versammelte sich, und die Leute sagten: Du dummer alter Mann! Wir haben immer gewusst, dass das Pferd eines Tages gestohlen würde. Welch ein Unglück! Der alte Mann sagte: Geht nicht soweit, das zu sagen. Sagt einfach: Das Pferd ist nicht im Stall. So viel ist Tatsache, alles andere ist Urteil. Ob es ein Unglück ist oder ein Segen, weiß ich nicht. Die Leute lachten den Alten aus. Nach zwei Wochen kehrte der Schimmel, der nur in die Wildnis ausgebrochen war, mit einer Schar wilder Pferde zurück. 'Du hast recht gehabt, alter Mann', sprach das ganze Dorf, 'es war ein Segen, kein Unglück!' Darauf erwiderte der Greis: 'Ihr geht wieder zu weit. Tatsache ist nur, dass das Pferd zurückgekehrt ist.' Der alte Mann hatte einen Sohn, der nun mit diesen Pferden zu arbeiten begann. Doch bereits nach einigen Tagen stürzte er von einem Pferd und brach sich beide Beine. Im Dorf sprach man nun: 'Alter Mann, du hattest recht, es war ein Unglück, denn dein einziger Sohn, der dich im Alter versorgen könnte, kann nun seine Beine nicht mehr gebrauchen.' Darauf antwortete der Mann: 'Ihr geht wieder zu weit. Sagt doch einfach, dass sich mein Sohn die Beine gebrochen hat. Wer kann denn wissen, ob dies ein Unheil ist oder ein Segen?' Bald darauf brach ein Krieg im Lande aus. Alle jungen Männer wurden in die Armee eingezogen. Einzig der Sohn des alten Mannes blieb daheim, weil er ein Krüppel war. Die Bewohner des Dorfes meinten: 'Der Unfall war ein Segen, du hattest recht.' Darauf entgegnete der alte Mann: 'Warum seid ihr vom Urteilen so besessen? Richtig ist nur, dass eure Söhne ins Heer eingezogen wurden, mein Sohn jedoch nicht. Ob dies ein Segen oder ein Unglück ist, wer weiß?'"

Abb. 3.2 Die zeitliche Relativität der Unglücks- oder Fehlerwahrnehmung (gekürzt und modifiziert nach Millman, 2008)

verheiratet."[11] Erlebte Misserfolge und Niederlagen werden von Personen retrospektiv zuweilen jedoch sogar als stärkender Wendepunkt im eigenen Leben angesehen.[12] Eine fiktive Veranschaulichung dieser zeitlichen Relativität von Bewertungen findet sich in der nachfolgenden Geschichte (s. Abb. 3.2).[13]

Die Geschichte (s. Abb. 3.2) macht auch deutlich, dass noch ein weiterer relativierender Faktor bei der Fehlerdefinition berücksichtigt werden muss: Menschliches Fehlverhalten wird häufig als Oberbegriff verwendet, der alle diejenigen Ereignisse umfasst, bei denen eine geplante Abfolge geistiger oder körperlicher Tätigkeiten nicht zum beabsichtigten Resultat führt, *sofern diese Misserfolge **nicht fremdem Einwirken zugeschrieben** werden können.*[14]

Die Rolle der erwähnten „Fremdeinwirkung" ist in komplexen Systemen von besonderer Bedeutung, denn eine Abweichung zwischen Ist- und Soll-Wert kann auch durch die Vielzahl von Kontextfaktoren verursacht sein, die wenig mit der durchgeführten Handlung oder mit der gewählten Entscheidung einer Person zu tun hatten oder deren Entwicklung nicht vorhersehbar war. Einige Leser und Leserinnen werden nun aufatmen. Doch: Auch umgekehrt kann es zu einer „zufälligen" Deckung zwischen Ist- und Soll-Wert kommen (Erfolg), obwohl die ausgeführten Handlungen unter normalen Umständen zu

---

[11] Bittrich (2014).

[12] Wenngleich dies auch eine Strategie zur Reduktion der entstandenen kognitiven Dissonanz sein könnte (vgl. Festinger, 1957).

[13] Nach Millman (2008).

[14] Reason (1994, S. 28).

einer Abweichung hätten führen müssen – die Handlungsentscheidungen waren also zu dem Zeitpunkt, als sie getroffen wurden, nach menschlichem Ermessen schlecht. Dennoch würde ein solcher Fall wohl nicht als Fehler oder wenigstens nicht als Misserfolg gewertet werden. So müsste aber auch umgekehrt zugestanden werden, dass es Abweichungen von Ist- und Soll-Werten gibt (Misserfolg), die nicht auf Fehlentscheidungen oder Fehlhandlungen zurückführbar sind (wieder aufatmen). Und dies bedeutet auch, dass eine *Alternativ*handlung ebenfalls zu einer Deckung oder Abweichung von Ist- und Soll-Wert hätte führen können.[15] In der Regel lässt sich nachträglich nicht prüfen, welchen Ausgang nicht gewählte Handlungsoptionen genommen hätten.[16] Interessanterweise haben alle unsere Interviewpartner diesen Sachverhalt auch so angedeutet; beispielsweise Christian K.: *„Im Nachhinein zu überprüfen, wo man wirklich eine Fehlentscheidung getroffen hat, die dann auch als solche erkennbar ist, ist schwer. Denn bei vielen Entscheidungen … haben Sie keinen A-B-Vergleich!"*

Dieser Umstand lässt es in komplexen Systemen leicht erscheinen, Fehler (im engeren Sinne einer Abweichung von Ist- und Soll-Zustand) durch den Einfluss externer Faktoren oder anderer Akteure zu erklären, ggf. auch zu entschuldigen, und das eigene Handeln dennoch als Erfolg im Angesicht widriger Umstände wahrzunehmen oder zumindest nach außen so darzustellen.

Möglicherweise standen zu der durchgeführten Handlung unter den gegebenen komplizierten oder verzwickten Umständen auch gar keine Alternativen zur Verfügung. Auch in diesem Fall erscheint eine Handlung oder das Nichthandeln als durch äußere Faktoren erzwungen und würde bei einer Abweichung zwischen Ist- und Soll-Wert daher auch nicht als individueller Fehler gewertet werden.

Festzuhalten ist somit, dass ein Fehler seine Existenz dem Vorhandensein einer Norm verdankt, dabei jedoch *inter*individuelle und *intra*individuelle Unterschiede in deren Setzung und Akzeptanz existieren und auch kontextbezogene Unterschiede in der Interpretation von Abweichungswerten auftreten können. Ein Fehler wird in der Regel erst dann als solcher wahrgenommen, wenn die subjektiv unerwünschte Abweichung zwischen Ist- und Soll-Wert durch Faktoren zustande kam, die unter der Wahl- und Handlungskontrolle der Person standen.

Eine differenzierte Definition, in der solche relativierenden Aspekte berücksichtigt werden, stammt von Weingardt (2004, S. 234):

---

[15] Ein anschauliches Beispiel: Wenn man bei einer Erkältung einen Hustensaft kauft, der bei der vorliegenden Hustenart keine Wirkung entfalten kann, und die Erkrankung dennoch nach einer Woche geheilt ist, kommt es – trotz der eigentlich falschen Therapiewahl und fehlerhaften Kaufhandlung – zu einer Deckung von Ist- und Soll-Wert.

[16] Ein gutes Beispiel dafür ist die immer wieder aufkeimende Diskussion darüber, ob die Einführung des Euro ein Fehler war. Es lässt sich nicht prüfen, welchen Ausgang die Beibehaltung der Ursprungswährungen gehabt hätte.

„Als Fehler bezeichnet ein Subjekt angesichts einer Alternative jene Variante, die von ihm –
bezogen auf einen damit korrelierenden Kontext und ein spezifisches Interesse – als so
ungünstig beurteilt wird, dass sie unerwünscht erscheint."

Die Vorzüge dieser Definition sind unverkennbar:

1. In Ermangelung eines allgemeingültigen, objektiven Maßstabs und des Fehlens von
   Letztbegründungen ist ein Fehler letztlich ein *subjektives* Urteil.
2. Ist- und Soll-Zustand sind immer system- oder kontextbezogen zu interpretieren: Über
   eine rote Ampel zu fahren ist kein Fehler, wenn man einen Verletzten möglichst schnell
   in die Klinik transportieren will.[17] Auch der *zeitliche, geschichtliche, soziale, gesellschaftliche, rechtliche, politische und wirtschaftliche Kontext* spielt, wie wir beispielhaft
   gesehen haben, bei der Fehlerwahrnehmung eine prominente Rolle.
3. Der Fehlerwahrnehmung liegt keine dichotome Wertung zugrunde; sie ist also selten eine Schwarz-Weiß-Angelegenheit, sondern eher eine *graduelle* Einschätzung mit
   Toleranzbereichen, also z. B. mit zwar suboptimalen, aber durchaus noch akzeptablen
   Varianten (s. Abb. 3.3).[18]
4. Eine Fehlhandlung muss unter der Kontrolle des Individuums gestanden haben, und
   es muss *Alternativen* gegeben haben, damit die Handlung überhaupt als vermeidbar
   angesehen werden kann.
5. Ein spezifisches Interesse muss gegeben sein; d. h., es muss auch eine (bessere)
   Absicht, *eine individuelle Motivation oder ein Bedürfnis* vorhanden sein, einen Zielzustand zu erreichen, damit ein abweichendes Ergebnis nicht gleichgültig erscheint.
   Dieser Aspekt ist für unsere eigene motivationale Theorie der Fehlergenese besonders
   bedeutsam, daher gehen wir in den nachfolgenden Passagen noch ausführlicher darauf
   ein.

Diese Definition ist durchaus tragfähig, belastbar und auf viele Beispiele anwendbar. Sie
stellt in abstrakten Begriffen sogar folgenden konkreten Sachverhalt heraus: Kommt es
zu einem Unfall oder einer industriellen Katastrophe, sind der subjektiven Wahrnehmung
dessen, was ein Fehler ist, in der Tat auch praktische gesellschaftliche Grenzen gesetzt
(vgl. z. B. die Havarie der Concordia; vgl. z. B. auch die Abb. 3.4).

Ein Fehler mag in letzter Konsequenz (weil es eben keine objektiven Letztbegründungen gibt) nur subjektiv zu definieren sein, dennoch müsste ein Individuum im Schadensfall
zumindest ganz praktisch die Konsequenzen tragen, wenn eine Gesellschaft – also der

---

[17] Badke-Schaub et al. (2011) dokumentieren, dass regelkonformes Verhalten sich im Fall des
SwissAir-Unglücks als katastrophal herausstellte, während Verstöße gegen Standardprozeduren sich
in bestimmten Fällen als rettend erwiesen haben (und das entsprechende Pilotenverhalten eher als
Flexibilität und keineswegs als Fehler betrachtet wurde).
[18] Andernfalls ließen sich auch sämtliche *effektiven,* aber *ineffizienten* Handlungen als Fehler
bezeichnen.

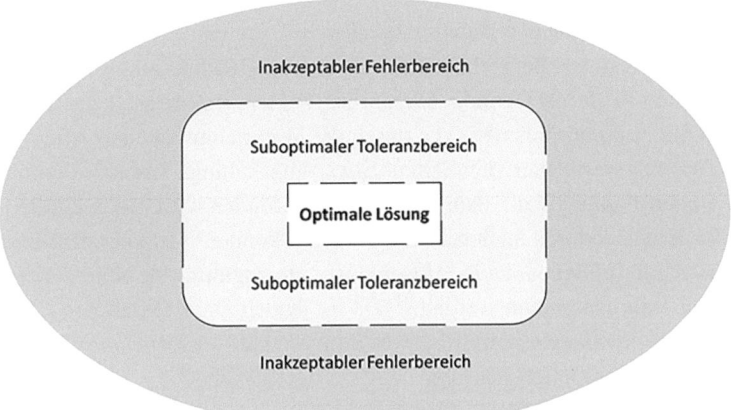

Abb. 3.3 Was ein Fehler ist, ist häufig eine graduelle Angelegenheit: Es ist ein Unterschied, ob man zu einem einstündigen Meeting mit 2 Minuten oder mit 20 Minuten Verspätung erscheint. In ausgeprägten Leistungsgesellschaften wird die Toleranzzone in verschiedenen Lebensbereichen, sogar bei Freizeitaktivitäten, eher eng gefasst. Auch perfektionistisch eingestellte Menschen setzen die Grenzen sehr eng

Abb. 3.4 Die Fehlerwahrnehmung, auch wenn sie letztlich auf einer subjektiven Interpretation basiert, lässt sich nicht vollkommen aus gesellschaftlichen Wertungen, Standards oder „Kontexten" herauslösen; sie ist zwar relativ, aber im gegebenen Kontext keineswegs beliebig. Der subjektiven Fehlerwahrnehmung sind daher auch praktische intersubjektive Grenzen gesetzt (Bild: Nachstellung einer realen Tastenanordnung an meinem CD-Player). Wer der Auffassung ist, dass rechts links ist oder dass der Satz $1 + 1 = 3$ richtig ist, verstößt gegen eine allgemein definierte Sachnorm und wird daher auch gesellschaftlich definierte Konsequenzen tragen müssen

gesellschaftliche Kontext – „mehrheitlich"[19] der Auffassung ist, dass ein Fehlverhalten vorliegt. Es ist ohnehin schwierig, sich von solchen allgegenwärtigen Bewertungskriterien völlig frei zu machen und sich in der Selbstbewertung nicht von ihnen beeinflussen zu lassen. So resultiert zumeist auch das persönlich schlechte Gewissen aus der Internalisierung solcher gesellschaftlichen Wertungen – der Kritiker wohnt schon längst in uns.

---

[19] Ggf. auch definiert durch eine entsprechende Rechtsgrundlage.

In unserer eigenen Lesart der Definition von Weingardt (2004) – insbesondere des in der Definition erscheinenden Terminus *„spezifisches Interesse"* – würden wir den *motivationalen* Aspekt nochmals hervorheben. In objektiven Beschreibungsdimensionen gibt es in der Welt keine Fehler, bestenfalls Ereignisse. Fehler sind menschengemachte mentale Konstrukte (Anthropomorphismen), die durch die Wahrnehmung einer Abweichung eines aktuellen Zustands von einer definierten Erwartungshaltung zustande kommen, wobei diese Abweichung subjektiv nur dann als Fehler empfunden wird, wenn ein Bedürfnis, *ein individuelles Motiv,* dadurch nicht befriedigt werden konnte.[20] Ist kein persönliches Motiv betroffen, ist dem Individuum die Abweichung gleichgültig; sie würde unter Umständen nicht mal wahrgenommen werden.[21] Da es jedoch auch ein allgemeines Bedürfnis nach sozialer Anerkennung gibt (Affiliationsmotiv),[22] sind *sozial definierte* Abweichungen zumeist eben auch persönlich relevant.

Authentizität und Fehlerfreiheit

Diesen definitorischen Ausführungen lässt sich entnehmen, dass es eine theoretische (und durchaus auch praktikable) Möglichkeit gibt, *fehlerfrei* zu leben, ohne die eigenen Ansprüche dafür senken zu müssen.

Betrachten wir dazu zunächst, was man unter *Fehlerfreiheit* im Allgemeinen versteht. Die Konstrukte *Verlässlichkeit* oder *Zuverlässigkeit,* menschlich wie maschinell interpretiert, können als positive Gegenpole zum defizitorientierten Fehlerbegriff aufgefasst werden (hier im Sinne von Fehlerhaftigkeit oder Fehleranfälligkeit[23]).[24] Je geringer die Fehlerwahrscheinlichkeit, desto größer die Zuverlässigkeit. Ein absolut zuverlässiges System erfüllt

---

[20] Der motivationale Aspekt der Fehlerdefinition ist letztlich auch die Erklärung für die Relativität des Fehlerbegriffs: Parteien vertreten beispielsweise die Interessen unterschiedlicher Wählergruppen; d. h., sie setzen sich für deren spezifische Bedürfnisbefriedigungsmöglichkeiten ein. Es kann also nicht erstaunen, dass die Opposition das Regierungshandeln oft als Fehler ansieht und vice versa. Auch die zeitliche Relativität der Fehlerwahrnehmung – also die Tatsache, dass man aus einer Krise durchaus gestärkt hervorgehen kann – lässt sich auf die verbesserten Möglichkeiten zurückführen, Bedürfnisse zu befriedigen; die Bewertung hängt eben immer davon ab, welches Bedürfnis gerade befriedigt werden will.

[21] Der Begriff „Scheitern" scheint diesen Sachverhalt noch deutlicher herauszukristallisieren. Thomann et al. (2016) sehen darin „das Erleben der Unmöglichkeit, ein identitätsstiftendes Motiv zu realisieren: Scheitern verweist damit auf die Verunmöglichung der Zielerreichung – Fehler, Irrtümer und das Misslingen hingegen auf die Verfehlung eines antizipierten Ziels. In der Logik dieser Begriffsverwendung kann derjenige nicht scheitern, der identitätsstiftende Motive nicht kennt."

[22] Z. B. McClelland (1988).

[23] Vgl. z. B. Zapf et al. (1999).

[24] Diese positiv formulierten Termini könnten beispielsweise über die Zeit, die zwischen zwei Fehlern vergeht, operationalisiert und gemessen werden, ggf. auch über die Anzahl der korrekt bearbeiteten Aufgaben zwischen zwei Fehlern. Auch der Anteil der fehlerbehafteten an den fehlerfreien Aufgaben kann als Messgröße dienen. An diesen Operationalisierungvorschlägen ist aber auch erkennbar, dass sich das defizitorientierte Fehlerkonstrukt nicht sinnvoll aus der Forschung verdrängen lässt.

immer die Norm. Bei den erwähnten Begriffen drängt sich jedoch die folgende Frage auf: verlässlich – für wen? Die Antwort lässt erkennen, dass sich die Verlässlichkeit implizit auf andere Personen bezieht. In den genannten Gegenpolen *Verlässlichkeit* und *Zuverlässigkeit* deutet sich eine *gesellschaftliche* Festlegung dessen, was ein Fehler ist, somit bereits an.

Soll hingegen die genuine Subjektivität von Fehlern stärker berücksichtigt werden, bedarf es auch eines *individualistischeren* positiven Gegenkonstrukts. Es ist durchaus denkbar, dass ein Individuum eine gesellschaftliche Norm nicht anerkennt und somit auch keinen Wert darauf legt, für andere in diesem bestimmten Lebensbereich verlässlich zu sein. Dementsprechende Normabweichungen empfindet es daher auch nicht als Fehler, wenn nicht auch gesellschaftliche Sanktionen damit verbunden sind.

Die individuell-motivationale Perspektive lässt das Konstrukt *Authentizität* daher als geeigneteres positives Gegenstück zum Fehlerbegriff erscheinen.[25] Der Authentizitätsbegriff berücksichtigt nämlich die *internen,* subjektiven Soll-Standards besser. Um fehler*frei* zu sein, müssten diese internen Normen nun immer erfüllt sein. Dies kann einer authentisch handelnden Person gelingen, wenn sie sich im Einklang mit ihren internen Standards verhält – sie kann sich *auf sich selbst verlassen* (individuelle Verlässlichkeit/ Zuverlässigkeit).

Ein Fehler *passiert* nicht einfach, sondern die (formelle) Ursache eines Fehlers ist immer die Anwendung eines Bewertungskriteriums. Das Bewertungskriterium kann aber individuell so gewählt werden, dass aus subjektiver Sicht kein Fehler vorliegt. Und dabei hilft das Authentizitätskonstrukt: Authentizität kann nämlich auf individueller Ebene so verstanden werden, dass eine Person immer so handelt, wie es ihr entspricht. Sie kann das eigene Bedürfnisstreben mit allen Eigenschaften und Mitteln, welche ihr dafür zur Verfügung stehen, per se zum Bewertungskriterium machen. Dieses Streben ist dann die Norm, die durch das eigene Streben nach Bedürfnisbefriedigung immer erfüllt ist (Tab. 3.2).

Dies erscheint zunächst abstrakt-theoretisch und mutet vielleicht wie ein Taschenspielertrick an. Dafür bin ich zwar bekannt, … es ist jedoch keineswegs ausgeschlossen, dies wenigstens graduell in die erlebte Praxis umzusetzen. Eine authentische Person kann sich selbst in ihrem Streben nach Bedürfnisbefriedigung annehmen, akzeptieren und sich somit auch Dinge „verzeihen", die andere mit Selbstvorwürfen oder einem schlechten Gewissen belegen würden. Was andere als Fehler werten (z. B. das Vergessen von Sachverhalten), sieht eine authentisch handelnde Person lediglich als ärgerliches Ereignis oder als Rückschlag bei der Zielverfolgung an. Was andere als Fehler klassifizieren, gehört für eine authentische Person einfach zu ihrem Zielstreben dazu, es gehört zu ihr selbst.

Die Handlungsergebnisse können also zwar faktisch durchaus von den geschmiedeten Plänen oder persönlichen Wünschen abweichen, allerdings würde eine authentische Person

---

[25] Der Begriff „Authentizität" bedeutet, dass eine Person „mit sich eins" ist, sie „ursprünglich sich selbst sein" kann; es wird eine „innere Stimmigkeit" oder „Selbsttreue" empfunden (im Gegensatz zur aufgesetzten Schauspielerei); authentisches Handeln wird als „selbstvollzogener Akt" definiert, der „subjektiv als ich-haft" erlebt wird (vgl. Spektrum, *Lexikon der Psychologie*; s. z. B. https://www.spektrum.de/lexikon/psychologie/authentizitaet/1771). Der Begriff soll hier aber weniger existenzialistisch, etwa im Sinne eines wahren Wesens o. ä., verstanden werden, sondern vielmehr situativ-pragmatisch als unbedingter Wille, eigene Motive zu realisieren.

Tab. 3.2 Der theoretischen Möglichkeit der Fehlerfreiheit (Deckung von Ist- u. Sollwert) kann man sich durchaus auch praktisch annähern und diese in verschiedenen Lebensbereichen tatsächlich erlebbar machen, wenn man im Einklang mit sich selbst handeln kann (= authentisches Handeln). Im Einklang mit sich selbst zu handeln kann z. B. dadurch realisiert werden, dass man das faktische eigene Bedürfnisstreben (Ist-Zustand mit allen seinen Rückschlägen und Lernerfordernissen) zum inneren Soll-Standard erhebt (genau diese Art des unermüdlichen Strebens allen Widrigkeiten zum Trotz *ist* die eigene Norm). Es ist dann gewissermaßen alles berechtigt, was man gerade unternimmt, um mit den verfügbaren Mitteln die Befriedigung der eigenen Bedürfnisse zu erlangen. Authentisches Streben darf dabei nicht mit rücksichtslosem, egoistischem oder unausgewogenem Streben verwechselt werden – es gibt schließlich auch soziale oder altruistische Bedürfnisse

IST-Wert des Bezugsobjekts	Deckung = Fehlerfreiheit	SOLL-Wert des Bezugsobjekts
„So bin ich tatsächlich, so handele ich gerade, mit allen Rückschlägen, die dies mit sich bringt"	Einklang	*„So will ich sein, so will ich handeln, mit allen Widrigkeiten, die eben dazugehören"*
Engagiertes Streben nach Bedürfnisbefriedigung mit den Mitteln, die zur Verfügung stehen	Authentizität	Streben nach Befriedigung der eigenen natürlichen Bedürfnisse

aus solchen Ereignissen ohne schlechtes Gewissen und ohne Selbstvorwürfe im Einklang mit ihrem Motivstreben[26] lernen. Gelingt ihr dies, verschwindet die Fehlerwahrnehmung. Vollkommen authentische Handlungen einer Person weichen aus diesem Grund gewissermaßen nie von den subjektiv gesetzten Sollwerten dieser Person ab. **Eine vollkommen authentisch handelnde Person begeht demnach subjektiv keine Fehler.** Sie ist mit sich im Reinen.

Zwischenfazit

- Ein Fehler kann in einer ersten Annäherung als Abweichung zwischen Ist- und Soll-Wert aufgefasst werden.
- Zumeist werden lediglich *negative* Abweichungen von Ist- und Soll-Wert als Fehler gewertet.
- Der Sollwert muss *angestrebt* werden oder *erwünscht* sein, andernfalls müssten auch Maschinen Fehler zugeschrieben werden, obwohl diese keine besseren Absichten haben, also im Fall einer Störung gar nicht anders „handeln" wollten.

---

[26] Auf diese Art dargestellt, erscheint die Authentizität zunächst wie ein für reale Personen unerreichbares Idealmodell. Dies trifft aber auch auf die totale Zuverlässigkeit oder die perfekte Verlässlichkeit zu. Alle genannten Begriffe stellen auch relativ betrachtet theoretisch sinnvolle und praktisch verwertbare Konstrukte dar, die eben auch bloß graduell realisiert werden können. Die praktischen Implikationen, wie z. B. die Klärung von inneren Konflikten, mit deren Hilfe man sich der Authentizität annähern kann, werden in den Kap. 6 und 9 noch ausführlich beschrieben.

- Insbesondere die Setzung und auch die Akzeptanz des Soll-Werts (der Bewertungsnorm) sind relative, perspektivische und wegen des Fehlens von Letztbegründungen auch subjektive Angelegenheiten. Im einem gesetzten sozialen Kontext sind sie aber auch nicht beliebig.
- Die Bewertung einer Abweichung zwischen Ist- und Soll-Wert ändert sich oft im Laufe der Zeit.
- Handlungen, die unternommen wurden, um den Sollwert zu erreichen, müssen unter der Kontrolle der handelnden Person gestanden haben. Wurden die Handlungen von externen Faktoren bestimmt oder lag gar keine Handlungsalternative vor, werden sie in der Regel als unvermeidbar angesehen und daher auch nicht als Fehler gewertet.
- Fehlerfreiheit ist theoretisch möglich und praktisch näherungsweise erlebbar, indem eine Person ihrem natürlichen Bedürfnisstreben *authentisch* nachgeht; sie handelt unter diesen Umständen faktisch (Ist-Wert) immer im Einklang (Deckung) mit ihren internen Standards (Soll-Wert).

3.2   Bewertungen – *Fehlannahmen über Fehler*

3.2.1   Determinismus – *hätte man anders handeln können?*

**Der Tod der Willensfreiheit
erlaubt uns eine neue Leichtigkeit des Seins.**
(Schmidt-Salomon)[27]

Die in der vorangegangenen Passage aufgeführte Definition des Begriffs *Fehler* setzt unmissverständlich voraus, dass eine Person eine Handlungsalternative gehabt haben muss, die sie anstelle der Fehlhandlung hätte ergreifen können. Nur auf diese Weise kann ein Scheitern oder ein Misserfolg als *vermeidbar* wahrgenommen werden und ggf. auch eine individuelle Schuldzuschreibung erfolgen. Damit ist allerdings eine interessante philosophische Frage verbunden: Hatte man überhaupt die Freiheit, die Alternative

---

[27] Quelle: https://www.spektrum.de/rezension/jenseits-von-gut-und-boese/1015571.

zu wählen?[28] Wir wollen auf diese Frage kurz eingehen,[29] weil sich daraus eine Schlussfolgerung ergibt, die für unser motivationales Konzept der Fehlergenese noch relevant
werden wird (s. Kap. 6).[30]

„Hätte der Fehler vermieden werden können?", fragt man sich im Angesicht eines
Misserfolgs häufig. Nein, der Fehler hätte *von einem selbst* nicht vermieden werden
können; man *musste* so handeln. Der hypothetischen Frage *„Hätte man?"* nachzugehen kommt die Funktion zu, für die Zukunft zu lernen, nicht aber, die Frage zu klären, ob
man in der Vergangenheit anders hätte handeln können. Dies ist ein bedeutender Unterschied. Ebenso verhält es sich mit der Schuldzuschreibung – sie ist primär ein soziales
Druckmittel, den Fehler in der Zukunft nicht noch einmal zu begehen oder Buße zu
tun. Vergleichbare Fehler können auf diese Weise zukünftig verhindert werden, aber ein
Fehler, der sich in der Vergangenheit ereignet hat, hätte durch die Person selbst nicht
verhindert werden können. Dies mag zunächst wie ein kurioser Widerspruch erscheinen,
der Sachverhalt lässt sich jedoch aufklären.

Werden Menschen gefragt, ob sie glauben, freie Willensentscheidungen treffen zu können, lautet die Antwort in der überwiegenden Mehrzahl der Fälle „Ja, selbstverständlich!"
Aber ist dies wirklich eine derartige Selbstverständlichkeit? Die Intuition, dass Menschen
freie Willensentscheidungen treffen können, speist sich aus folgender Erfahrung: Freiheit
liegt vor, wenn Personen etwas nicht tun *müssen,* sondern das tun *können,* was sie tun
wollen. Da es immer weniger gesellschaftlich verbindliche Normen, kulturelle Vorgaben
oder finanzielle Zwänge gibt, können Menschen in immer mehr Lebensbereichen wählen
und das tun, was sie wollen. Menschen können tun, was sie wollen; allerdings können sie
nicht *wollen,* was sie *wollen.*

Menschliche Bedürfnisse, Motive und damit ihre Präferenzen sind z. B. oft schon
evolutionär vorgegeben;[31] teils steuern sie Handlungen sogar unbewusst.[32] So können

---

[28] Die Betonung des freien Willens in westlichen Kulturen führt auch zu einer Überakzentuierung
persönlicher Verantwortung für Fehler, wie Badke-Schaub et al. (2011) bemerken.

[29] Der wissenschaftliche Diskurs wird weitaus facettenreicher geführt, als es die Darstellung für
die Zwecke dieses Buchs erlaubt. Beispielsweise wird oft zwischen Handlungs-, Wahl- und Willensfreiheit unterschieden oder die Freiheit des Willens auf eine Vetofunktion reduziert; auch die
Schlussfolgerungen aus den genannten Experimenten werden vollkommen zu Recht kritisiert. Sogar
die physikalische Geschlossenheit der Welt kann infrage gestellt werden, sodass eine unabhängige,
freie Instanz wirksam werden könnte. Letztlich überzeugen diese theoretischen Konstruktionen in
einem naturalistischen Weltbild jedoch nicht vollständig. Auch bezüglich des Konstrukts Schuld vertreten beispielsweise Ansgar Beckermann, Michael Pauen oder Geert Keil differenzierte Positionen.
Das Schuldkonzept könnte so z. B. schon berechtigt sein, wenn eine andere Person unter denselben
Bedingungen anders gehandelt hätte.

[30] Auch für das Ausmaß der empfundenen Reue nach einer Fehlleistung ist der Aspekt der Willensfreiheit oder der Schuldzuschreibung außerordentlich bedeutsam. Die Erfahrung zeigt, dass die
nachfolgenden Ausführungen für Menschen, die von einem schlechten Gewissen geplagt werden,
daher durchaus einen entlastenden Effekt haben können.

[31] Buss (2004).

[32] Vgl. dazu auch die Experimente von Haggard und Eimer (1999); Libet (1985).

Personen z. B. nicht frei entscheiden, dass sie keinen Hunger oder keine Lust auf ein Eis haben. Wenn sie aus ernährungsrelevanten Erkenntnissen heraus nun dennoch den Salat vorziehen sollten, so ist dies von einem anderen, offenbar stärkeren, ggf. erlernten Bedürfnis getrieben (z. B. schlank und attraktiv für potenzielle Partner zu bleiben oder gesund leben zu wollen). Dieses stärkere Bedürfnis kann die Person ebenfalls nicht einfach willentlich an- oder ausschalten, es ist nun mal das stärkere Motiv und übernimmt daher auch die Verhaltenssteuerung in der gegebenen Situation. Menschen können auch umgekehrt nicht frei entscheiden, wen *sie* attraktiv finden. Sie finden aus evolutionsbiologischen Gründen *bestimmte* Menschen mit *bestimmten* reproduktionsrelevanten Merkmalen attraktiv.[33] So gibt es vielleicht immer weniger *äußere* Zwänge, aber es gibt nach wie vor diese starken *inneren* Zwänge. Man kann zwischen X und Y wählen, aber man kann nicht die eigene Präferenz für Y frei wählen. Der Wille, in einem bestimmten Moment unter den gegebenen Umständen Y zu wählen, ist kausal oder auch neuronal determiniert.[34]

In Anlehnung an Schopenhauer (1841/2013) kann das Grundproblem, welches mit der Annahme der Freiheit des menschlichen Willens verknüpft ist, auch wie folgt erläutert werden: Der Begriff *Freiheit* kann aufgefasst werden als die Abwesenheit alles Hindernden, alles Hemmenden, jedweder Bedingung und aller Notwendigkeit. Das menschliche Verhalten und das menschliche Wollen sind aber ganz offenkundig nicht frei von Ursachen – es gibt immer ein determinierendes „Weil" für die entsprechenden Handlungen und Entscheidungen. Menschliches Erleben und menschliches Verhalten kommen offenkundig nicht zufällig zustande, sie sind stattdessen immer durch irgendwelche Faktoren *bedingt* (s. Abb. 3.5). Sie sind daher – wie die Verhaltenswissenschaften zeigen – sogar recht gut berechenbar. So gibt es, wie bereits erwähnt, zahlreiche biologisch determinierte Ursachen für menschliches Erleben und Verhalten, wie z. B. dafür, dass Personen spätestens nach 20 wachen Stunden müde werden und schlafen „wollen". Menschen können dann nicht wollen, nicht schlafen zu wollen – sie wollen schlafen.[35]

Menschliches Verhalten gründet sich somit auf determinierte motivbasierte Kosten-Nutzen-Abwägungen, die – würde man wieder in dieselbe Situation kommen – wieder genauso abliefen und unter sonst gleichen Bedingungen auch wieder zur selben (ggf. fehlerhaften) Entscheidung, zum selben Verhalten und zum selben Ergebnis führen würden.

Die Überlegung, ob ein Fehler in der Vergangenheit durch die Person selbst hätte verhindert werden können, erscheint aus dieser Perspektive absurd – die Antwort lautet immer „nein". Warum stellen sich Personen dann aber solche Fragen? Wie bereits

---

[33] Buss (2004).

[34] Vgl. dazu auch Singer (2004); u. a.

[35] Es kann auch Motive geben, die selbst in einem solchen Fall noch stärker wiegen als das Schlafbedürfnis, beispielsweise, wenn Jugendliche auch in der späten Nacht noch in der Diskothek auf der Suche nach einem Partner oder einer Partnerin sind. Dieses evolutionär angelegte Motiv kann Jugendliche bekanntlich sogar dazu befähigen, das Schlafbedürfnis zu überwinden.

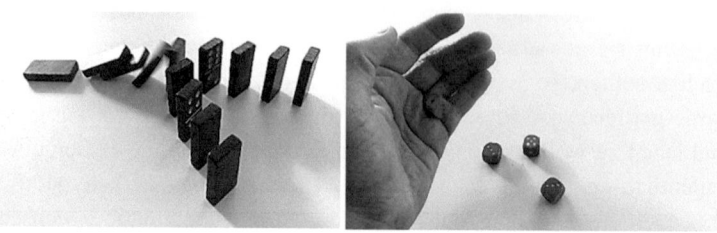

Abb. 3.5 Zufall, Determinismus oder ein frei entscheidendes Ich? Wenn sich zu jeder Wirkung eine Ursache finden lässt, hätte man im Angesicht eines Fehlers (Wirkung) dann unter denselben Bedingungen (Ursache) überhaupt anders handeln können? Aus einer deterministischen Perspektive fallen selbst die Würfel nicht zufällig auf eine Augenzahl, sondern, bedingt z. B. durch die Ausgangslage, die Wurfgeschwindigkeit und die Handhaltung, auf eine ganz bestimmte Zahl. Wer die Wiederholung eines *Fehlers* zukünftig vermeiden will, kann die Bedingungen daher ändern

erwähnt, dienen solche Fragen eher dem Ziel, vergleichbare Fehler in der Zukunft zu verhindern. Zu diesem Zweck ist es durchaus vorteilhaft, mental zu simulieren, unter welchen psychischen und situativen Umständen der Fehler nicht aufgetreten wäre. Auf diese Weise können in der Tat Bewertungs- oder Verhaltensänderungen in Gang gesetzt werden, denn es gibt ja auch starke Motive dafür, einen Fehler möglichst nicht zu wiederholen (darunter z. B. der Wunsch, soziale Peinlichkeiten zu vermeiden oder den persönlichen Schaden einzudämmen). Die Kosten-Nutzen-Abwägungen ändern sich im Fall eines eingetretenen Schadens also unmittelbar. Dies sorgt dann auch dafür, dass kognitive Problemlöseprozesse in Gang gesetzt werden, die darauf abzielen, Nachlässigkeiten oder situative Verlockungen, die ursprünglich zu den Fehlern geführt haben, zukünftig zu vermeiden.

Wer beispielsweise motiviert ist, eine Aufgabe gut zu meistern, aber aufgrund von Müdigkeit einen Fehler begangen hat, wird ab diesem Zeitpunkt rigoros dafür sorgen, dass er früh ins Bett geht und ausreichend Schlaf bekommt, um wenigstens *zukünftig* konzentriert an der wichtigen Aufgabe arbeiten zu können. Die Motivstärke ist der entscheidende Faktor für die zukünftige Fehlervermeidung. Die Tatsache aber, dass die Müdigkeit in der Vergangenheit den Fehler verursacht hat, hätte man nicht ändern können: Unter den damals gegebenen Müdigkeitszuständen würde der Fehler wieder passieren, man hätte nicht anders handeln können.

Nur weil etwas determiniert ist, bedeutet dies also nicht, dass es *zukünftig* unabänderlich ist. Man kann den Gedanken sogar umkehren: Wenn etwas nicht zufällig ist, sondern bedingt, regelhaft, gesetzmäßig und prinzipiell vorhersehbar, dann kann es auch systematisch und ursächlich bekämpft werden.

Abschließend ist festzuhalten: Wenn die Definition eines Fehlers verlangt, dass eine Handlungsalternative zur gewählten Fehlhandlung bestanden haben muss,[36] so gilt dies nur *in der **subjektiven Wahrnehmung** (als Illusion einer freien Wahl)* oder *in **allgemeiner***

---

[36] Vgl. z. B. Weingardt (2004), s. Abschn. 3.1

Form (man oder auch eine andere Person hätte anders handeln können). Das Individuum *selbst* jedenfalls, so müsste nach den Ausführungen in diesem Kapitel konstatiert werden, hatte diese freie Wahl von Handlungsalternativen in der konkreten Situation *objektiv* gesehen nicht.

Ich bin froh, nicht jedes Mal frei entscheiden zu müssen, ob ich nun zur Toilette gehen will, muss, kann, soll oder darf. Und so kommen wir nochmals auf das eingangs erwähnte Zitat zurück: Der „Tod der Willensfreiheit" stimmt doch tatsächlich etwas milder gegenüber denjenigen, die bei der letzten Wahl das Kreuz bei der falschen Partei gesetzt haben, nicht wahr?! – Farbpräferenzen lassen sich willentlich nun mal nicht beeinflussen.

3.2.2 Rahmenbedingungen administrativer Tätigkeiten – *langweilig, träge und zäh?*

Zahlreiche einschlägige Forschungsarbeiten beschäftigen sich mit der Fehlergenese und Fehlerprävention im industriellen Bereich.[37] Dies ist angesichts der Tragweite, die Fehler in diesem Bereich verursachen können, durchaus nachvollziehbar. Im vorliegenden Buch geht es jedoch primär um Fehlleistungen bei *administrativen Arbeitstätigkeiten*. Aus diesem Grund wollen wir in diesem übergeordneten Kapitel, *„Fehler gehen in (die) Ordnung – Fehlannahmen über Fehler"*, eben auch die Rahmenbedingungen dieses Geltungs- bzw. Fehlerentstehungsbereichs näher beschreiben und gewisse wertende Vorurteile entkräften.

Mittlerweile arbeiten über 70 % der Beschäftigten in Deutschland in nicht industriellen Branchen.[38] Ohne eine präzise definitorische Abgrenzung vornehmen zu wollen, gehen wir davon aus, dass *administrative Tätigkeiten* (im weitesten Verständnis dieses Terminus) weiter an Bedeutung gewinnen werden, weil klassische operative Industriearbeitsplätze durch Automatisierungs- und Digitalisierungsprozesse sukzessive abgebaut werden. Zwar trifft dies zu einem gewissen Grad auch auf administrative Tätigkeitsbereiche zu,[39] jedoch scheint klar, dass in den zunehmend wichtiger werdenden Bereichen, in welchen Menschen mit *neuartigen, komplexen, dynamischen* oder *mehrdeutigen* Aufgaben konfrontiert sind, der Einsatz von „Humanressourcen" weiterhin notwendig bleibt.[40]

---

[37] Vgl. z. B. Norman (2013); Rasmussen (1982); Reason (1991); Schüttelkopf (2019); Wehner (1992).

[38] https://de.statista.com, 2022.

[39] Müller-Török führt dazu aus: „Im deutschen Kreditgewerbe sank … die Zahl der Beschäftigten von 774.800 im Jahr 1991 auf 552.450 im Jahr 2020. Gleichzeitig sank die Zahl der Bankstellen von 66.764 in 1997 auf 25.779 in 2020. Dies ist wohl in hohem Ausmaß der Digitalisierung geschuldet, dank der ein Bankkunde seine Geschäfte nun online von zuhause oder unterwegs erledigen kann!" [https://www.vdz.org/personalmanagement-new-work/deutschland-hat-zu-wenig-arbeitskraefte].

[40] Damit soll keinesfalls ausgesagt sein, dass das Merkmal „Komplexität" allein den administrativen Tätigkeiten zuzuschreiben ist. Die bisherige Forschung zu industriellen Unfällen, Jet-Kollisionen etc. kristallisierte wiederholt die hohe Komplexität der Aufgaben heraus, mit denen die unfallbeteiligten

In solchen Arbeitsfeldern lassen sich Fehler nicht einfach durch technische Lösungen oder prozedurale Standardisierungen vermeiden. Für die in diesen Bereichen oft notwendige Entwicklung innovativer, adaptiver oder vernetzter Konzepte sind Fehler ggf. sogar nützlich, sofern (a) durch eine systematische Auseinandersetzung mit Fehlern entsprechende Lernprozesse in Gang gesetzt werden können, (b) dadurch wiederum höhere Problemlösungs- und Entwicklungsstufen erreicht werden und (c) die individuelle und organisationale Resilienz gegenüber neuen Herausforderungen gestärkt wird. Die „VUCA-Welt" (*v*olatility, *u*ncertainty, *c*omplexity, *a*mbiguity[41]) oder auch die „BANI-Welt" (*b*rittle, *a*nxious, *n*on-linear, *i*ncomprehensible[42]) erfordern jedenfalls im Umgang mit Fehlern neuartige Lösungen.

Administrative Tätigkeiten sind tatsächlich zu immer größer werdenden Anteilen durch entsprechende Komplexitätsmerkmale charakterisiert:[43]

- Geringer werdender Standardisierungsgrad
- Bearbeitung sogenannter „unikater Angelegenheiten" durch die Berücksichtigung individueller Belange und der wachsenden Anspruchshaltung von Kunden, Klienten und Bürgern
- Aufgaben mit unbekanntem Lösungsweg oder weitem Ermessensspielraum
- Oft sogar unklare Zielsetzung oder massive (z. T. politisch bedingte) Zielkonflikte
- Interaktive Aufgaben durch die Beteiligung einer Vielzahl von Subjekten, deren Koproduktion erforderlich ist
- Interruptives Reagieren auf Anfragen; d. h. Verfolgung situationsbedingter Nahziele und Berücksichtigung „momentanen Klientenbedarfs", ohne Langfristziele zu vernachlässigen
- Konstruktiver Umgang mit Kritik, erforderliches Emotionsmanagement
- Erforderlicher Einsatz breiter Wissensbestände, verstehende Tätigkeit, vernetztes Denken
- Aber auch eine vergleichsweise hohe Fehlertoleranz (kompensierbare Friktionen statt Unfälle) (Abb. 3.6)

Wir können uns also auch getrost von dem niedrigen Niveau der Vorurteile gegenüber Beamten, wie es aus dem nachfolgenden Beispiel hervorgeht, verabschieden: „Der Vorgesetzte kündigt seinem beamteten Mitarbeiter an: Ab sofort werden Sie nach Leistung bezahlt. Der Mitarbeiter antwortet darauf: Tut mir leid, davon kann ich nicht leben."[44]

Akteure jeweils konfrontiert waren. Es soll umgekehrt auch keinesfalls ausgesagt sein, dass sämtliche administrativen Tätigkeiten komplex sind. Als Gegenbeispiel seien diverse Monitoringaufgaben erwähnt, in deren Rahmen lediglich bestimmte Anzeigenmuster zu kontrollieren sind.

[41] Vgl. Ameln und Wimmer (2016).

[42] https://fh-hwz.ch/news/was-bedeutet-bani

[43] Vgl. bereits Hacker (2009).

[44] In Anlehnung an: https://100xhahaha.com/witz_b808d5fa_st.

Abb. 3.6 Büroarbeit – das bedeutet längst nicht mehr nur, Akten routiniert abzuarbeiten. Beispiel Jugendamt: Das Kindeswohl hängt von unzähligen interagierenden, sich dynamisch verändernden und von außen oft intransparenten Einflussfaktoren ab (z. B. Bezugspersonen, Einkommenssituation, Alter). Jede diesbezügliche Entscheidung, jedes Eingreifen verändert das komplexe Variablengefüge, und die Wirkungen sind oft erst nach Jahren erkennbar. Doch allein schon die unzähligen gesetzlichen Vorschriften, die Grundlage für die Bestätigung und den Nachweis eines Durchschlags der Vorlage des Belegs für den Antrag sind, garantieren auch in den nächsten Jahren noch, dass es nicht langweilig wird

Fehler kommen in administrativen Tätigkeitsbereichen beispielsweise durch die Vielzahl von beteiligten Perspektiven, Interessen, Bedürfnissen und Zielen zustande, die oft zu einem komplexen und fragilen Kompromissgebilde führen. Wenn dieses verändert werden muss, wird zumeist zwar das Ziel der Veränderung erreicht, aber das Interessensgefüge gerät wieder aus der Balance. Überhaupt: Die Vielzahl von unterschiedlichen Interessen führt dazu, dass getroffene Entscheidungen oder ergriffene Maßnahmen aus der Perspektive einiger der beteiligten Akteure *immer* als Fehler gewertet werden können.

Ein häufiger Fehler besteht wohl auch darin, dass ein Hauptproblem gelöst wird, aber dabei in irgendwelchen verzweigten Kausalketten unerwünschte Nebeneffekte auftreten, die nicht bedacht wurden. In meiner Funktion als Studiendekan ist es mir beispielsweise einmal gelungen, dem Wunsch eines Kollegen gerecht zu werden, eine Vorlesung nachträglich im Semesterplan auf einen anderen Wochentag zu verlegen. Dies war aufwendig und kompliziert. Darauf lag also mein Augenmerk. Nach gelungener Verlegung musste ich feststellen, dass es durch die zahlreichen Umschichtungen in einem Fall zu einer doppelten Raumbelegung für die Studierenden eines anderen Studiengangs kam. Den anderen Studiengang hatte ich nicht im Blick, da ich mich intensiv auf das Arrangement in den betreffenden Jahrgängen meines eigenen Studiengangs konzentriert hatte. Ich hoffe, ich konnte glaubhaft machen, dass dieser Fehler an der übermächtigen Komplexität der Aufgabe lag – wirklich! Doch ernsthaft: Die fehleraffine Komplexität, mit der administrative Tätigkeiten häufig einhergehen, soll nachfolgend noch spezifiziert werden.

Die VUCA-BANI-Welt – *viel zu kompliziert für uns* **Menschen**
Administrative Tätigkeiten weisen häufig Merkmale *komplexer Systeme* auf. Im Rahmen komplexer Systeme treten bestimmte Fehlleistungen gehäuft auf.[45] Menschen haben

---

[45] Vgl. Dörner (1989), Hofinger (2022).

Tschernobyl-Katastrophe *(AKW-Explosion am 26.04.1986)*

(1) Fehlende Fähigkeit, nicht-lineare Prozesse mental zu repräsentieren

- *„Der Grund war, dass die Akteure zwar theoretisch von den Gefahren einer Reaktor-Instabilität wussten, aber die tatsächlichen Gefahren eines in Sekundenbruchteilen erfolgenden exponentiellen Durchstartes des Reaktors nicht in Rechnung stellten, weil sie sich kein anschauliches Bild von dieser Gefahr machen konnten."*

(2) Ignoranz von Fern- u. Nebenwirkungen

- *„Das System reagierte auf die erhöhte Belastung durch selbständige Entfernung eines Teils seiner „Bremsen". Diese Nebenwirkung wurde von den Operateuren offenkundig nicht gesehen. Sie strebten eine Hauptwirkung an und diese okkupierte ihr Denken dermaßen, dass sie über Fern- u Nebenwirkungen ihres Handelns nicht mehr nachdachten."*

(3) Aktionismus

- *„Als nächstes schaltete man alle acht Pumpen des Primärkreislaufs ein. Erlaubt war nur, maximal sechs Pumpen auf einmal zu betreiben. Der Grund für das Einschalten der acht Pumpen war, dass man auf diese Art die Stabilität des Reaktors absichern wollte. Was man dabei nicht berücksichtigte war die automatische ...."*

Abb. 3.7 Komplexe Systeme tragen zur Fehlergenese bei. Dies kann am Beispiel der Tschernobyl-Katastrophe veranschaulicht werden (Auszüge aus verschiedenen Unfallberichten; vgl. z. B. Reason, 1991, verkürzte Darstellung)

aufgrund ihrer limitierten Informationsverarbeitungskapazität beispielsweise durchaus Schwierigkeiten damit, Phänomene adäquat einzuschätzen, die von einer Vielzahl von teils intransparenten, unterschiedlich gewichteten, miteinander interagierenden, nicht linear verlaufenden und mit langfristigen Nebenwirkungen einhergehenden Faktoren beeinflusst werden. Die Konfrontation mit Aufgaben dieser Art provoziert geradezu Fehler eines bestimmten Typus (vgl. das industrielle Beispiel in Abb. 3.7). Aus diesem Grund beleuchten wir zunächst die Merkmale komplexer Systeme.

Die Merkmale komplexer Systeme veranschaulichen wir hauptsächlich am Beispiel der „Mitarbeitermotivation", da der motivationale Faktor der Fehlerentstehung in den nachfolgenden Kapiteln noch zum zentralen theoretischen Konzept avancieren wird.

Komplexe Systeme – *Einfalt ist wie der Wetterbericht von gestern*

Welche Merkmale kennzeichnen ein komplexes System? Nach Dörner (1989; vgl. auch Badke-Schaub et al., 2011; Hofinger, 2022) sind komplexe Systeme durch folgende Eigenschaften charakterisiert:

1. *Die Beteiligung einer Vielzahl von Variablen*
2. *Die Vernetzung bzw. Interaktion dieser Variablen*
3. *Die Beteiligung von Variablen mit (spontaner) Eigendynamik*
4. *Die Veränderung des Systems durch das Handeln des Akteurs*
5. *Die Nichtlinearität von Prozessen*

6. *Die Intransparenz von Variablen und Prozessen*
7. *Das Vorhandensein von Wirk-Totzeiten*
8. *Einen weitgehenden Feedbackmangel*

Ad 1. Die Beteiligung einer Vielzahl von Variablen

Die Leistung eines Mitarbeiters hängt beispielsweise nicht nur von seinen Fähigkeiten ab. Soll auf die Leistung eines Mitarbeiters Einfluss genommen werden, muss stattdessen eine Vielzahl von Variablen berücksichtigt werden, wie z. B. die situative und mittelbezogene Ermöglichung der Leistungserbringung oder auch die motivationale Verfassung der betreffenden Person.

Ad 2. Die Vernetzung bzw. Interaktion dieser Variablen

Zusätzlich muss bedacht werden, dass die Fähigkeiten einer Person auch deren Motivierungsgrad beeinflussen können: Was eine Person gut kann bzw. besser kann als andere, bereitet ihr in der Regel auch mehr Freude. So wirken Fähigkeit und Leistung auch auf die Motivation zurück. Die Situation kann aber derart widrig beschaffen sein, dass vorhandene Fähigkeiten gar nicht ausgeschöpft werden können und dadurch wiederum auch die Motivation verloren geht (auf einem steinigen Feldweg kann und will auch der beste Sprinter den 100-Meter-Lauf nicht in 10 Sekunden absolvieren). Die zahlreichen leistungsdeterminierenden Variablen interagieren somit zusätzlich noch miteinander (Abb. 3.8).

Ad 3. Die Beteiligung von Variablen mit (spontaner) Eigendynamik

Eigendynamische Phänomene sind z. B. aus dem Bereich der Ökonomie bekannt: Bankenpleiten durch *bank runs* oder die Inflationsspirale sind nur einige Beispiele. Doch auch im Bereich der Mitarbeitermotivation lassen sich einschlägige Beispiele finden: So kann eine (neue) Führungskraft durch die Vermittlung einer attraktiven Zielvision Mitarbeiter „plötzlich" aus der Reserve locken und latente Potenziale aktivieren. Die dadurch erfahrene

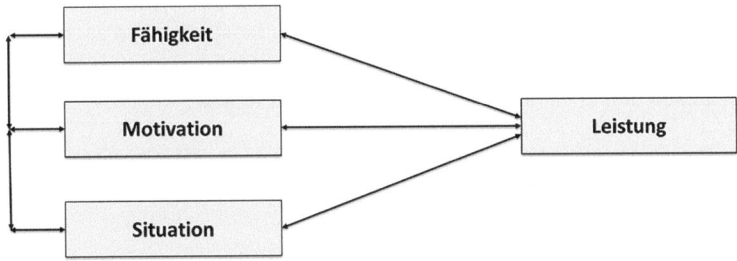

Abb. 3.8 Komplexität aufgrund der Vielzahl von beteiligten Variablen, die überdies noch miteinander interagieren. Wer die Leistung (auch fehlerhafte, schlechte Leistungen) beeinflussen will, muss zahlreiche Faktoren und deren Wechselwirkungen im Blick haben

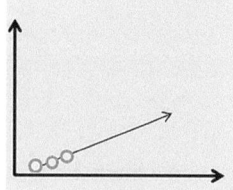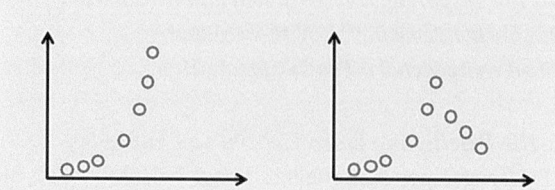

Abb. 3.9 Komplexität durch nonlineare Prozesse. Die linke Grafik zeigt die menschliche Tendenz, Prozesse gleichförmig-linear auf die Zukunft zu projizieren. Die beiden rechten Abbildungen zeigen Entwicklungsverläufe, wie sie in der Realität durchaus häufig vorkommen

Selbstwirksamkeit wiederum kann Mitarbeiter weiter beflügeln und zu außergewöhnlichen Leistungen animieren – es entwickelt sich ein *circulus angelorum*.

Ad 4. Die Veränderung des Systems durch das Handeln des Akteurs

Stellt sich bei einem Mitarbeiter ein Handlungserfolg ein, wird dies wohl auch von den Vorgesetzten registriert. Dies wiederum führt zu einer Aufstockung der finanziellen und personellen Mittel für den Tätigkeitsbereich des Mitarbeiters, was ein Garant für weitere Erfolge ist. Das anfängliche Engagement des Mitarbeiters hat somit auch den leistungsbedingenden Faktor „situative Umstände" deutlich gestärkt und damit die ursprüngliche Gewichtung der leistungsbedingenden Faktoren insgesamt zugunsten der situativen Umstände (z. B. der Ausstattung) verschoben.[46]

Ad 5. Die Nichtlinearität von Prozessen

Menschen haben Schwierigkeiten damit, nonlineare Prozessverläufe mental abzubilden und intellektuell zu erfassen. Bei nonlinearen Prozessen kann es sich beispielsweise um exponentielle Verläufe handeln, deren Wachstumsresultate von Personen oft unterschätzt werden (vgl. z. B. Epidemien). Auch Strukturbrüche, wie sie beispielsweise an der Börse durchaus häufig vorkommen, frappieren Personen in aller Regel – sie projizieren gegenwärtige Trends stattdessen eher linear auf die Zukunft. Plötzliche Richtungswechsel oder Crashs werden in solchen Phasen nicht für möglich gehalten. So kann beispielsweise auch ein Aufgabenwechsel oder eine neue Führungskraft für einen langjährig leistungsstarken Mitarbeiter zu einem plötzlichen und unerwarteten Leistungseinbruch führen (Abb. 3.9).

---

[46] Damit ist ein interessantes messtechnisches Problem verbunden: Wer die Körpertemperatur eines Flohs messen will, kann dies nicht ohne eigenen Einfluss vollziehen, vielmehr verändert sich mit der Messung automatisch das gesamte Messsystem. Der Floh muss schließlich ein Quantum mehr Energie aufbringen, um das Thermometer zu erwärmen (sogar bei der Aufnahme eines Wärmebilds o. ä. wird das natürliche System verändert).

Ad 6. Die Intransparenz von Variablen und Prozessen

Zahlreiche Prozesse sind für Beobachter intransparent. Anschaulich wird dies am Beispiel einer Hautkrankheit. Oft sind die Ursachen völlig undurchsichtig: Die Betroffenen spekulieren über den Einfluss von bestimmten Nahrungsmitteln, Waschmitteln oder Wetterbedingungen. Heilt die Hautkrankheit innerhalb weniger Tage ab, tappen die Betroffenen nicht weniger im Dunkeln: Was war nun für den Heilungsprozess verantwortlich – das beschaffte Medikament, die Tatsache, dass man das vermeintlich verursachende Nahrungsmittel nicht mehr zu sich genommen hat, oder doch vielleicht der vorgenommene Tausch des Waschmittels? Die wahren Kausalfaktoren lassen sich oft nicht eindeutig identifizieren, sie bleiben intransparent. Auch dieses Komplexitätsmerkmal lässt sich auf das Beispiel *Mitarbeitermotivation* beziehen: So sind die Ursachen beispielsweise für eine akute Demotivierungsphase dem betroffenen Individuum zuweilen selbst nicht bekannt.

Ad 7. Das Vorhandensein von Wirk-Totzeiten

Wenn eine Person in ihr Büro kommt und dieses kalt ist, wird sie das Thermostat moderat hochdrehen. Stellt sie nach einer Weile fest, dass es im Büro nach wie vor kalt ist, wird sie die Heizung auf das Maximum stellen. Binnen weniger Minuten wird das Büro überheizt sein, sodass die Person die Heizung nun wieder herunterregulieren muss. Hätte sie das zweite Mal nicht eingegriffen, wäre die gewünschte Zieltemperatur früher erreicht worden. Zahlreiche Prozesse unterliegen nämlich sogenannten Wirk-Totzeiten – trotz des Handelns einer Person verändert sich zunächst nichts; erst nach einer gewissen Zeit entfaltet der Prozess die intendierte Wirkung (Abb. 3.10).

Ad 8. Ein weitgehender Feedbackmangel

Gerade die bislang beschriebenen Prozesse führen dazu, dass Personen in der Regel wenig Feedback hinsichtlich des Erfolgs ihrer eigenen Tätigkeit erhalten. So können Mitarbeitende z. B. jahrelang an einem Projekt arbeiten, ohne erkennen zu können, ob sich ein Erfolg einstellen wird bzw. welche ihrer Handlungen sich tatsächlich als zielführend erweisen werden.

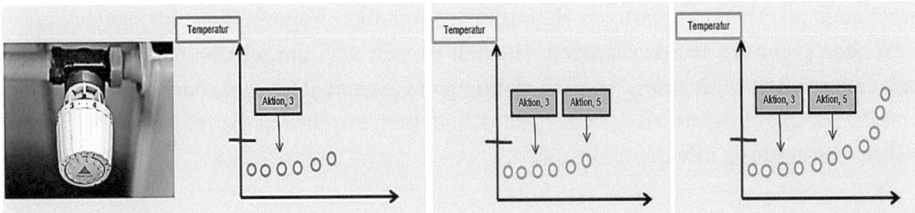

Abb. 3.10 Komplexität aufgrund von Wirktotzeiten. Die Heizstufe 3 hätte genügt, um die angestrebte Wärme im Büro zu erzielen. Die Aktivierung der Stufe 5 führt zur Überhitzung und erfordert ein erneutes Eingreifen

Die proaktive Implementierung von Feedbackinstrumenten stellt daher sicher, dass Informationen, z. B. über Fehlentwicklungen, rechtzeitig verfügbar werden und Mitarbeitende motiviert bleiben.

Wer sich schon einmal eine Telefonnummer merken musste, weiß, dass die menschliche Informationsverarbeitungskapazität stark begrenzt ist. Komplexe Situationen stellen Menschen daher vor besondere Herausforderungen. Komplexe Aufgaben zeichnen sich, wie dargelegt, durch die Beteiligung einer Vielzahl von teils intransparenten, interagierenden und nicht linear verlaufenden Faktoren aus. Da solche Konstellationen kognitiv kaum adäquat erfasst werden können, basieren Handlungsabsichten zumeist auf unvollständigen und verzerrten mentalen Repräsentationen der Realität. Fehler lassen sich in komplexen Situationen somit nicht ausschließen.

Die Wirkungen von und der Umgang mit komplexen Systemen
Sind Personen mit komplexen Systemen konfrontiert, resultieren häufig Verhaltensweisen wie (1) aggressives, (2) sicherheitsdefensives oder auch (3) konformes Verhalten.[47] Dies ist aufgrund der Unvorhersehbarkeit, Unberechenbarkeit und der geringen subjektiv empfundenen Kontrolle solcher Situationen auch nicht erstaunlich. Solche Umstände erzeugen in der Regel Angst oder Frust und münden in dementsprechende Flucht- und Vermeidungsreaktionen, wie z. B. abschiebende Delegation, aufgabenübergreifendes Vagabundieren, verdrängende Einkapselung oder auch blindem Aktionismus.[48] Im Angesicht solcher dysfunktionalen Reaktionen drängt sich die Frage auf, wie mit komplexen Systemen stattdessen *konstruktiver* umgegangen werden kann.

Um eine adäquate Antwort geben zu können, ist zunächst eine Kontrastierung des *Aufgabentyps,* eventuell sogar des „Geschäftsmodells" einer Organisation, erforderlich. Von dieser Differenzierung hängt die Effektivität der Maßnahmen zum konstruktiven Umgang mit Komplexität und den darin typischerweise auftretenden Fehlern ab. *Wenn Tätigkeiten oder Prozesse einem bestimmten Muster folgen, ist es möglich, auf der Basis vergangener Erfahrungen Maßnahmen zur zukünftigen Vermeidung wahrscheinlicher Fehler zu ergreifen.*[49] Es gibt auch kritische Bereiche, in denen Fehler unmittelbar letale Folgen haben können. Auch für solche Tätigkeiten gelten andere Regeln als für Bereiche, in denen Mitarbeitende primär mit neuartigen Herausforderungen konfrontiert sind, für die innovative Lösungen gefunden werden müssen. Handelt es sich also um wiederkehrende Aufgaben bekannten Inhalts, mit denen bereits Erfahrungen gesammelt wurden, oder (mit Einschränkungen auch) um „hochrisikoreiche" Tätigkeitsfelder, lassen sich die folgenden **Mittel der Fehlervermeidung** effektiv einsetzen:[50]

---

[47] Dörner (1989).

[48] Vgl. dazu Dörner (1989).

[49] Vgl. vermeidbare Fehler, Edmondson (2011).

[50] Z. B. Frese und Keith (2015).

- Die Verwendung von **Checklisten,** um keinen Arbeitsschritt auszulassen oder doppelt zu erledigen
- Die Platzierung von **Erinnerungsstützen,** um nichts zu vergessen
- Die Selbstgestaltung und Platzierung von auffälligen **Markierungen** und **Warnhinweisen,** um nichts zu verwechseln oder zu übersehen
- Die Platzierung von ähnlichen Arbeitsmitteln an **unterschiedlichen Orten,** um Verwechslungen vorzubeugen
- Die Durchführung einer **Time-out-Reflexion** vor Beginn einer kritischen Aufgabe, um Situationsbewusstsein zu schaffen und mögliche Fehler zu antizipieren
- Die **verbale Wiederholung** von Arbeitsaufträgen, um das Verständnis zu prüfen und eventuelle Missverständnisse auszuräumen
- Die akribische **Einarbeitung** neuer Mitarbeiter, um Fehler aus Unkenntnis und mangelnder Erfahrung zu verhindern
- Die Durchführung von **Kompetenztrainings,** um auf bekannte kritische Situationen vorbereitet zu sein
- Die Implementierung von qualifizierenden Arbeitsgestaltungsmaßnahmen wie **Job-Enlargement, Job-Enrichment** und **Job-Rotation (Empowerment),** um Tätigkeiten weniger ermüdend zu gestalten, diese mit motivierendem „Sinn" anzureichern und das Wissen über Fertigungsprozesse zu erhöhen, damit Fehler unmittelbar gemeinsam analysiert und behoben werden können
- Die **stärken-** oder **ressourcenorientierte Aufgabendelegation,** um individuelle Schwächen unwirksam werden zu lassen
- Ggf. eine **Anspruchsniveausenkung,** um Überlastung zu verhindern
- Die **aktivitäts-** oder **humanzentrierte Anpassung des technischen Designs** an die natürlichen Informationsverarbeitungsprozesse des Menschen, um Bedienungsfehler zu verhindern
- Ein verstärktes **Monitoring** von Prozessen, um Störungen schnell zu entdecken
- Die Integration von **zusätzlichen Sicherheitslayern,** die Schaffung von **Redundanzen** und die **Entkopplung von Systemen und Prozessen,** um eine „Verkettung unglücklicher Umstände" unwahrscheinlicher werden zu lassen und die Ausweitung von Fehlereffekten einzudämmen
- Die **Simplifizierung, Standardisierung** und **Strukturierung** von Arbeitsabläufen gegen Überforderung
- Die **Automatisierung** von Arbeitsabläufen, um den Anteil der zuverlässigeren Technik auszuweiten[51]

---

[51] Ein Beispiel zur Veranschaulichung: Um im Sommer an unseren Urlaubsort zu gelangen, mussten wir ca. 1700 km Fahrt mit dem Auto zurücklegen. Wir entschieden uns für eine Fahrt in der Nacht, um dem üblichen hohen Verkehrsaufkommen auszuweichen *(Simplifizierung)*. Ich fuhr im Dunkeln, meine Frau hingegen im Morgengrauen *(stärken- und schwächenorientierte Aufgabendelegation)*. Wir aktivierten sämtliche Assistenzsysteme, wie z. B. das Lane Departure Warning, die normalerweise ausgeschaltet sind *(humanzentrierte Technikanpassung, Monitoring)*. Ich nutzte auf der Autobahn und in Ortschaften den Tempomat ausgiebig *(Automatisierung, Standardisierung)*. Ich

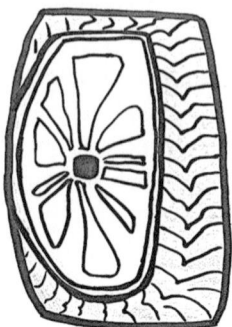

Abb. 3.11 Die Gefahr des unbeabsichtigten Wegrollens wurde erfolgreich reduziert. In einer sich dynamisch vorwärts bewegenden Welt erweist sich eine einseitige Sicherheitsfokussierung zunehmend als hemmend. Auch Standardlösungen helfen immer weniger

Es ist jedoch unmittelbar ersichtlich, dass viele dieser Maßnahmen *unter den Bedingungen der VUCA-Welt* an ihre Grenzen stoßen – die organisationale Vereinfachung eines faktisch komplexen Aufgabenphänomens ist zwangsläufig defizitär. Für die Lösung neuartiger Herausforderungen, die Entwicklung von Innovationen oder die akute Krisenbewältigung können einige dieser Maßnahmen sogar kontraproduktiv sein. Die dem Maßnahmenkatalog zugrunde liegende Sicherheitsorientierung hat in dynamischen Umwelten jedenfalls ihren Preis (s. Abb. 3.11; vgl. dazu auch das Konzept der kontextuellen Ambidextrie).

> **Das Geheimnis, um die größte Fruchtbarkeit**
> **und den größten Genuss vom Dasein einzuernten,**
> **heißt: gefährlich leben! Baut eure Städte an den Vesuv!**
> **Schickt eure Schiffe in unerforschte Meere!**
> **Lebt im Kriege mit Euresgleichen und mit euch selber! …**
> **Die Zeit geht bald vorbei, wo es euch genug sein durfte,**
> **gleich scheuen Hirschen in Wäldern versteckt zu leben!**
> *(Friedrich Nietzsche, 1882)*[52]

Wer zu vorsichtig ist und niemals scheitert, hat sich allerdings auch nie große Ziele gesetzt, kennt die eigenen Potenziale und Grenzen daher auch nicht und hat auch nicht das Zutrauen,

---

schlief am Tag zuvor mehrere Stunden, um in der Nacht wach zu sein, und stattete mich auch mit entsprechenden koffeinhaltigen Getränken aus *(zusätzlicher Sicherheitslayer)*. Wir bauten mehrere Stunden Toleranz in unseren Zeitplan ein *(Anspruchsniveausenkung)*. Außerdem fuhr meine Frau in den Wochen vor unserer Tour bei jeder Gelegenheit mit meinem Auto anstatt mit ihrem eigenen *(Kompetenztraining, Einarbeitung)*.

[52] *Die fröhliche Wissenschaft*, 283, Viertes Buch, S. 526.

diese in eine lohnende Richtung zu verschieben – man kann nicht wachsen.[53] **Die maximale Potenzialentfaltung ist in einer unsicheren, komplexen und dynamischen Welt jedoch einer der erfolgversprechenderen Resilienzfaktoren** – sowohl für Individuen wie auch für Organisationen.

Dekker (2017) weist in diesem Zusammenhang darauf hin, dass Fehler in der Vergangenheit *keine* guten Prädiktoren dafür sind, dass auch zukünftig Fehler gemacht werden. Ebenso ist auch die „Fehlerfreiheit" in der Vergangenheit nicht unbedingt ein guter Prädiktor dafür, dass auch zukünftig Fehler ausbleiben. Fehlerfreiheit in der Vergangenheit kann unter den sich schnell verändernden Umständen komplexer Systeme nämlich durchaus zu einer fatalen Selbstüberschätzung führen. Eine Fehlerhäufung, wie sie z. B. bei Kindern zu verzeichnen ist, kann hingegen zu nachhaltigen Lernresultaten und einem enormen Kompetenzaufbau führen. Die sogenannten Phasen *fehlerreicher Erkundung*[54] können für die Zukunft rüsten, immunisieren und resilient machen. Vergangene Fehler könnten in der VUCA-Welt daher sogar eher ein Prädiktor dafür sein, dass zukünftig grobe Fehler ausbleiben (im Sinne eines Kontraindikators[55]). Entscheidend dafür, ob bei neuen Herausforderungen Fehler entstehen, seien vielmehr die Flexibilität, „Stopp zu sagen", wenn sich Fehlentwicklungen andeuten, oder auch die vorwärts gerichtete „*Selbst*organisationsfähigkeit" und eine gewisse „adaptive Kapazität", so Dekker (2018). Es sei daher fruchtbarer, solche positiven Eigenschaften zu kultivieren und in diesem Sinne auch immer zu fragen, was dazu beitragen könnte, dass es gut läuft, anstatt sämtliche Löcher des alten Schweizer Käses (s. Kap. 8) rigide stopfen zu wollen.

Die *individuelle Motivation* stellt in der VUCA-Welt eine solche Eigenschaft zur Fehlervermeidung dar. Ändern sich die Umstände nämlich sehr schnell, können auch bestimmte Kompetenzen schnell obsolet werden. Spezialkenntnisse, spezifische Fähigkeiten und fachliche Fertigkeiten garantieren in einer hochdynamischen Welt keine Fehlerfreiheit mehr. Die *motivationale Disposition* hingegen, die immer wieder dafür sorgen kann, dass Kompetenzen aufgebaut, angepasst, erweitert und entwickelt werden – unabhängig davon, welche gerade konkret erforderlich sind – kann die Fehlervermeidung selbst in hochvolatilen Systemen noch nachhaltig beeinflussen. Die individuelle Motivation sorgt für die erforderliche Lernbereitschaft und überhaupt für den Wunsch nach maximaler Potenzialentfaltung.[56]

Für die erfolgreiche Bewältigung eines neuartigen, dynamischen und komplexen Aufgabenspektrums sind also Maßnahmen erforderlich, die zum Ziel haben, die *Lust am Ausprobieren* zu steigern, ohne dass die Angst vor Fehlern dabei handlungsleitend sein darf. Unter solchen Umständen müssen Menschen die Freiheit haben, **Ideen in verschiedenen**

---

[53] Vgl. Zitelmann (2019).

[54] Vgl. z. B. Gartmeier et al. (2015).

[55] Vgl. Dekker (2018).

[56] Derart unterschiedliche Bereiche wie die Evolution oder das Investmentbanking lehren ebendiesen Sachverhalt: **Diversifikation** führt dazu, dass das System insgesamt erfolgreich ist. Unter sich ständig verändernden Bedingungen werden in einem durch Vielfalt (an Aktien oder an Spezies) geprägten System bestimmte anpassungsfähige Exemplare überleben und sich ausbreiten.

Szenarien explorieren oder *Hypothesen testen* zu dürfen. Im Rahmen von **Pilotprojekten** oder **Testphasen** kann dies risikogemindert realisiert werden. Hilfreich ist dann eher eine „**Checkliste Mensch**" – also eine Prüfung der Person daraufhin, ob sie motiviert ist, die entsprechenden Herausforderungen zu meistern.

Zwischenfazit

- Mitarbeitende werden zunehmend mit neuartigen Aufgaben hoher Komplexität konfrontiert.
- Komplexitätsmerkmale provozieren Fehlleistungen geradezu.
- In einer unvorhersehbaren Welt lassen sich Fehler ohnehin nicht vollkommen ausschließen.
- Die üblichen Fehlervermeidungsmethoden, die bei wiederkehrenden Tätigkeiten effektiv sind, greifen unter neuartigen, dynamischen und komplexen Umständen nicht bedingungslos.
- Ein vielversprechenderer Ansatz für die Fehlervermeidung lässt sich daher bei der *individuellen Motivation* verorten.

3.2.3   Vom (Un-)Sinn des Ziels, Fehler zu vermeiden – *Fehler als Wegweiser zur Authentizität*

Die Welt ist komplex. In einer komplexen Welt ist nicht vollständig auszuschließen, dass Fehler passieren. Eine „Null-Fehler-Kultur" in Organisationen implementieren zu wollen, in welcher Fehler um jeden Preis vermieden werden sollen, erscheint daher geradezu absurd. Die verordnete Fehlerfreiheit zeitigt eher negative Konsequenzen wie die Vertuschung von Fehlern und damit deren Reproduktion und Ausweitung. Eine angstbedingte Lähmung von Mitarbeitern bei der Entwicklung von Lösungswegen kommt noch hinzu. Sind innovative Lösungen gefragt, liegt der größere Fehler ohnehin darin, nichts zu riskieren.[57]

> **The greatest mistake you can make in life is**
> **to be continually fearing you will make one.**
> *(Elbert Hubbard, 1929; in Adamsky, 2019)*[58]

---

[57] Wenn Menschen Handlungen ausschließlich angehen würden, wenn sie sicher sein könnten, die Aufgaben perfekt zu meistern, würde in toto gar nichts angegangen.

[58] In Adamski (2019). Ein interessantes Gedankenspiel: Was wird man eher bereuen: (1) Dinge, die man ausprobiert hat und dabei gescheitert ist oder (2) Dinge, die man attraktiv fand, aber aus Angst vorm Scheitern gar nicht erst ausprobiert hat? Eine diplomatische Antwort wäre: Es kommt z. B. auf den Schaden an, der beim Scheitern hätte entstehen können oder es kommt auf die Attraktivität der Alternativen an etc.

Die Sanktionierung von Fehlern führt zu einem Defizit- und Mangelerleben. Sie stößt Menschen daher eher von der Sache ab, als sie anzulocken, sich ihr mit Interesse zuzuwenden, sich von ihr inspirieren zu lassen, sich ihr mit Neugier und Leidenschaft zu widmen, sich von ihr herausfordern zu lassen, sich an ihr auszuprobieren und sich mit ihr weiterzuentwickeln. Die Angst vor dem Versagen absorbiert zudem mentale Ressourcen, die bei der Suche nach Lösungsansätzen fehlen.[59] Tatsächlich konnten Spychiger et al. (2006) z. B. zeigen, dass Schüler, die Angst davor haben, Fehler zu machen, mehr Fehler machen als vergleichbare Schüler, die keine Angst davor haben, Fehler zu machen. Auch die individuelle Internalisierung der Doktrin, sich keine Fehler erlauben zu dürfen, mündet allzu oft im sogenannten dysfunktionalen Perfektionismus, unter dem die Betroffenen nicht nur selbst leiden, sie sind darüber hinaus auch weniger effektiv als nicht betroffene Kolleginnen und Kollegen. Perfektionisten stellen Arbeiten nämlich oft nicht fertig oder fangen diese erst gar nicht an, aus Angst, den überzogenen Ansprüchen nicht genügen zu können (Abb. 3.12).[60]

Auch aus der Perspektive eines Individuums scheint der Wille, Fehler um jeden Preis zu vermeiden, daher eher zu kontraproduktiven Ergebnissen zu führen. Wenn der Wunsch

Abb. 3.12 Verordnete Fehlerfreiheit. Persönliche Schuldzuweisungen und Sanktionen nach einem Fehler stoßen Menschen eher von der Sache ab, anstatt sie zu motivieren, sich ihr mit neuen Ideen engagierter zuzuwenden. Wer bloßgestellt oder beschämt wird, handelt zukünftig überhaupt nur noch, wenn er absolut sicher ist. Eine Anklage provoziert die Verteidigung, nicht die Lösung. Die Entkopplung von Ereignis und Person mit der Frage *„Was hat den Fehler verursacht?"* anstelle der Frage *„Wer hat den Fehler verursacht?"* verspricht daher eine engagiertere Fehlerbewältigung und nachhaltigeren Erfolg. Die Suche nach der *Fehlerursache* ist zumeist wertvoller als die Suche nach dem *Fehlerverursacher*

---

[59] Z. B. Sarason (1988).

[60] Perfektionismus darf nicht mit Ehrgeiz, Gewissenhaftigkeit oder dem gesunden Wunsch, sich ständig weiterzuentwickeln, verwechselt werden. Wenn Personen der Überzeugung sind, dass sie *vollkommen* und *unfehlbar* sein müssen, reduziert dies allerdings eher die Leistung, anstatt sie zu steigern (vgl. Sauerland, 2018).

Abb. 3.13 Gerade noch mal schiefgegangen – Edison und die Entwicklung einer Glühbirne. Im Jahr 1880 erfolgte die Patentanmeldung nach etlichen gescheiterten Versuchen[62]

im Vordergrund steht, keinen Fehler zu machen, agieren Menschen eher meidungsorientiert. Wer aber etwas Außergewöhnliches erreichen will, kann sich vom defensiven, sicheren oder gewöhnlichen Weg gar nichts erhoffen; er muss vielmehr zwangsläufig vom Standard abweichen, mithin einen „Fehler" riskieren, weil der Verlass auf Bewährtes (also auf das definitiv Fehlerfreie) zumeist nur zur Reproduktion von bereits Bekanntem führt, jedenfalls nicht zur Innovation. So soll Jeffrey Pfeffer geäußert haben: *„You can't be normal and expect abnormal returns."* Bei mir haben immer alle gehofft, dass ich irgendwann normal werde; ein spezieller Charakter führt im Umkehrschluss aber leider auch nicht immer zu „abnormal returns".

Auf bekanntem Terrain lassen sich mit bekannten Instrumenten bekannte Fehler vermeiden. Das Ziel, bekannte Fehler zukünftig nicht zu wiederholen, ist offenkundig sinnvoll. Auf unbekanntem Terrain hingegen lassen sich Fehler nicht vollständig ausschließen. Unter diesen Umständen ist ein *konstruktiver Umgang* mit dem Informationsgehalt von auftretenden Fehlern erforderlich. Fehler können für Individuen und Organisationen auf diese Weise sogar zu wahren Innovationstreibern werden. Einige Beispiele mögen dies veranschaulichen (Abb. 3.13):[61]

Pfizer und Viagra Der Arzneistoff Sildenafil sollte zur Dämpfung hohen Blutdrucks eingesetzt werden, erwies sich für diesen Zweck jedoch als Misserfolg. Unter den männlichen Probanden berichteten einige jedoch von unerwarteten Erektionen als Nebenwirkung. Der

[61] Vgl. z. B. Borbonus (2015); Schäfer (2014).
[62] Quellen: https://www.boersenblatt.net/bookbytes/archiv/1418842.html; Bildquelle frei: https://commons.wikimedia.org/wiki/File:Edison_in_his_NJ_laboratory_1901.jpg.

Pharmakonzern Pfizer nutzte diese Entdeckung und brachte Viagra – eine meinen Lesern gänzlich unbekannte Potenzpille – auf den Markt.

Coover und der Sekundenkleber Der Chemiker Harry Coover arbeitete bei der Firma Eastman Kodak an der Entwicklung von optischen Prismen für Waffensysteme. Er setzte zeitweise sogenannte Cyanacrylate ein, die sich aber für die geplante Anwendung als zu klebrig erwiesen. Andere Einsatzgebiete für die schnell klebende Substanz drängten sich jedoch schnell auf.

Wilson Greatbatch und der Herzschrittmacher Greatbatch arbeitete an einem Gerät zur Messung von Herzfrequenzen. Er baute einen falschen Widerstand in einen Schaltkreis ein. Dies erzeugte einen elektrischen Impuls. Da ihm das damals häufig vorkommende Problem eines Herzstillstands nach einer Operation bekannt war, kam er auf die Idee, diesen Impuls als künstlichen elektrischen Taktgeber für den Herzschlag einzusetzen.

Charles Goodyear und die Galvanisierung Goodyear versuchte auf vielfältige Weise, Gummi temperaturbeständiger und widerstandsfähiger zu machen – lange ohne Erfolg. Eines Tages ließ er versehentlich ein Schwefel-Gummi-Gemisch auf einem heißen Ofen stehen. Dies hatte zur Folge, dass die Masse aushärtete und zäh wurde. Dabei entstanden die erwünschten Eigenschaften des Materials.

Die Melodien der Violinistin Deborah Marchetti In einem Interview beschrieb Marchetti: „Ich habe vor jedem Konzert eine klare Vision der Musik, die ich spielen werde – doch kleine Abweichungen, etwa bei der Tonerzeugung, dienen mir als Inspiration: Einmal rutschte mir beim Spielen der Bogen näher an den Steg, wodurch die Passage gläserner und kühler klang. Das passte wunderbar in die Stimmung des Stücks, deshalb habe ich das bei den folgenden Auftritten bewusst eingebaut".[63]

Es ist ersichtlich, dass eine Handlung, die unbeabsichtigt unternommen wurde, dennoch ein Handlungsresultat erzeugen kann, welches weitere, vielleicht bessere Anschlussideen freisetzt. Solche Fehler müssten mindestens als „gute" oder „produktive" Fehler bezeichnet werden, so Weingardt (2004, S. 148). Viele der genannten Fälle können als glückliche Zufallsentdeckungen gewertet werden. Doch Fehler ermöglichen auch den systematischen Erwerb des sogenannten negativen Wissens (besser: „Schutzwissen"), also z. B. das Wissen darüber, wie etwas nicht funktioniert, welches wiederum zu darauf aufbauenden Problemlösungsversuchen führen kann.[64] Der letzte Nebensatz war sehr wichtig, denn bekanntlich sind viele Menschen voll von Wissen – negativem Wissen.

---

[63] Föhn et al. (2015).
[64] Gartmeier et al. (2015).

Ein Genie macht keine Fehler.
Seine Irrtümer sind Tore zu neuen Entdeckungen.
(James Joyce)[65]

Eine der Zielsetzungen dieses Buchs besteht darin, Individuen zu befähigen, Fehler zu vermeiden. Erscheint diese Zielsetzung nun überhaupt noch realistisch und sinnvoll?

Dass Fehler für eine motivierte Person etwas per se zu Vermeidendes sind, widerspricht den Ausführungen zur Innovationskraft von Fehlern keineswegs. Für eine motivierte Person führt die „Falsifikation einer Hypothese" zu einem Erkenntnisfortschritt. Der Beweis, dass ihr Kausalmodell oder ihr darauf gründender Handlungsplan falsch ist, würde von ihr subjektiv akzeptiert und als Anlass genommen werden, unmittelbar andere, verbesserte Wege zur begehrten Zielerreichung auszuprobieren. Die positive Zielsetzung steht im Bewusstseinsvordergrund, und alles, was dem Ziel dient, wird konstruktiv verwertet; und dazu gehört natürlich auch das Lernen aus Fehlern. Trotzdem wird ein Misserfolg auch und gerade von einer motivierten Person als solcher empfunden, auch sie wird sich ärgern oder den Rückschlag bedauern. Von den wenigen glücklichen Zufallsentdeckungen abgesehen, ist und bleibt ein Fehler ein notwendiges *Übel*. Passieren auf dem Weg zum attraktiven Ziel tatsächlich Fehler, sollten diese also nicht zu etwas Positivem umgedeutet werden. Es ist unrealistisch, dass dies jemals jemand so empfinden könnte – es sei denn, die Sache ist der Person gleichgültig. Was Menschen selbst als Fehler wahrnehmen, ist für sie zwangsläufig negativ assoziiert. Ein Fehler sollte daher als etwas primär zu Vermeidendes konzeptualisiert werden. Sämtliche Bemühungen des Analysierens, Planens, Antizipierens, Durchdenkens, Diagnostizierens, Prognostizierens und des Lernens wären andernfalls ad absurdum geführt. Aber eine motivierte Person hat eben keine *Angst* davor, einen Fehler zu machen – sie ignoriert ihn nicht, sie bagatellisiert ihn nicht, sie vertuscht ihn nicht vor anderen, sie betreibt keine Schuldzuweisungen, und sie lässt sich auch nicht entmutigen und davon abhalten, ihr begehrtes Ziel mit anderen Mitteln weiterzuverfolgen, nur, weil dabei weitere Fehler passieren könnten. Der *authentische Wunsch eines Individuums*, bei der Verfolgung eines begehrten Ziels Fehler möglichst zu vermeiden, unterscheidet sich somit in seinen Wirkungen diametral von dem *organisational aufoktroyierten Ziel*, Fehler im Rahmen einer Null-Fehler-Kultur um jeden Preis zu vermeiden. Das Ziel, Fehler durch Sanktionen eliminieren zu wollen, also keine Fehler machen zu *dürfen*, ist kontraproduktiv. Das Ziel, Fehler durch die positive Anregung individueller Motivation zu vermeiden, also keine Fehler machen zu *wollen*, ist hingegen sinnvoll und vielversprechend. Nur unter diesen Umständen gilt nämlich: *Failure is success in progress.*[66]

---

[65] https://www.quotemaster.org
[66] U. a. Albert Einstein zugeschrieben.

Zwischenfazit

- Es gibt effektive Mittel, um Fehler bei sich wiederholenden Arbeitsaufgaben zu vermeiden.
- Dazu zählt z. B. die Erstellung von Checklisten oder die Durchführung von Kompetenztrainings.
- Bei neuartigen und komplexen Aufgaben lassen sich Fehler jedoch nicht vollständig ausschließen.
- Für Organisationen und auch für Individuen ist es in solchen Tätigkeitsbereichen daher kontraproduktiv, die Vermeidung von Fehlern zur obersten Maxime zu erheben. Andernfalls könnten nicht einmal die Potenziale kluger Fehler entdeckt werden.
- Vielversprechender ist es, die authentische Motivation von Personen für attraktive Ziele zu wecken oder diese auf organisationaler Ebene zumindest nicht zu torpedieren.
- Die individuelle Motivation impliziert nämlich schon den Wunsch, ein begehrtes Ziel zu erreichen, möglichst ohne dabei einen Fehler zu machen. Falls „Fehler" aber doch passieren, stellen diese eher erkenntnisreiche Ereignisse dar, aus denen unmittelbar zu Verbesserungszwecken gelernt wird.
- Die Unterscheidung zwischen vermeidbaren und klugen Fehlern erscheint somit aufschlussreich. Auf weitere Kategorien gehen wir im nächsten Kapitel ein.

3.3   Kategorien – *der Wille zum System*

**Entweder es wird etwas falsch gemacht
oder es wird etwas Falsches gemacht.**
(in Anlehnung an St.Pierre & Hofinger, 2014, S. 50)

Wenn sich Fehler allgemeinen Kategorien zuordnen lassen und in bestimmten Kategorien sodann Häufungen festgestellt werden können, lassen sich auch die dahinterstehenden gemeinsamen Ursachen leichter identifizieren und beheben. Der potenzielle Mehrwert einer Kategorisierung besteht also darin, Maßnahmen ergreifen zu können, mit denen gleich eine Vielzahl von ähnlichen Fehlern systematisch bewältigt werden kann. Es liegen zahlreiche Taxonomien vor, mit deren Hilfe Fehler rubriziert werden können.[67] Diese Kategoriensysteme unterscheiden sich z. B. darin, ob **direkt beobachtbare Phänomene** fokussiert werden *(z. B. etwas verwechseln, etwas wiederholen oder etwas zu lang, zu kurz behandeln)*, wie stark die **Wirkungen** von Fehlern in den Vordergrund gerückt werden *(z. B. banale, kritische und überkritische Fehler oder auch kluge Fehler, vermeidbare*

---

[67] Z. B. Chapanis (1951); Edmondson (2011); Mindnich et al. (2008); Reason (1991); Sharit (2006); Wallace und Ross (2006); Zapf et al. (1989); Wehner et al. (2010) und andere.

Fehler), ob sie die **organisationale Entstehungsebene** einbeziehen *(z. B. teambasiert, leitungsbezogen)* oder auch, ob sie die **mutmaßlichen Ursachen** bereits implizieren *(z. B. Planungsfehler, Aufmerksamkeitsfehler).* Einige Beispiele:

- Vermeidbare Fehler, komplexe Fehler, kluge Fehler
- Fehler im Raum (zu weit, zu kurz, falsche Richtung), in der Zeit (Umkehrung, Wiederholung, zu früh, zu spät, zu schnell, zu langsam) und der Stärke (zu viel, zu wenig)
- Individuelle, teambasierte, leitungsbezogene Fehler
- Banalitäten, kritische Fehler, überkritische Fehler
- Sicheres Handeln, unsicheres Handeln, Beinahefehler, kritisches Ereignis, Unfall
- Irrtum aus Unwissenheit, Fehler wider besseres Wissen und Können
- Denkfehler (Irrtum), Planungsfehler, Handlungsfehler
- Denkfehler, Merkfehler, Urteilsfehler
- Aufmerksamkeitsfehler, Wahrnehmungsfehler, Gedächtnisfehler
- Ausführungs-, Prozedur-, Strategie-, Ziel- und Diagnosefehler
- Reproduktions-, Verständnis-, Anwendungs- und Informationserzeugungsfehler
- Gewohnheitsfehler, Unterlassungsfehler, Erkenntnisfehler
- Systematische, zufällige, sporadische Fehler
- Latente Fehler, aktive Fehler
- Alphafehler, Betafehler

Die an letzter Stelle genannte Einteilung in Alpha- und Betafehler wird in Abb. 3.14 nochmals differenzierter dargestellt. In vielen Arbeitsbereichen müssen Mitarbeitende erwägen, ob sie etwas riskieren sollen, um bessere Leistungen zu erbringen, oder ob sie sich an die oft allzu strengen, lähmenden oder sogar unrealistischen Vorschriften halten sollen. Ein Verstoß geht oft gut, aber mit einer bestimmten Wahrscheinlichkeit führt er doch zum Schaden.[68] Mitarbeitende stellen daher häufig Überlegungen darüber an, welcher Fehlertyp – Alpha oder Beta – sich als der problematischere herausstellen könnte.

Ein letztes Beispiel: Wenn Sie bei einer Kollegin, die in den letzten Wochen einen rundlichen Bauch bekommen hat, eine Schwangerschaft vermuten und diese direkt erfragen (Entscheidung für Ihre Hypothese, dass sie schwanger ist), … ist nur ein einziger Ausgang zu erhoffen.

Nachfolgend gehen wir nur noch auf *eine* weitere Kategorisierung ein, die sich im Hinblick auf die Möglichkeiten der praktischen Fehlervermeidung als äußerst fruchtbar erwiesen hat (s. Tab. 3.3).[69] Demnach gibt es:

1. **fertigkeitsbasierte** (a) *Patzer* und (b) *Schnitzer* und
2. **regelbasierte** und

---

[68] Dekker (2018).

[69] Norman (1981, 2013); Rasmussen (1982); Reason (1991, 1994).

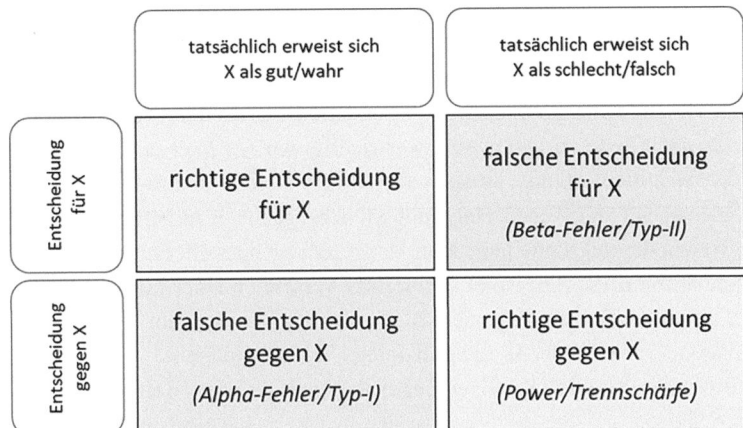

Abb. 3.14 Alpha- und Betafehler. Unter realen Umständen wird permanent unter Unsicherheit gehandelt; nur gibt es je nach Gegenstandsbereich oft eine Asymmetrie im Schweregrad oder in der Wahrscheinlichkeit der möglichen Fehlerarten. Welcher Fehler wiegt schwerer: Sie glauben an Gott und richten Ihr Leben diesem Glauben gemäß aus, tatsächlich aber gibt es Gott gar nicht; oder: Sie glauben nicht an Gott und richten Ihr Leben dementsprechend aus, tatsächlich aber gibt es Gott? Im Arbeitskontext wird z. B. häufig erwogen, ob man einen Verstoß gegen Sicherheitsvorschriften riskieren soll, um bessere Resultate erzielen zu können. Die Thematisierung dieses Sachverhalts und ggf. die Bereitstellung entsprechender Daten seitens der Führungskräfte können hier durchaus hilfreich sein

3. **wissensbasierte** Fehler

Diese Einteilung wird im vorliegenden Kapitel lediglich kurz skizziert. Auf das zugrunde liegende Modell gehen wir im Kap. 4 – im Rahmen der Beschreibung von Fehlerursachen – nämlich noch ausführlich ein. Es handelt sich um die wohl bekannteste Kategorisierung in der einschlägigen Literatur.[70]

Fertigkeitsbasierte (auch fähigkeitsbasierte) Schnitzer und Patzer
Die sogenannten Schnitzer und Patzer stellen Arten des Fehlverhaltens dar, die sich aus einem Misserfolg im Stadium der *Ausführung und/oder der Speicherung einer Handlungsfolge* ergeben, und zwar ungeachtet der Frage, ob der Plan, dem die Handlungen folgen, angemessen war, um das gesetzte Ziel zu erreichen (*dies wären nämlich eher regel- oder wissensbasierte Fehler*).

---

[70] Ohne darauf näher eingehen zu können: Weitere Modelle für verschiedene Anwendungsbereiche finden sich auch bei Norman (1981), Dörner und Schaub (1995).

Beispiele für fertigkeitsbasierte Fehler:

- „Versehentlich den falschen Tastaturknopf drücken" – Tippfehler sind der fertigkeitsbasierten Handlungssteuerungsebene zuzuschreiben, da der Plan, im Schreibprozess eine bestimmte Taste zu betätigen, zwar richtig war *(es liegt also kein wissensbasierter Fehler vor)*, diese richtige Absicht aber aufgrund einer unaufmerksamkeitsbedingten Verwechslung auf der reinen Handlungssteuerungsebene nicht plangemäß ausgeführt wurde. Wegen der zugrunde liegenden *Vertauschung* liegt ein *Patzer* vor.
- Vergleichbar mit diesem Beispiel sind (i) das Versenden eines falschen Links als Einladung zu einem Onlinemeeting oder (ii) der Fehler, Medikament *N* anstelle des ähnlich aussehenden Medikaments *M* zu applizieren (Vertauschungen).
- „Die Originalvorlage im Kopierer liegen lassen" – dieses Beispiel lässt sich hingegen als *Schnitzer* auf der fertigkeitsbasierten Ebene kategorisieren, da das *Vergessen* eines geplanten Handlungsschrittes vorliegt. Auch in diesem Beispiel ist der (Kopier-) Plan angemessen *(es liegt also kein wissensbasierter Fehler vor)*, aber wichtige Teilschritte des richtigen *Handlung*splans werden, z. B. aufgrund einer zwischenzeitlichen Aufmerksamkeitsablenkung, *vergessen* und ausgelassen.

Tab. 3.3 Eine Fehlerkategorisierung im Zusammenhang mit dem Generischen Fehlermodellierungssystem (GFMS, s. Kap. 4).[71] Fehlertypen sind demnach: Patzer (Slips), Schnitzer (Lapses) und Fehler im engeren Sinne (Mistakes) auf verschiedenen Handlungssteuerungsebenen

Unbeabsichtigte Handlungen *auf der fähigkeitsbasierten bzw. fertigkeitsbasierten Steuerungsebene*	**Patzer** *(„Slips") = Aufmerksamkeitsfehler* • Vertauschungen • Falsches Timing
	Schnitzer *(„Lapses") = Gedächtnisfehler* • Vergessen der Absicht • Unterlassen geplanter Schritte
Beabsichtigte Handlungen *auf der regelbasierten Steuerungsebene*	**Fehler** *(„Mistake") = Irrtum, Unwissenheit* • Falsche Anwendung einer Regel *(z.B. Diagnosefehler: Besonderheiten der Situation nicht erkennen)* • Anwendung einer falschen Regel *(z.B. stereotypisierte Personalauswahl, Risikoverhalten)*
Beabsichtigte Handlungen *auf der wissensbasierten Steuerungsebene*	**Fehler** *(„Mistake") = Denkfehler, Unwissenheit* • Unfähigkeit, Strukturbrüche mental abzubilden • Komplexe Nebenwirkungen nicht mitbedenken
Beabsichtigte Handlungen	**Verstoß** *(„Violation") = im engen Sinn kein Fehler* • Sabotageakte • Routineverstöße

---

[71] Z. B. Norman (1981, 2013); Rasmussen (1982); insbesondere Reason (1991, 1994).

- Vergleichbar mit diesem Beispiel sind (i) vergessen, das Licht im Büro auszuschalten, oder (ii) nicht mehr zu wissen, was man im Büro eigentlich sucht *(ein Zwischenziel des richtigen Handlungsplans wird vergessen).*

Wissensbasierte Fehler

Eine Handlung kann ganz nach Plan verlaufen, aber der Plan ist möglicherweise nicht geeignet, um das anvisierte Ziel zu erreichen. In dem Fall liegt ein *wissensbasierter* Fehler vor. Wissensbasierte Fehler fußen zumeist darauf, dass die Verfügbarkeit, Interpretation oder Bewertung von relevanten Informationen für die Ziel- und Mittelwahl mangelhaft ist. Es liegt dann die erfolgreiche Ausführung eines Plans vor, der nicht zum beabsichtigten Resultat führt.

Beispiele für wissensbasierte Fehler:

- „Aktien kaufen, die daraufhin im Kurs fallen" – dieser häufige Fehler ist der wissensbasierten Ebene zuzuschreiben, da die vollzogenen Handlungen, also der Kauf von Aktien eines bestimmten Unternehmens, bewusst so ausgeführt werden sollten *(es liegt also kein Fehler auf der Handlungsausführungsebene vor; die Absicht wurde weder vergessen, noch wurden Knöpfe oder gar die Aktien miteinander verwechselt o. Ä.).* Allerdings war der ausführenden Person z. B. unbekannt, dass ein Konkurrent des Unternehmens ein besseres Produkt auf den Markt bringen würde; d. h., das wirtschaftliche *Wissen* über die Marktdynamik war mangelhaft, sodass der darauf basierende Plan unangemessen war, um die finanziellen Ziele der Person zu erreichen.
- Auf dieser Ebene sind auch Beispiele anzusiedeln wie (i) aus Unwissenheit falsche Rechtsauskünfte zu erteilen, (ii) sich in einem Bewerbungsgespräch täuschen zu lassen und eine ungeeignete Person einzustellen, (iii) eine teure Beratungsfirma zu engagieren, obwohl man eine Entscheidung selbst besser hätte treffen können.

Regelbasierte Fehler

Die einfache Unterscheidung zwischen *fertigkeitsbasierten* Fehlern einerseits und *wissensbasierten* Fehlern andererseits reicht offenkundig nicht aus, um Fehler adäquat kategorisieren zu können.[72] Es gibt nämlich Fehler, die Eigenschaften beider Varianten aufweisen, oder auch solche, die keiner Variante eindeutig zugeordnet werden können. An den dazwischenliegenden *regelbasierten* Prozessen ist zwar ein höherer Bewusstseinsgrad beteiligt, als dies bei den simplen Verhaltensroutinen auf der fertigkeitsbasierten Ebene der Fall ist, allerdings ist diese „halb bewusste" Suche nach bewährten Regeln wiederum kaum vergleichbar mit den intellektuellen Problemlöseversuchen, die auf der wissensbasierten Ebene ablaufen.

---

[72] S. Reason (1991, 1994).

Beispiele, welche zeigen, dass es der Zwischenkategorie der „regelbasierten Fehler" *bedarf:*

- „Bei Verspätung *zu* schnell zu einem Termin fahren": Die übliche Verhaltensroutine des angepassten Autofahrens lässt sich unter Verspätungsbedingungen nicht erfolgreich anwenden. Es erfolgt daher die Suche nach einer erfolgversprechenderen *Regel*. Die Suche findet auf einer „etwas höheren" Bewusstseinsebene statt. Im Ergebnis wird nach der Regel verfahren: *Wenn ich zu spät bin, dann muss ich eben schneller fahren.* Da dies eine riskante Regel ist, kann sie als „an sich falsch" eingestuft werden, zumal zumeist weniger riskante Handlungsalternativen existieren.
- „Zu früh mit der Lehrplanung beginnen": Rechtzeitig mit Planungsprozessen zu beginnen stellt eigentlich eine an sich *gute Regel* im beruflichen Kontext dar. Ich selbst habe mit der Lehrplanung jedoch einmal derart *früh* begonnen, dass den betroffenen Lehrenden ihr zu erbringender Lehrumfang in anderen Studiengängen noch gar nicht bekannt war. Die Anwendung der an sich guten Regel „Plane rechtzeitig" zum diesmal falschen Zeitpunkt stellt einen regelbasierten Fehler dar.
- Vergleichbare Fehler auf dieser Ebene bestehen z. B. darin, (i) den bewährten Job-Interview-Leitfaden in einem Personalauswahlverfahren zu verwenden, obwohl sich ein konkreter Bewerber zum zweiten Mal beworben hat und die Fragen bereits kennt, (ii) wochenlang eine Warnlampe im Firmenwagen zu ignorieren oder (iii) einem Back*rezept* für einen Kuchen anlässlich des Geburtstags einer Kollegin zu folgen, dabei aber drei unterdurchschnittlich kleine Eier zu verwenden. Nicht dass Sie denken, dies wären fiktive Beispiele.

Diese ursachenbezogene Fehlerkategorisierung ist durchaus plausibel. Sie legt sogar unmittelbar bestimmte Maßnahmen zur Bekämpfung von Fehlerursachen nahe. Aus diesem Grund werden wir sie im nachfolgenden Kap. 4 über die Fehlerentstehung auch nochmals aufgreifen. Es ist jedoch auch erkennbar, dass soziale, emotionale und insbesondere *motivationale* Aspekte in dem Kategoriensystem weitgehend ausgeblendet werden. Aber gut, selbst Fehlerforscher machen Fehler. Dass motivationale Faktoren nur von unmotivierten Forschern übersehen würden und soziale Faktoren nur von … – so weit würde ich nicht gehen.

3.4   Wie wirklich ist die Kategorienwirklichkeit? – *Think less stupid more!*

In einer eigenen anonymen Untersuchung mit 64 Mitarbeitenden verschiedener Organisationen wurde jeweils auf einer 5-stufigen Skala erfasst, inwieweit sich tatsächlich begangene Fehler verschiedenen Fehlerkategorien zuordnen lassen. Das Ergebnis ist in Abb. 3.15 dargestellt. Demnach werden begangene Fehler relativ stark den *Mistakes*

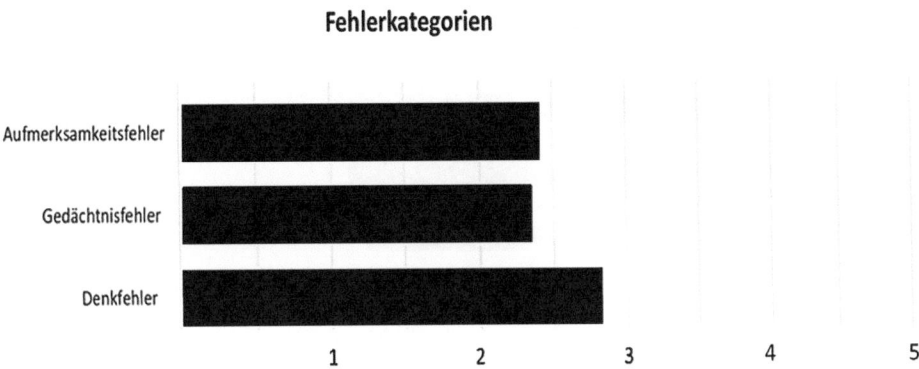

Fehlerkategorien

Abb. 3.15 Mittlere Zuschreibung von begangenen Fehlern bei administrativen Arbeitstätigkeiten zu verschiedenen kognitiven Fehlerkategorien (N = 64; 5-stufige Skala).[73] Die Vielzahl verschiedener Fehler konnte den gröberen kognitiven Kategorien sinnvoll zugeordnet werden

(Denkfehler auf der wissensbasierten Ebene) zugeschrieben, während die Kategorien *Patzer (Aufmerksamkeitsfehler)* und *Schnitzer (Gedächtnisfehler)* untereinander vergleichbar auf etwas geringerem Niveau eingestuft werden. Der in Kap. 2 dokumentierte Variantenreichtum begangener Fehler bei administrativen Arbeitstätigkeiten lässt sich somit offenbar durchaus sinnvoll zu allgemeineren kognitiven Kategorien zusammenfassen. Auffällig ist allerdings, dass die Zustimmungswerte insgesamt nur im mittleren Bereich liegen. Daraus lassen sich zwar noch keine weitreichenden Schlüsse ziehen, die Daten legen insgesamt aber den Verdacht nahe, dass die Befragten auch noch andere Kategorien einbeziehen würden, die theoretisch nicht konzeptualisiert und in dieser Untersuchung daher auch nicht abgefragt wurden. Beispielsweise legen sich auch Kategorien nahe, die eher organisations- und motivationsbezogen sind.

In einer weiteren Untersuchung mit 30 Mitarbeitenden zeigte sich, dass ein Großteil der Befragten begangene Fehler der Kategorie *Aufmerksamkeitsfehler* zurechnet, diesmal auch weit stärker als den Kategorien *Gedächtnis-* und *Denkfehler;* s. Abb. 3.16. Auch in dieser Untersuchung zeigte sich somit, dass die Befragten begangene Einzelfehler allgemeineren kognitiven Fehlerkategorien sinnvoll zuordnen können. Welcher kognitive Fehlertyp nun jeweils im Vordergrund steht *(Aufmerksamkeits-, Gedächtnis- oder Denkfehler)*, hängt im Vergleich der Untersuchungen offensichtlich von den verschiedenen jeweils zu bewältigenden Aufgaben ab.

Bemerkenswert ist jedoch die Tatsache, dass diese *kognitiven* Kategorien *insgesamt* weit vor anderen Kategoriensystemen rangierten, die in *dieser* Befragung niedrigschwellig miterhoben wurden (als prozentualer Anteil der Befragten, die eine Beteiligung

---

[73] Auf die Angabe eines Dispersionskennwerts wird in allen Grafiken verzichtet, um die Ergebnisse übersichtlich darstellen zu können. Dies erscheint auch deshalb legitim, weil in keiner Auswertung erwartungsdivergente oder auffällige Standardabweichungen vorlagen.

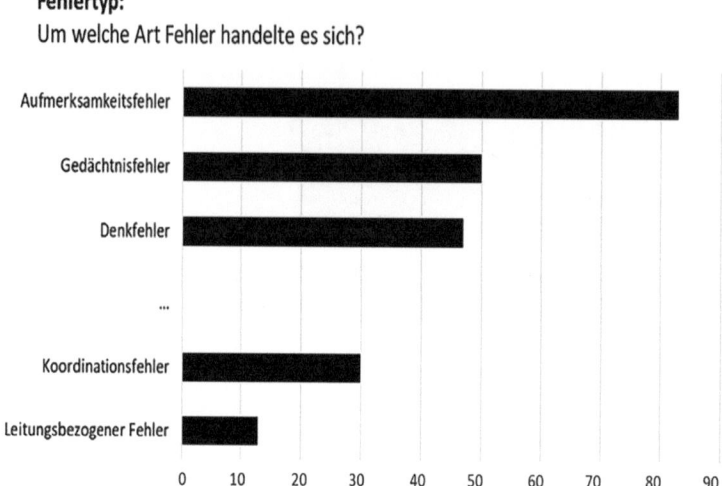

Fehlertyp:
Um welche Art Fehler handelte es sich?

Abb. 3.16 Fehlertypen bei administrativen Tätigkeiten. Prozentualer Anteil der Befragten, die begangene Fehler der jeweiligen Kategorie zuordnen (Mehrfachauswahl möglich). Die N = 30 Befragten ordneten begangene Fehler primär den verschiedenen *kognitiven* Kategorien zu (s. Kategoriensystem von Reason, 1991), andere Kategoriensysteme wurden hingegen deutlich seltener in Betracht gezogen

der jeweiligen anderen Kategorien in Erwägung ziehen). Mit den anderen Kategorien können die Befragten jedoch weit weniger anfangen. Beispielsweise wird die Unterscheidung zwischen *individuellen, teambezogenen* und *leitungsbezogenen* Fehlern lediglich von 13 % der Befragten in Betracht gezogen; die Unterscheidung zwischen *Durchführungs- und Koordinationsfehlern* wird zwar vergleichsweise stark genutzt, bewegt sich jedoch mit 10 % und 30 % auch weit unterhalb des kognitiven Klassifikationssystems. Für die befragten Beschäftigten liegt es also offenbar nahe, die verschiedenen begangenen Fehler hauptsächlich in kognitiven Kategorien wahrzunehmen. Insgesamt werden begangene Fehler im administrativen Bereich zu großen Anteilen der allgemeineren Kategorie „Aufmerksamkeitsfehler" zugeordnet.

In einer abschließenden anonymen Untersuchung mit ebenfalls 30 Beschäftigten verschiedener Organisationen bestätigte sich erneut der Gesamteindruck, dass sich die verschiedenen Fehler bei administrativen Tätigkeiten den modellierten kognitiven Fehlerkategorien sinnvoll zuordnen lassen: *Aufmerksamkeits-* und *gedächtnisbezogene Fehler* sowie *Planungsfehler* standen auch in dieser Untersuchung im Vordergrund (Abb. 3.17). Im Rahmen der Befragung war jedoch zusätzlich von Interesse, welche konkrete Fehler*form* vorlag (z. B. Verwechslung, Arbeit doppelt gemacht). Es ist ersichtlich, dass

die Erfassung solcher Formkategorien, die sich enger an die beobachtbaren Fehlerphänomene anlehnen, keineswegs ergiebiger ist als die Erfassung der kognitiven Kategorien,
die bereits bestimmte Ursachen dafür nahelegen.

Kategorisierungssysteme, die „nah" am *beobachtbaren Verhalten* orientiert sind (eher
Fehlerformen als Fehlertypen), scheinen stark vom jeweiligen Tätigkeitsbereich abzuhän-
gen und muten daher beliebig an; oder sie sind zumindest derart facettenreich, dass ihre
einzelnen Kategorien wiederum kaum Fälle auf sich vereinigen können. Die Abstrahie-
rung, die normalerweise mit der Bildung von Kategorien einhergeht, erzeugt in diesen
Fällen also keinen Mehrwert, der über die Auflistung von Einzelfällen einerseits oder die
Verwendung von gröberen Kategorien andererseits hinausgehen würde.

Die bereits stark *ursachen*bezogene Einordnung von Fehlern scheint für die Befragten hingegen intuitiv nachvollziehbar zu sein. Andere in unseren Fragebögen angebotene
Kategorien werden kaum genutzt. Der Nutzen, der mit der Kategorisierung von Fehlern

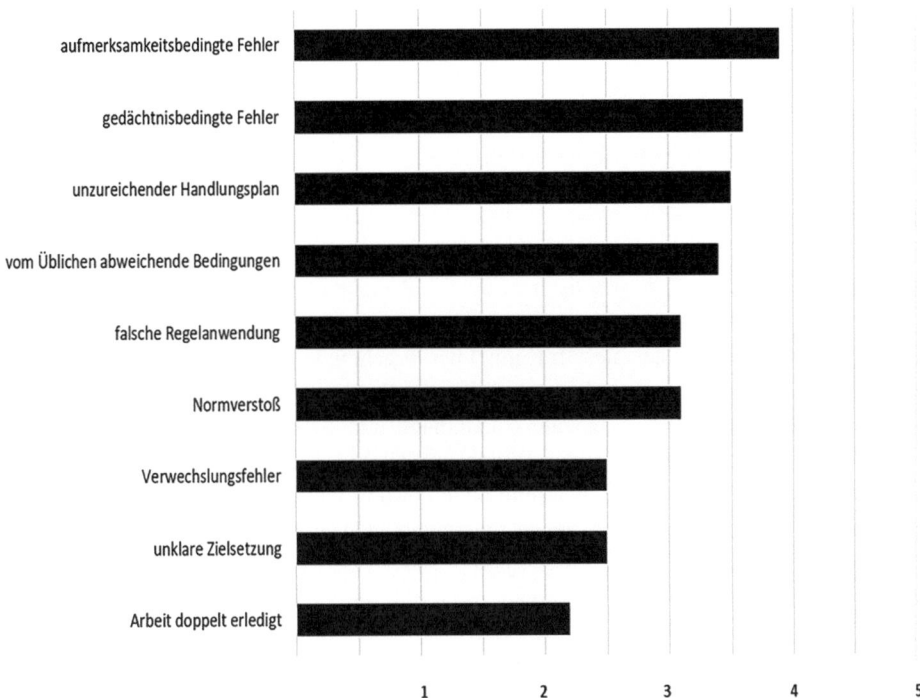

Abb. 3.17 Mittlere Zuordnung begangener Fehler zu verschiedenen ursachenbezogenen und for-
mellen Fehlerarten (N = 30; 5-stufige Skala). Die konkreten Fehlerformen (z. B. Verwechslung)
sind zu vielfältig, um einen Vorteil gegenüber der Einordnung in die gröberen kognitiven Kategorien
(z. B. aufmerksamkeitsbedingte Fehler) mit sich zu bringen

potenziell einhergeht – nämlich die Identifikation gemeinsamer Ursachen und damit die Systematisierung von Bewältigungsmaßnahmen –, zeigt sich bei administrativen Tätigkeiten daher im kognitiven Bereich vergleichsweise stark. Es ist jedoch auch erkennbar, dass nicht alle Fehler den vorgegebenen kognitiven Kategorien zugeordnet werden. Den kognitiven Kategorien kommt zwar *relativ* zu den anderen abgefragten Kategorien ein hohes Gewicht zu, *absolut* betrachtet ist dies jedoch nicht immer der Fall. Eine Erklärung dafür könnte darin liegen, dass den Befragten weitere bzw. andere ursachenbezogene Kategorien fehlen, die sich für bestimmte Fehler viel eher nahelegen würden. Den offenen Fragen in den jeweiligen Fragebögen lassen sich in der Tat erste Hinweise dafür entnehmen, dass es sich dabei um *organisationale* und *motivationale* Faktoren handelt (vgl. die Beispiele aus Kap. 2: *„vorgeschriebenen Weg für eine Auszahlung nicht eingehalten, sondern eine leichtere Alternative gewählt …"*, *„Software-Installation: Teile der Anleitung einfach übersprungen"*). Diese Faktoren werden in den nächsten Kapiteln näher beleuchtet.

3.5   Fazit und Ausblick

- Dieses Kapitel hat gezeigt, dass es keineswegs trivial ist, zu bestimmen, was ein Fehler ist.
- Dies hängt u. a. mit der sozialen Dimension seiner Bewertung zusammen.
- Fehler können jedoch, wenn auch auf komplexe Weise, durchaus eindeutig definiert und allgemeineren Fehlertypen sinnvoll und auf praktisch relevante Weise zugeordnet werden.
- Auch das Ziel, solche Fehlertypen möglichst zu vermeiden, erscheint unter bestimmten Bedingungen sinnvoll: Authentisch motivierte Personen verfolgen dieses Ziel sogar aus eigenem Antrieb.
- Die Erkenntnisse, die aus diesem Kapitel hervorgehen, können persönlich (z. B. moralisch, gewissensbezogen) entlastend wirken, z. B. (1) aufgrund der Subjektivität und Relativität der Bewertung, welche Handlungen und Ereignisse überhaupt als Fehler gelten, (2) aufgrund der fehlenden Willensfreiheit und der damit verbundenen Skepsis, dass eine bessere Handlung überhaupt hätte gewählt werden können, (3) aufgrund der Komplexität des Daseins, die Fehler unvermeidbar macht, (4) aufgrund der Tatsache, dass sich Fehler in der Rückschau schon oft als wahre Erkenntnis- und Entwicklungstreiber herausgestellt haben und (5) aufgrund unserer empirischen Befunde, die zeigen, dass viele Menschen viele Fehler in vielen Fehlerkategorien machen.

Besteht das Ziel darin, Fehler nicht ständig nur symptombezogen korrigieren zu müssen, sondern sie nachhaltig zu bewältigen oder ihnen präventiv zu begegnen, drängt sich die Analyse von *Fehlerursachen* auf. Die entsprechenden Modelle der Fehlergenese können Aufschluss über typische Fehlerquellen geben. Mit drei Ursachenmodellen setzen sich die nachfolgenden drei Kapitel auseinander. Den Grundstein zum Verständnis des ersten

Modells haben wir mit der Kategorisierung von Fehlern in *fertigkeitsbasierte Schnitzer oder Patzer* und *regel- oder wissensbasierte Fehler* in diesem Kapitel bereits gelegt. Diese Unterteilung entstammt nämlich einem prominenten kognitiven Fehlerursachenmodell, auf welches wir nachfolgend ausführlich eingehen.

Literatur

Adamsky, V. (2019). *Never let your fear decide your fate.* Unabh. Publ.: Taschenbuch.

Althoff, W. (1999). *Fehlerwelten. Vom Fehlermachen und Lernen aus Fehlern.* Springer.

Ameln, F., & von Wimmer, R. (2016). Neue Arbeitswelt, Führung und organisationaler Wandel: Gruppe. Interaktion. Organisation. *Zeitschrift für Angewandte Organisationspsychologie 47,* 11–21.

Badke-Schaub, P., Hofinger, G., & Lauche, K. (2011). *Human Factors. Psychologie sicheren Handelns in Risikobranchen.* Springer.

Bittrich, D. (2014). *Böse Sprüche für jeden Tag.* dtv.

Buss, D. M. (2004). *Evolutionary psychology: The new science of the mind.* Allyn & Bacon.

Chapanis, A. (1951). Theory and methods for analyzing errors in man-machine systems. *Annals of the New York Academy of Sciences, 51,* 1179–1203.

Dawkins, R. (1976/2014). *Das egoistische Gen.* Spektrum.

Dekker, S. (2017). *The field guide to understanding „human error".* CRC Press.

Dekker, S. (2018). *The human factor: Pursuing success and averting drift into failure.* DDD Europe Domain Driven Design.

Dörner, D. (1989/2003). *Die Logik des Misslingens. Strategisches Denken in komplexen Situationen.* Rowohlt.

Dörner, D., & Schaub, H. (1995). Handeln in Unbestimmtheit und Komplexität. *Organisationsentwicklung, 14,* 34–47.

Edmondson, A. C. (2011). Strategies for learning from failure. *Harvard Business Review, 89*(4), 48–56.

Festinger, L. (1957). *A theory of cognitive dissonance.* Stanford University Press.

Frese, M., & Keith, N. (2015). Action errors, action management, and learning in organizations. *Annual Review of Psychology, 66,* 661–687.

Gartmeier, M., Gruber, H., Hascher, T., & Heid, H. (2015). *Fehler: Ihre Funktionen im Kontext individueller und gesellschaftlicher Entwicklung.* Waxmann.

Grassinger, R., Steuer, G., Berner, V. D., Zeinz, H., Scheunpflug, A., & Dresel, M. (2015). Ausprägung und Entwicklung adaptiver Reaktionen auf Fehler in der Sekundarstufe. *Zeitschrift für Pädagogische Psychologie, 29*(3), 215–225.

Hacker, W. (2009). *Arbeitsgegenstand Mensch: Psychologie dialogisch-interaktiver Erwerbsarbeit.* Pabst.

Haggard, P., & Eimer, M. (1999). On the relation between brain potentials and the awareness of voluntary movements. *Experimental Brain Research, 126,* 128–133.

Heid, H. (2015). Über Relevanz und Funktion des Fehlerkriteriums. In M. Gartmeier et al. (Hrsg.), *Fehler: Ihre Funktionen im Kontext individueller und gesellschaftlicher Entwicklung* (S. 33–53). Waxmann.

Hofinger, G. (2011). Fehler und Unfälle. In P. Badke-Schaub, G. Hofinger, & K. Lauche (Hrsg.), *Human Factors. Psychologie sicheren Handelns in Risikobranchen* (S. 39–59). Springer.

Libet, B. (1985). Unconscious cerebral initiative and the role of conscious will in voluntary action. *The Behavioral and Brain Sciences, 8*, 529–539.

McClelland, D. (1988). *Human motivation.* University Press.

Miller, G., Galanter, E., & Pribram, K. H. (2013/1960). *Plans and the structure of behavior.* Martino Fine Books.

Millman, D. (2008). *Der Pfad des friedvollen Kriegers.* Lagato.

Mindnich, A., Wuttke, E., & Seifried, J. (2008). Umgang mit Fehlern und Ungewissheit im Unterricht: Entwicklung eines Beobachtungsinstruments und erste empirische Befunde. In M. Gläser-Zikuda & J. Seifried (Hrsg.), *Lehrerexpertise – Analyse und Bedeutung unterrichtlichen Handelns* (S. 91–111). Waxmann.

Nietzsche, F. (1882/1999). *Die fröhliche Wissenschaft*, 283, Viertes Buch. De Gruyter.

Norman, D. (2013). *The design of everyday things.* Basic Books.

Norman, D. (1981). Categorization of action slips. *Psychological Review, 88*(1), 1–15.

Parker, D., Reason, J. T., Manstead, A. S. R., & Stradling, S. (1995). Driving errors, driving violations and accident involvement. *Ergonomics, 38*(5), 1036–1048.

Rasmussen, J. (1982). Human errors. A taxonomy for describing human malfunction in industrial installations. *Journal of Occupational Accidents, 4*(2), 311–333.

Reason, J. (1991). *Human error.* Cambridge University Press.

Reason, J, (1994). *Menschliches Versagen. Psychologische Risikofaktoren und moderne Technologien.* Spektrum.

Sarason, I. G. (1988). Anxiety, self-reoccupation and attention. *Anxiety Research, 1*, 3–7.

Sauerland, M. (2015/2018). *Design Your Mind! Denkfallen entlarven und überwinden. Mit zielführendem Denken die eigenen Potenziale voll ausschöpfen.* Springer.

Schäfer, J. (2014). *Lob des Irrtums: Warum es ohne Fehler keinen Fortschritt gibt.* Bertelsmann.

Schopenhauer, A. (1841/2013). *Über die Freiheit des menschlichen Willens. Über die Grundlage der Moral: Die beiden Grundprobleme der Ethik.* Kröner. (Originalarbeit erschienen 1841).

Schüttelkopf, E. M. (2019). *Lernen aus Fehlern. Wie man aus Schaden klug wird.* Haufe.

Senders, J. W., & Moray, N. P. (1991). *Human error: Cause, prediction and reduction.* Erlbaum.

Sharit, J. (2006). Human error. In G. Salvendy (Hrsg.), *Handbook of human factors and ergonomics* (S. 708–760). Wiley.

Singer, W. (2004). Verschaltungen legen uns fest. Wir sollten aufhören, von Freiheit zu sprechen. In C. Geyer (Hrsg.), *Hirnforschung und Willensfreiheit. Zur Deutung der neuesten Experimente* (S. 30–65). Suhrkamp.

Spychiger, M., Kuster, R., & Oser, F. (2006). Dimensionen von Fehlerkultur in der Schule und deren Messung. Der Schülerfragebogen zur Fehlerkultur im Unterricht für Schülerinnen und Schüler der Mittel- und Oberstufe. *Schweizerische Zeitschrift für Bildungswissenschaften, 28*(1), 87–110.

St.Pierre, M., & Hofinger, G. (2014). *Human Factors und Patientensicherheit in der Akutmedizin.* Springer.

Thomann, G., Wehner, T., & Clases, C. (2016). Scheitern in der Führung. Eine Option? In S. Kunert (Hrsg.), *Failure Management. Ursachen und Folgen des Scheiterns* (S. 95–117). Springer.

Wallace, B., & Ross, A. (2006). *Beyond human error. Taxonomies and safety science.* CRC Press.

Wehner, T. (1992). *Sicherheit als Fehlerfreundlichkeit. Arbeits- und sozialpsychologische Befunde für eine kritische Technikbewertung.* Springer.

Wehner, T., Mehl, K., & Dieckmann, P. (2010). Handlungsfehler und Fehlerprävention. In U. Kleinbeck & K.-H. Schmidt (Hrsg.), *Arbeitspsychologie* (S. 785–820). Hogrefe.

Weingardt, M. (2004). *Fehler zeichnen uns aus. Transdisziplinäre Grundlagen zur Theorie und Produktivität des Fehlers in Schule und Arbeitswelt.* Klinkhardt.

Zapf, D., Brodbeck, F. C., & Prümper, J. (1989). Handlungsorientierte Fehlertaxonomie in der Mensch-Computer Interaktion. *Zeitschrift für Arbeits- und Organisationspsychologie, 33*(4), 178–187.

Zapf, D., Frese, M., & Brodbeck, C. (1999). Fehler und Fehlermanagement. In D. Frey, C. Graf Hoyos, & D. Stahlberg (Hrsg.), *Arbeits- und Organisationspsychologie* (S. 398–411). Beltz.

Zitelmann, R. (2019). *Setze dir größere Ziele! Die Geheimnisse erfolgreicher Persönlichkeiten.* Redline.

Internetquellen

Authentizität. Spektrum, Lexikon er Psychologie; s. z. B. https://www.spektrum.de/lexikon/psycho logie/authentizitaet/1771.

BANI. https://fh-hwz.ch/news/was-bedeutet-bani.

Borbonus, R. (2015). Gerade noch mal schief gegangen – Es lohnt sich über Fehler zu reden. https://www.marketing-boerse.de/fachartikel/details/1513-gerade-noch-mal-schief-gegangen---es-lohnt-sich-ueber-fehler-zu-reden/51651.

Beamtenbezahlung. https://100xhahaha.com/witz_b808d5fa_st.

Dienstleistungsanteil. https://de.statista.com. 2022.

Edison. https://www.boersenblatt.net/bookbytes/archiv/1418842.html; Bildquelle frei: https://com mons.wikimedia.org/wiki/File:Edison_in_his_NJ_laboratory_1901.jpg.

Föhn, M., Ruchti, B., & Benz, D. (2015, Abruf). https://www.beobachter.ch/gesundheit/psychologie/psychologie-so-reagieren-thomas-bucheli-co-auf-fehler.

Hofinger, G. (2022). https://team-hf.de/wp-content/uploads/2021/05/2013-hofingerg.fehler-und-fal len-im-umgang-mit.pdf.

Joyce. https://www.quotemaster.org.

Schmidt-Salomon zur Willensfreiheit. https://www.spektrum.de/rezension/jenseits-von-gut-und-boese/1015571.

Leistungsbezahlung: u. a. https://100xhahaha.com/witz_b808d5fa_st.

Kognitive Fehlerursachen – *Knoten im Hirn*

4

Sie dürfen nicht alles glauben,
was Sie denken.

(Heinz Erhardt [Sipos, V., & Schweiger, U. (2019).
Glauben Sie nicht alles, was Sie denken. Herder.])

In diesem zentralen Teil werden drei Theorien über die Entstehung von Fehlern vorgestellt. Es handelt sich um Modelle, deren Ziel es ist, den Ursachen von Fehlern auf den Grund zu gehen. Die Theorien schließen sich keineswegs wechselseitig aus. Sie unterscheiden sich primär darin, auf welcher *Ebene* Fehlerursachen angesiedelt werden. Vorteilhafterweise bieten sie dadurch zwar unterschiedliche, aber sich durchaus auch ergänzende Empfehlungen zur Fehlerprävention an. Unser Anspruch besteht weder darin, allen Theorien gleichermaßen gerecht zu werden, noch sie im vergleichbaren Detaillierungsgrad vorzustellen. Die durchaus selektive und teils auch eigenwillige Darstellung der Theorien verfolgt vielmehr das Ziel, unser eigenes *motivationales Modell der Fehlergenese* auf maximal nachvollziehbare Weise aus den bereits bestehenden Theorien abzuleiten bzw. diese miteinander zu verbinden. Zu diesem Zweck wird zunächst auf die etablierten und empirisch gut erforschten *kognitiven* (Kap. 4) und *systemischen* Ansätze (Kap. 5) eingegangen, bevor die *motivationalen* Fehlerursachen konzeptualisiert werden (Kap. 6). Es soll nicht unerwähnt bleiben, dass unser eigenes Modell den aufgeführten kognitiven und systemischen Theorien keineswegs logisch oder empirisch widerspricht; es nimmt lediglich eine andere Steuerungsebene in den Fokus: die *individuelle Motivation*.

Kap. 1 – Zielsetzung	
Kap. 2 – Fehlerbeispiele	

(Fortsetzung)

(Fortsetzung)

Kap. 3 – Fehlertypen		
Kap. 4, 5 und 6 Fehlerursachen	**4 Kognitive Modelle**	4.1 Fertigkeitsbasierte Fehler
		4.2 Regelbasierte Fehler
		4.3 Wissensbasierte Fehler
		4.4 Kognitive Fehlerursachen im Büro
		4.5 Zwischenfazit
	5 Systemmodelle	5.1 Unfallschwerpunkte
		5.2 Systemische Ursachen durch das Büro
		5.3 Der Beitrag von Technik u. Kultur
		5.4 Zwischenfazit
	6 Ein motivationales Modell	6.1 Motivation als Ursache
		6.2 Annahmen
		6.3 Belege
		6.4 Praktische Implikationen
		6.5 Realistische Vorhersagen
		6.6 Fazit und Ausblick
Kap. 7, 8 und 9 – Fehlermanagement		
Kap. 10 – Zusammenfassung		

Ein prominentes Modell der Fehlergenese – das Generische Fehlermodellierungssystem (GFMS) – stammt von Reason (z. B. 1991, 1994; basierend u. a. auf Rasmussen, 1982, 1984, 1986 und Norman, 1981, 2013). Das Modell verortet die Ursachen menschlicher Fehler auf drei Ebenen der Handlungssteuerung:

(1) Fertigkeitsbasierte Patzer und Schnitzer
   (nicht erfolgreiche Ausführung oder Speicherung der beabsichtigten Handlung)
(2) Regelbasierte Fehler
   (Anwendung einer Verhaltensregel unter unpassenden Bedingungen)
(3) Wissensbasierte Fehler
   (erfolgreiche Ausführung eines mangelhaften Plans, der nicht zum beabsichtigten Resultat führt)

Die Funktionsweise der verschiedenen Steuerungsebenen lässt sich an folgendem Beispiel veranschaulichen (vgl. auch Abb. 4.1): Das Modell geht davon aus, dass die meisten Handlungen auf der fertigkeitsbasierten Ebene mehr oder weniger automatisch ablaufen. Stehen in einer bestimmten Situation jedoch keine Verhaltens*routinen* zur Verfügung, wird nach allgemeinen Verhaltens*regeln* gesucht, die dabei behilflich sein könnten, die situativen Herausforderungen zu meistern. Lassen sich auch keine brauchbaren Regeln finden, wird die wissensbasierte Ebene angesteuert, die intellektuelle Problemlöseprozesse in Gang setzt. So kann es sein, dass die *Routinetätigkeit,* eine Kopie anzufertigen, wegen einer technischen Funktionsstörung nicht wie sonst üblich reibungslos abläuft. Man analysiert daher die Situation und entdeckt, dass eine Warnlampe blinkt. Aus der Erfahrung weiß man, dass *in der Regel* das Papierfach aufgefüllt werden muss, wenn die Warnlampe blinkt. Diesmal jedoch lässt sich das Problem auf diese einfache Weise nicht beheben. Daher beginnt man damit, über allgemeine Funktionsprinzipien solcher Geräte *nachzudenken,* und mutmaßt auf dieser Grundlage, dass möglicherweise ein Fremdkörper im System steckt. Man prüft daraufhin die Verlaufswege des Papiers und entdeckt tatsächlich eine stecken gebliebene Folie im Gerät.

Es könnte allerdings auch sein, dass man den Anfängerfehler begangen hat, den Drucker spüren zu lassen, dass man die Kopie dringend benötigt. Das unauffällige Treten des Geräts ist in der Bedienungsanleitung in der Regel jedoch nicht aufgeführt. Erfahrene Mitarbeiter wissen: Die friedliche Koexistenz mit dem Kopiergerät muss stattdessen täglich neu ausgehandelt werden.

Auf den verschiedenen Handlungssteuerungsebenen und durch deren Zusammenwirken können typische Fehler verursacht werden. Das Modell konzipiert nun diejenigen kognitiven Operationen, die jeweils an der Fehlerproduktion beteiligt sind. Zum besseren Verständnis wird das Modell nachfolgend hauptsächlich anhand *repräsentativer Beispiele* erläutert. Zur konkreten Einordnung und zur Wahrung der Übersicht soll folgende Tabelle dienen (Tab. 4.1)

4.1   Fertigkeitsbasiert – *viele Fehler folgen Fähigkeiten*

Beinahe 75 % der Autofahrer halten sich für *überdurchschnittlich* gute Verkehrsteilnehmer.[1] Dies mag für die Statistiker unter uns belustigend sein, doch Autofahren fällt den meisten Menschen in der Tat nicht besonders schwer. Oft fragt man sich sogar, nachdem man das Ziel erreicht hat, wo man eigentlich beim Fahren mit den eigenen Gedanken gewesen ist – jedenfalls nicht beim Autofahren. Automatisch ablaufende Verhaltensprogramme übernehmen beim Autofahren nämlich zumeist die Handlungssteuerung. Diese kognitiven Routinen bedürfen kaum noch der bewussten Aufmerksamkeitskontrolle. *Viele* unserer täglichen Verhaltensweisen werden auf diese Weise gesteuert: Trainierte Personen führen in vertrauten Situationen erfolgreiche Verhaltensroutinen aus.

Dies funktioniert so lange, bis von solchen starken Routinen abgewichen werden soll; wenn also beispielsweise auf der Fahrt von der Arbeit nach Hause das Geburtstagsgeschenk für den Lebenspartner noch abgeholt werden soll und dafür von der üblichen Route abgewichen werden muss. Unter solchen Umständen kommt es häufig zu einer *unbeabsichtigten* Aktivierung dieser stark gebahnten automatischen Verhaltensprogramme, weil die von der üblichen Routine abweichende Absicht zumeist nicht hinreichend durch

---

[1] Williams (2003).

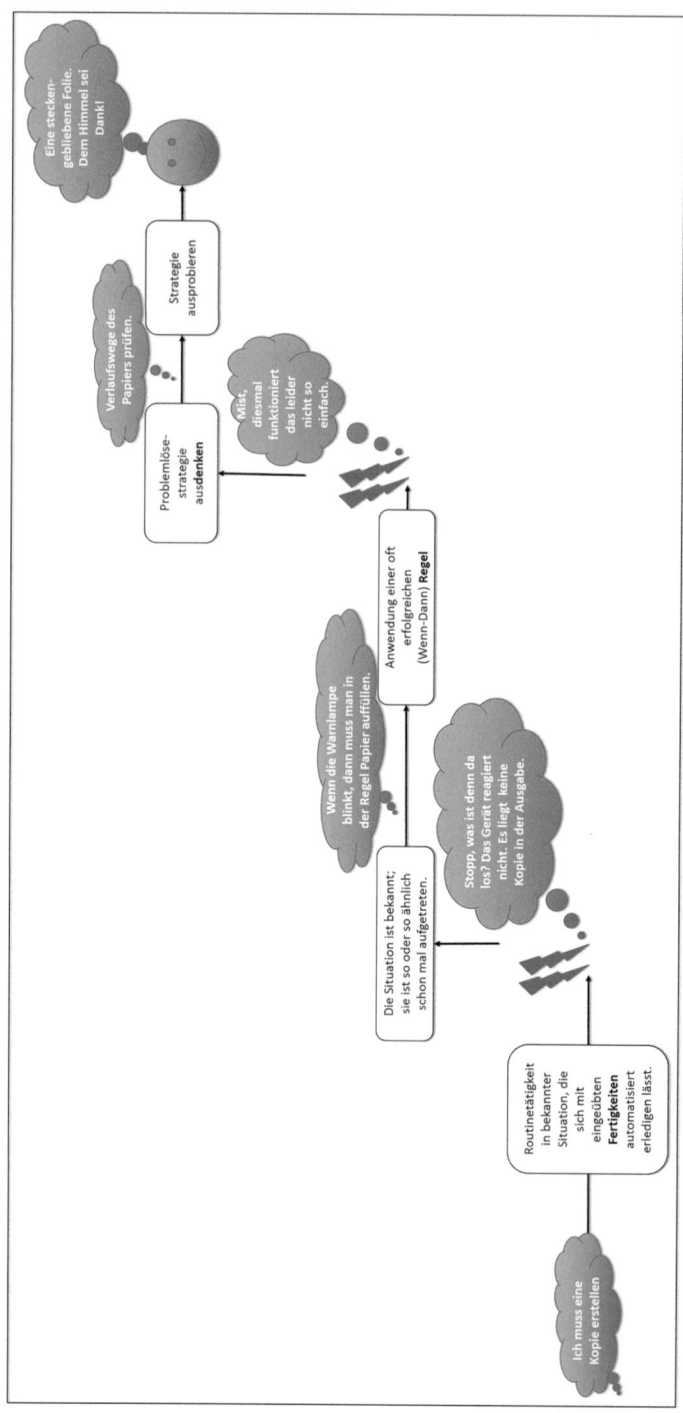

Abb. 4.1 Die drei Ebenen der Handlungssteuerung im Rahmen des Generischen Fehlermodellierungssystems (GFMS) (eigene, übersetzte und modifizierte Darstellung nach Reason, z. B. 1991, 1994, S. 93)[2]

---

[2] Ein für für unser motivationales Modell der Fehlerentstehung bemerkenswerter Sachverhalt besteht darin, dass das Modell eine gewisse Faulheit voraussetzt: Man strebt immer danach, Tätigkeiten möglichst auf der bequemen Automatismen-Ebene zu erledigen. Der Wunsch nach einer aktiven Suche nach lohnenden Herausforderungen oder die gewollte Auseinandersetzung mit interessanten Sachverhalten oder auch die Möglichkeit, durch langweilige Routinen unterstimuliert zu sein, werden im Rahmen des Modells nicht in Betracht gezogen.

Tab. 4.1 Die drei Ebenen der Handlungssteuerung mit den ihnen zugeordneten Fehlerkategorien, deren Ursachen und jeweils mehreren typischen Beispielen.[3]

(Handlungs-) Steuerungsebene	Fehlerkategorie	Ursache	Beispiele
Fertigkeitsbasiert	Patzer (Aufmerksamkeitsfehler)	Verwechslung; mangelnde Aufmerksamkeitskontrolle durch innere/ äußere Ablenkung	Medikament B anstelle des äußerlich ähnlichen Medikaments A verabreichen; Geradewegs wie üblich von der Arbeit nach Hause fahren, statt das Geburtstagsgeschenk für den Partner besorgen
	Schnitzer (Gedächtnisfehler)	Vergessen; z.B. durch Ablenkung oder Unterbrechung	Kopiervorlage im Kopiergerät liegen lassen; Nicht mehr wissen, was man im Büro eigentlich machen wollte
Regelbasiert	Schlechte Anwendung einer guten Regel	Besonderheit der Situation nicht erkennen	Bei Vorliegen einer häufigen Symptomkonstellation ähnlichkeitsbedingt eine seltene Ausnahmeerkrankung nicht erkennen (Diagnosefehler) und somit konsequent die zwar zumeist wirksame aber diesmal schädliche Therapie anwenden; Rechtschreibfehler: „Rütmus" statt Rhythmus schreiben
	Gute Anwendung einer schlechten Regel	Oft belohntes Risiko-Verhalten zeigen	Bei Verspätung mit unangepasster Geschwindigkeit zu einem Termin fahren; Vorurteilsbasierte Personalauswahl
Wissensbasiert	Plan nicht zielführend	Unwissenheit; z.B. Unfähigkeit, Strukturbrüche mental abzubilden	Mit Gewinnabsicht eine Aktie kaufen, die sich als verlustreich erweist; Einführung des Kommunismus in der Absicht, eine dauerhaft gerechte und freie Gesellschaft herzustellen
	Ziel falsch oder defizitär definiert	Unwissenheit; z.B. Tendenz, sich mit dem Auffälligen zu beschäftigen	Fehler von Mitarbeitern um jeden Preis eliminieren wollen (Null-Fehler Ziel); Nicht beachten, dass im Rahmen der Klausurplanung auch eine Wiederholungsklausur organisiert werden muss

bewusste Aufmerksamkeitsprozesse kontrolliert wird. Die üblichen situativen Stimuli triggern und leiten das Verhalten dann wie gewohnt, und die Ausführung des eigentlichen Handlungsplans scheitert – man kommt ohne Geschenk zu Hause an.[4] Man kann dann noch versuchen, dem Lebenspartner diesen heimtückischen kognitiven Mechanismus zu erklären, wenn er aber Anhänger der Theorie des freien Willens ist, droht der Statuswechsel zum Lebensabschnittsgefährten.

Der beschriebene Fehler ist „anderen Personen" sicher schon häufiger passiert, er ist aber schon einer der komplexeren Art. Widmen wir uns zunächst den einfachsten Fehlern auf der fertigkeitsbasierten Handlungssteuerungsebene.

---

[3] Die Beispiele lassen sich in Abhängigkeit des Szenariokontextes z. T. auch anderen Kategorien zuordnen.

[4] Experten scheitern in diesem Bereich häufiger als Novizen, weil ihre Erfahrung einschlägige Verhaltensweisen automatisiert hat und diese Automatismen die Handlungskontrolle auch dann übernehmen können, wenn diese in einer besonderen Situation unangemessen sind.

Unaufmerksamkeit: Kontrollversäumnis

Wer hat nicht schon einmal vergessen, die Herdplatte oder auch das Kellerlicht auszuschalten (vgl. Abb. 4.2)? Wie ist dies möglich? Wir haben es doch schließlich mit trainierten Routinetätigkeiten zu tun, die eigentlich zuverlässig ablaufen sollten? Die Ursache für diese verbreiteten Fehler besteht zumeist darin, dass die *Aufmerksamkeit abgelenkt* wird. Selbst die Ausführung von Routinetätigkeiten ist davon abhängig, dass an neuralgischen Prozessstellen ein kognitiver „Kontrollcheck" stattfindet. Kindern muss man die einzelnen Schritte einer Handlungssequenz richtiggehend antrainieren: „Bitte nicht vergessen, das Licht auszuschalten!" Um es tatsächlich nicht zu vergessen, sagen sich Kinder diesen Appell während der Handlungssequenz manchmal sogar vor, damit sie im entscheidenden Moment daran denken. Erwachsene haben den Appell längst internalisiert; es bedarf kaum noch der Aufmerksamkeit, um daran zu denken, das Kellerlicht auszuschalten. Doch ein wenig Aufmerksamkeit ist dann eben doch noch erforderlich, z. B., um die Zielannäherung zu prüfen oder eine von mehreren möglichen Folgehandlungen auszuwählen. Bei starker situativer Ablenkung (z. B. in der morgendlichen Hektik) oder der intensiven inneren Beschäftigung mit anderen Sachverhalten (z. B. einem zurückliegenden Streit), kann es vorkommen, dass selbst diese minimale Energie, die für die Aufmerksamkeitskontrolle bestimmter Prozessschritte der Routine noch aufgebracht werden müsste, absorbiert ist und man daher vergisst, das Licht auszuschalten.

Konkurrierende äußere Ablenkungsreize oder die innerliche gedankliche Beschäftigung mit anderen Sachverhalten verhindern also häufig die bewusste Kontrolle, ob im Rahmen eines Handlungsplans (z. B. ein Getränk aus dem Keller holen oder das Essen bereitstellen) alle Einheiten der Routine erfolgreich durchlaufen und bewältigt wurden.

Ein verwandter Fehler tritt auf, wenn man *selbst* von der üblichen Routine abweichen will, aber im entscheidenden Moment – also genau dann, wenn man anders als üblich handeln müsste – dies nicht bewusst kontrolliert.

Folgende Bedingungen liegen bei dieser Variante des Fehlertyps vor:[5]

1. Eine Tätigkeit wurde oft ausgeführt.
2. Es besteht eine Absicht, von der Gewohnheit abzuweichen.
3. Es gibt einen Punkt, an dem sich die Handlungsschemata merklich unterscheiden.
4. An diesem Punkt findet keine Aufmerksamkeitskontrolle statt.

Ein Nachrichtenmoderator spricht z. B. statt der diesmal geforderten Kombination „IG-Medien" den deutlich häufiger verwendeten Terminus „IG-Metall" aus. Die Aussprache des Wortteils „IG" ist durch die Situation initiiert und wird problemlos ausgeführt. Doch nach der Aktivierung des Wortteils „IG-" fließt die „kognitive Energie" über den viel stärker vorgebahnten Weg zu der mit wesentlich geringerem Widerstand versehenen Wortverbindung „-Metall", anstatt den in dieser Situation eigentlich geforderten Wortteil „-Medien"

---

[5] Vgl. Reason (1991).

Abb. 4.2 Ein häufiger Fehler aufgrund von zwischenzeitlicher Ablenkung und fehlender Aufmerksamkeitskontrolle bei der Ausführung einer Handlungsroutine: vergessen, die Herdplatte auszuschalten. Wenn Ihr Partner das Essen serviert und Sie ihm sogleich mitteilen wollen, dass das Essen schmeckt, könnte ihn dies gedanklich ablenken. Das Risiko können Sie deutlich mindern, indem Sie ihn stattdessen herzlich an die Herdplatte erinnern und ihn nett fragen, ob alle Prozessschritte seiner Kochroutine abgeschlossen sind

zu aktivieren. Auf ähnliche Weise lässt sich auch der Tagesschau-Versprecher von Dagmar Berghoff anlässlich des WCT-Turniersiegs von Boris Becker erklären: Boris Becker habe am Abend in Dallas das WC-Turnier gewonnen.[6]

Das eingangs erwähnte Beispiel des vergessenen Geschenks für den Partner, welches auf dem Weg von der Arbeit nach Hause hätte besorgt werden müssen, lässt sich diesem Fehlertyp ebenfalls zuordnen: Sämtliche Elemente der Fahrroutine werden automatisch durchlaufen. Allerdings wäre für die Ausführung des diesmal abweichenden Handlungsplans (Geschenk kaufen) ab einem bestimmten Knotenpunkt die bewusste Aktivierung ganz anderer Verhaltensweisen erforderlich gewesen, wie z. B. an einer Ampel zum Einkaufszentrum abzubiegen, statt geradeaus direkt nach Hause zu fahren.

Die Ablenkung der Aufmerksamkeit durch innere Beschäftigung oder äußere Stimuli ist auch für den folgenden wohlbekannten Gedächtnisfehler (Schnitzer) verantwortlich (vgl. Abb. 4.3): Ich ging ins Büro, schaltete das Licht ein, sah mich um und wusste nicht mehr, was ich hier eigentlich erledigen wollte. Ein Ziel wurde zwar erstellt, ein zielführender Plan

---

[6] https://www.youtube.com/watch?v=IPi3UOFfH9g

entwickelt, und dieser Plan wurde bis zu einem bestimmten wesentlichen Punkt auch erfolgreich ausgeführt. Aber mit Erreichen dieses prominenten Teilziels bzw. *bis* zur Erreichung dieses prominenten Teilziels (Büro) wurde das Endziel vergessen. Das Endziel selbst war mental offenbar derart schwach repräsentiert, dass es – durch die innere Beschäftigung mit anderen Dingen auf dem Weg zum Büro oder auch durch starke Assoziationen, die der Ort spontan aktiviert – „überschrieben" werden konnte.

Aus unseren eigenen Untersuchungen geht hervor, dass auch im Rahmen administrativer Tätigkeiten *Schnitzer* und *Patzer* dieser Art recht häufig vorkommen. Einige Beispiele:

- Fristversäumnis beim Versand von Sitzungsunterlagen (betrifft ca. 15 % der Sitzungen) = *gedächtnisbasierter Schnitzer*
- Flüchtigkeitsfehler wie Vertippen beim Schreiben am PC oder Verwechseln von Unterlagen (mindestens 1 × täglich), „weil es schnell gehen muss" = *aufmerksamkeitsbasierter Patzer*
- Im Januar eines neuen Jahres noch das alte Jahresdatum in Einladungen etc. eintragen (mehrmals jährlich) = *aufmerksamkeitsbasierter Patzer (je nach Kontext auch regelbasierter Fehler)*
- Lücken in Sitzungsprotokollen (fast alle Protokolle betroffen) = *gedächtnisbasierter Schnitzer*
- Fehleinschätzungen von Verkehrszeichenplänen (ca. 2 × wöchentlich). Ein Bürger bekommt zu Unrecht einen Strafzettel wegen Falschparkens = *hier Verwechslung: aufmerksamkeitsbasierter Patzer*

Abb. 4.3 Was wollte ich hier noch mal erledigen? Das Ziel der Handlung ist nur unzureichend mental repräsentiert, sodass es bei zwischenzeitlicher Ablenkung (z. B. durch die gedankliche Beschäftigung mit anderen Sachverhalten auf dem Weg zum Zielort) oder durch fixe Assoziationen, die mit dem Zielort normalerweise verbunden sind, leicht „überschrieben" und vergessen wird. Es kommt zu einem gedächtnisbasierten Schnitzer

- Fehlerhafte Eingruppierung bei Neueinstellungen (ca. 1 × im Jahr) = *aufmerksamkeitsbasierter Patzer (je nach Kontext auch regelbasierter Fehler)*
- Erfassungsfehler (ca. 1 × Jahr; Schaden z. T. im sechsstelligen Bereich) = *aufmerksamkeitsbasierter Patzer*

Für zahlreiche Fehler im täglichen Handeln ist somit die mangelnde Zuteilung von Aufmerksamkeitsressourcen für die relevante Aufgabe verantwortlich. Aber auch die bewusste Zuteilung von Aufmerksamkeit kann Fehler verursachen, wenn sie zu einem unpassenden Zeitpunkt erfolgt. Darauf gehen wir nachfolgend ein.

Überaufmerksamkeit: Unangemessene Platzierung von Kontrollen
Trotz der erforderlichen komplexen Bewegungskoordination steigen wir täglich völlig mühelos Treppen hinauf und hinab. Das entsprechende Verhalten ist derart trainiert und routiniert, dass es von unbewusst arbeitenden Zentren im Gehirn gesteuert wird. Dies ermöglicht es, dass wir uns – wie Sie es vermutlich täglich tun – während des Treppensteigens durchaus mit Kollegen über die Relativitätstheorie unterhalten können. Gelegentlich kommt es jedoch vor, dass wir stolpern, wenn z. B. die körperliche Anstrengung beginnt, sich bemerkbar zu machen (Abb. 4.4). Wie ist dies bei einer derart automatisierten Handlung zu erklären? In solchen Momenten, in denen es einen trivialen Grund oder auch einen tatsächlich relevanten Anreiz gibt, dem *Treppensteigen an sich* Aufmerksamkeit zu widmen, greifen plötzlich bewusste Steuerungsmechanismen in das automatisch ablaufende Handlungsschema ein. Dabei kann es vorkommen, dass die bewusste Kontrolle des Bewegungsablaufs *zu langsam* für das rapid ablaufende unbewusste Verhaltensprogramm ist. Die de-synchronisierte bewusste Kontrolle kann dann dazu führen, dass eine Bewegung initiiert wird, die der automatisierte Prozess bereits in Gang gesetzt hat. Die bewusste Initiation einer Handlung, die schon längst abläuft, führt dann zum Stolpern.[7]

Zwei Fehlerphänomene können dabei auftreten:

- Man denkt, der Routineprozess ist noch nicht so weit fortgeschritten, wie er tatsächlich ist.
- Man denkt, der Routineprozess ist schon weiter fortgeschritten, als er tatsächlich ist.

Beispiele für den genannten *Wiederholungsfehler* dürften bekannt sein (vgl. auch Abb. 4.5): Wer hat nicht schon einmal ein bereits *aus*geschaltetes Gerät *aus*schalten wollen und es dabei versehentlich wieder *an*geschaltet? Wer ist nicht schon einmal umsonst zur Haustür zurückgelaufen, um zu prüfen, ob die Tür auch wirklich abgeschlossen ist? Mannigfaltig sind

---

[7] Zuweilen gelingt einer Person eine Tätigkeit spielerisch gut. Andere Personen werden darauf aufmerksam und sprechen die Person darauf an. Dies stellt einen Anlass für die Person dar, über die vollbrachte Leistung nachzudenken und sich selbst zu fragen, wie sie dies geschafft hat. Auch in diesem Fall kann die bewusste Reflexion den zuvor erfolgreichen Routineablauf der Handlung massiv stören.

Abb. 4.4 Bewusstes
Treppensteigen kann durchaus
gefährlich sein. Wenn die
bewusste Handlungssteuerung
in automatisierte
Verhaltensroutinen eingreift,
führt die de-synchronisierte
Verhaltensinitiation zum
Stolpern. Unterhalten Sie sich
beim Treppensteigen lieber wie
üblich über die
Relativitätstheorie

auch die Beispiele für den *Auslassungsfehler:* Wer hat nicht schon einmal vergessen, sich die Zähne zu putzen, weil man dachte, man hätte es bereits erledigt? Es kommt umgekehrt auch vor, dass man sich zweimal kurz hintereinander die Zähne putzt, weil man sich nicht mehr an das erste Mal erinnern kann, was, um es zu wiederholen, ein Wiederholungsfehler ist. Aber Vorsicht: Mehrmals zu heiraten, weil man sich an das erste Mal nicht mehr erinnern mag, muss nicht unbedingt zur Kategorie der Wiederholungsfehler gehören, auch wenn einige Prominente beim Heiraten schon eine unbewusste Routine entwickelt haben mögen.

Weitere Beispiele aus dem administrativen Bereich:

- Bewusstes Maschineschreiben: Beim routinierten Abtippen eines Textes einzelne Zeichen auf der Tastatur suchen und sich dabei vertippen – *Wiederholungsfehler*
- Den Computer morgens zweimal kurz hintereinander anschalten und ihn damit wieder ausschalten – *Wiederholungsfehler*
- Eine Datei nicht extern sichern, weil man denkt, man hätte es bereits getan – *Auslassungsfehler*

4.2   Regelbasiert – *gute Regel falsch, falsche Regel gut angewendet*

Der Übergang von der fertigkeitsbasierten Handlungssteuerungsebene zur regelbasierten Ebene ist nicht absolut trennscharf – nicht jedes konkrete Fehlerbeispiel lässt sich eindeutig einer Ebene zuordnen. Dies gilt auch für den Übergang von der regelbasierten zur

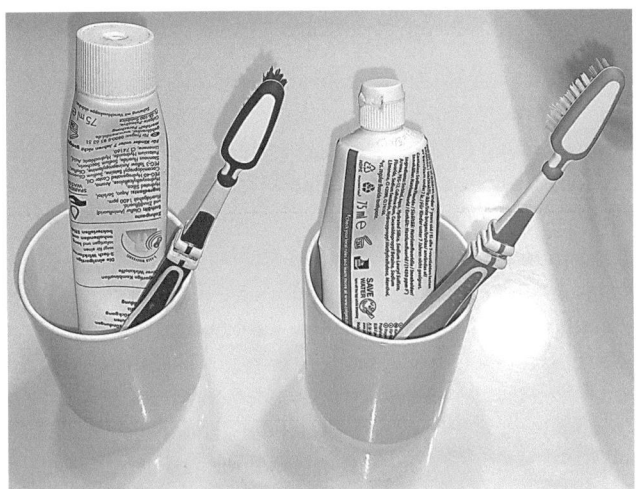

Abb. 4.5 Habe ich mir heute Morgen (nicht schon einmal) die Zähne geputzt? Auslassungs- und Wiederholungsfehler entstehen durch die bewusste Kontrolle eines Routinevorgangs. Der unbewusste Handlungssteuerungsprozess, die Zähne zu putzen, kann durch die automatisch ablaufende Handlungsroutine schon weiter vorangeschritten sein, als man denkt, oder auch noch nicht so weit vorangeschritten sein, wie man denkt

wissensbasierten Ebene. Dennoch bedarf es dieser Zwischenkategorie, denn auf der regelbasierten Ebene sind Fehler anzusiedeln, bei denen ein deutlich höherer Bewusstseinsgrad vorhanden ist als bei der automatisierten Handlungssteuerung, ohne dies jedoch wiederum als intellektuelle Problemlösung bezeichnen zu können. Die Handlungssteuerungsmechanismen, auf die wir nun eingehen, greifen tatsächlich oft erst dann, wenn in einer Situation eben *keine* automatisierten Routinen für die erfolgreiche Aufgabenbewältigung zur Verfügung stehen. In dem Fall suchen Menschen nämlich zuerst nach allgemeinen Regeln, die man in dieser Situation zur erfolgreichen Zielannäherung anwenden könnte. Dadurch können Fehler ganz eigener Art entstehen.

Lässt sich ein Handlungserfordernis nicht durch ein routiniertes Verhaltensprogramm bewältigen, versuchen Menschen zunächst, vertraute Muster in der entsprechenden Situation zu entdecken. Wenn sie glauben, eines gefunden zu haben, können sie ggf. nämlich eine bewährte Verhaltensregel auf die neue Situation anwenden. Die Identifikation von Mustern ist jedoch sehr fehleranfällig. Die Suche wird nämlich tendenziös beeinflusst ...

(a) von der *Häufigkeit* bisher aktivierter Muster oder Regeln,

(b) von der *Zeitspanne,* die seit der letzten Aktivierung vergangen ist,

(c) von der bisherigen *Erfolgsquote* der Aktivierungen und

(d) von der *Ähnlichkeit* zu vertrauten Konstellationen.

Das sind die Einflussfaktoren, die im Wettbewerb um eine gute Situationsdiagnose oft obsiegen und eine *optimal passende* Situationserfassung damit auch verhindern können.

Auch hieraus können zwei Fehlertypen resultieren:

- die schlechte Anwendung einer an sich guten Regel *und*
- die gute Anwendung einer an sich schlechten Regel.

Die schlechte Anwendung einer an sich guten Regel

Im Fall eines Rechtschreibfehlers ist dem Schreibenden die Norm, also der orthographische Sollwert, offensichtlich nicht bekannt (vgl. Abb. 4.6). Die schreibende Person hat zwar das klare Ziel, korrekt zu schreiben, weiß aber im konkreten Fall nicht, wie z. B. „Rhythmus" buchstabiert wird. Der Person stehen für die Niederschrift des Wortes keine Handlungs-routinen zur Verfügung, d. h., sie kann dieses komplizierte und ggf. noch nie gesehene Wort nicht automatisch niederschreiben. Das Handlungsproblem, mit dem die Person nun konfrontiert ist, erfordert somit die Steuerung auf einer etwas höheren Bewusstseinsebene. Sie sucht daher nach einer *Regel,* wie man Wörter (in der Regel) schreibt. Dabei könnte zunächst von der Annahme ausgegangen werden, man würde etwas schreiben, wie man es spricht. Dies ist eine an sich gute Regel, die oft erfolgreich ist und daher in einer solchen Situation womöglich zur Anwendung kommt. Im Fall des Fremdwortes „Rhythmus" führt sie allerdings zu einem orthographischen Fehler, nämlich etwa zu „Rütmus". Die Regel hat sich zwar bewährt (= gute Regel), ist aber diesmal falsch (= schlechte Anwendung).[8] Selbst die Regel für Fortgeschrittene: *„Es handelt sich um ein Fremdwort, und Fremdwörter werden bei der Lautfolge oft mit einem Y geschrieben",* führt in diesem konkreten Fall unter Umständen in die Irre, wenn daraus nämlich z. B. „Rythmus" entsteht.

Viele der in Kap. 2 aufgelisteten Rechtschreibfehler kommen auf ähnliche Weise zustande. Doch auch medizinische Fehler lassen sich dieser Fehlerursache häufig zuord-nen: Bei Vorhandensein der Symptomkonstellation X, Y und Z mag Medikament A am besten helfen (bewährte Regel), doch in Ausnahmefällen können die Symptome auch einer ungewöhnlichen Krankheit zuzuordnen sein, und die Therapie schlägt fehl (diesmal falsch; Diagnosefehler).

Eine Regel kann aus einem *Wenn-Teil* und einem *Dann-Teil* bestehen: *Wenn* das Licht an der Kaffeemaschine aufhört zu blinken, *dann* drücke den Durchlaufknopf. Solche Regeln können ggf. auch mit trainierten Handlungsroutinen abgearbeitet werden. Zu regelbasierten Prozessen kommt es jedoch insbesondere dann, wenn die Situation neu ist oder im Wenn-Teil irgendwelche Besonderheiten der Situation festgestellt worden sind, also z. B.: „Wenn das Auto *nicht (wie üblich)* anspringt, dann … (muss etwas unternommen werden, was von dem üblichen Routineprogramm abweicht, aber in vergleichbaren Situationen geholfen hat)."

---

[8] Wer daraufhin auch noch das musterähnliche Wort „Rhetorik" mit zwei H's, also Rhethorik, schrei-ben will, hat sogar eine falsche Analogie gewählt. Die Suche nach geeigneten *Analogien* kann in komplexeren Fällen schon auf der wissensbasierten Steuerungsebene angesiedelt sein.

Abb. 4.6 Die Anwendung der an sich bewährten Regel „Schreibe so, wie man es ausspricht" führt in speziellen Fällen, z. B. auch bei Fremdwörtern, häufig zu Fehlern. Fehler wie „sich im Bockspringbett vergnügen", in den „engeren Wal ziehen", „als Opa die Ekelkinder mögen", „mit ihr ins Bett gehen können, ohne Kopfverbrechen" oder „Wenn du früh aufstehst, hasst du mehr vom Tag" legen allerdings andere Fehlerkategorien nahe

Fehler kommen auf dieser Handlungssteuerungsebene häufig dadurch zustande, dass die realen Bedingungen gar nicht dem vermeintlich identifizierten Wenn-Teil entsprechen. Eine eigentlich gute Regel wird dann in einer für sie unpassenden Situation ausgeführt. Ein einfaches Beispiel veranschaulicht dies: Ein Tier läuft plötzlich auf die Fahrbahn. In dieser recht ungeübten Situation könnte die folgende Regel bewusst greifen: *Wenn sich etwas auf der Straße befindet, bremse und weiche aus.* Doch auf eisglatter Fahrbahn würde diese Regel scheitern, weil der Wenn-Teil in den Wintermonaten etwas *differenzierter* zu betrachten ist, als es die *allgemein gute Regel* nahelegt. Der vom Original nuanciert abgewandelte Autoaufkleber „Ich bremse auch für Biere" ist in dieser Situation zweckdienlicher.

Ein reales Beispiel:[9]

- Der Security-Dienst beging während eines Festivals den Fehler, Partygäste vom Klettern über den Zaun abzuhalten, obwohl ein Feuer auf dem Festivalgelände ausgebrochen war. Die Sicherheitskräfte handelten viel zu lange nach der bewährten Regel: „Wenn Personen über den Zaun klettern wollen, halte sie davon ab, weil sie die Getränkerechnung wohl prellen wollen." Bei der Situationsdiagnose wurde der besondere Umstand eines ausgebrochenen Feuers nicht in Erwägung gezogen.

Fehler treten auf der regelbasierten Ebene also auch dann auf, wenn sich Ausnahmen von einer vertrauten Situation nicht offensichtlich zeigen oder bei den handelnden Akteuren wegen mentalen „Overloads" nicht wahrgenommen werden.[10]

---

[9] Entnommen aus Norman (2013).

[10] Offensichtliche Gegenanzeigen werden teils auch aktiv „wegargumentiert". Dies ist ein empirisch belegtes Faktum, das für ein *motivations*orientiertes Fehlergenesemodell äußerst relevant ist.

Die gute Anwendung einer schlechten Regel

Schnelles Fahren wird oft belohnt. Berufliche oder private Ziele werden durch schnelles Fahren schneller erreicht. Auf diese Weise kann sich eine Regel etablieren (z. B. „Wenn ich spät dran bin, fahre ich einfach schneller"), die bei häufiger Anwendung schlecht ist, weil das Risiko eines Unfalls signifikant erhöht ist und zumeist auch passendere Verhaltensweisen zur Verfügung stehen würden.[11]

Auch bei gesundheitsstrapazierendem Verhalten, wie z. B. Suchtreaktionen im weitesten Sinn, lassen sich vergleichbare Abwägungen feststellen: Der unmittelbare Nutzen des Suchtmittels in der aktuellen Situation wird als sicher erlebt, der bloß mögliche Schaden in der Zukunft hingegen wird ausgeblendet. Der *Regel* zu folgen, sich in frustrierenden oder stressigen Situationen einfach mit Mitteln aller Art selbst zu belohnen oder auch abzulenken, anstatt das Problem zu lösen, erscheint ohnehin wenig konstruktiv.

Ähnliche Prozesse greifen auch, wenn es um Kosteneinsparungen an der falschen Stelle geht, z. B. bei aufgeschobenen Sicherheitsinspektionen oder Wartungen (latente Fehler). Kurzfristig können die zugrunde liegenden Verhaltensregeln zwar durchaus funktionieren (z. B. Geld einsparen), langfristig oder bei häufiger Anwendung werden sie sich aber mit zunehmender Wahrscheinlichkeit als falsch erweisen.

Zuweilen sind die angewandten Regeln auch einfach *ineffizient, unelegant, bizarr* oder auch *nicht belegt,* wie die nachfolgenden Beispiele zeigen (vgl. auch Methodismus, kognitiver Konservatismus):[12]

- (Personal-)Entscheidungen auf der Basis von Stereotypen, Vorurteilen oder Rassismus umfassen in der Regel undifferenzierte und unbelegte Reaktionen: „*Wenn sich ein Ausländer auf die Stelle bewirbt, dann wähle ihn nicht, weil davon auszugehen ist, dass Menschen aus diesem Kulturkreis faul sind*"[13] (s. Abb. 4.7).
- Übersehen, dass es immer mehrere Wege zum Ziel gibt: Eine effiziente Regel wird gar nicht erst gesucht, weil eine umständliche bislang immer zum Ziel führte. Alle Beispiele versäumter Digitalisierung sind hier zu nennen, wie z. B.: Antrag auf Sperrmüllabholung per Mail stellen, zurückgesendetes Formular ausdrucken, händisch unterzeichnen und per Post zur Verwaltung schicken. Es fehlt nur noch, dass man vor der Unterschrift drei Kniebeugen machen muss.

---

[11] Die vorgenommene Unterscheidung zwischen der *falschen Anwendung einer guten Regel* und der *guten Anwendung einer schlechten Regel* ist gradueller Natur. Es kann in beinahe jedem Beispiel argumentiert werden, dass situative Ausnahmen bei der Regelanwendung nicht erkannt werden. So führt das schnelle Fahren oft zum Erfolg, nur eben nicht in der Situation, in der der Unfall passierte, hier gab es offenbar eine situative Ausnahme. Die Beispiele sind also in dem Sinn „falsch", als es bessere Optionen zur Zielerreichung gegeben hätte.

[12] Dörner (1989/2003).

[13] Stereotype können auch automatisch aktiviert und unbewusst wirksam werden. In dem Fall steuern sie Handlungen auf „niedrigeren" Ebenen.

- Ignorieren von Warnhinweisen, die in der Vergangenheit (noch) nicht mit schädlichen Konsequenzen einhergingen oder für die es mehrere Erklärungen gibt (darunter auch solche, die keine mühsamen Handlungen erfordern).

Aus unseren eigenen Untersuchungen geht hervor, dass regelbasierte Fehler auch im Rahmen von administrativen Tätigkeiten recht häufig vorkommen. Einige Beispiele:

- Versäumte Beteiligung der Schwerbehindertenvertretung im Personalauswahlverfahren, obwohl sich im Pool der Bewerbenden eine Person mit Behinderung befand = *regelbasierter Fehler [Ausnahmebedingung nicht erkannt (Diagnosefehler im Wenn-Teil) oder die Handlungskonsequenzen, die sich daraus ergeben, nicht gezogen (zu allgemeiner Dann-Teil)]*
- Verwendung des bewährten Job-Interview-Leitfadens im Rahmen eines Bewerbungsgesprächs mit einem Bewerber, der sich zum zweiten Mal beworben hatte und die Fragen daher bereits kannte = *regelbasierter Fehler [bewährte Regel angewendet, ohne die besonderen Voraussetzungen des Bewerbers zu berücksichtigen]*
- Übersehen von Zuständigkeiten bzw. entsprechende Verwechslungen = *regelbasierter Fehler [vorliegende Fälle oder Anträge werden aufgrund bestimmter allgemeiner Merkmale kategorisch an andere Stellen weitergeleitet, ohne die Relevanz für den eigenen Zuständigkeitsbereich zu erkennen]*

Abb. 4.7 Vorurteilsbasierte Personalauswahl: Unbelegte und undifferenzierte Regelanwendungen, wie z. B. „*Wenn sich ein Ausländer auf die Stelle bewirbt, dann wähle ihn nicht, weil davon auszugehen ist, dass Menschen aus diesem Kulturkreis faul sind*", können sich auch wirtschaftlich nachteilig auswirken

- Wiederholter Versuch des Jugendamts, „Mutter und Kind einander anzunähern", anstelle der diesmal erforderlichen skeptischen Einzelfallprüfung der Mutter = *regelbasierter Fehler [Ausnahmebedingung nicht erkannt]*

4.3   Wissensbasiert – *vom Rechtschreibfehler zum falschen Atommodell*

Erst wenn eine Situation derart neu ist, dass keine vertrauten Muster mehr erkennbar sind und somit weder Verhaltensroutinen noch bekannte Regeln greifen können, kommt es zu intellektuellen Problemlöseprozessen auf der wissensbasierten Steuerungsebene. Neuartige Herausforderungen bedürfen der Entwicklung neuer Handlungspläne. Fehler können bei den dann erforderlichen komplexen Denkvorgängen auf mannigfaltige Weise entstehen; sie reichen von analogiebasierten Rechtschreibfehlern bis zu lückenhaften Forschungsmodellen.

Das Ziel ist falsch

Die Unterstellung, ein Ziel könne falsch sein, mutet zunächst grotesk an. Doch nicht nur auf politischer Ebene kann kontrovers darüber diskutiert werden, ob Ziele – wie z. B. *möglichst viel Wohlstand für möglichst viele Menschen zu schaffen* oder *Deutschlands CO_2-Emissionen um 88 % zu reduzieren* – sinnvoll gesetzt, richtig priorisiert oder subjektiv annehmbar sind.

Auch das verbreitete Ziel, Fehler um jeden Preis zu vermeiden (Null-Fehler-Doktrin), kann, wie bereits ausgeführt, als (unrealistisches) falsches Ziel angesehen werden; insbesondere dann, wenn umfangreiche Lernerfahrungen vorteilhaft sind und die individuelle oder organisationale Resilienz langfristig gestärkt werden soll.

Die Möglichkeit, persönliche Motive zu befriedigen, ist aus individueller Perspektive jedoch immer das richtige Ziel. Die vermeintlichen „falschen Ziele", die man verfolgt (hat), entpuppen sich unter diesen Umständen eher als unangemessene *Pläne* zur Erreichung des wahren Ziels, die eigenen Bedürfnisse (optimal oder ausgewogen) zu befriedigen.[14] Diesen Gedanken greifen wir im Zusammenhang mit dem motivationalen Fehlergenesemodell nochmals auf.

---

[14] Zu bedenken ist, dass die individuellen Motive auch darin bestehen können, Freundschaften aufrechtzuerhalten, anderen zu helfen oder eine harmonische Gesellschaft zu etablieren; individuelle Ziele sind nicht mit egoistischen Zielen gleichzusetzen. Zudem kann sich die Unangemessenheit auch erst in der Rückschau erweisen: Viele Menschen urteilen im Erwachsenenalter z. B., in der Jugend zu spät bemerkt zu haben, dass man den falschen Zielen hinterhergejagt ist. Zu einem solchen Urteil gelangt man beispielsweise, wenn man später erst erkennt, dass man andere Bedürfnisse dadurch vernachlässigt hat oder dass selbst die Erreichung des Ziels die Person nicht glücklich gemacht hätte. Fundamental betrachtet, ist dies jedoch alles unangemessenen Plänen zuzuschreiben, die persönlichen Motive ausgewogen und langfristig zu befriedigen.

Das Ziel ist unbekannt, unklar oder unvollständig definiert

Fehler können auch dadurch zustande kommen, dass man ein wichtiges Teil-, Neben- oder Folgeziel, welches für die vollständige Bearbeitung einer Aufgabe notwendig ist, nicht mitbedenkt. So hatte ich in meiner Funktion als Studiendekan beispielsweise dafür zu sorgen, dass die Arbeitsmaterialien für Klausuren (z. B. die digitale Gesetzessammlung) am Klausurtag im Prüfungsraum zur Verfügung stehen. Dies war insgesamt eine energieraubende Aufgabe mit erheblichem Koordinationsaufwand. Trotz der Komplexität unterlief mir kein Fehler. Ich war froh, diese Aufgabe bewältigt zu haben, hakte sie innerlich ab und verlor dabei aus dem Blick, dass dasselbe Material einige Wochen später für die Wiederholungsklausur der durchgefallenen Studierenden nochmals zu organisieren war.

Wie unsere eigenen Untersuchungen zeigen, erkennen Personen zuweilen aber auch insgesamt nicht, dass in einer bestimmten Situation ein Handlungserfordernis besteht, sodass es gar nicht erst zur Herausbildung eines spezifischen Ziels kommt. Dieser Fehler lässt sich zumeist einem Wissensdefizit zuschreiben. Dem Nichthandeln kann zuweilen allerdings auch eine motivationale Grundlage unterstellt werden, was wir im Rahmen unseres motivationalen Fehlergenesemodells noch genauer betrachten werden. Wie meine Mutter zu sagen pflegte, wenn ich forderte, heute mal nicht beim Aufwasch helfen zu müssen: „Was heißt hier ‚mal‘? Gestern war doch auch schon Nichtstun angesagt"; heute weiß ich, die beste Antwort darauf wäre gewesen: „Damit bin ich gestern aber nicht fertig geworden!"

Das Ziel ist klar, aber der Handlungsplan ist nicht zielführend

Im Fall von Aktiengeschäften ist das *Ziel* in der Regel völlig klar: Vermögen aufbauen oder eine hohe Rendite er*ziel*en. Der *Plan* indes, mit dem Kauf der Aktien X, Y und Z ein Vermögen aufzubauen, kann scheitern. Im Misserfolgsfall ist das mentale Abbild der realen Kausalverhältnisse, d. h. der marktrelevanten Ursache- und Wirkmechanismen, dann offensichtlich unvollständig oder falsch gewesen. Kursschwankungen werden durch unzählige Faktoren und das Verhalten von Millionen von Anlegern beeinflusst. Der Kursverlauf von einzelnen Aktien ist daher kaum prognostizierbar. Das mentale Abbild der Wirklichkeit, also aller am Kursverlauf mitwirkenden Faktoren, ist somit zwangsläufig defizitär. Im Fall des Absturzes der meinen Leserinnen und Lesern natürlich gänzlich unbekannten Wirecard-Aktie (vgl. Abb. 4.8) lagen sogar Hinweise für betrügerisches Unternehmerverhalten im Vorfeld des Kurseinbruchs vor. Für viele Anleger waren jedoch selbst solche Informationen kaum zu verifizieren und wurden in den entsprechenden Handlungsplänen daher nicht berücksichtigt. Die Annahme, dass viele Anleger die warnenden Hinweise auch nicht sehen *wollten,* ist allerdings auch nicht abwegig – auch dies ist für ein *motivationales* Fehlergenesemodell durchaus interessant. Für die Wirecard-Geschädigten bleibt indes nur ein einziger Trost: Aktien sind definitiv nicht alles. Man braucht auch Geld.

Bei Aktieninvestments scheint es offensichtlich zu sein, dass es nicht möglich ist, ein vollständiges und korrektes mentales Abbild der vielfältigen und miteinander interagierenden Einflussfaktoren auf den Kursverlauf zu erstellen. Allerdings betrifft dieses Unvermögen fast

Abb. 4.8 Der schematisch rekonstruierte Kursverlauf der Wirecard-Aktie. Bei Aktieninvestments ist zwar das *Ziel* der Vermögensbildung vollkommen klar, der *Plan* zum Ziel – mit dem Kauf bestimmter Aktien Gewinn zu erzielen – kann aber aufgrund des zwangsläufig defizitären mentalen Abbilds der komplexen Einflussfaktoren auf den Aktienkurs fehlerhaft sein

alle Lebensbereiche, denn schließlich sind fast alle Facetten menschlichen Daseins komplex. Handlungspläne können daher *generell* leicht ihr Ziel verfehlen.[15]

Für die vielfältigen Fehler, die auf der wissensbasierten Steuerungsebene entstehen können, lässt sich als gemeinsame kognitive Ursache somit die *limitierte menschliche Informationsverarbeitungskapazität* ausmachen, also z. B. auch die stark begrenzten Bewusstseins- und Aufmerksamkeitsressourcen des Menschen. Diese gleichen einem Lichtstrahl, der auf eine Leinwand gerichtet wird:[16]

(1) Der Lichtstrahl deckt den Problemraum nur unvollständig ab.
(2) Er tendiert immer wieder zu bestimmten Dingen wie dem *psychologisch Auffälligen*, weniger zum *logisch Bedeutsamen*.
(3) Der Problemraum erscheint punktuell statisch, ist in Wirklichkeit aber dynamisch und auch reaktiv in Bezug auf die Handlungen des Akteurs.

Den beschriebenen kognitiven Modellen zufolge treten auf der wissensbasierten Ebene daher Fehler der folgenden Art gehäuft auf:[17]

---

[15] Es könnte daher bei hoher Unsicherheit sinnvoller sein, anstelle von Prognosen eher verschiedene Szenarien zu erstellen und diese ständig zu adaptieren. Es kommt eventuell auch gar nicht darauf an, über ein korrektes Abbild der Wirklichkeit zu verfügen, sondern eher darauf, zu wissen, wie man in einer unsicheren Welt erfolgreich agiert; d. h. agil und flexibel die eigenen Ziele erreicht und persönliche Bedürfnisse befriedigt. Doch dazu mehr in den nachfolgenden Kapiteln.

[16] Anderson (2001/2013), Dörner (1989), Reason (1991).

[17] Vgl. Badke-Schaub et al., (2011), Dörner (1989), Hofinger (2022), Reason (1991), Sauerland (2015/2018).

- Die fehlerhafte Einschätzung von Entwicklungsverläufen: Menschen neigen zu einer einfachen linearen Trendextrapolation und ziehen die Möglichkeit von komplexen Strukturbrüchen oder exponentiellen Entwicklungen kaum in Betracht. In der Corona-Pandemie zeigte sich jedoch, dass selbst wissenschaftliche Modelle, in denen exponentielle Faktoren explizit einkalkuliert waren, von den realen Verhältnissen stark abwichen (vgl. z. B. die Prognosen des „Covid-Simulators").
- Mangelnde Berücksichtigung der Wechselwirkungen zwischen Variablen, Unfähigkeit zur Erfassung von deren positiven und negativen Rückkopplungsschleifen oder auch die Ignoranz von Fern- und Nebenwirkungen.
- Reduktionistisches Denken: Menschen neigen zu einer monokausalen Rückführung eines komplexen Phänomens auf eine einzige Ursache, anstatt dessen multiple Verursachung in Erwägung zu ziehen. Dies manifestiert sich z. B. in Äußerungen wie „X ist schuld!"
- Ignorieren des nicht aktuell Vorliegenden und Übergewichtung der kognitiv leicht zugänglichen Informationen (vgl. Verfügbarkeitsheuristik; vgl. z. B. auch die Tendenz, Symptome statt Ursachen zu behandeln).

Auf der wissensbasierten Handlungssteuerungsebene können durch die genannten kognitiven Fehlerursachen (z. B. limitierte Informationsverarbeitungskapazität) Fehler der genannten Art (z. B. Ignorieren von Nebenwirkungen) somit gehäuft auftreten. Im Rahmen mehrerer eigener Untersuchungen wurden z. B. folgende konkrete Fehler bei administrativen Tätigkeiten genannt, die sich der wissensbasierten Ebene zuordnen lassen:

- Mangelhafte Organisation von Veranstaltungen: „Irgendetwas geht immer schief, manche Dinge lassen sich einfach nicht vorhersehen" – *wissensbasierter Fehler*
- Fehlerhafte Stellenausschreibungen: Wichtige Anforderungen oder reale Aufgabenbereiche erscheinen nicht in der Stellenausschreibung – *wissensbasierter Fehler [unvollständiges Realitätsmodell]*
- Fehlbesetzungen in wichtigen Positionen: Selbst wissenschaftlich fundierte Personalauswahlinstrumente eliminieren das statistische Restrisiko einer personellen Fehlentscheidung nicht vollständig – *wissensbasierter Fehler [unvollständiges Realitätsmodell]*
- Gescheitertes Projektmanagement – *wissensbasierter Fehler [unterschiedliche Zielvorstellungen]*
- Zur Vermeidung von Badeunfällen wurde ein strandnaher Teil des Badesees mit schwimmenden Barrieren abgesperrt. In diesen Barrieren verfingen sich jedoch Algen und breiteten sich im Badebereich aus. Die Gäste blieben fern (vgl. Abb. 4.9) – *wissensbasierter Fehler [Nebeneffekte nicht bedacht]*

Abb. 4.9 Nebenwirkungen
nicht bedacht: Um die
Sicherheit für Badegäste zu
erhöhen, wurde der strandnahe
Bereich des Badesees mit
schwimmenden Barrieren
versehen. Dies führte jedoch
dazu, dass sich Algenteppiche
darin ansammelten, welche die
Badegäste vollends
verschreckten. Während die
verbliebenen Kinder weinten,
tauchte ich unter der
Absperrung durch und
schwamm außerhalb des
umgrenzten Bereichs – nun
weinten auch die Bademeister

4.4   Kognitive Fehlerursachen im Büro – *Pech beim Denken?*

Im Rahmen einer eigenen Untersuchung bewerteten 15 Führungskräfte verschiedener
Organisationen jeweils anhand einer 5-stufigen Skala, welche von 180 möglichen Ursachen wie stark für konkret begangene Fehler in ihrem Unternehmen verantwortlich waren.
Es zeigte sich, dass die Befragten in der Tat häufig genau diejenigen *kognitiven Ursachen* benennen, welche wir in diesem Kapitel beschrieben haben (s. Abb. 4.10). So
wurde der Faktor *Aufmerksamkeitsablenkung* als Ursache für begangene Fehler durchaus hoch gewichtet ($M = 3{,}5$). Ursachen wie z. B. *unterschiedliche Sprachen* ($M = 1{,}0$),
Risikoaffinität ($M = 1{,}2$), *Technikprobleme* ($M = 1{,}3$), *Angst* ($M = 1{,}4$), *Lärm* ($M =
1{,}6$), *Intelligenzmangel* ($M = 1{,}7$), *Flüssigkeitsmangel* ($M = 1{,}7$), *Blockaden* ($M = 2{,}0$),
Selbstüberschätzung ($M = 2{,}3$) oder auch ein *autoritärer Führungsstil* ($M = 1{,}7$) fielen
hingegen weit dahinter zurück.

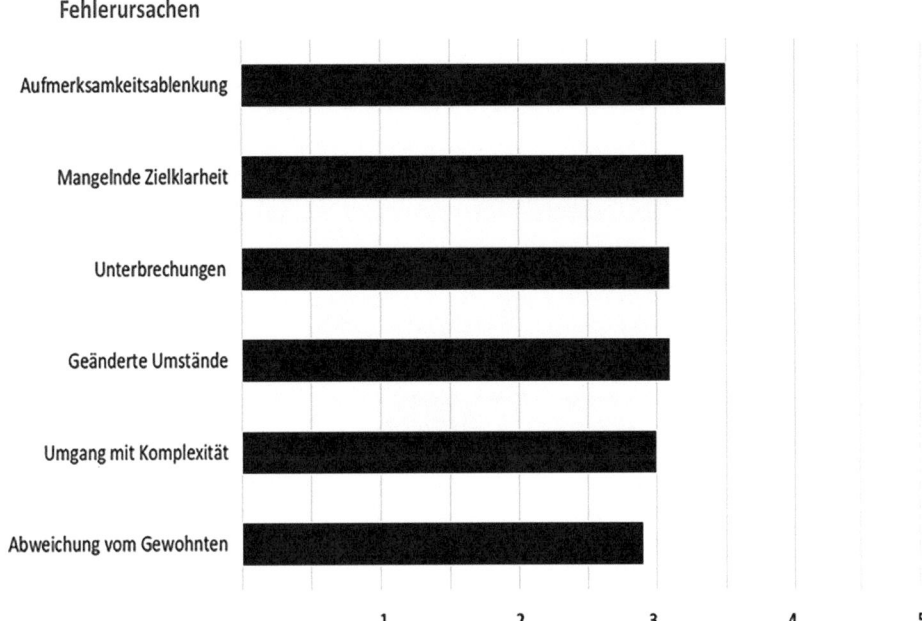

Abb. 4.10 Mittlere Zuschreibung begangener Fehler zu verschiedenen Ursachenfaktoren (N = 15 Führungskräfte, 5-stufige Skala, Fremdperspektive, Mehrfachnennung möglich). Für konkret begangene Fehler werden kognitive Faktoren, wie z. B. *Aufmerksamkeitsablenkung,* recht stark verantwortlich gemacht (M = 3,5), während Faktoren wie z. B. *unterschiedliche Sprachen* (M = 1,0) oder *Technikprobleme* (M = 1,3) nicht im Vordergrund standen

Im Rahmen einer weiteren Untersuchung mit 130 Mitarbeitern verschiedener öffentlicher Einrichtungen bestätigte sich dieses Befundmuster auch für *eigene* Fehler: s. Abb. 4.11).

Bei administrativen Arbeitstätigkeiten scheinen kognitive Fehlerursachen, wie z. B. Aufmerksamkeitsablenkung, tatsächlich eine prominente Rolle zu spielen. Gegenüber zahlreichen anderen potenziellen Fehlerursachen werden die kognitiven Faktoren sowohl aus der Selbst- als auch aus der Vorgesetztenperspektive zu einem vergleichsweise hohen Grad für begangene Fehler verantwortlich gemacht. Allerdings ist zu erwähnen, dass sich die angegebenen kognitiven Ursachen dennoch nicht auf den vordersten Plätzen befanden. Die Hauptursachen für Fehler wurden vielmehr den *organisationalen Bedingungen* zugeschrieben. So entfielen – zum Vergleich – die höchsten Mittelwerte in der ersten Untersuchung auf die *organisationalen* Ursachen *Zeitdruck* (M = 4,1) und *mangelndes Informationsmanagement* (M = 3,8). Auf diese Befunde gehen wir im nächsten Kapitel im Rahmen einiger umfangreicherer Untersuchungen noch näher ein. Die *kognitiven* Ursachen werden vermutlich eher als *proximate* Ursachen wahrgenommen, die eintreten, weil sie durch die dahinterliegenden *ultimaten organisationalen* Ursachen provoziert werden:

Fehlerursachen

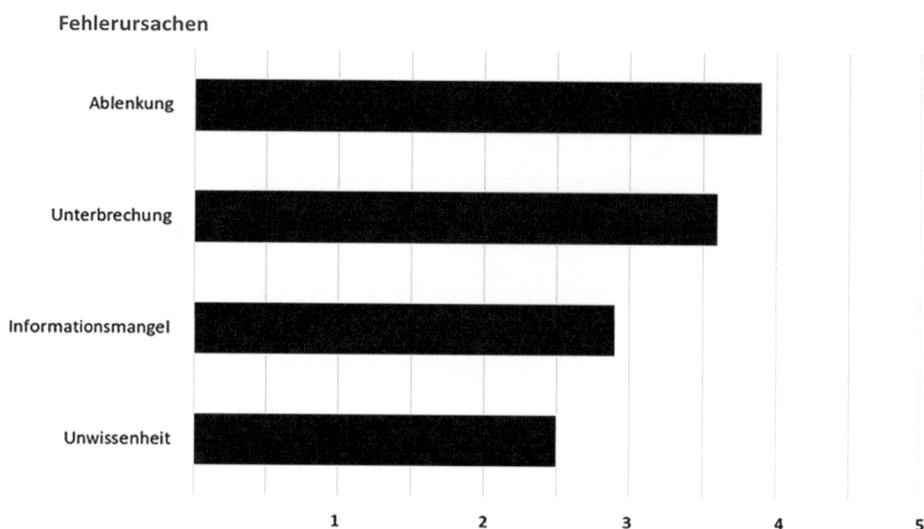

Abb. 4.11 Mittlere Zuschreibung selbst gemachter Fehler zu verschiedenen Ursachenfaktoren (N = 130, 5-stufige Skala, Mehrfachnennung möglich)

Wer aus organisationalen Gründen – z. B. wegen Personalmangels – zu viele Aufgaben in zu kurzer Zeit zu erledigen hat, wird auf der individuell-kognitiven Ebene natürlich auch eher Fristen vergessen. Wer aus betriebsbedingten Gründen bei der Aufgabenbearbeitung permanent unterbrochen wird, dem werden auf der individuell-kognitiven Ebene zwangsläufig auch eher aufmerksamkeitsbedingte Verwechslungen unterlaufen. Interventionsmaßnahmen zur Fehlerprävention dürfen demzufolge auch nicht bei den kognitiven Ursachen stehen bleiben: Das *Vergessen* kann nur nachhaltig beseitigt werden, wenn eine organisatorisch herbeigeführte Aufgabenentlastung erfolgt; die *Ablenkung der Aufmerksamkeit* kann nur vermieden werden, wenn störungsfreie Arbeitsphasen implementiert werden usw.

4.5   Zwischenfazit

Kognitive Modelle haben sich als außerordentlich erfolgreich bei der Erforschung der Ursachen menschlicher Fehlleistungen erwiesen. Auch unsere eigenen empirischen Befunde scheinen dies zu bestätigen. Wir wollen diese Modelle jedoch ergänzen. Die in kognitiven Modellen konzipierten Fehlerursachen würden wohl zu gewissen Anteilen verschwinden, wenn entsprechende *organisationale* oder auch *motivationale* Verbesserungen geschaffen werden würden.

Zur Vermeidung der in diesem Kapitel beschriebenen Fehlerursachen legen sich ohnehin eher organisationale und motivationale Strategien nahe, da sich die kognitiven

Ursachen per se kaum beeinflussen lassen – versuchen Sie doch bitte mal, Ihre Informationsverarbeitungskapazität zu erhöhen, sodass Sie sich eine zwölfstellige Telefonnummer zukünftig merken können und sich diese nicht mehr notieren müssen. Hingegen können gedächtnisbasierte Fehler (Schnitzer: z. B. das Vergessen von Handlungsschritten) sehr gut mithilfe von Checklisten vermieden werden. Aufmerksamkeitsbasierte Fehler (Patzer: z. B. Verwechslungen) können sehr gut durch auffällige Markierungen, die Lagerung von ähnlichen Arbeitsmitteln an verschiedenen Orten oder die unterschiedliche Gestaltung von Knöpfen, Medikamenten, Akten oder Dateien verhindert werden. Wissensbasierte Fehler können durch Simulationen, Trainings oder die Bereitstellung von passend aufbereiteten Informationen am Arbeitsplatz reduziert werden. Sämtliche in diesem Kapitel erörterten Fehlerarten lassen sich durch die Vermeidung von Multitasking, Unterbrechungen und Spitzenbelastungen mindern. Dies sind jedoch Maßnahmen, die primär auf der *organisationalen* Ebene ergriffen werden müssen.

Auf individueller Ebene lassen sich kognitive Prozesse also nicht per se verbessern. Kognitive Ressourcen können bestenfalls durch *motivationale* Prozesse mobilisiert werden. Um einige Beispiele zu nennen: Wer hochgradig motiviert ist zu sparen, wird trotz Ablenkung *nicht* vergessen, das Licht im Keller auszuschalten. Wenn die Freundin das Wichtigste im Leben einer Person ist, wird diese Person sicher *nicht* vergessen, ihr Geburtstagsgeschenk am Abend auf dem Weg vom Büro nach Hause noch zu beschaffen. Wer motiviert ist, etwas Bestimmtes zu erreichen, läuft *nicht* Gefahr, Ziele unklar zu definieren oder diese zwischenzeitlich zu vergessen. Auch wird eine motivierte Person einen Fehler *nicht* mehrfach begehen, sondern mit maximaler Effizienz lernen.

Im Rahmen kognitiver Modelle ist von der „Stärke" einer Regel die Rede, von „dominanten" Routinen, welche unbeabsichtigt die Handlungskontrolle übernehmen können und überwunden werden müssten. Wie aber könnten sie überwunden werden? Wohl doch durch die „Energie", die von stärkeren Motiven ausgeht. Es ist auch von der „Ablenkung durch innere Beschäftigung" die Rede. Aber womit beschäftigt man sich denn? Was ist denn bedeutsamer als die aktuelle Aufgabe? Natürlich: ein stärkeres Bedürfnis, welches einen höheren Befriedigungsgrad verspricht. Es ist durchaus natürlich, über solche Bedürfnisse nachzusinnen und sich von entsprechenden Tagträumen ablenken zu lassen. Es ist auch von „äußerer Ablenkung" die Rede. Wieso aber lässt sich eine Person von bestimmten Reizen ablenken und trifft auch keine Vorkehrungen, dies zu verhindern? Natürlich: Sie lässt sich insbesondere von solchen Reizen ablenken, die attraktiv sind und eine bessere Motivbefriedigung versprechen. Speziellen Fehlertypen, wie z. B. *einer situativen Verlockung zulasten langfristiger Ziele nicht widerstehen zu können,* wird im Rahmen kognitiver Fehlermodelle ebenfalls kaum nachgegangen. Wohl deshalb, weil die Ursachen genuin *motivationaler* Natur sind. Nicht einmal die aufgelisteten kognitiven Kategorien werden vollständig erklärt, wie am Beispiel der *Verstöße* erkennbar wird. Wohl deshalb, weil sich Verstöße sehr viel besser mit *motivationalen* Konflikten erklären lassen. Ohne motivationale Modellkomponenten bleibt eine wesentliche Ursache der Fehlerentstehung unberücksichtigt. Aus diesem Grund stellen wir ein eigenes *motivationales Fehlergenese-modell* in Kap. 6 vor. Schließlich wollen wir doch auch keine Opfer unserer kognitiven Limitierungen bleiben, oder? Viel, viel besser wäre es, ein Opfer unserer motivationalen Prozesse zu sein.

Neben diesen motivationalen Einflussfaktoren kann die Verbesserung der *organisatio-nalen* Arbeitsbedingungen einige der in diesem Kapitel beschriebenen *kognitiven* Fehler beseitigen. Auf die damit im Zusammenhang stehenden Systemmodelle wollen wir im nachfolgenden Kap. 5 zunächst eingehen, bevor wir uns den motivationalen Prozessen in Kap. 6 zuwenden.

Literatur

Anderson, J. R. (2001/2013). *Kognitive Psychologie*. Spektrum.

Badke-Schaub, P., Hofinger, G., & Lauche, K. (2011). *Human factors. Psychologie sicheren Handelns in Risikobranchen*. Springer.

Dörner, D. (1989/2003). *Die Logik des Misslingens. Strategisches Denken in komplexen Situationen*. Rowohlt.

Norman, D. (2013). *The design of everyday things*. Basic.

Norman, D. (1981). Categorization of action slips. *Psychological Review, 88*(1), 1–15.

Rasmussen, J. (1982). Human errors. A taxonomy for describing human malfunction in industrial installations. *Journal of Occupational Accidents, 4*(2), 311–333.

Rasmussen, J. (1986). *Information processing and human-machine interaction. An approach to cognitive engineering*. North-Holland.

Rasmussen, J., Nixon, P., & Warner, F. (1984). Human error and the problem of causality in analysis of accidents. *Philosophical Transactions of the Royal Society of London, 327*(1241), 449–462.

Reason, J. (1991). *Human error*. Cambridge University Press.

Reason, J. (1994). *Menschliches Versagen. Psychologische Risikofaktoren und moderne Technologien*. Spektrum.

Sauerland, M. (2015/2018). *Design Your Mind! Denkfallen entlarven und überwinden. Mit zielführendem Denken die eigenen Potenziale voll ausschöpfen*. Springer.

Sipos, V., & Schweiger, U. (2019). *Glauben Sie nicht alles, was Sie denken*. Herder.

Williams, A. F. (2003). Views of U.S. drivers about driving safety. *Jorunal of Safety Research, 43*(5), 491–494.

Internetquellen

Hofinger, G. (2022). https://team-hf.de/wp-content/uploads/2021/05/2013-hofingerg.fehler-und-fallen-im-umgang-mit.pdf.

Versprecher in der Tagesschau. https://www.youtube.com/watch?v=IPi3UOFfH9g.

Organisationale Fehlerursachen – *der Fehler im System*

5

Du kannst den Hahn zwar einsperren,
die Sonne geht dennoch auf.

(in Anlehnung an Konfuzius [Internetquelle: http://
www.poeteus.de/zitat/Du-kannst-den-Hahn-zwar-ein
sperre-die-Sonne-geht-dennoch-auf/293*])*

In diesem Teil werden die *systembezogenen* Theorien über die Entstehung von Fehlern vorgestellt. Dabei gehen wir auch auf den Beitrag von Technik und Kultur ein. Abschließend bewerten wir die Systemmodelle aus verschiedenen Perspektiven.

(Fortsetzung)

		6.2 Annahmen
		6.3 Belege
		6.4 Praktische Implikationen
		6.5 Realistische Vorhersagen
		6.6 Fazit und Ausblick
Kap. 7, 8 und 9 – Fehlermanagement		
Kap. 10 – Zusammenfassung		

5.1   Unfallschwerpunkte – *der Wink mit dem Begrenzungspfahl*

Häufig werden die Ursachen für Fehlleistungen auf die handelnden Personen zurückgeführt.[1] Eine Person hat z. B. *etwas übersehen, etwas verwechselt, etwas nicht bedacht, etwas vergessen oder auch etwas … da gab es doch noch irgendeinen weiteren Faktor, hmm … vergessen.* Damit ist dann vermeintlich der „menschliche Faktor" bei der Fehlerentstehung ausfindig gemacht. Ein Fehler oder Unfallereignis ist jedoch selten monokausal dem menschlichen Faktor zuzuschreiben. Menschliche Fehlleistungen sind weniger die *ultimate* Ursache von Misserfolgen, sondern vielmehr ein *proximates* Symptom eines *widrig gestalteten Arbeitskontextes* (s. Abb. 5.1). So gibt es häufig einen strukturellen, systemimmanenten Grund dafür, warum eine Person beispielsweise abgelenkt oder übermüdet ist *(z. B. prozessbedingte Unterbrechungen oder monoton gestaltete Tätigkeiten)* und warum sie überlastet ist oder unsicher agiert *(z. B. defizitäre Personalausstattung oder mangelnde Einarbeitung).* Kognitive Modelle, die bei den menschlichen Ursachen stehen bleiben (wie

Abb. 5.1 Unfallschwerpunkte und Komplexität – wenn viele Menschen in einer Situation Fehler machen, kann der Einzelne dann noch schuld sein? Abhilfe schafft hier eher die *Komplexitätsreduktion* der Strukturen, Abläufe und Arbeitsmittel auf ein für den Menschen bewältigbares Maß

---

[1] Giesa und Timpe (2000).

Vergessen, Übersehen, Verwechseln, Unaufmerksamkeit, Ablenkung etc.), greifen daher zu kurz, wenn Fehler nachhaltig reduziert werden sollen.[2]

Fehler ereignen sich derart systematisch, dass sie nicht einseitig dem menschlichen Faktor zugeschrieben werden können. Paradies (2020) spottet daher, dass es persönliche Sanktionierungen, Drohungen und Entlassungen bis heute nicht geschafft haben, Fehler zu eliminieren.[3] Es muss daher tiefer liegende Ursachen geben, die eher „im System" zu finden sind.[4] Die einseitige personenbezogene Schuldsuche führt dazu, dass die technischen und organisationalen Rahmenbedingungen als Fehlerquellen nicht in Betracht gezogen und daher auch nicht verbessert werden, wodurch sich Fehler unter Umständen permanent wiederholen.[5] Wenn der Professor zwei Studierende ermahnt, sie hätten in der Klausur nebeneinander gesessen und dieselben peinlichen Fehler gemacht, so mag deren Antwort nicht ganz unberechtigt sein, dass dies nicht weiter verwunderlich sei, da sie ja schließlich auch denselben Professor gehabt hätten.

Paradies (2020) listet auf, welche verbreiteten und möglicherweise auch intuitiven Fehlervermeidungsversuche innerhalb einer Organisation folgerichtig scheitern müssen:

- *Mitarbeiter anweisen, dass sie vorsichtiger sein müssen*
- *Mitarbeiter anweisen, dass sie besser aufpassen müssen*
- *Mitarbeitern drohen, dass sie sich keine Fehler erlauben dürfen*
- *Mitarbeiter anweisen, dass sie sich mehr anstrengen müssen*
- *Mitarbeiter trainieren wie einen Hund*
- *Anweisungen zur richtigen Handlungsausführung schreiben*
- *Mitarbeiter anweisen, dass sie sich an die vorgeschriebene Prozedur halten sollen*
- *Mitarbeiter mit unzähligen Fehlervermeidungstools versorgen*
- *Mitarbeiter bestrafen, wenn ein Fehler passiert ist*
- *Mitarbeiter entlassen, die Fehler machen*

Die einschlägigen Gedanken von Führungskräften, wie z. B. „*Wenn sich Mitarbeiter doch nur mal an die Vorschriften halten würden*" oder „*Wenn die Mitarbeiter doch nur mal ein bisschen besser aufpassen würden*", sind Indizien für die verbreitete Tendenz, Fehler

---

[2] Wehner et al. (2010).

[3] Mittlerweile stellt sich in vielen Organisation auch die Frage, ob Mitarbeiter aufgrund des Fachkräftemangels überhaupt derart niedrigschwellig entlassen werden *können*. Erhellend kann das Beispiel einer Person sein, welche unter einer Sehschwäche leidet. Die Person würde permanent individuelle Fehler produzieren, die anderen nicht passieren. Die Sehschwäche lässt sich jedoch durch eine Sehhilfe kompensieren, sodass eine Entlassung aufgrund einer Sehschwäche grotesk erscheint. Was bei solchen physiologischen Defiziten selbstverständlich erscheint, mutet bei kognitiven oder motivationalen „Schwächen" noch wie ein Kuriosum an.

[4] Norman (2013).

[5] An dieser Stelle sei nochmals darauf hingewiesen, dass die Idee der Willensfreiheit die personenbezogene Schuldzuweisung mithin begünstigt.

monokausal dem menschlichen Faktor zuschreiben zu wollen. Doch würden Führungs-kräfte bei „eigenen" Fehlern ebenso reagieren? Im eigenen Fall gab es sicher einen nachvollziehbaren Grund für den gemachten Fehler, nicht wahr?! Nun stellen Sie sich doch mal vor, Sie bekommen in einem Fußballspiel einen Elfmeter zugesprochen und ver-schießen diesen knapp – und Ihr Trainer mahnt: „Du hättest dich besser an die Vorschrift halten müssen, den Ball *ins* Tor zu schießen."

Menschen müssen in ihrem Arbeitsalltag eben oft Risiken managen, um erfolgreich und produktiv sein zu können. Schnelles Arbeiten erhöht z. B. die Produktivität, und waghalsige Handlungen verschaffen möglicherweise außergewöhnliche Erfolge. Absicht-lich begeht dabei niemand einen Fehler. Die im Angesicht eines Fehlers zu stellende Frage ist also nicht *„Who fails?"*, sondern *„What fails?"*[6] Aufschlussreich ist es auch, den Fragen nachzugehen, **warum die fehlerhafte Handlung der handelnden Person in der konkreten Situation sinnvoll erschien** oder sogar, **unter welchen Bedingungen das richtig gewesen wäre, was sich im gegebenen Kontext als fehlerhaft erwies**.[7] Auch ursachenbezo-gene Fragetechniken wie die **5-Why-Methode**, auf die wir in Kap. 9 noch zurückkommen, sind viel eher dazu in der Lage, die systembedingten Fehlerursachen offenzulegen, wie z. B. …

- widersprüchliche Aufgabenanforderungen,
- die Notwendigkeit zur Handlungsverkürzung aufgrund von Zeitdruck,
- das Eingehen von Risiken, um im Wettbewerb bestehen zu können, oder
- die mangelnde Informationsbereitstellung am Arbeitsplatz.

Wer Fehler vermeiden will, muss solche Faktoren aufklären und auch ausschließen, dass Menschen durch das Arbeitssystem permanent überfordert werden, dass sie simultan meh-rere Aufgaben zu erledigen haben, dass sie bei ihrer Arbeitstätigkeit ständig unterbrochen werden oder dass sie sich stundenlang langweilen und dann plötzlich schnell reagieren müssen.

5.2   Systemische Ursachen – *durch das Büro*

Aus einer eigenen ausführlichen Befragung von 65 Mitarbeitenden verschiedener Orga-nisationen geht in der Tat hervor, dass *die Befragten* die Ursachen für begangene Fehler primär in einem widrig gestalteten Organisationssystem verorten:

(1) *Zeitdruck* – insgesamt **16 Nennungen**
(2) *Unterbrechungen des Arbeitsablaufs* – insgesamt **9 Nennungen**
(3) *Wenig zielführende Kommunikation* – insgesamt **4 Nennungen**

---

[6] Paradies (2020).
[7] Wehner (1992); vgl. auch Dekker (2018).

Als häufigste Fehlerursache wird *Zeitdruck* genannt. Der durch den Personalmangel bedingte Zeitdruck führe dazu, dass Aufgaben nicht genau durchdacht werden könnten und sodann unüberlegt entschieden und gehandelt werde. Auch große Projekte könnten dadurch nicht detailliert geplant werden. Eine strukturelle Lösungsmöglichkeit wird darin gesehen, die Arbeit auf mehrere Kollegen aufzuteilen, was allerdings die Möglichkeit von Neueinstellungen voraussetzen würde. Auch verkürzte Öffnungszeiten könnten Abhilfe schaffen, insbesondere in Bereichen mit häufigem Bürger-, Klienten- oder Kundenkontakt, um bestimmte Aufgaben ohne Unterbrechungen konzentriert abarbeiten zu können. Als zweithäufigster Fehlerfaktor wird nämlich die Ablenkung der Aufmerksamkeit durch *Unterbrechungen des Arbeitsablaufs* genannt. Eine entsprechend umstrukturierte Büroorganisation könnte in diesem Fall fehlerreduzierend wirken. Auch auf die oft fehlende bzw. *wenig zielführende Kommunikation* in der Organisation wird hingewiesen. Tätigkeitsrelevante Informationen müssten kundgetan werden und auch alle betroffenen Mitarbeitenden in vollem Umfang erreichen.

In einer weiteren eigenen Untersuchung bewerteten 15 Führungskräfte verschiedener Organisationen jeweils mithilfe einer 5-stufigen Skala, welche von 180 möglichen Ursachen wie stark für konkret begangene Fehler in der Organisation verantwortlich sind. Die Ergebnisse bestätigen den oben beschriebenen Befund auch aus der Fremdperspektive (s. Abb. 5.2): An den obersten beiden Stellen standen *organisationsbedingte Fehlerursachen*, und zwar erneut „*Zeitdruck*" ($M = 4{,}1$) und ein „*schlechtes Informationsmanagement*" ($M = 3{,}8$).

Im Rahmen mehrerer vergleichbarer Befragungen bestätigte sich das Befundmuster immer wieder: Eine Stichprobe von 31 Angestellten wies beispielsweise der Fehlerursache *Zeitdruck* mit $M = 4{,}13$ den höchsten Mittelwert zu, gefolgt von *Unterbrechungen* ($M = 3{,}35$) und einem ständigen *Informationsmangel* ($M = 3{,}06$). Zum Vergleich: *Fehlende Kompetenzen* waren mit einem mittleren Gewicht von $M = 1{,}94$ als verantwortliche Fehlerursache signifikant abgeschlagen. Selbst mit anderen Erhebungs- und Auswertungsmethoden stellten sich immer wieder ähnliche Resultate ein: Im Rahmen einer Untersuchung mit 30 Mitarbeitenden verschiedener Organisationen erwiesen sich die organisationalen Ursachenfaktoren für eigene Fehler ebenfalls als dominant (s. Tab. 5.1). Bei dieser niedrigschwelligen Erfassung von Fehlerursachen wiesen z. B. 57 % der Befragten dem *organisationsbedingten Zeitdruck* eine wie auch immer geartete Mitwirkung an der Fehlerentstehung zu. Im Rahmen einer umfangreichen Befragung von 231 Beamten zum Thema *Fehlerprävention* zeigte sich zudem, dass konkret begangene Fehler insbesondere durch *organisationale* Maßnahmen (z. B. besserer Informationsfluss, klarere Zuständigkeiten) hätten verhindert werden können.

Ein deutlicher Unterschied zu anderen Fehlerquellen kristallisierte sich auch in einer methodisch nuanciert variierten Befragung von 118 Mitarbeitenden verschiedener Organisationen heraus: In der Untersuchung wurden jeweils *sechs kognitive Fehlerursachen* (z. B. Konzentrationsschwierigkeiten, fehlendes Wissen, Ablenkung) und *sechs organisationsbedingte Fehlerursachen* (z. B. widrige Prozessabläufe, strukturell bedingter Zeit-

Hauptfehlerursachen (höchste Mittelwerte)

Abb. 5.2 Fünfzehn Führungskräfte führen die Ursachen von Fehlern in ihren Organisationen hauptsächlich auf widrige *organisationale* Bedingungen, wie z. B. Zeitdruck oder schlechtes Informationsmanagement, zurück. Die *individuelle* Ursache mit dem höchsten Mittelwert (Aufmerksamkeitsablenkung) ist zum Vergleich in der untersten Zeile aufgeführt

Tab. 5.1 Prozentualer Anteil der Befragten, welche die jeweils aufgelistete Ursache für bisherige Fehlleistungen mitverantwortlich machen (N = 30)

Der Fehler wurde begünstigt durch …	Prozent der Befragten *(Mehrfachantworten möglich)*
Zeitdruck	57 %
Hohes Arbeitspensum	53 %
Personalmangel	50 %
Arbeitsumfeld (Lärm etc.)	33 %
…	…
Tageszeit	27 %
Technik	10 %

Tab. 5.2 Mittelwerte für zwei Ursachenkategorien (kognitiv und organisational) in Bezug auf begangene Wiederholungsfehler einerseits und den schwerwiegendsten Fehler im aktuellen Tätigkeitsbereich andererseits

Wiederholungsfehler		Schwerwiegendster Fehler	
Kognitive Ursachen	M = 1,63	Kognitive Ursachen	M = 1,96
Organisationale Ursachen	M = 2,54	Organisationale Ursachen	M = 2,49

oder Informationsmangel, zu hohes Aufgabenpensum, arbeitsbedingte Unterbrechungen) erfasst, und zwar für konkret begangene eigene Fehler. Die begangenen Fehler wurden in zwei Kategorien erhoben: (a) *Wiederholungsfehler* (z. B. E-Mail falsch adressiert) und (b) der *schwerwiegendste Fehler* im aktuellen Tätigkeitsbereich (z. B. Auszahlung eines falschen Betrags). In beiden Fehlerkategorien überwogen die systembedingten Ursachenzuschreibungen. Ihnen wurde ein signifikant höheres Gewicht als den kognitiven Faktoren zuteil (s. Tab. 5.2). Die höchsten Werte in der gesamten Befragung wurden den *organisationsbedingten* Ursachenfaktoren „*zu hohes Aufgabenpensum*" (M = 3,09) und „*arbeitsbedingte Unterbrechungen*" (M = 2,90) zugewiesen. Zum Vergleich: Der höchste Wert in der Kategorie der *kognitiven* Ursachen kam dem Faktor „*Unwissenheit*" mit einem mittleren Gewicht von M = 2,87 zu.

Ein von uns interviewter Abteilungsleiter beschrieb die Situation zusammenfassend wie folgt: „*Die Ursachen von Fehlern in der Verwaltung bestehen darin, dass Zeitdruck herrscht und man sich nicht ausreichend in Themen einarbeiten kann.*"

Trotz der anonymen Befragungen muss das subjektive Urteil bei der Fehlerzuschreibung mit Vorsicht betrachtet werden. Ob den Befragten die wahren Ursachen von Fehlern vollständig bekannt sind und ob sie diese dann auch ehrlich benennen, lässt sich im Rahmen von Fragebogenverfahren und Interviews nicht abschließend klären. Allerdings ist auch zu bedenken, dass die Fehlerursachen im Rahmen unserer Untersuchungen (1) mit verschiedenen Methoden, (2) in verschiedenen Organisationen, (3) auf verschiedenen hierarchischen Ebenen und (4) aus verschiedenen Perspektiven (z. B. Führungskräfte vs. Mitarbeiter) erhoben wurden. Die Ergebnisse nicht ernst zu nehmen wäre daher sicher ein …

5.3 Der Beitrag von Technik und Kultur – *die Usability des Menschen*

Fehler entstehen, wenn Menschen in für sie unnatürlichen Umwelten operieren müssen.[8] Fehler entstehen auch, wenn Maschinen nicht an die natürlichen Informationsverarbeitungsmechanismen des Menschen angepasst sind. Maschinen erfordern beispielsweise zumeist einen präzisen Input, z. B. von Zahlenreihen. Menschen tun sich im Umgang mit

---

[8] Norman (2013).

solchen Informationen jedoch oft schwer. So haben z. B. 10 von 9 Menschen Probleme im Umgang mit Zahlen. Maschinenliebhaber können es auch umgekehrt formulieren: Maschinen tun sich im Umgang mit menschlichem Input oft schwer. Wenn Sie im Begriff sind, Ihrer Schwiegermutter für die neue Wohnung fälschlicherweise 100000 € anstelle der vereinbarten 10000 € Zuschuss zu überweisen, würde die Maschine nicht nachfragen, sie würde ohne Plausibilitätsprüfung davon ausgehen, dass Sie Ihre Schwiegermutter sehr lieb haben.

Zuweilen müssen aus Platzgründen auch mit einem einzigen Eingabe-Button gleich mehrere Funktionen an einer Maschine bedient werden, was menschliche Fehlanwendungen geradezu provoziert (vgl. auch die Abb. 5.3 und 5.4).

Abb. 5.3 Verschlafen? Der Radiowecker schaltet sich morgens um 6.30 Uhr nicht wie erwartet ein, weil der Modus auf „PM" statt „AM" (post meridiem statt ante meridiem) eingestellt ist. Das System provoziert mit dieser Funktion geradezu den sogenannten normativen Fehler[9]

Abb. 5.4 Mit dem Drehschalter links außen lässt sich die nahe liegende Herdplatte links vorne nicht bedienen. Nein, nein, es ist natürlich nicht so, dass es mir schon mal passiert wäre, aber die lineare Anordnung der Drehregler provoziert geradezu, die falsche der quadratisch angeordneten Kochplatten einzuschalten. Auf der rechten Seite ist ein modernes Beispiel abgebildet, welches zeigt, wie die Regler besser arrangiert werden können, damit die Küche nicht nochmals abbrennt

---

[9] Fehler dieses Typs scheinen auch im Fall der Concordia-Havarie, z. B. wegen der Verwendung *unterschiedlicher Sprachen*, beteiligt gewesen zu sein. Unter die normativen Fehler lassen sich darüber hinaus auch *unterschiedliche Maßstäbe, unterschiedliche Maßeinheiten* etc. subsumieren.

Personengebundene Schuldzuweisungen, Drohungen oder Sanktionen würden die potenziellen Fehlerquellen also auch bei der Fehlanwendung technischer Geräte nicht nachhaltig beseitigen. Nachhaltig kann lediglich die **Umgestaltung des Technikdesigns** nach dem **Schlüssel-Schloss-Prinzip** sein. In Kap. 8 werden einige Beispiele für das daraus erwachsene *human-centered* bzw. *activity-centered* Technikdesign beschrieben (z. B., wie der Bankautomat verhindert, dass man die Bankkarte im Automaten vergisst). Maschinen müssen eben einfach netter werden und sich auf die Verfasstheit ihrer menschlichen Partner einlassen. In dieser Hinsicht gibt es tatsächlich bereits einige bedeutende Fortschritte: Ich bekenne hiermit, zu derjenigen Gruppe (hoffentlich) von ChatGPT-Nutzern zu gehören, die sich für eine hilfreiche Auskunft höflich bedanken, ja, um ein bisschen gemocht zu werden und auch zukünftig wertvolle Informationen zu erhalten.

Doch auch die Organisations*kultur* darf nicht so beschaffen sein, dass Regelverstöße, Risikoverhalten und Grenzüberschreitungen gefordert, provoziert oder implizit belohnt werden, weil kurzfristige Erfolge damit verbunden sein könnten.[10] Fehler können nämlich auch geschehen, weil sich Menschen durch das System gedrängt fühlen, sich auf unnatürliche Weise zu verhalten.[11] Was als individueller Fehler erscheint, hat dann zumeist eher subtile, weniger offensichtliche Ursachen, die im organisationalen System – z. B. in der Organisations*kultur* – verortet sind. Dies lässt sich am Beispiel des *Präsentismus* gut veranschaulichen.

Unter dem Begriff *Präsentismus* ist die Anwesenheit am Arbeitsplatz trotz Krankheit zu verstehen.[12] Diese *prima facie* löbliche Einsatzbereitschaft kann unter Umständen ungünstige Folgen für die betreffende Person und auch für die Organisation als Ganze haben, beispielsweise dann, wenn Krankheiten infektiös sind und Kollegen angesteckt werden oder eine Krankheit nicht unmittelbar auskuriert wird und die anschließende Arbeitsunfähigkeit dadurch deutlich länger wird[13] oder eben auch, wenn aufgrund des durch die Krankheit belasteten Arbeitsverhaltens fatale Fehler durch Müdigkeit, Unkonzentriertheit oder Energiemangel entstehen. Dem Präsentismus liegt somit dem ersten Anschein nach irrationales Verhalten seitens des Individuums zugrunde, da langfristige Konsequenzen und Nebeneffekte ignoriert werden. Auch ein auftretender Fehler würde eindeutig dem Subjekt zugeschrieben werden, selbst wenn der krankhafte Zustand der Person mit ins Kalkül gezogen werden würde. Doch ist der betroffene Mitarbeiter wirklich alleine schuld?

Es ist wohl abwegig anzunehmen, dass sich Mitarbeiter im kranken Zustand voller Begeisterung aus dem Bett schwingen und mit Elan zur Arbeit fahren. Es gibt also einen subtileren Grund für dieses widernatürliche Verhalten. Normalerweise neigen Menschen unter solchen Bedingungen eher zum Schonverhalten (manche neigen auch immer zu

---

[10] Dies betrifft allerdings nicht Regelverstöße und Risikoverhalten, welche mit der Intention einer Innovationsentwicklung o.Ä. verbunden sind.

[11] Norman (2013).

[12] Steidelmüller (2020), Zok (2004).

[13] S. Bergström et al. (2009).

diesem Verhalten). Die tiefere Ursache ist daher wohl eher systembedingt: Es gibt in der Organisation offenbar eine Präsentismuskultur, also die Erwartung, dass man auch krank zur Arbeit kommt. Es wird suggeriert, dass man andernfalls die Kollegen im Stich lässt, dass man die liegen gebliebene Arbeit kaum aufholen kann, dass Krankheit ein Zeichen von Schwäche ist oder dass es ohne den Einsatz des Mitarbeiters insgesamt nicht weitergehen kann.

Zur Reduktion des Präsentismus empfiehlt sich die Etablierung einer Unternehmenskultur, die bei Mitarbeitenden nicht den Eindruck erweckt, es würde erwartet, dass sie auch im Krankheitsfall das ihnen noch Mögliche leisten müssten. Im Gegenteil: Auf organisationaler Ebene müsste klargestellt werden, dass Präsentismus nicht geduldet wird. Jede Führungskraft sollte angewiesen sein, Mitarbeitende, die krank zur Arbeit erscheinen, ggf. unmittelbar wieder heimzuschicken, um unnötige Fehler und Unfälle zu verhindern.

5.4   Zwischenfazit – *Kritik und Schlussfolgerungen*

Die in diesem Kapitel genannten Beispiele und Befunde lassen erkennen, dass Fehler häufig auf widrige Arbeitsbedingungen zurückgehen. Zur nachhaltigen Fehlervermeidung müssen daher die verantwortlichen Organisationsstrukturen und -prozesse verändert werden (z. B. durch die Implementierung unterbrechungsfreier Arbeitszeiten).

Die im Allgemeinen durchaus berechtigte Attribution von begangenen Fehlern auf suboptimale Systembedingungen hat allerdings auch dazu geführt, dass Mitarbeitende und Führungskräfte bezüglich der Entwicklung *individueller Kompetenzen zur Fehlervermeidung* aus dem Fokus gerieten. Einzelne Mitarbeiter können jedoch nicht mal eben das System ändern. Oft können sie, wenn sie bei der Aufgabenerledigung erfolgreich sein wollen, nur im Rahmen der aktuell gegebenen Umstände agieren. Selbst die Organisation per se kann bestimmte systembedingte Fehlerursachen – wie z. B. den Fachkräftemangel oder die faktische Komplexität von Projekten – nicht ohne Weiteres beseitigen, selbst wenn sie wollte. Die Lösung für die Fehlervermeidungsproblematik liegt daher nicht nur dort, wo das Problem entsteht, auch das Individuum muss wieder in den Blick genommen werden. Die systemorientierte Fehlerforschung trägt allerdings wenig zur Befähigung des Individuums bei, sich selbst proaktiv in die Lage zu versetzen, im eigenen Verantwortungsbereich unter den gegebenen Umständen Fehler zu vermeiden.

Schöbel und Manzey (2011) monierten daher zu Recht, dass *„motivationale Aspekte sicherheitsgerichteten Handelns unterschätzt [werden], was vornehmlich auf die Anwendung technikorientierter Theorien des Organisierens ... im Gegensatz zur Anwendung verhaltensorientierter Theorien (z. B. Identifikation der Motive, die das sicherheitsrelevante Verhalten anleiten) zurückzuführen ist"*.[14] Hinzu kommt also noch, dass selbst in optimal gestalteten Systemen immer noch Fehler aufgrund von mangelnder Gewissenhaftigkeit, motivationaler Gleichgültigkeit und persönlicher Risikoneigung auftreten.

---

[14] Vgl. auch Badke-Schaub et al. (2011, S. 31).

Das plausible (aber nicht unumstrittene) Risikoadaptationsmodell besagt beispielsweise, dass Personen aufgrund ihrer *persönlichen Risikoneigung* ein System *immer* zu
einem bestimmten Grad strapazieren und, wenn die individuelle Risikoneigung hoch ist,
eben auch das sicherste System überstrapazieren werden (vgl. auch Risikohomöostase,
Risikokompensation).[15] Wer früher mit 150 km/h riskant gefahren ist, kann dies heute
mit 250 km/h auch tun, obwohl sich die technischen Sicherheitssysteme im Auto deutlich
verbessert haben. Persönliche Faktoren lassen sich bei der Entstehung von Fehlern und
Unfällen also nicht vollkommen ausblenden, weder in widrig gestalteten Systemen, die
sich nicht ohne Weiteres ändern lassen, noch in optimal gestalteten Systemen.

Als ich das systemorientierte Modell in einem Workshop vorstellte, sagte ein Teilnehmer zu mir: „*Meine Erfahrung ist eine andere. Die Fehler, die bislang in meinem
Unternehmen passiert sind, gingen z. B. auf den Alkoholkonsum von Mitarbeitern zurück.
Dies hatte rein gar nichts mit dem Produktionssystem zu tun. Wie soll ich ein System gestalten,
damit Alkoholisierte darin keine Fehler machen?*" Überzeugte Anhänger des Systemansat-
zes würden wohl kontern, dass dies durch eine Null-Promille-Kultur, eine entsprechende
Ausrichtung der Personalauswahl, eine aufklärende Personalentwicklung und eine attraktivere, persönlichkeitsstärkende Aufgabengestaltung gelingen würde. Doch selbst wenn
das System auch in solchen Bereichen noch optimiert werden könnte, die Vorschläge zeigen doch, dass eine *interaktive Betrachtung* von Fehlerquellen fruchtbarer sein kann als
ein einseitiger Systemfokus.[16]

Die klassischen *Attributionstheorien*[17] können beim Verständnis dieses Sachverhalts
und bei der Abschätzung der jeweiligen Anteile behilflich sein. Bei der Ursachensuche
bedienen sich Menschen verschiedener Informationsquellen. In der Regel liegen folgende
Informationen vor:

- Konsistenzinformationen *(Wird ein Verhalten konsistent über die Zeit hinweg gezeigt?)*
- Konsensinformationen *(Wird das Verhalten auch von anderen Personen gezeigt?)*
- Distinktheitsinformationen *(Wird das Verhalten auch bezüglich anderer Objekte
  gezeigt?)*

**Diese Informationsquellen können systematisch abgesucht werden, um ein differen-
zierteres Bild von Fehlerursachen zu erhalten.** So könnte sich z. B. erweisen, dass
eine *ansonsten* sehr leistungsstarke Person (Distinktheitsinformation) in einem bestimmten Aufgabenbereich *schon immer* Schwierigkeiten hatte (Konsistenzinformation) und dies
auch für ihre Urlaubsvertretungen gilt (Konsensinformation). Diese Informationskonstella-
tion legt nun nahe, dass die Aufgaben in diesem speziellen Bereich offenbar generell nicht
ohne Schwierigkeiten zu bewältigen sind. Hingegen läge die Ursache einer Fehlleistung

---

[15] Vaa (2007), Wilde (2006).

[16] Man kann sogar argumentieren, dass eine schlechte Systemgestaltung eine genuin menschliche
Fehlleistung darstellt.

[17] Vgl. z. B. Kelley (1967).

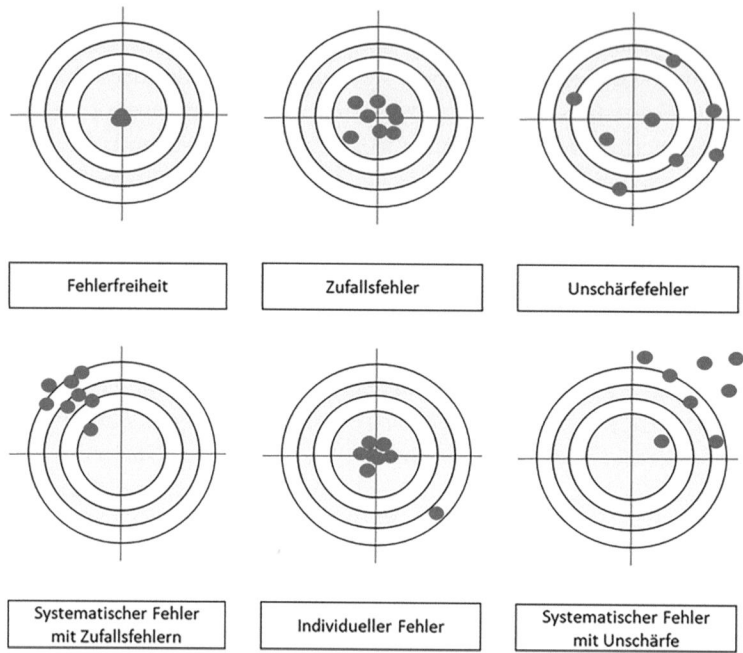

Abb. 5.5 Am Verteilungsmuster von Fehlern ist erkennbar, ob ein systembezogener bzw. systematischer Fehler vorliegt (unten links u. unten rechts), ob zufällige Fehler, Fehler aufgrund von Unschärfe (oben Mitte, oben rechts) oder ein individueller Fehler (unten Mitte) vorliegt. Doch Vorsicht: Auch individuelle Fehler können auf das System zurückgehen (vgl. z. B. die mangelhafte Einarbeitung eines neuen Mitarbeiters). Das gilt auch für Unschärfefehler (z. B. bei einem zu hohen Schwierigkeitsgrad der Aufgabe).[18] Da für systematische Fehler zumeist eine bestimmte Ursache ausfindig gemacht werden kann, ist diese Fehlerart oft leichter zu bewältigen als die multipel verursachten Zufalls- oder Unschärfefehler

wohl eher in der Person selbst, wenn sie auch in einigen anderen Aufgabenbereichen Probleme hätte und/oder wenn die Urlaubsvertretungen mit der speziellen Aufgabe keinerlei Schwierigkeiten hätten (vgl. dazu auch Abb. 5.5).

Alle psychologischen Theorien, die Verhalten *vollständig* zu erklären versuchen, gehen von einer *interaktiven* Beziehung zwischen der *Situation* und der *Person* aus. Bei aller berechtigten Systemkritik darf das Individuum nicht ganz vergessen werden, wenn Fehler umfänglich erklärt und vermieden werden sollen. Selbst wenn es ein Glas mit dünner Wand ist, bricht es nicht von selbst. Und selbst wenn die Glaswand auch für normal geschickte Verwender zu dünn sein sollte, bleibt dennoch eine Frage unbeantwortet:

---

[18] Modell: vgl. auch Chapanis (1951).

Was kann ein Individuum unter den nun mal gegebenen Umständen proaktiv unternehmen, wenn es selbst gewillt ist, Fehler präventiv zu vermeiden?[19] Es bedarf offenkundig eines *individuell-motivationalen Modells,* das Fragen dieser Art beantworten kann (s. dazu Kap. 6).

Systemmodelle beherrschen die ingenieursorientierte Unfall- und Fehlerforschung. Für den Blickwinkel derjenigen, die Arbeitsmittel herstellen, ist dies außerordentlich hilfreich. Die Anpassung der organisationalen und technischen Hilfsmittel an die begrenzten menschlichen Fähigkeiten ist notwendig, um *systematischen* Fehlern *systematisch* begegnen zu können. Für die Perspektive des Individuums, welches darüber hinaus auch selbst eigene Fehler in neuartigen, dynamischen und komplexen Aufgabenfeldern vermeiden will, liefert dieser Ansatz jedoch keine weiterführenden Hilfen mehr. Zu diesem Zweck ist wieder eine stärkere Fokussierung der individuellen (bzw. interaktiven) Fehlerursachen erforderlich. Diesmal darf sich der Fokus jedoch nicht auf die üblichen kognitiven Epiphänomene (z. B. Verwechseln, Vergessen, Aufmerksamkeitsablenkung) beschränken, sondern muss die dahinterstehenden motivationalen Ursachen ergründen.

Systemtheoretiker fordern häufig, die in der Tat sehr aufschlussreiche Frage zu stellen, *warum die fehlerhafte Handlung für die handelnde Person in der konkreten Situation Sinn ergeben hat.* Diese Frage führt nämlich vermeintlich zu den systembedingten Fehlerursachen, wie z. B. dem Handeln unter Zeitdruck, dem Umgang mit widersprüchlichen Arbeitsanweisungen oder der wettbewerbsbedingten Notwendigkeit, ein Risiko einzugehen. Diese Frage dringt jedoch noch viel häufiger zu den *motivationalen Bedingungen* vor, unter denen gehandelt wird. Die Antworten legen nämlich primär *motivationale Konflikte* offen, wie z. B., den Kunden mit einer schnellen Lösung beschwichtigen zu wollen, gleichzeitig aber alle Sicherheitsvorschriften zu beachten. Ein persönliches Beispiel: Ich investierte im Januar 2022 in einen Aktienfonds, obwohl mir zahlreiche Warnungen vorlagen, dass durch die anstehenden Zinserhöhungen die Kurse sinken würden. Mir war während des Handelns also vollkommen bewusst, dass sich die Investition zu diesem Zeitpunkt als Fehler erweisen könnte. Die Analyse dieses frappierenden Fehlers zeigte mir einen motivationalen Konflikt auf: Zu dem Zeitpunkt gab es einen dominanten inneren Drang, meine Altersvorsorge endlich abzuschließen, um diese Thematik „aus dem Kopf" zu bekommen und mich anschließend wieder interessanteren Dingen zuwenden zu können. Letztlich wollte ich mich damit einfach nicht mehr beschäftigen und dieses Thema gedanklich abhaken. Die ökonomisch irrationale Handlung war aus motivationaler Perspektive somit durchaus sinnvoll. Der Fehler hätte daher auch nur durch Faktoren verhindert werden können, die auf der *motivationalen* Ebene wirksam geworden wären. Die

---

[19] Eine veranschaulichende Metapher stellt ein Fußballspiel dar: Wenn in einem Fußballspiel mehr Tore für die gegnerische Mannschaft fallen, verliert das gesamte Team, weil dessen Strategie es insgesamt zuließ, dass gegnerische Spieler zum Torschuss kamen. Gleichzeitig sind es jedoch auch individuelle Fehler, die zur Niederlage führen. Einzelne Spieler könnten das fehlerprovozierende Spielsystem mit ihrem besonderen Einsatz auch kompensieren oder unabhängig vom konkreten Spielsystem immer für Tore sorgen.

Analyse der motivationalen Fehlervermeidungsfaktoren ist also allgemein einen genaueren Blick wert, aber sie ist auch in Bezug auf das zuletzt ausgeführte persönliche Beispiel einen genaueren Blick wert, denn: die Rente ist sicher … *bald nur noch wenig wert.*

Literatur

Badke-Schaub, P., Hofinger, G., & Lauche, K. (2011). *Human Factors. Psychologie sicheren Handelns in Risikobranchen.* Berlin: Springer.

Bergström, G., Bodin, L., Hagberg, J., Aronson, G., & Josephson, M. (2009). Sickness presentism today, sickness absentism tomorrow. *Journal of Occupational Environmental Medicine, 51*(6), 629–638.

Chapanis, A. (1951). Theory and methods for analyzing errors in man-machine systems. *Annals of the New York Academy of Sciences, 51*(7), 1179–1203.

Dekker, S. (2018). *The human factor: Pursuing success and averting drift into failure.* DDD Europe Domain Driven Design.

Giesa, H.-G., & Timpe, K.-P. (2000). Technisches Versagen und menschliche Zuverlässigkeit: Bewertung der Verlässlichkeit in Mensch-Maschine-Systemen (S. 37–50). In K.-P. Timpe, Th. Jürgensohn, & H. Kolrep (Hrsg.), *MenschMaschine Systeme.* Symposion.

Kelley, H. H. (1967). Attribution theory in social psychology. In D. Levine (Hrsg.), *Nebraska symposium on motivation.* University of Nebraska Press.

Norman, D. (2013). *The design of everyday things.* Basic.

Schöbel, M. & Manzey, D. (2011). Subjective theories of organizing and learning from events. *Safety Science, 49* (1), 47–54.

Steidelmüller, C. (2020). *Präsentismus als Selbstgefährdung.* Springer.

Vaa, T. (2007). *The risk homeostasis theory: Reject, accept or modify? An opposition to Gerald Wilde's RHT.* Conference: ICTCT Workshop, Valencia.

Wehner, T. (1992). *Sicherheit als Fehlerfreundlichkeit. Arbeits- und sozialpsychologische Befunde für eine kritische Technikbewertung.* Springer.

Wehner, T., Mehl, K., & Dieckmann, P. (2010). Handlungsfehler und Fehlerprävention. In U. Kleinbeck & K.-H. Schmidt (Hrsg.), *Arbeitspsychologie* (S. 785–820). Hogrefe.

Wilde, G. J. S. (2006). The theory of risk homeostasis: Implications for safety and health. *Risk Analysis, 2*(4), 209–225.

Zok, K. (2004). Krank zur Arbeit: Einstellungen und Verhalten von Frauen und Männern beim Umgang mit Krankheit am Arbeitsplatz. In B. Bandura, H. Schröder, & C. Vetter (Hrsg.), *Fehlzeiten-Report 2007, Arbeit, Geschlecht und Gesundheit, Zahlen, Daten, Analysen aus allen Branchen der Wirtschaft* (S. 121–144). Springer.

Internetquellen

Konfuzius-Zitat.   http://www.poeteus.de/zitat/Du-kannst-den-Hahn-zwar-einsperren-die-Sonne-geht-dennoch-auf/293.

Paradies, M. (2020). *TapRooT. Stopping human error.* https://www.taproot.com/course/stopping-human-error-course/.

Motivationale Fehlerursachen – *Frust und Lust am Fehler*

6

*Nur wer sein Ziel kennt,
findet den Weg.*

(Laotse zugeschrieben)

In diesem Teil wird ein motivationales Modell über die Entstehung von Fehlern vorgestellt. Wir gehen dabei auf die Grundannahmen, empirischen Belege und praktischen Implikationen des Modells ein.

(Fortsetzung)

© Der/die Autor(en), exklusiv lizenziert an Springer-Verlag GmbH, DE, ein Teil von Springer Nature 2024
M. Sauerland, *Fehler im Griff*, https://doi.org/10.1007/978-3-662-68472-6_6

(Fortsetzung)

		6.4 Praktische Implikationen
		6.5 Realistische Vorhersagen
		6.6 Fazit und Ausblick
Kap. 7, 8 und 9 – Fehlermanagement		
Kap. 10 – Zusammenfassung		

6.1   Motivation als ultimate Ursache – *mit Pep wäre das nicht passiert*

Bislang wurde die Entstehung von Fehlern primär aus einer kognitiven Perspektive betrachtet.[1] Die Mehrzahl der einschlägigen Theorien erklärt Fehler daher mit kognitiven Prozessen, wie z. B. einer durch Aufmerksamkeitsablenkung bedingten unbeabsichtigten Aktivierung von automatischen Verhaltensprogrammen. Es ist nicht in Abrede zu stellen, dass dies ein fruchtbarer Ansatz zum Verständnis der Fehlerentstehung ist. Zudem sind daraus zahlreiche nützliche Empfehlungen zur Fehlervermeidung erwachsen, wie z. B. Checklisten abzuarbeiten, damit kein Prozessschritt vergessen wird.

Eine häufige Fehlerursache besteht demnach darin, eine *ausnahmsweise vom üblichen Prozedere abweichende Handlungsabsicht* im entscheidenden Moment nicht mit bewusster Aufmerksamkeit zu überwachen. Dies *scheint* eine gute Erklärung dafür zu sein, warum das Routineprogramm die Handlungskontrolle übernehmen kann und der eigentlich beabsichtigte, davon abweichende Handlungsplan scheitert. Allerdings ist dies keine Erklärung dafür, *warum* die Person ihre Aufmerksamkeitsressourcen im entscheidenden Moment nicht auf die Aufgabe gerichtet hat. Die Absicht, von der üblichen Handlung abzuweichen, war *motivational* offenbar gar nicht stark genug unterfüttert oder energetisiert, um die routinierte Handlungssequenz im entscheidenden Moment kontrolliert durchbrechen zu können. Motivationale Aspekte könnten die tiefer liegenden Ursachen der Fehlerentstehung daher besser *erklären* als kognitive Theorien, die solche Phänomene in einer gewissen Lesart nur *beschreiben*.[2]

An diesem Punkt weichen die Erklärungsansätze jedoch stattdessen eher auf die systembedingten Merkmale der Situation aus: Die fehlerverursachende Aufmerksamkeitsablenkung kam z. B. durch die Beschäftigung mit erforderlichen Simultanaufgaben zustande, durch einen eingehenden Anruf oder ein anderes intrusives Signal. Dies mag auch zutreffen. Aber warum ließ die Person zu, sich davon ablenken zu lassen? Zur Analyse der tiefer liegenden Ursachen wäre eben nicht nur systembedingt weiter zu forschen, sondern auch psychologisch: War die Person in dem entscheidenden Moment vielleicht

---

[1] Vgl. Hofinger (2011); z. B. Norman (2013), Reason (1992).

[2] Dies ist allerdings eine relative, perspektivische und definitionsabhängige Aussage.

einfach nicht *motiviert* genug, um die Hauptaufgabe gegen solche Ablenkungsreize abzuschirmen? Wäre ihr die Aufgabe oder deren Ergebnis wirklich wichtig gewesen, hätte sie den Ablenkungsreiz vielleicht gar nicht wahrgenommen, ihn zumindest bewusst ignoriert oder ihn in weiser Voraussicht sogar präventiv abgeblockt. Personen sind schließlich selten dazu gezwungen, z. B. ans Telefon zu gehen – wenn es ihnen eben nur wichtig genug ist, die aktuelle Aufgabe konzentriert zum finalen Erfolg zu führen.[3] … Manche Kollegen gehen ja schon aus Prinzip nicht ans Telefon – sie müssen für irgendeine andere Sache also geradezu brennen.

Mir selbst ist es übrigens noch nie passiert, dass ich das Licht im Keller angelassen habe. Meine motivationalen Prioritäten liegen auf der unbedingten Einsparung von Stromkosten. Es gibt also ein starkes Motiv, nicht zu vergessen, das Licht auszuschalten. Umgekehrt formuliert: Es gibt ein dominantes Gegenmotiv zu verlockenden Ablenkungsreizen oder bequemen Nachlässigkeiten. Bei einer Überweisung achte ich aus demselben monetären Grund penibel darauf, dass kein Zahlendreher enthalten ist, während ich dies bei einer Telefonnummer nicht eingehend prüfe und es schon zu versehentlichen nächtlichen Anrufen beim Chef gekommen ist. Der motivationale Einfluss macht auch beim kleinsten Fehlertyp den Unterschied aus: Wenn Sie auf eine von Ihnen erstellte PowerPoint-Präsentation wirklich stolz sind und daher unbedingt *wollen,* dass andere Ihre Ausarbeitung sehen, wie hoch ist dann die Wahrscheinlichkeit, dass Sie einen entsprechenden E-Mail-Anhang mit dieser Präsentation vergessen? Wenn Sie sich schon seit Wochen auf einen Termin freuen, wie hoch ist dann die Wahrscheinlichkeit, diesen zu versäumen?

Wenn die Freundin absolute Priorität im Leben einer Person hat, wird diese Person das Geburtstagsgeschenk, welches sie auf dem Weg von der Arbeit nach Hause noch besorgen muss, sicherlich nicht vergessen. Die Person wird sich stattdessen den ganzen Arbeitstag schon darauf freuen, am Geburtstag der Freundin eben nicht direkt nach Hause zu fahren, sondern ihr durch den Kauf eines tollen Geschenks eine große Freude bereiten zu können. Aus dieser Motivpriorität würde sich die „mentale Energie" speisen, Verhaltensroutinen im entscheidenden Moment zu unterbrechen, die erforderlichen abweichenden Handlungen zu initiieren und die gesamte Handlungssequenz bewusst zu überwachen. Ein Pubertierender erliegt beim ersten Geburtstag, den er mit seiner neu gewonnenen Freundin verbringen kann, somit wohl nicht der Gefahr, den Kauf des Geschenks zu vergessen. Es ist nicht davon auszugehen, dass er innerlich oder äußerlich durch irgendetwas von diesem Vorhaben abgelenkt werden könnte – eher umgekehrt. Bevor Einwände vorgetragen werden: Ja, nach 20 Ehejahren mag sich der Sachverhalt durchaus anders darstellen.

Wer hoch motiviert ein attraktives Ziel verfolgt, wird sich auch nicht an einem Ort wiederfinden mit der Frage, was er dort eigentlich erledigen wollte. Unter solchen Umständen ist es ausgeschlossen, dass das Ziel, Teilziel oder Zielobjekt in Vergessenheit gerät, weil es etwa nur vage mental repräsentiert ist, beim kleinsten zwischenzeitlichen Anlass aus dem Fokus gerät oder von anderen den Ort betreffenden Gedanken spontan verdrängt

---

[3] Vgl. z. B. auch Achtziger und Gollwitzer (2010).

wird. Bei vergessenen Vorsätzen liegt zuweilen sogar der Verdacht nahe, dass unbewusste Motive verhindern, dass man am richtigen Ort oder zur gebotenen Zeit an die geplante Handlung denkt – manchmal will die Person den Vorsatz eigentlich gar nicht umsetzen („Gegenwille", vgl. Freud, 1904).

Auch das irrationale Verhalten, an einem fehlerhaften Plan trotz sich mehrender Gegenanzeigen festzuhalten (vgl. Kap. 4, Confirmation Bias, Methodismus, kognitiver Konservatismus, Escalation of Commitment), ist wohl nicht derart stark ausgeprägt, wenn eine Person am Endergebnis ein wirkliches, authentisches Interesse hat und es ihr nicht nur darum geht, getroffene Entscheidungen vor anderen zu rechtfertigen.

Viele Menschen ärgern sich in ihrem Alltag über einen bestimmten Fehlertyp jedoch ganz besonders. Der Fehler besteht darin, einen Plan, der langfristig die Bedürfnisbefriedigung ausgewogen und nachhaltig gewährleisten würde, nicht einzuhalten, weil es starke situative Verlockungen gibt, die eine schnelle oder bequeme Befriedigung desselben oder eines anderen Bedürfnisses versprechen.[4] Der langfristig effektivere Plan wird dann durch impulsives Handeln oder zuweilen auch durch Bequemlichkeit torpediert. Wider besseres Wissen wird einer situativen Verlockung nicht widerstanden. Das Beispielspektrum reicht vom Konsum des leckeren Schokoladenkuchens trotz des Wunsches, abzunehmen, über die Inanspruchnahme des bequemen Sofas trotz des Wunsches, Sport zu treiben, und den akribischen Wohnungsputz trotz der nahenden Abgabefrist für die Steuererklärung bis hin zur Durchführung der Extrapaarkopulation trotz des ewigen Treueversprechens Dieser auf einem klassischen *Motivkonflikt* basierende Fehlertyp scheint sehr weit verbreitet zu sein und geht wohl auch mit intensiven Reuegefühlen einher. In den kognitiven und systembezogenen Fehlergenesemodellen wird er jedoch nicht adäquat erfasst. Mit dem Konstrukt *Aufmerksamkeitsablenkung* ist er zwar epiphänomenologisch korrekt, aber *energetisch* eben doch nicht hinreichend erklärt. Es handelt sich weder um einen klassisch wissensbasierten oder regelbasierten Fehler *(da sowohl ein zutreffendes Wirklichkeitsmodell wie auch ein zielführender Handlungsplan bestehen)*, noch liegt ein Patzer oder Schnitzer auf der fertigkeitsbasierten Steuerungsebene vor *(es wird nichts verwechselt oder vergessen, es wird zuweilen nicht mal eine Routine getriggert, und falls doch, ist diese vollkommen bewusst und ggf. sogar schon während ihrer Ausführung von einem schlechten Gewissen begleitet).*[5] Vielmehr ist der *motivationale* Anreiz des langfristigen Ziels aus verschiedenen Gründen offenbar nicht stark genug, um den situativen Verlockungen widerstehen zu können.[6] Wäre dieser stark genug, könnte der Verlockung

---

[4] Vgl. Goschke (1997), Mischel (2015).

[5] Es handelt sich eher um einen bewussten Verstoß gegen eine selbstgesetzte Norm.

[6] Es kann eingewendet werden, dass der Plan insoweit Wissensdefizite enthält, als nicht einkalkuliert wird, dass gewissen Verlockungen wohl nicht widerstanden werden kann. Es fehlt dann das metakognitive Wissen, dass man mit hoher Wahrscheinlichkeit einen bestimmten Fehler begehen wird. Die praktischen Implikationen könnten tatsächlich darauf abzielen, die Umwelt so zu gestalten, dass die Aufmerksamkeit nicht mehr vom langfristigen Ziel abgelenkt werden kann (vgl. die Forschung zum Delay-of-Gratification-Paradigma; Mischel, 2015, Kap. 9).

widerstanden werden, denn, wie Nietzsche treffend formulierte: „Wer ein Warum zu leben hat, erträgt fast jedes Wie.“[7]

Bei vielen Fehlern, die mir selbst passiert sind, habe ich mich im Nachhinein gefragt, wie diese zustande kamen. Die Antwort war zumeist ebenfalls im eigenen Motivierungsgrad zu finden. Einmal sollte ich beispielsweise ein Dokument mit einer Veranstaltungsplanung kontrollieren. Ich kontrollierte es auch genau. Allerdings kontrollierte ich nur eine bestimmte Kategorie und übersah, dass ich auch noch für eine andere Veranstaltung verantwortlich war. Ich war bei der Aufgabenausführung weder müde noch abgelenkt, weder überlastet, noch gab es Zeitdruck. Mein mentales Abbild des Curriculums war grundsätzlich nicht falsch, und ich wollte dem Prüfauftrag auch redlich gerecht werden. Die Ursache des Fehlers lag vielmehr darin, dass ich im Gegensatz zur kontrollierten Veranstaltung an dem zweiten zu prüfenden Event inhaltlich im Grunde genommen überhaupt *kein Interesse* hatte. Erst die Peinlichkeit nach dem Versäumnis motivierte mich, dieses Dokument zukünftig immer vollständig zu prüfen – nun gab es ein starkes Gegenmotiv, welches verhinderte, dass mir der Fehler nochmals unterlief.

Auch die in den kognitiven Modellen erwähnten *Verstöße*, z. B. gegen betriebliche Normen, lassen sich offenkundig mit motivationalen Konflikten (wie z. B. dem Umgang mit widersprüchlichen Anforderungen oder der Inkaufnahme von Risiken, um im Wettbewerb bestehen zu können) treffender erklären als mit kognitiven Prozessen.

Es ist offensichtlich, dass es noch eine weitere, *motivationale* Erklärungsebene hinter der Entstehung zahlreicher Fehler gibt.[8] Die praktischen Implikationen wären vielfältig. Auch müssten die sich daraus ergebenen Strategien zur Fehlervermeidung wesentlich effektiver sein als solche, die aus rein kognitiven Konzepten erwachsen – denn schließlich wird im Rahmen motivationaler Erklärungen auf die *energetischen Voraussetzungen* menschlichen Verhaltens Bezug genommen, welche die Wahrnehmungs-, Aufmerksamkeits- und Gedächtnisleistungen maßgeblich steuern. Wenn der Motivationsgrad der ausschlaggebende Faktor für die Fehlervermeidung ist, dann ist dies aber auch noch aus einem anderen Grund ein sehr erfreulicher Befund: Die eigene Motivation kann nämlich jeder selbst mit verschiedenen Hilfsmitteln positiv beeinflussen (s. Kap. 9).

Es ist *un*umstritten, dass die Leistung eines Menschen, außer von der Fähigkeit und den situativen Bedingungen, auch von der *Motivation* als dritter notwendiger Komponente abhängt.[9] Die Annahme liegt daher nahe, dass defizitäre Leistungen und auch Fehlleistungen durchaus auf das Konto mangelnder Motivation gehen können. Badke-Schaub et al. (2011) stellen jedoch treffend fest: „*Noch nicht wirklich angekommen in der Human-Factors-Forschung und -Anwendung sind Emotion und* **Motivation** *als Grundlage des Handelns*“ (S. 15). Daran hat sich bis heute nur wenig geändert.[10] Einen ersten

---

[7] Nietzsche (1888/1999); verschiedene Varianten; vgl. auch Viktor Frankl im dargelegten Wortlaut.

[8] Vgl. Chen und Pan (2016).

[9] Rosenstiel, u. a. (2007).

[10] Vgl. auch Chen und Pan (2016).

Schritt in Richtung der Beseitigung dieses Defizits wollen wir mit der Vorstellung eines motivationalen Fehlergenesemodells nun gehen.

6.2   Modellannahmen – *Motivation rauf/runter, Fehler runter/ rauf*

Das motivationale Fehlergenesemodell versucht, die Entstehung von Fehlern zu ergründen. Dabei werden insbesondere die motivationalen Ursachen und Prozesse in den Fokus gerückt, die an der Entstehung von Fehlern beteiligt sind. Gleichzeitig werden die motivationalen Faktoren beschrieben, welche die Entstehung von Fehlern folgerichtig auch verhindern können. Die Grundannahmen des Modells lassen sich wie folgt zusammenfassen:

(1) Motivationale Faktoren (*z. B. mangelnde Passung der Aufgabeninhalte zu den persönlichen Interessen, geringe Aussicht auf Belohnung, geringes oder überzogenes Anspruchsniveau*) können ultimate Ursachen von Fehlern sein.

(2) Motivationale Faktoren können in mehreren Prozessschritten der Aufgabenbewältigung (*Aufbau einer Repräsentation, Zielbildung, Handlungsplanung, Handlungsinitiierung, Handlungsausführung, Ergebnisbewertung*) fehlerbegünstigend oder fehlerhemmend wirksam werden (vgl. Abb. 6.1).

(3) Motivierende Faktoren, *wie z. B. Entscheidungsfreiheiten, Handlungsspielräume oder die Mitsprache bei der Zielgenerierung*, wirken sich fehlerhemmend aus.

(4) Demotivierende Faktoren, *wie z. B. Müdigkeit, fehlende Anreize, Zielkonflikte oder einschränkendes Führungsverhalten*,[11] wirken sich fehlerbegünstigend aus.

(5) Der Einfluss (de-)motivierender Faktoren auf die Fehlerwahrscheinlichkeit wird über proximate kognitive Fehlerquellen vermittelt (*z. B. mangelnde Aufmerksamkeits- und Gedächtnisleistung, reduzierte Denkleistung, schlechte Lernleistung*) (s. Abb. 6.1 für konkrete Beispiele).

(6) Interventionsmaßnahmen, welche den individuellen Motivationsgrad beeinflussen (*z. B. die Implementierung von Zielvereinbarungssystemen oder die Möglichkeit der aktiven Verantwortungsübernahme*), wirken sich in entsprechender Richtung auf die Fehlerwahrscheinlichkeit aus.

---

[11] Soziale Faktoren werden in diesem Modell, wie in den kognitiven und systemorientierten auch, nur implizit thematisiert. Zu den sozialen Faktoren der Fehlerentstehung existieren eigenständige Modelle (z. B. *group think*). Das hier dargestellte Modell fokussiert die individuell-motivationalen Faktoren der Fehlerentstehung, deren Relevanz hervorgehoben werden soll. Damit erhebt das Modell keinen Anspruch auf Vollständigkeit. Die Wirkung sozialer *Motive* ist allerdings im Modell inbegriffen.

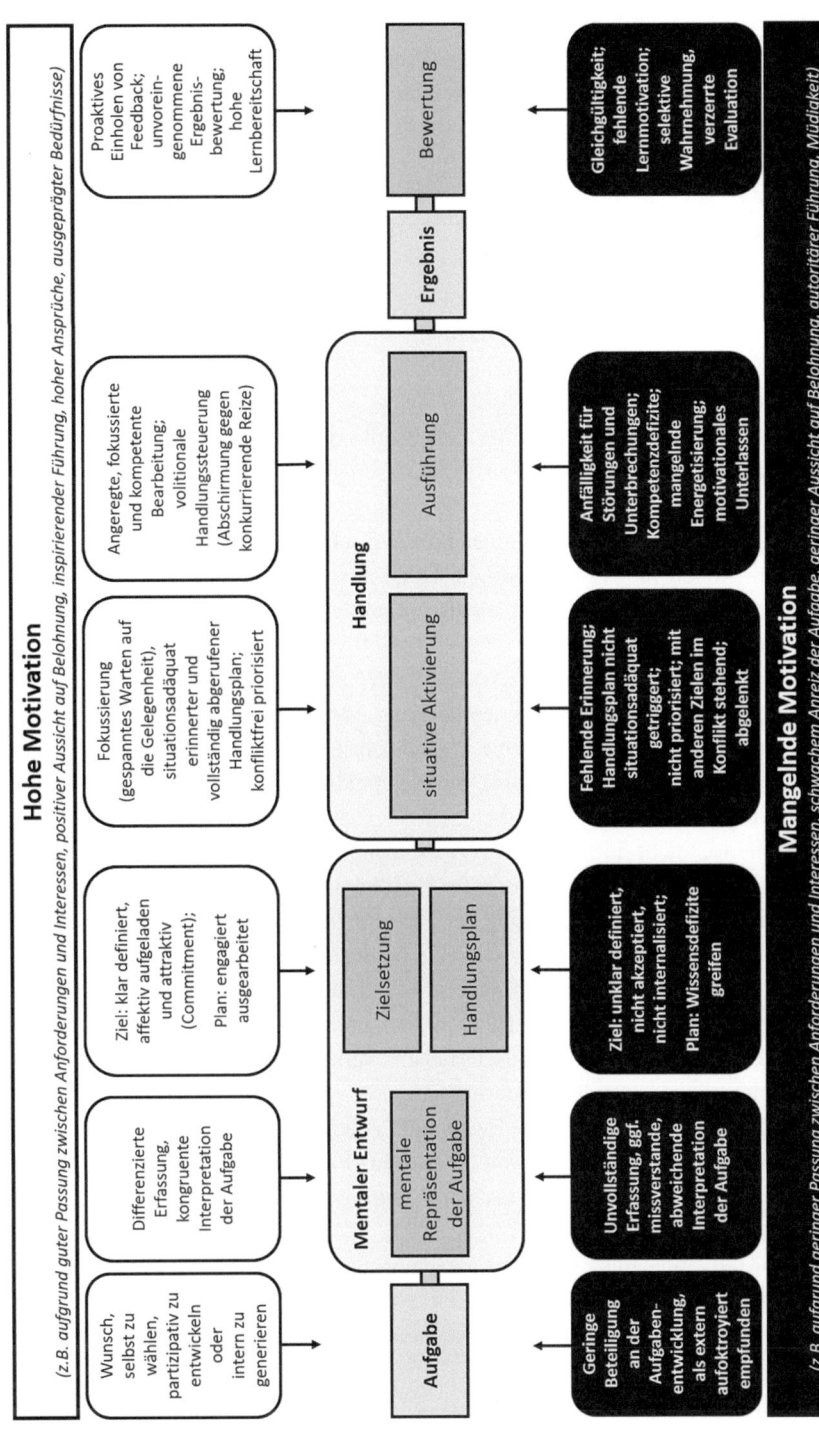

Abb. 6.1 Ein motivationales Modell der Fehlergenese (Teil 1). Fehlerbegünstigende Prozesse aufgrund mangelnder Motivation sind in den schwarz ausgefüllten Kästchen dargestellt (s. untere Zeilen). Die aufgrund hoher Motivation weniger fehleraffinen Prozesse sind in den weißen Kästchen aufgeführt (s. obere Zeilen)

Das motivationale Modell der Fehlergenese beinhaltet folgende Elemente und Relationen (vgl. Abb. 6.1; der mittlere Strang in der Abbildung stellt dabei die psychologisch relevanten Prozesse eines Arbeitsvorgangs vereinfacht dar):

(1) Eine Aufgabe stellt sich,
(2) sie wird wahrgenommen, interpretiert, mithin mental repräsentiert, inklusive
    (a) Zielsetzung und
    (b) Handlungsplan,
(3) sie wird bearbeitet, indem
    (a) situative Merkmale die geplante Handlungssequenz aktivieren,
    (b) welche daraufhin ausgeführt wird,
(4) was zu einem Handlungsergebnis führt,
(5) welches wiederum im Abgleich mit der Zielsetzung bewertet wird und
(6) ggf. über einen Feedbackprozess zu einer Anpassung der Aufgabe führt.[12]

In diesem stark vereinfachten Beispiel einer prototypischen Aufgabenbewältigung können nun an allen Stellen motivationsbedingte Hemmnisse auftreten. Diese sind in den schwarzen Kästchen der Abb. 6.1 beispielhaft aufgeführt. Diese Prozesse erhöhen die Wahrscheinlichkeit für Fehler:

(1) Geringe Beteiligung an der Aufgabenentdeckung oder -entwicklung, z. B. aufgrund rigider externer Vorgaben, an denen die Person selbst kein intrinsisches Interesse hat
(2) Aufgrund dessen unvollständig erfasste, missverstandene oder abweichende Interpretation der Aufgaben
(3) Nicht akzeptierte, nicht internalisierte Zielsetzungen und auf nicht kompensierte Wissensdefizite zurückgehende lückenhafte Handlungsplanung
(4) Fehlende Erinnerung an die Initiierung der Handlungssequenz oder nicht priorisierte bzw. mit anderen Zielen im Konflikt stehende halbherzige Handlungsaktivierung
(5) Mangelnde Abschirmung von Störungen und Unterbrechungen; fehlende Ausgleichsbemühungen bei Kompetenzdefiziten oder unlustbedingte Performanzdefizite; mangelnde Energetisierung des erforderlichen Verhaltens oder sogar motiviertes Unterlassen der nötigen Handlungsschritte
(6) Selektive Wahrnehmung, verzerrte Evaluation (Leugnung, Bagatellisierung) oder Gleichgültigkeit bei der Bewertung von (Zwischen-)Ergebnissen; gering ausgeprägter Verbesserungswunsch und fehlende Lernmotivation

Fehlende innere Motivation führt somit zwangsläufig dazu, dass Arbeitsziele von außen vorgegeben werden (müssen). Die Gefahr ist groß, dass es unter diesen Umständen zu Fehlinterpretationen und Missverständnissen bezüglich der gestellten Aufgaben

---

[12] In Anlehnung an ausdifferenzierte Handlungstheorien, z. B. von Hacker (1998) (vgl. auch VVR- oder TOTE-Einheit).

kommt, weil z. B. aus Interesselosigkeit nicht nachgefragt wird und keine Rückver-
sicherung erfolgt. Wenn einer Person das gesetzte Ziel gleichgültig ist, gibt es auch
kein Bemühen darum, eventuelle Wissenslücken oder fehlende Handlungskompetenzen
vorsorglich zu kompensieren, sodass sowohl die Ausarbeitung des Handlungsplans defizitär bleibt als auch die Handlungsausführung mit erhöhter Wahrscheinlichkeit (ggf.
absichtlich) vergessen, durch vermeintlich attraktivere situative Verlockungen unterbrochen (Ablenkbarkeit, Abdriften in Tagträume) oder nur halbherzig vollzogen wird. Bei
der Bewertung des Handlungsergebnisses steht allenfalls der Nachweis im Vordergrund,
etwas erledigt oder hinter sich gebracht zu haben (Dienst nach Vorschrift), nicht jedoch
der Wunsch, etwas Positives bewirkt oder sich verbessert zu haben.

Authentische Motivation hingegen hat fehlerreduzierende Folgen: Hohe Motivation
führt so z. B. zu dem Wunsch, sich selbst anspruchsvolle Ziele zu setzen oder zumindest
an den Zielsetzungsprozessen in der Organisation proaktiv mitzuwirken. Hohe Motivation
führt zudem dazu, dass solche Ziele, die eine entsprechende Bedürfnisbefriedigung versprechen, attraktiv erscheinen und die Person sich dem Zielstreben auch in schwierigen
Situationen verbunden fühlt (Commitment). Der Handlungsplan, der zur Erreichung des
attraktiven Ziels führen kann, wird dementsprechend detailliert und gewissenhaft ausge-
arbeitet, in gespannter Erwartung (mit Vorfreude) rechtzeitig aktiviert und auch engagiert
und fokussiert abgearbeitet. Die relevanten Ziele und nötigen Handlungen werden dementsprechend hoch priorisiert und können daher auch vor konkurrierenden Anreizen
oder situativen Verlockungen abgeschirmt werden. Der Wunsch, das eigene Handeln zu
verbessern, steht im Vordergrund der Ergebnisbewertung.

Die motivationsbedingt weniger fehleraffinen Prozesse sind nachfolgend aufgelistet
und in der Abb. 6.1 in den weißen Kästchen veranschaulicht. Fehlerreduzierende Faktoren
sind demnach:

(1) Intern generierte, selbst gewählte oder partizipativ entwickelte Aufgaben
(2) Vollständig erfasste, verstandene, kongruent interpretierte Aufgaben (ggf. durch
    aktives Nachfragen)
(3) Klar definierte, attraktive, Commitment erzeugende Zielsetzungen und wissensba-
    sierte Handlungsplanung (ggf. durch Aneignung)
(4) Situationsadäquat erinnerte, vollständig abgerufene und konfliktfrei priorisierte Hand-
    lungsinitiierung
(5) Konzentriertes, kompetentes Abarbeiten der Aufgabe; volitionale Handlungssteue-
    rung und Abschirmung der Aufgabe gegen konkurrierende Stimuli und situative
    „Verlockungen"
(6) Proaktives Einholen von Feedback; unvoreingenommene, ehrliche Ergebnisbewer-
    tung; hohe Lernmotivation im Sinne des authentischen Wunsches, sich im Dienst
    der Zielerreichung weiterzuentwickeln

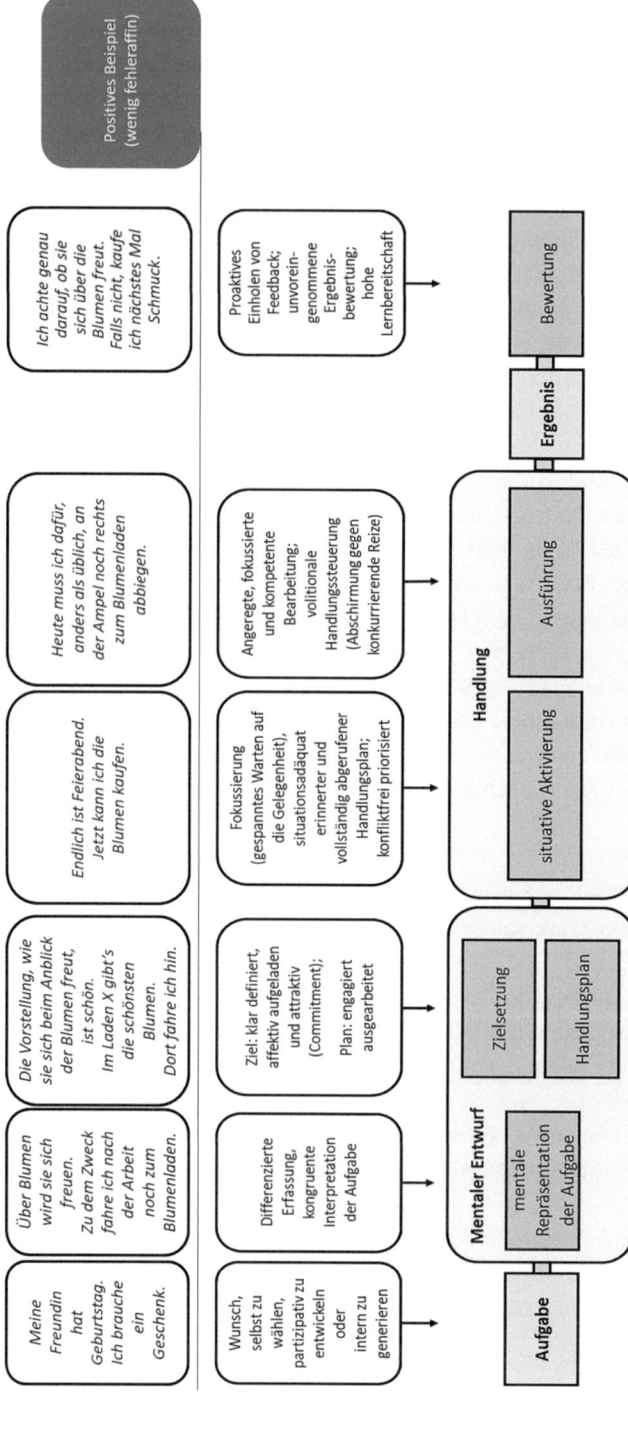

Abb. 6.2 Ein motivationales Modell der Fehlergenese mit einem wenig fehleraffinen „Positivbeispiel", die es angeblich ja auch geben soll

Um das Modell besser zu veranschaulichen, haben wir ihm nachfolgend das mehrfach beschriebene Beispiel des „Geschenkekaufs auf dem Weg von der Arbeit nach Hause" in positiver Ausprägung zugeordnet (vgl. Abb. 6.2 und 6.3):

Um für den negativen Fall jedoch gerüstet zu sein: Wenn Ihre Partnerin oder Ihr Partner entrüstet fragt: „Hast du meinen Geburtstag etwa vergessen?", können Sie immer noch antworten: „Nein, natürlich nicht, nur das Datum."

Bevor wir auf die weiteren Komponenten des Modells eingehen und die motivierenden und demotivierenden Faktoren im Arbeitskontext näher beleuchten, stellen wir kurz einige grundlegende Belege für die bisher beschriebenen Annahmen dar.

6.3   Empirische Belege – *wissen wollen, was wahr ist*

Es lassen sich mehrere reale Beispiele bzw. Belege auffinden, aus denen die Relevanz motivationaler Faktoren für die Fehlerentstehung deutlich herauszulesen ist. Exemplarisch sei der in der Fehlerforschung viel diskutierte Zusammenstoß zweier Flugzeuge am

Abb. 6.3 Illustration eines wenig fehleraffinen „Positivbeispiels". Positiv ist es, weil der Geburtstag der Freundin (1) nicht vergessen wird, (2) eine klare und attraktive Zielvorstellung ausgebildet wird, (3) ein detaillierter Handlungsplan entworfen wird, (4) der Plan auch rechtzeitig aktiviert wird und (5) der Freund auch nicht versehentlich (wie sonst üblich) direkt nach Hause fährt, sondern der „strong habit intrusion" widerstehen kann. Positiv ist auch, dass (6) aus dem hervorgebrachten Ergebnis zur Weiterentwicklung der Beziehung gelernt wird[13]

---

[13] Das Beispiel ist in umgekehrten Geschlechterrollen natürlich ebenfalls denkbar.

27.03.1977 auf Teneriffa erwähnt. Den einschlägigen Unfallberichten lässt sich entnehmen, dass „der Kapitän nach stundenlanger Wartezeit endlich nach Hause durchstarten **wollte**, sodass weitere Verzögerungen auf starke Unlust und Abwehr stießen".[14] Infolgedessen kam es zu einer motiviert verzerrten Interpretation von Handlungsanweisungen.

Auch den folgenden Fehlerbeispielen aus unseren eigenen Befragungen von Beschäftigten verschiedener Organisationen lassen sich schon bei oberflächlicher Betrachtung motivationale Ursachen zuordnen:

- *„Vorgeschriebenen Weg für eine Auszahlung nicht eingehalten, sondern eine leichtere Alternative gewählt …"*
- *„Software-Installation: Teile der Anleitung einfach übersprungen"*
- *„Eine Auszahlung nicht gestoppt, obwohl ich wusste, dass sie falsch war"*
- *„Eine mir unwichtige Aufgabe nicht bearbeitet"*
- *„Ein altes Schreiben einfach kopiert und überschrieben, aber nicht alle Daten abgeändert"*
- *„Mangelnde Vorbereitung auf einen Projekttermin"*

In verschiedenen Quellen werden Beispiele von behördlichen Kontrollversäumnissen (z. B. von Kreditinstituten) genannt, die erhebliche Schäden für die öffentlichen Kassen verursacht haben.[15] Kognitive Modelle setzen implizit voraus, dass Versäumnisse auf das Vergessen von Handlungsabsichten zurückgehen. Doch gerade bei Kontrollversäumnissen drängt sich als Ursachenerklärung auch ein motivationaler Mechanismus auf. Hinweise auf die Beteiligung motivationaler Faktoren lassen sich den einschlägigen Untersuchungsberichten auch tatsächlich entnehmen. So heißt es z. B., dass nicht kontrolliert wurde, weil immer zuverlässig Geld geflossen sei. Es gab also gar keinen motivationalen Anlass, gründlich zu kontrollieren; vielmehr gab es einen motivationalen Anreiz, gerade nicht genau hinzusehen.

Im Rahmen einer eigenen Untersuchung fanden wir heraus, dass die von uns befragten 64 Beschäftigten mehrerer Organisationen durchaus einen Zusammenhang zwischen *dem Grad ihrer Motivation* und *der Fehlerwahrscheinlichkeit* wahrnehmen. Genauer formuliert: Etwa 70 % der Befragten stimmten der Aussage zu: *„Wenn ich motiviert bin, passieren mir weniger Fehler"* (s. Abb. 6.4). Dies äußert sich z. B. in erhöhter Arbeitseffizienz (vgl. dazu Abb. 6.5). Dieser subjektiv wahrgenommene Zusammenhang lässt sich auch objektiv erhärten: In mehreren Studien konnte gezeigt werden, dass sich weniger Fehler bei der Aufgabenbearbeitung ereignen, wenn Personen für die Aufgabe motiviert sind.[16]

Selbst der „umgepolten" Aussage *„Fehlt mir die Motivation, unterlaufen mir vermehrt Fehler"*, die aus Gründen sozialer Unerwünschtheit wohl nicht ohne Weiteres bejaht wird,

---

[14] S. Badke-Schaub et al. (2011, S. 102).

[15] U. a. auch Badke-Schaub et al. (2011, S. 110).

[16] Vgl. z. B. Raphael (2013).

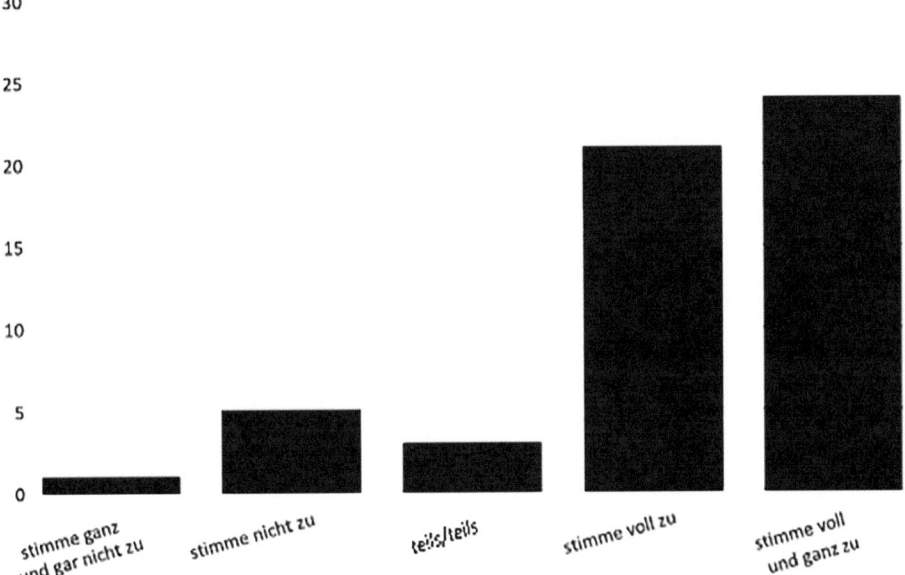

Wenn ich motiviert bin, passieren mir weniger Fehler

Abb. 6.4 Häufigkeit des jeweiligen Zustimmungsgrades zu der Aussage „*Wenn ich motiviert bin, passieren mir weniger Fehler*" (N = 65, Probanden mehrerer Organisationen). Rund 70 % bejahen die Aussage aus ihrer subjektiven Perspektive. Der Mittelwert auf der 5-stufigen Skala liegt bei M = 4,13

stimmen immerhin noch 32 % der Befragten zu (62,5 % stimmen der Aussage mindestens teilweise zu; s. Abb. 6.6). Der scheinbare Widerspruch zur breiteren Zustimmung zu der Aussage „*Wenn ich motiviert bin, passieren mir weniger Fehler*" lässt sich aber auch unabhängig von sozial erwünschtem Antwortverhalten erklären: Wer *nicht* motiviert ist, unterliegt ggf. auch bloß der „üblichen" Fehlerrate oder kompensiert die mangelnde Motivation mit anderen Mitteln. So kann hohe Motivation durchaus die Fehlerwahrscheinlichkeit senken, ohne dass mangelnde Motivation die Fehlerwahrscheinlichkeit im gleichen Ausmaß erhöhen müsste.

Gemäß den Aussagen der Befragten arbeiten sie konzentrierter, sorgfältiger, ernsthafter, schneller, zielführender und lustvoller, wenn sie motiviert sind. Sie arbeiten nach eigenen Angaben hingegen lustlos, oberflächlich, langsam und suchen nicht unbedingt nach der besten Lösung, wenn sie unmotiviert sind. Einige Interviewpassagen verdeutlichen dies:

„Wenn man motiviert einen Arbeitsauftrag entgegennimmt, denkt man automatisch an alle notwendigen Arbeitsschritte, denn man möchte alles perfekt abschließen."

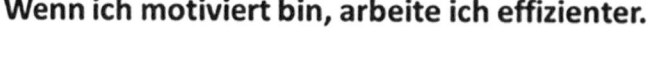

Wenn ich motiviert bin, arbeite ich effizienter.

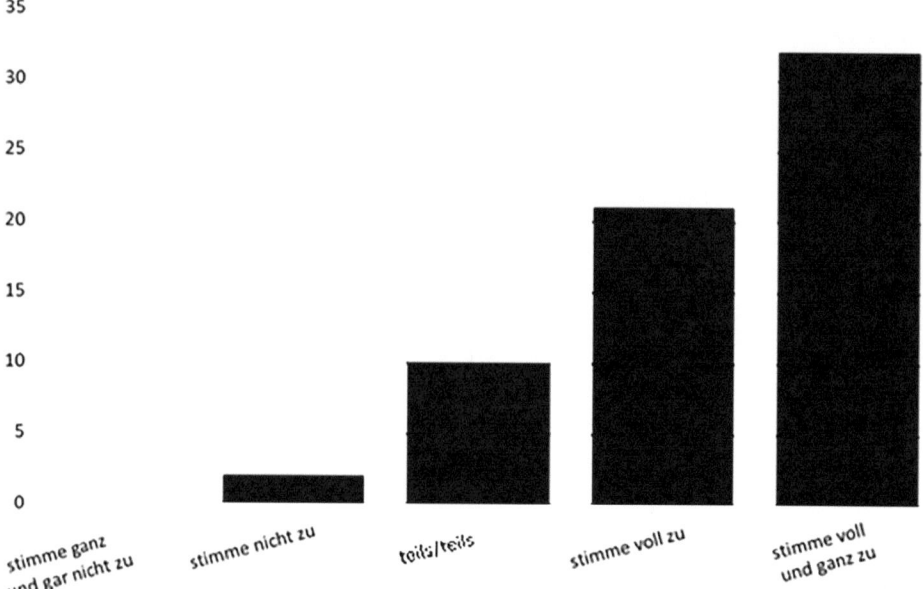

Abb. 6.5 Häufigkeit des jeweiligen Zustimmungsgrades zu der Aussage „*Wenn ich motiviert bin, arbeite ich effizienter*" (N = 65, Probanden mehrerer Organisationen). Der Mittelwert auf der 5-stufigen Skala beträgt M = 4,27

> „*Bei fehlender Motivation muss ich mich selbst gedanklich motivieren, und das lenkt mich von meiner eigentlichen Arbeit ab. Fehlende Motivation macht das Arbeiten generell mühsamer, die Konzentrationsfähigkeit leidet. Man ist durch die negativen Emotionen und den Frust eher abgelenkt – Gedankenreisen.*"

In einer weiteren eigenen Untersuchung bewerteten 15 Führungskräfte verschiedener Organisationen anhand einer 5-stufigen Skala, welche von 180 möglichen Ursachen für konkret begangene Fehler in ihrer jeweiligen Organisation verantwortlich sind. Auch dieser Befragung lässt sich entnehmen, dass Faktoren wie „Motivationsprobleme" (M = 2,5) oder „Handeln, ohne sich einer Sache anzunehmen" (M = 2,4) zwar nicht als Hauptursachen angesehen werden, jedoch keineswegs irrelevant für die Fehlerentstehung sind. Einzelne Interviewpartner führten aus, dass für *Fristversäumnisse* und für die *Ablehnung von Zuständigkeit* sogar hauptsächlich motivationale Defizite verantwortlich seien.

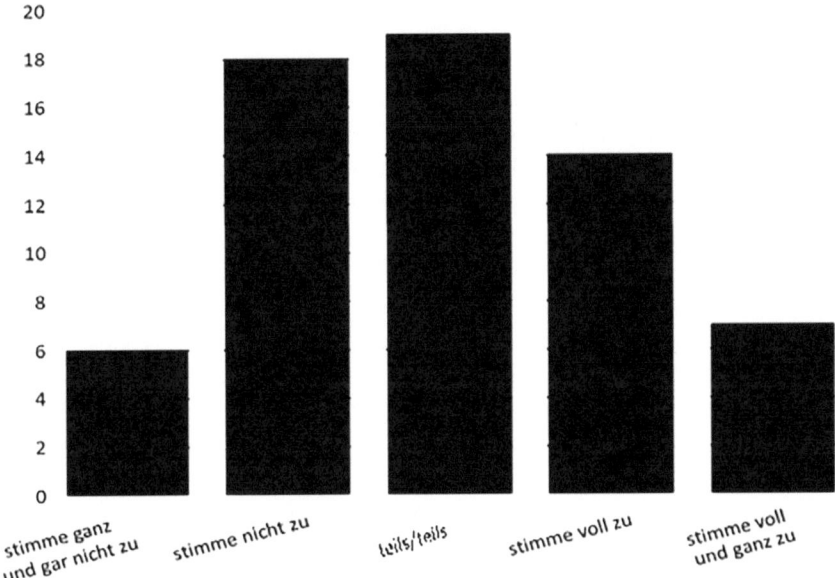

Fehlt mir die Motivation, unterlaufen mir vermehrt Fehler

Abb. 6.6 Häufigkeit des jeweiligen Zustimmungsgrades zu der Aussage „*Fehlt mir die Motivation, unterlaufen mir vermehrt Fehler*". Rund 62 % der Befragten stimmen dieser Aussage wenigstens teilweise zu (N = 65, Probanden mehrerer Organisationen). Der Mittelwert auf der 5-stufigen Skala beträgt M = 2,78

Führungskräfte müssen solchem Treiben ein schnelles Ende setzen, wenn sie nicht in einen infiniten Regress geraten wollen. Folgender Dialog veranschaulicht den zugrunde liegenden Mechanismus:[17]

Mitarbeiter: „Es ist demotivierend, dass ich nie für meine Leistungen gelobt werde."

Führungskraft: „Sie haben ja auch noch nie etwas geleistet."

Mitarbeiter: „Eben weil ich demotiviert bin, da ich für meine Leistungen nicht gelobt werde."

Aus verschiedenen Studien zur Reduktion von Personenwahrnehmungsfehlern stammen weitere Belege für die Grundannahmen des Modells. Aus den Experimenten geht hervor, dass vorurteilsbasierte Fehler reduziert werden können, wenn es einen motivationalen

---

[17] In Anlehnung an einen Dilbert-Comic; Scott Adams.

Anreiz dafür gibt, eine gute Entscheidung zu treffen – z. B. bei der Personalauswahl für das eigene Unternehmen.[18]

Mehrere Experimente, die auf der Selbstbestimmungstheorie von Decy und Ryan (1985, 2017) beruhen, liefern ebenfalls Belege dafür, dass intrinsische (im Vergleich zu extrinsischer) Motivation die Fehlerwahrscheinlichkeit absenkt.[19]

Weitere empirische Belege können den Ausführungen zu den *Implikationen* des Modells weiter unten im Text entnommen werden. Doch auch Teilannahmen des Modells lassen sich sehr gut belegen: So bewirken angeregte Motivationszustände eine top-down gesteuerte Aufmerksamkeitsausrichtung auf spezifische motivrelevante Umgebungsreize; die Wahrnehmung nicht motivkongruenter Reize hingegen wird gehemmt, mithin *übersehen.*[20] Beispielsweise konnte nachgewiesen werden, dass hungrige Personen Nahrung schneller entdecken als gesättigte Probanden[21] und dass sozial isolierte Personen auf soziale Stimuli signifikant schneller reagieren als nicht sozial deprivierte Vergleichspersonen, die deutlich mehr Zeit benötigen, um motivrelevante Situationen wahrzunehmen und adäquat zu interpretieren.[22] Metzinger (2003) erläutert den zugrunde liegenden Prozess wie folgt: Einige Nervenbahnen, die für die frühe – z. B. visuelle – Informationsverarbeitung zuständig sind, werden von motivrelevanten „Prozessoren" im Gehirn selektiv gehemmt, andere hingegen selektiv gestärkt. Auf diese Weise können motivrelevante „Prozessoren" die frühe perzeptive Informationsverarbeitung funktional penetrieren und die Antworttendenz bestimmter neuronaler Strukturen modulieren und umkonfigurieren. Die Wahrnehmung kann dadurch für bestimmte, motivrelevante Reizklassen sensibilisiert und für irrelevante Reize desensibilisiert werden. Motivationsbedingtes Übersehen, Verwechseln, Vergessen und Nichtbedenken kann auf diese Weise erklärt werden (vgl. Grundannahme 5). Kennen Sie das Phänomen: Wenn man selbst Nachwuchs bekommen hat, fahren plötzlich überall nur noch Menschen mit Kinderwagen herum; Kinderwagen, die es vorher definitiv nicht gegeben hat.

Zahlreiche Fehler *entstehen* aber auch durch starke Motive, z. B. durch die für Menschen zentrale Motivation, Anerkennung und Bewunderung von Peer-Group-Mitgliedern zu erhalten bzw. nicht aus einer Gruppe ausgeschlossen zu werden. Umfangreiche Untersuchungen wurden beispielsweise zum Einfluss des Gruppendrucks auf risikoreiches und wissensdivergentes Verhalten durchgeführt.[23] Um andere zu beeindrucken, werden auf dieser motivationalen Grundlage z. B. vollkommen bewusst individuell hohe Unfallrisiken in Kauf genommen. Fehler und Unfälle werden in diesem Fall durch starke Motive also massiv begünstigt – zumindest *von außen* betrachtet. Allerdings ist zu bedenken, dass

---

[18] Neuberg und Fiske (1987), Stagnaro et al. (2018).

[19] Vgl. z. B. Ariely et al. (2010).

[20] Anderson (2001/2013), Bruner und Postman (1951), Dember (1974), Klix (1998), Newell (1980), Palmer (1975), Tolman (1932).

[21] Vgl. Wispé und Drambarean (1953).

[22] Gardner et al. (2000), Krajewski et al. (2011), Sauerland (2006).

[23] Asch (1951), Chen et al. (2000), Doherty et al. (1998), Janis (1972), Preusser et al. (1998).

das risikoreiche Verhalten dazu dient, sich dem *eigentlichen* Ziel durchaus anzunähern: Das Ziel besteht schließlich primär darin, von Peer-Group-Mitgliedern für den eigenen Mut bewundert und respektiert zu werden, und gerade nicht darin, unnötige Risiken zu vermeiden.

6.4 Praktische Implikationen – *Motivationsmittel zur Misserfolgsmeidung*

Die individuell-motivationale Optik auf das Fehlergeschehen bringt neue Möglichkeiten der *Fehlerprävention* mit sich (vgl. die Modellannahmen (3), (4) und (6)). Hinzu kommt noch, dieser Perspektive konsequent folgend, dass Menschen auch selbst wieder dafür sorgen können, dass ihnen unter den gegebenen Umständen keine unnötigen Fehler passieren.

Dem Modell lassen sich dementsprechend verschiedene praktische Implikationen entnehmen. Die nachfolgend aufgelisteten Interventionsmaßnahmen (1) bis (7) stellen beispielsweise geeignete strategische Mittel dar, um zu gewährleisten, dass sich die motivationsbedingten fehlerhemmenden Prozesse im Tätigkeitsablauf auch manifestieren können. Sie sorgen auf individueller und unterstützend auch auf organisationaler Ebene dafür, dass sich die potenziell fehlerreduzierenden Effekte authentischer Motivation im Arbeitsprozess auch tatsächlich entfalten können. Diese Faktoren wollen wir an dieser Stelle lediglich stichpunktartig auflisten, weil sie im Kap. 9 noch im Detail behandelt werden (vgl. auch Abb. 6.7). In Kap. 9 wird dann auch die alles entscheidende Frage beantwortet, wie man die eigene Motivation auf eine Weise steigern kann, die bewirkt, dass Fehler nicht mehr so häufig in Erscheinung treten.

(1) Motivkongruenz – *Ein zentraler Faktor der Fehlervermeidung besteht darin, nicht gegen die eigenen inneren Antriebe arbeiten zu müssen, sondern im Einklang mit persönlichen Interessen, Präferenzen und Bedürfnisdispositionen handeln zu können. Die motivgerechte Berufs- und Aufgabenwahl bzw. deren passgenaue Zuteilung sind somit entscheidende Faktoren für die Fehlervermeidung.*

(2) Mitsprache – *Ein mögliches Mittel, um Motivkongruenz herzustellen, besteht darin, Mitarbeitende, z. B. im Rahmen von Zielvereinbarungen, an der Aufgabenauswahl partizipieren zu lassen und ihnen sodann entsprechende Handlungs- und Entscheidungsfreiheiten bei der Bearbeitung einzuräumen (Empowerment). Mitarbeiter selbst können Job Crafting[24] betreiben (der Maxime folgend „turn the job you have into the job you want"), sie können sich aber auch als Intrapreneure definieren oder sogar als Entrepreneure tätig werden.*

---

[24] Konzepte wie Job Crafting setzen zu einem gewissen Grad allerdings voraus, dass „Mitarbeiter mal eben das System ändern können" oder es zumindest in den gesetzten Rahmenbedingungen ausgestalten oder uminterpretieren können (s. dazu Kap. 1).

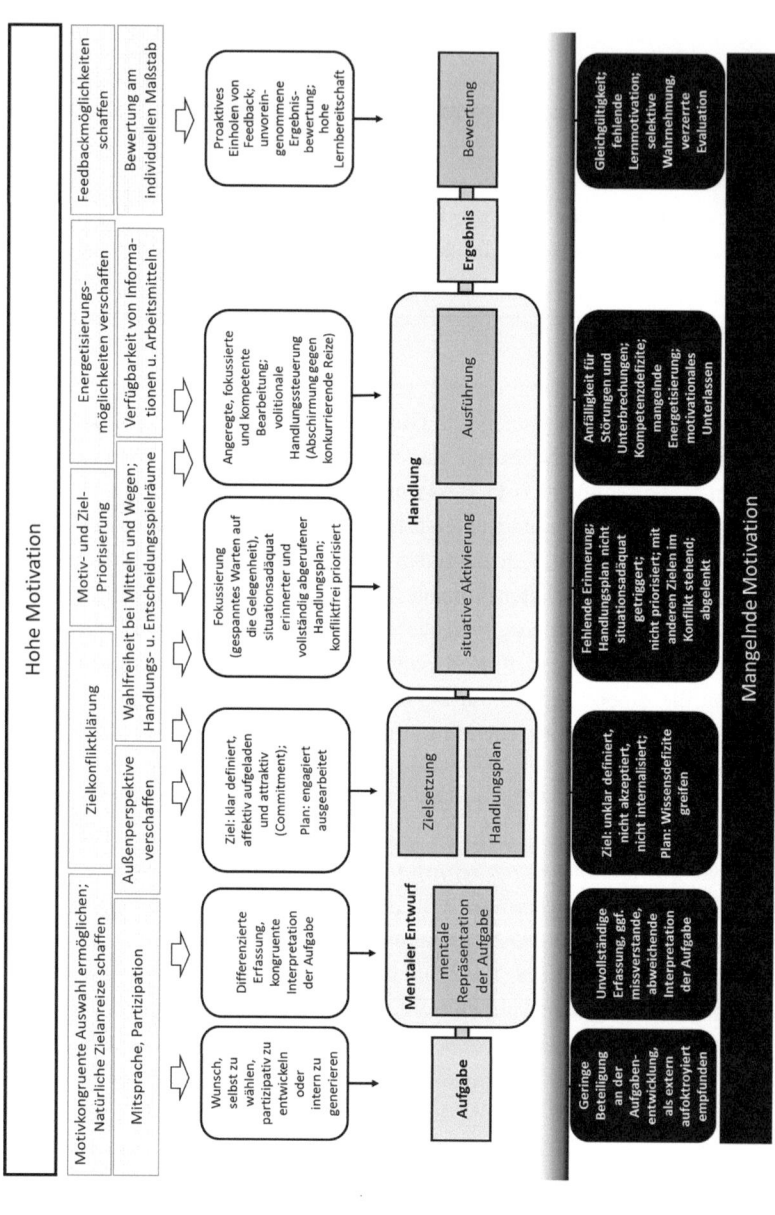

Abb. 6.7 Ein motivationales Modell der Fehlergenese (Teil 2). In den oberen Zeilen sind die jeweiligen Interventionsmöglichkeiten aufgelistet (s. Bausteinkästchen), die gewährleisten, dass sich die fehlerreduzierenden Effekte authentischer Motivation im Arbeitsprozess auch manifestieren können (ausführliche Erläuterungen dazu finden sich in Kap. 9)

(3) Zielkonfliktklärung – *Um innere Ablenkung (z. B. Tagträume) und ähnliche fehleraffine mentale Prozesse vermeiden zu können, ist eine Klärung von Ziel- und Motivkonflikten erforderlich.*

(4) Priorisierung – *Um bei Tätigkeiten situativ präsent sein zu können und sich voll und ganz auf eine Arbeitsaufgabe einlassen und diese fokussieren zu können, sollten gleichzeitig auch Ziel- und Motivpriorisierungen vorgenommen werden.*

(5) Energetisierung – *Mitarbeitenden können Regenerationsmöglichkeiten seitens der Organisation angeboten werden, um demotivierende Müdigkeitszustände zu vermeiden. Es ist aber auch eine individuelle Kompetenz, das eigene Regenerations- und Zeitmanagement so zu gestalten, dass natürliche Leistungshochs optimal genutzt werden können und entsprechende Leistungstiefs nicht fehlerwirksam werden.*

(6) Einbezug einer Außenperspektive – *Zur Fehlervermeidung ist es hilfreich, die anreizbezogenen Folgen von Entscheidungen und Handlungen zu durchdenken und dabei verschiedene Perspektiven einzubeziehen. Der Austausch mit anderen Personen kann dabei eine durchaus inspirierende Wirkung entfalten.*

(7) Orientierung am individuellen Maßstab – *Um das Lernen aus Fehlern effizient zu gestalten und Frustration und Demotivation zu verhindern, sollten im Feedbackprozess auch individuelle Maßstäbe an die Beurteilung von Arbeitsergebnissen angelegt werden. Eine authentisch handelnde Person würde ohnehin einen individuellen (internen) Leistungsmaßstab an die Bewertung von Handlungsresultaten anlegen.*

Die fehler*reduzierende* Wirkung der im Modell aufgeführten Interventionsmaßnahmen ist zum Teil bereits empirisch belegt. Klassische Labor- und Feldstudien zeigen beispielsweise, dass *selbstgesetzte oder zumindest gemeinsam vereinbarte Ziele* gegenüber *fremdgesetzten oder vorgeschriebenen Zielen* zu besseren Leistungen führen.[25] Studien aus dem Bereich des Zeitmanagements belegen darüber hinaus die Effektivität von Zielpriorisierungen.[26] Überhaupt verbessern die genannten motivationsbezogenen Empowerment-Maßnahmen die Qualität der Leistung nachweislich.[27] So resümieren Shantz et al. (2013, S. 14): *„Engaged employees may feel indebted to their organisation, and hence exert more effort in their work role, leading to higher levels of task performance, … and fewer acts of deviance".* Es existieren zudem Experimente, aus denen hervorgeht, dass Energetisierungs- und Regenerationsverfahren tatsächlich die Leistung steigern können,[28] während Müdigkeit die Entstehung von Fehlern und Unfällen begünstigt.[29] Weiterhin lässt sich belegen, dass ein transformationaler Führungsstil zu signifikant besseren Leistungen von Mitarbeitenden führt als ein autoritärer Führungsstil.[30] Und nicht zuletzt ist aus der

---

[25] Locke und Latham (1990, 2002).

[26] Vgl. Seiwert (2007).

[27] Becker (2019), Shantz et al. (2013).

[28] Krajewski et al. (2010, 2011).

[29] Vgl. Krajewski (2009).

[30] Yan et al. (2014).

Lernpsychologie bekannt, dass die Orientierung am individuellen oder kriterienorientier-
ten Maßstab (unter bestimmten Umständen) die Lernmotivation länger aufrechterhalten
kann als eine Leistungsbeurteilung am sozialen Maßstab.[31]

Eine fehler*begünstigende* Wirkung haben demnach folgende organisationale Prak-
tiken: ein autoritärer Führungsstil unter Verwendung strikter Instruktionen oder ein-
engender Handlungsanweisungen; rigorose Zielvorgaben ohne Mitsprachemöglichkeit
und ohne Berücksichtigung individueller Stärken und Schwächen; tiefe Hierarchien
ohne Entscheidungsfreiheit und ohne Handlungsspielräume für den Einzelnen; perma-
nente Multitasking-Anforderungen *ohne* oder *mit unklarer* Prioritätensetzung; fehlender
sozialer Austausch und defizitäres Informationsmanagement; eine konkurrenzbetonte
Organisationskultur; ermüdende monotone Tätigkeiten oder subtile Anwesenheitsfaschis-
men; dysfunktionale Arbeitsmittel und ein störungsreiches Arbeitsumfeld; fehlende
Qualifikations- und persönliche Entfaltungsmöglichkeiten; engmaschige Kontrollen und
die Leistungsmessung und -bewertung am Bestperformer.

Wie zum Beleg:[32] Ein Mitarbeiter weist seine Führungskraft auf eine neue wissenschaftliche Studie hin, in der die beiden gröbsten Anzeichen schlechter Führung
untersucht wurden. Die Führungskraft wiegelt ab: „Den Link zur Studie haben mir gestern
schon drei andere Kollegen zugesendet." Der Mitarbeiter merkt an: „Das war Nummer 2".
Die Führungskraft fährt fort: „Ich habe die Mails nur grob überflogen." Der Mitarbeiter
merkt an: „Das war Nummer 1."

Das vorgestellte motivationale Fehlergenesemodell fokussiert neben den organisationalen Interventionsmöglichkeiten jedoch insbesondere die *individuellen* Faktoren der
Fehlerentstehung und -vermeidung. Auf die vielversprechenden praktischen Implikationen des Modells, welche auf individueller Ebene angewendet werden können, gehen wir
in Kap. 9 noch ausführlich ein.

Durch einen hohen Motivationsgrad können Fehler offenbar vermieden werden. Angeregte Motive rekrutieren und aktivieren die entsprechenden kognitiven Ressourcen, die
dies gewährleisten: hoher Aufmerksamkeitsfokus, gesteigerte Gedächtnisleistung, spezifische Wahrnehmungssensibilität, zunehmende Denktätigkeit und verbesserte Lernleistung.
Wer oder was aktiviert nun aber die Motivation oder den Willen? In Kap. 3 haben wir
gesehen, dass die Annahme eines freien Willens oder eines unabhängig eingreifenden
Selbst problematisch ist. Diese Annahme ist aber auch gar nicht erforderlich: Motivation
ist z. B. aus evolutionsbiologischen Gründen bereits auf natürliche Weise gegeben. Ohne
Ihr Zutun wollen Sie etwas essen, positive Sozialkontakte pflegen, Kontrolle bewahren
etc. – die Kunst besteht eher darin, in der Arbeitswelt die passenden Anreize (Aufgaben/
Belohnungen) für diese Motive zu finden. Selbst für die Aktivierung von Gegenmoti-
ven, also z. B. die absichtliche Anregung von Motiven, die dazu befähigen, situativen
Verlockungen zu widerstehen, ist die Annahme eines frei eingreifenden Willens oder

---

[31] Brömer (2004); vgl. aber Arnold und Jürgens (2001).
[32] In Anlehnung an einen Dilbert-Comic; Scott Adams.

„Ichs" nicht erforderlich. Dies soll – für Hardcore-Nerds – im nachfolgenden Exkurs kurz erläutert werden.

Ein hartes theoretisches Brett – Exkurs

Goschke wies bereits 1997 darauf hin, dass eine funktionale Analyse willentlicher bzw. „volitionaler" Handlungssteuerungsprozesse unweigerlich in diverse Paradoxien einmündet, wenn für das Konzept einer freien Willensinstanz nicht eine naturalistische Alternativtheorie angeboten werden kann (ebenso Metzinger, 2014). Beispielsweise ist es mit evolutions-biologischen Überlegungen nicht vereinbar, dass eine einmal willentlich gefasste Absicht gegen jedwede Ablenkung und situative Verlockung abgeschirmt wird, wenn es gleich-zeitig ein überlebensrelevantes Erfordernis ist, möglichst flexibel zwischen verschiedenen Handlungen und Zielen wechseln zu können. Auch wenn es adaptiv ist, willentlich gefasste Absichten zum Zweck der Erreichung langfristiger Ziele gegen alternative Versuchungen abzuschirmen, so müssen solche Absichten doch auch wieder aufgegeben werden kön-nen, wenn eine veränderte Situation dies erfordert. Die für einen komplexen biologischen Organismus bestehende Notwendigkeit, seiner ebenso komplexen Umwelt mit permanenten Kosten-Nutzen-Erwägungen zu begegnen, scheint somit nicht mit einer starren volitionalen Handlungssteuerung vereinbar zu sein. Ein volitionaler Handlungsrealisierungsmodus muss potenziell jederzeit von einem motivationalen Orientierungsmodus substituiert werden kön-nen (z. B. bei auftretender Gefahr). Andererseits kann sich ein Organismus aber auch nicht ständig an den gerade vorliegenden situativen Stimuli orientieren oder sich vollkommen reizgesteuert in permanentem Verhaltensflimmern befinden. Goschke schlägt daher eine neu-rokognitiv fundierte Theorie vor, die von Ensembles parallel organisierter, interagierender Handlungsschemata ausgeht. Er erläutert die Willenssteuerung in der Terminologie seiner Theorie wie folgt: „*Aus einer solchen Sicht stellen bewusste Absichten keine unmittelba-ren Ursachen von willentlichen Handlungen dar, sondern sind besser als Randbedingungen (constraints) aufzufassen, die eine Umkonfigurierung des Systems von Handlungsschemata bewirken, indem sie selektiv deren Bereitschaft modulieren, zu einem späteren Zeitpunkt durch bestimmte Reize aktiviert zu werden*" (S. 382). Eine zentrale Stellung kommt dabei dem Arbeitsgedächtnis zu, welches die Kohärenz und Kontinuität zielgerichteten Verhaltens gewährleistet und als eine passive Datenbasis konzipiert ist, auf die unterschiedliche „Pro-zessoren" zugreifen können. Präziser formuliert: Es konkurrieren verschiedene neuronale Subsysteme um den Zugang zum Arbeitsgedächtnis. Diese können die Zugangsmöglichkeit von alternativen Informationen zum Arbeitsgedächtnis beeinflussen, z. B., indem sie durch laterale Hemmung die Zugangsschwelle rivalisierender Handlungsschemata erhöhen. Ist die Schwelle durch ein bestimmtes Handlungsschema, welches sich aktuell im Arbeitsge-dächtnis „befindet", beispielsweise hochgetrieben worden (z. B. durch ein starkes Motiv), gehen damit auch bestimmte Reizabschirmungsprozesse einher, was z. B. zur Folge hat, dass bestimmte Umgebungsgeräusche bei konzentrierter Arbeit nicht mehr wahrgenommen werden oder vergessen wird, ein Telefonat zu führen. Wird allerdings während der konzen-trierten Arbeit ein „Prozessor" hoher Priorität aktiviert (z. B. durch Brandgeruch), kann es zur vorübergehenden Löschung des starken Motivs aus dem Arbeitsgedächtnis kommen. Der „Prozessor hoher Priorität" war während der Verfolgung des starken Motivs im Sinne einer Hintergrundüberwachung weiterhin aktiv. Die Priorität einzelner Subprozessoren ergibt sich dabei (1) aus deren genetisch basierter und durch Lernen modifizierbarer Relevanz, (2) aus den situativen Auslösebedingungen, (3) der Zeit, die seit der letzten Aktivierung vergangen ist, und (4) der Häufigkeit der vorangegangenen Aktivierungen. Empirisch gestützt wird die Theorie durch zahlreiche neuropsychologische Befunde, beispielsweise durch Beobachtungen an Patienten mit Läsionen im präfrontalen Cortex. Bei solchen Patienten bleiben oft basale kognitive Leistungen, wie z. B. Wahrnehmungsprozesse oder die Ausführung von Routinehandlungen, unbeeinträchtigt, während eine erhöhte Ablenkbarkeit, eine Beeinträchtigung von vorausschauendem Planen, das Vergessen von Absichten, die mangelnde Kontrolle emotionaler Impulse oder eine Verhaltenssteuerung durch aktuelle Reize statt durch mentale Repräsentationen zu verzeichnen sind. Dabei macht Goschke darauf aufmerksam, dass diese einzelnen Exekutivfunktionen voneinander dissoziierbar und lokal fraktionierbar sind. Dies wiederum zeigt, dass die Annahme einer einheitlichen zentralen Exekutive zu bezweifeln ist. Es scheint vielmehr ein „Komitee exekutiver Spezialisten" zu geben, die jeweils für bestimmte Funktionen, wie z. B. Planung, Impulskontrolle oder Reizabschirmung, zuständig sind. Diese Theorie bietet somit eine naturalistische Alternative zur Annahme einer frei eingreifenden Willensinstanz oder ähnlich kritischer Konzepte an (vgl. auch Metzinger, 2003, 2014). Abschirmungsprozesse sind offenbar ohne unabhängige, zentrale Koordinierungsstelle möglich und bedürfen lediglich eines Verrechnungsprozesses zwischen verschieden stark parallel arbeitenden Prozessoren (z. B. motivrelevanten Verhaltensprogrammen).

Die in diesem Abschnitt beschriebenen Interventionsmaßnahmen (1) bis (7) sind geeignete Mittel, um auf individueller (und unterstützend auch auf organisationaler) Ebene authentische Motive (und Gegenmotive gegen Ablenkungen und Verlockungen) im Arbeitsprozess fehlerreduzierend wirksam werden zu lassen. Weitere Ausführungen dazu finden sich in Kap. 9.

6.5 Realistische Vorhersagen – *in der Theorie ist der Unterschied zur Praxis kleiner*

Unmotivierten Personen müssen nicht unbedingt Fehler unterlaufen. Selbstverständlich geht auch nicht jeder Fehler auf mangelnde Motivation zurück. Kognitive und systemorientierte Fehlermodelle verlieren also keineswegs ihre Berechtigung. So unterlaufen auch hoch motivierten Personen immer wieder Fehler (vgl. z. B. die zumeist hochgradig intrinsisch motivierten Akteure in der Wissenschaft, im Börsenhandel oder im

Sport[33]). Übermut und Übermotivierung können ihrerseits sogar als eigene Fehlerquellen betrachtet werden.[34] Wer motiviert ist, muss z. B. noch längst nicht über das notwendige Wissen für die Entwicklung eines effektiven Handlungsplans verfügen. Auch die individuellen Handlungskompetenzen oder die situativen Rahmenbedingungen können trotz hoher Motivierung durchaus schlecht beschaffen sein und so zu Fehlern führen. Ein günstiger situativer Kontext und die persönliche Qualifizierung stellen neben der Motivierung daher *auch* notwendige Komponenten der Fehlervermeidung dar. Aber ohne Motivation wird man solche Wissens-, Kompetenz- und Situationsdefizite gar nicht erst kompensieren wollen; man hat kein Interesse daran, zu lernen, zu gestalten oder etwas zu verbessern.

Dies berücksichtigend, können folgende einschlägige Hypothesen zur Fehlerentstehung und Fehlervermeidung abgeleitet werden:

(1) Eine ausreichende Motivation stellt eine notwendige Bedingung für die Fehlervermeidung dar.

(2) Motivation ist zwar eine notwendige, aber keine hinreichende Bedingung für die Fehlervermeidung, da zusätzlich noch die entsprechende individuelle Befähigung und auch die situative Ermöglichung zur Aufgabenerfüllung vorhanden sein müssen.

(3) Mangelnde Motivation erhöht die Fehlerwahrscheinlichkeit: Unter sonst gleichen Bedingungen (ceteris paribus: gleiche Fähigkeiten, gleiche Umstände) unterlaufen nicht motivierten Personen mit höherer Wahrscheinlichkeit Fehler als motivierten Personen.

(4) Je höher die individuelle Motivation ausgeprägt ist, eine Aufgabe zu bearbeiten, desto geringer ist – ceteris paribus – die Fehlerwahrscheinlichkeit (s. aber einschränkend: (7)).

(5) Je höher die individuelle Motivation ausgeprägt ist, eine Aufgabe zu bearbeiten, desto geringer ist der relative Anteil der motivationalen Fehlerursachen an den Ursachen für faktisch aufgetretene Fehler insgesamt.[35]

(6) Vermutlich reicht bereits die Motivation, den „Job gut zu machen" (z. B. auch der Wille zur Pflichterfüllung) aus, um eine Fehlerhäufung zu vermeiden.

---

[33] Die Beispielnennung ist der unmittelbaren Veranschaulichung geschuldet und soll keine andere Berufsgruppe ausschließen.

[34] Vgl. Yerkes-Dodson Gesetz; Yerkes und Dodson (1908).

[35] Diese Hypothese mutet *prima facie* tautologisch an: Die Motivation ist gering, also muss der motivationale Anteil an der Entstehung eines Fehlers entsprechend hoch sein, bzw. die Motivation ist hoch, also muss der motivationale Anteil an der Fehlerentstehung entsprechend gering sein. Dies ist jedoch keineswegs derart selbstverständlich, wie es zunächst den Anschein hat. Denkbar ist z. B. auch, dass die Ursachen faktisch begangener Fehler kaum Bezug zum Motivationsgrad haben und gemachte Fehler daher z. B. primär auf kognitive Ursachen zurückgehen oder die Motivation einen immer gleichbleibenden Anteil daran hat. Es ist nicht abwegig, dass Personen für begangene Fehler, trotz unterschiedlicher Motivierung für die jeweiligen Aufgaben, ihre Motivation nicht für die Fehler verantwortlich machen – z. B., weil sie ihre Pflicht unabhängig davon, ob die Aufgabe persönlich interessant ist, *immer* gewissenhaft erfüllen wollen. So kann es sein, dass Personen einen Fehler machen, gleichzeitig feststellen, dass sie für die Aufgabe nicht motiviert waren, und diese

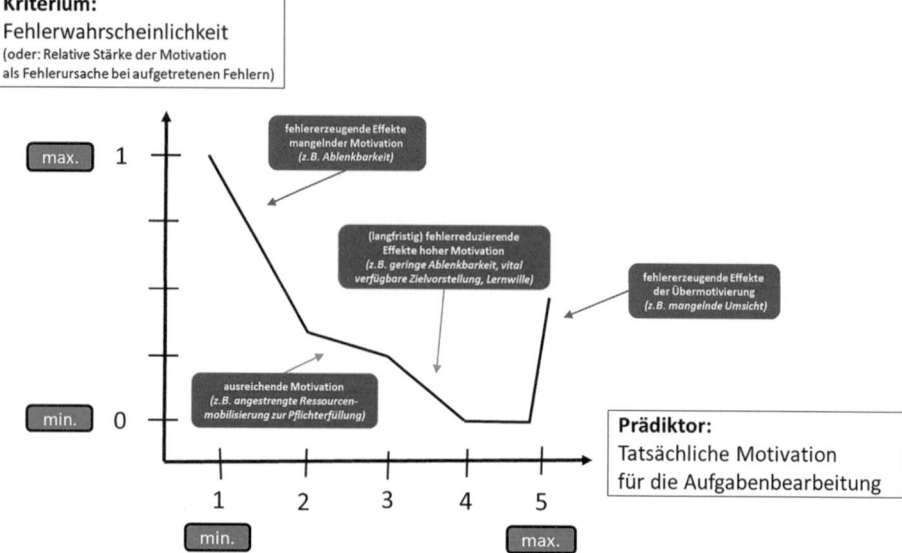

Abb. 6.8 Der mutmaßliche kurvilineare Zusammenhang zwischen dem Motivationsgrad und der Fehlerwahrscheinlichkeit

(7) Der postulierte Zusammenhang zwischen dem Motivationsgrad und der Fehlerwahrscheinlichkeit ist daher nicht linear; dies auch, weil eine zwanghaft-besessene Übermotivierung der Fehlervermeidung eher abträglich ist. Ein möglicher kurvilinearer Zusammenhang ist in Abb. 6.8 dargestellt.

In einer eigenen empirischen Überprüfung der leicht zu prüfenden Hypothese 5 konnten wir anhand einer Stichprobe von 118 Mitarbeitenden verschiedener Organisationen tatsächlich eine statistisch signifikante negative Korrelation zwischen *(a) dem Motivierungsgrad für eine Aufgabe, bei der ein Fehler passiert ist,* und *(b) dem relativen Anteil der motivationalen Fehlerursachen an den Gesamtursachen* feststellen (r = −.27) (vgl. Abb. 6.9, unter den gegebenen Bedingungen legte sich die Ermittlung des *linearen* Zusammenhangs nahe[36]). Das bedeutet: Je höher die Befragten für die Aufgabe motiviert waren, bei der ein Fehler aufgetreten ist, desto geringer war der Anteil der motivationalen Fehlerursachen an den Fehlerursachen insgesamt. Die Korrelation zwischen *dem Motivierungsgrad für eine Aufgabe, bei der ein Fehler passierte,* und *der Ausprägung der motivationalen Fehlerursachen* war mit r = −.41 sogar deutlich negativ; d. h., je stärker

---

mangelnde Motivation dennoch nicht als Ursache für den Fehler ansehen. Diese theoretische Möglichkeit besteht. Daher ist die Hypothese auch einer Untersuchung wert gewesen. Unsere Befunde zeigen jedoch, dass dies realiter nicht der Fall ist (vgl. Abb. 6.8).

[36] Eine Übermotivierung war in den untersuchten Aufgabenbereichen nicht zu erwarten.

die Befragten für eine Aufgabe motiviert waren, desto weniger lässt sich der Fehler auf motivationale Ursachen zurückführen (bei den kognitiven und organisationalen Fehlerursachen lag keine solche Beziehung vor: $r = .05$ und $r = −.14$). Umgekehrt formuliert: Je weniger die Befragten für eine Aufgabe motiviert waren, desto eher griffen auch motivationsbedingte anstelle von kognitiven oder systembedingten Fehlerursachen. Diese Befunde stellen erste Indizien für die Richtigkeit der aufgestellten Thesen dar.

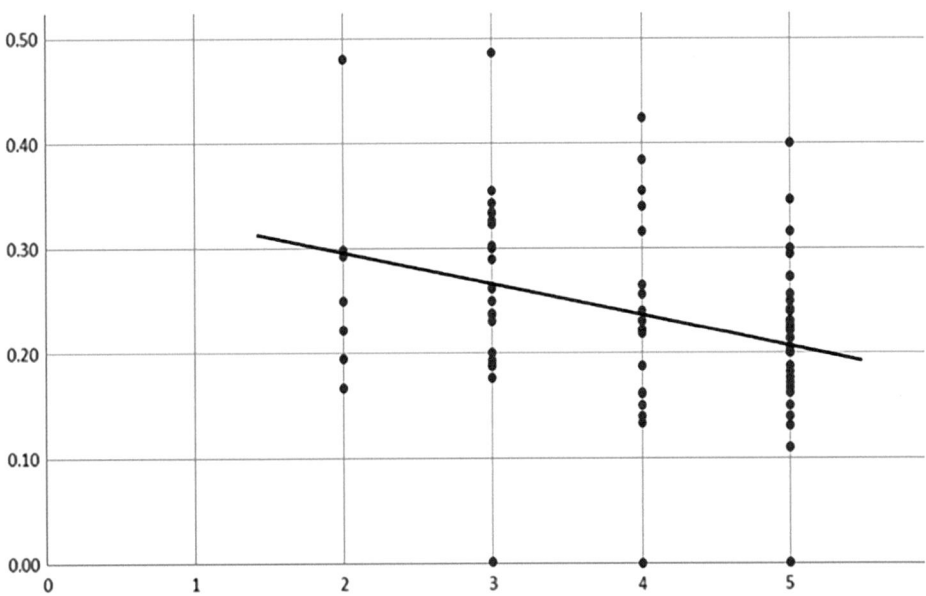

Abb. 6.9 Korrelativer Zusammenhang zwischen den beiden Variablen *(1) Motivierungsgrad für eine Aufgabe* und *(2) relativer Anteil der motivationalen Fehlerursachen an den Gesamtursachen:* Je stärker die Befragten für die Aufgabe motiviert waren, bei der ein Fehler auftrat, desto geringer war der Anteil der motivationalen Fehlerursachen an den Fehlerursachen insgesamt $(r = −.27; N = 118)$

6.6   Fazit und Ausblick

In den vorangegangenen Kapiteln wurden drei Theorien über die Entstehung von Fehlern dargestellt. Es handelt sich um Modelle, deren Ziel es ist, die Ursachen von Fehlern zu ergründen. Die Modelle schließen sich keineswegs wechselseitig aus. Fehler können kognitiv, systemisch und motivational bedingt sein. Aus den unterschiedlichen Blickwinkeln der Theorien erwachsen durchaus sich ergänzende Möglichkeiten, die vielfältigen Ursachen von Fehlern zu beseitigen. Aus unserem eigenen motivationalen Fehlergenesemodell ergeben sich demzufolge zusätzliche Implikationen für die Praxis des Fehlermanagements. In den nachfolgenden Kapiteln widmen wir uns daher der anfangs formulierten Zielsetzung, Menschen dazu zu befähigen, Fehler selbst proaktiv zu vermeiden. Doch auch dafür werfen wir zunächst einen Blick auf die praktischen Implikationen der anderen Modelle, um ausfindig machen zu können, ob unser eigenes Modell einen praktischen Mehrwert darüber hinaus generieren kann.

Literatur

Achtziger, A., & Gollwitzer, P. M. (2010). Motivation und Volition im Handlungsverlauf. In J. Heckhausen & H. Heckhausen (Hrsg.), *Motivation und Handeln* (S. 277–302). Springer.

Anderson, J. R. (2001, 2013). *Kognitive Psychologie*. Spektrum.

Ariely, D., Gneezy, U., Loewenstein, G., & Mazar, N. (2010). Large stakes and big mistakes. *Review of Economic Studies, 77*(1), 45–72.

Arnold, K. H., & Jürgens, E. (2001). *Schülerbeurteilung ohne Zensuren*. Kriftel.

Asch, S. E. (1951). Effects of group pressure upon the modification and distortion of judgements. In H. Guetzkow (Hrsg.), *Groups, leadership, and men* (S. 177–190). Carnegie Press.

Badke-Schaub, P., Hofinger, G., & Lauche, K. (2011). *Human Factors. Psychologie sicheren Handelns in Risikobranchen*. Springer.

Becker, F. (2019). *Mitarbeiter wirksam motivieren. Mitarbeitermotivation mit der Macht der Psychologie*. Springer.

Bruner, J. S., & Postman, L. (1951). An approach to social perception. In W. Dennis & R. Lippitt (Hrsg.), *Current trends in social psychology* (S. 71–118). University of Pittsburgh Press.

Chen, L.-H., Baker, S., Braver, E., & Li, G. (2000). Carrying passengers as a risk factor for crashes fatal to 16- and 17-year-old drivers. *The Journal of the American Medical Association, 283*(12), 1578–1582.

Chen, J., & Pan, X. (2016). *Relativity modeling of work motivation and human error probability based on neural networks*. Prognostics and System Health Management Conference (Chengdu).

Decy, E. L. & Ryan, R. M. (1985). *Intrinsic motivation and self-determination in human behavior*. New York: Springer.

Decy, E. L & Ryan, R. M. (2017). *Self-determination theory: Basic psychological needs in motivation, development, and wellness*. The Guilford Press.

Dember, W. N. (1974). Motivation and the cognitive revolution. *American Psychologist, 29,* 161–168.

Doherty, S. T., Andrey, J. C., & MacGregor, C. (1998). The situational risks of young drivers: The influence of passengers, time of day and day of week on accident rates. *Accident Analysis & Prevention, 30*(1), 45–52.

Freud, S. (1904/2021). *Zur Psychopathologie des Alltagslebens. Über Vergessen, Versprechen, Vergreifen, Aberglaube und Irrtum.* Lunata.

Gardner, W. L., Pickett, C. L., & Brewer, M. B. (2000). Social exclusion and selective memory: How the need to belong influences memory for social events. *Personality and Social Psychology Bulletin, 26,* 486–496.

Goschke, T. (1997). Zur Funktionsanalyse des Willens: Integration kognitions-, motivations- und neuropsychologischer Perspektiven. *Psychologische Beiträge, 39,* 375–412.

Hacker, W. (1998/2005). *Allgemeine Arbeitspsychologie. Psychische Regulation von Arbeitstätigkeiten.* Huber.

Hofinger, G. (2011). Fehler und Unfälle. In P. Badke-Schaub, G. Hofinger, & K. Lauche (Hrsg.), *Human Factors. Psychologie sicheren Handelns in Risikobranchen* (S. 39–59). Springer.

Janis, I. (1972). *Victims of groupthink: A psychological study of foreign-policy decisions and fiascoes.* Houghton Mifflin.

Klix, F. (1998). Evolutionsbiologische Spuren in kognitiven Strukturbildungen und Leistungen des Menschen. WissenIn F. Klix & H. Spada (Hrsg.), *Enzyklopädie der Psychologie* (Bd. 6, S. 43–77). Hogrefe.

Krajewksi, J. (2009). Den Seinen gibt es der Herr im Schlaf. Wie betriebliches Pausenmanagement müdigkeitsbedingte Motivationsverluste verhindert. In M. Sauerland & J. Weikamp (Hrsg.), *Zündstoff Motivation: Motivierungsmethoden für Mitarbeiter, Führungskräfte und Organisationen* (S. 113–129). Kovac.

Krajewski, J., Sauerland, M., & Wieland, R. (2010). Relaxation-induced cortisol changes within lunch breaks: An experimental longitudinal worksite field study. *Journal of Occupational and Organizational Psychology, 1,* 1–14.

Krajewski, J., Sauerland, M., & Müssigmann, M. (2011). The effects of priming-induced social approach and avoidance goals on the exploration of goal relevant stimuli: An eye-tracking experiment. *Social Psychology, 42,* 152–158.

Locke, E. A., & Latham, G. P. (1990). *A theory of goal-setting and task performance.* Prentice Hall.

Locke, E. A., & Latham, G. P. (2002). Building a practically useful theory of goal setting and task motivation. *American Psychologist, 57*(9), 705–717.

Metzinger, T. (2003/2014). *Being no one. The self-model theory of subjectivity.* Bradford.

Mischel, W. (2015). *Der Marshmallow Test: Willensstärke, Belohnungsaufschub und die Entwicklung der Persönlichkeit.* Siedler.

Neuberg, S. L., & Fiske, S. T. (1987). Motivational influences on impression formation: Outcome dependency, accuracy-driven attention, and individuating processes. *Journal of Personality and Social Psychology, 53,* 431–444.

Newell, A. (1980). Reasoning, problem-solving, and decision processes: The problem space as a fundamental category. In R. Nickerson (Hrsg.), *Attention and performance* (S. 693–718). Erlbaum.

Nietzsche, F. (1888/1999). *Götzen-Dämmerung* (Sprüche und Pfeile, 12). Berlin: DeGruyter.

Norman, D. (2013). *The design of everyday things.* Basic.

Palmer, S. E. (1975). The effects of contextual scenes on the identification of objects. *Memory and Cognition, 3,* 519–526.

Preusser, D. F., Ferguson, S. A., & Williams, A. F. (1998). The effect of teenage passengers on the fatal crash risk of teenage drivers. *Accident Analysis & Prevention, 30*(2), 217–222.

Raphael, R. (2013). *Airport security. A national security challenge.* German Marshall Fund.

Reason, J. (1992). Cognitive underspecification. Its variety and consequences. In B. J. Baars (Hrsg.), *Experimental slips and human error. Cognition and Language* (S. 71–91). Springer.

Rosenstiel, L. v. (2007). *Grundlagen der Organisationspsychologie.* Poeschel.

Sauerland, M. (2006). *Interpersonale Balance: Experimentelle Untersuchungen zu den regulativen Mechanismen sozialer Anschlussmotivation.* Inaugural-Dissertation, Universität Regensburg.

Seiwert, L. J. (2007). *Das neue 1x1 des Zeitmanagement: Zeit im Griff, Ziele in Balance. Kompaktes Know-how für die Praxis.* Gräfe und Unzer.

Shantz, A., Alfes, K., Bailey, C., & Soane, E. (2013). The role of employee engagement in the relationship between job design and task performance, citizenship and deviant behaviours. *The International Journal of Human Resource Management, 24*(13), 2608–2627.

Stagnaro, M. N., Dunham, Y., & Rand, D. G. (2018). Profit versus prejudice: Harnessing self-interest to reduce in-group bias. *Social Psychological and Personality Science, 9*(1), 50–58.

Tolman, E. C. (1932). *Purposive behaviour in animals and men.* Appleton-Century-Crofts.

Wispé, L. G., & Drambarean, N. C. (1953). Physiological need, word frequency, and visual duration threshold. *Journal of Experimental Psychology, 46*, 25–31.

Yan, Q., Bligh, M. C. & Kohles, J. C. (2014). Absence makes the error go longer. How leaders inhibit learning from errors. *Zeitschrift für Psychologie, 222* (4). 233–245.

Yerkes, R. M., & Dodson, J. D. (1908). The relation of strength of stimulus to rapidity of habit-formation. *Journal of Comparative Neurology and Psychology, 18*, 459–482.

Internetquellen

Brömer, B. (2004). Die Bedeutung der Bezugsnormen. https://dms-portal.bildung.hessen.de/elc/fortbildung/pdo/modul_diag_foe/foerdern/unt/station_3/bezugsnormen.pdf.

Organisationale Fehlervermeidungsstrategien – *negativ ist positiv?*

7

> *Errare humanum est,*
> *sed in errare perseverare diabolicum.*
>
> *(Seneca, Epistulae morales VI, 57,12)*

Eine wesentliche Zielsetzung dieser Arbeit besteht darin, Menschen dazu zu befähigen, Fehler zu vermeiden. Mit dem entsprechenden Methodenangebot beschäftigen sich die folgenden drei Kapitel. Zunächst gehen wir auf die in der einschlägigen Literatur ausführlich dargestellten Vorschläge zur Implementierung eines effizienten Fehlermanagements ein. In diesem Kontext beziehen wir uns insbesondere auf die dafür notwendige Etablierung einer positiven Fehlerkultur (Kap. 7). Anschließend gehen wir auf technische und systembezogene Möglichkeiten ein, Fehlern präventiv zu begegnen (Kap. 8). Abschließend analysieren wir, was ein Individuum selbst unternehmen kann, wenn es in komplexen Tätigkeitsbereichen Fehler proaktiv vermeiden will (Kap. 9).

Kap. 1 – Zielsetzung		
Kap. 2 – Fehlerbeispiele		
Kap. 3 – Fehlertypen		
Kap. 4, 5 und 6 – Fehlerursachen		
Kap. 7, 8 und 9 **Fehlermanagement**	7 Organisationale Fehlervermeidungsstrategien	7.1 Positive Fehlerkultur
		7.2 Organisationale Resilienz
	8 Humanzentrierte Gestaltung von Arbeitsmitteln	8.1 Technische Assistenten
		8.2 Furchtappelle

(Fortsetzung)

(Fortsetzung)

	9 Individuelle Motivations-strategien Fazit	9.1 … 9.7 *(gesonderte Gliederung in Kap. 9)*
Kap. 10 – Zusammenfassung		

7.1   Positive Fehlerkultur – *Fehler als Fundament des Erfolgs*

Mein Neffe wurde von einem Mitschüler kürzlich darauf hingewiesen, dass man aus Fehlern wirklich lernen könne – daher sei er eben ein Einzelkind. Ein tatsächlich geeignetes Mittel, um nicht nur im privaten Umfeld, sondern auch in Organisationen aus Fehlern zu lernen, stellt die Etablierung einer sogenannten *positiven Fehlerkultur* dar.[1]

In leistungsorientierten Gesellschaften werden Fehler im Allgemeinen als Makel betrachtet. Fehler gehen dann – wie bereits im Schulkontext – mit individueller Schuldzuweisung und persönlicher Sanktionierung einher. Die **Etablierung einer positiven Fehlerkultur** stellt einen konstruktiven Gegenentwurf dazu dar. Im Rahmen der positiven Fehlerkultur werden Fehler als nicht vollständig vermeidbar angesehen. Und wenn Fehler schon nicht vollständig vermeidbar sind, soll wenigstens ihr Informationsgehalt genutzt werden, um organisationale Verbesserungsmöglichkeiten anzustoßen. Eine *positive Fehlerkultur* gilt daher auch als Voraussetzung für ein *konstruktives Fehlermanagement,* denn die kulturelle Non-Akzeptanz von Fehlern, deren schambedingte Leugnung oder angstgetriebene Vertuschung führt auch jedes Fehlerentdeckungs-, Fehlermelde-, Fehlerberichts- oder Fehlerbewältigungssystem ad absurdum.

Der Terminus *positive Fehlerkultur* wurde in den vorangegangenen Kapiteln bereits mehrfach erwähnt. An dieser Stelle soll das Konstrukt näher erläutert werden. Im Rahmen der entsprechenden Ausführungen werden auch die Ergebnisse mehrerer einschlägiger Workshops zur besseren Veranschaulichung dargestellt (s. die Abb. 7.1, 7.2 und 7.3). Die Darstellungen können als Anregung zur Durchführung eines entsprechenden **Workshops** in der eigenen Organisation verstanden werden – dies kann **der erste niedrigschwellige Schritt in Richtung der Implementierung einer positiven Fehlerkultur** sein.

Wenn eine Organisation mit einem kostspieligen Fehler konfrontiert ist, dann liegt der Wunsch nicht fern, Fehler zukünftig um jeden Preis zu verhindern, also eine Null-Fehler-Kultur zu etablieren. Doch welche Folgen hat die Devise „Fehler dürfen nicht passieren"?

---

[1] Vgl. dazu Argyris und Schön (2006, 2008); Edmondson (2011); Kallenbach (2016); Oser und Spychiger (2005); Schreyögg (2007); Schüttelkopf (2019); Senders und Moray (1991); Wehner (1992) u. a.

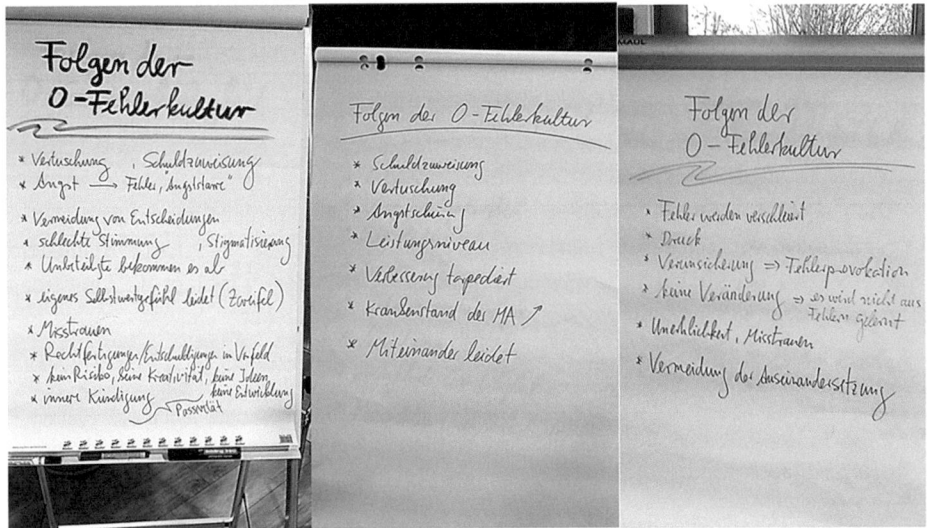

Abb. 7.1 Die Teilnehmer von drei verschiedenen Workshops (3×15; $N = 45$) sammeln mögliche Folgen einer Null-Fehler-Kultur. Die Ergebnisse sind durchaus vergleichbar: Vertuschungen, Schuldzuweisungen, Misstrauen, Unehrlichkeit, Druck, schlechte Stimmung, Krankenstand steigt, innere Kündigung, Passivität, Vermeidung von Entscheidungen, Rechtfertigungen, Verunsicherung, Angst, Selbstwertgefühl leidet, keine Verbesserungen oder Veränderungen, Leistungsniveau sinkt, keine Kreativität und weitere

Welche Folgen hat eine Null-Fehler-Kultur?

- Die Prämisse, es werden keine Fehler gemacht, erschwert deren Entdeckung
- Fehler werden tatsächlich eher vertuscht und geleugnet
- Fehler verharren daher im System, reproduzieren sich oder weiten sich aus
- Schuldzuweisungen und Misstrauen bestimmen den Alltag
- Es besteht keine systematische Lernmöglichkeit
- Es ist keine Verbesserung möglich
- Angst ist vorherrschend, anstelle des Wunsches, Dinge befreit auszuprobieren
- (Risiko-)Entscheidungen werden aufgeschoben oder abgeschoben

Es kann festgehalten werden, dass die Mitarbeitersozialisation im Rahmen einer Null-Fehler-Kultur einseitig durch den Glaubenssatz geprägt ist: „Fehler sind etwas Schlechtes", verbunden mit der Forderung, dass Fehler nicht passieren dürfen. Doch die negativen Konsequenzen einer solchen Null-Fehler-Kultur sind klar erkennbar: Fehler, die trotz allem auftreten, werden von Mitarbeitenden und Führungskräften verschleiert, vertuscht, kosmetisiert oder bagatellisiert, und dies zumeist aus Scham wegen möglicher Schuldzuweisungen oder sogar aus Angst vor Sanktionen. Im Kontext einer solchen Kultur ist der Anreiz für eine Person, einen Fehler zu verschleiern bzw. anderen die Schuld dafür zu geben, deutlich größer als der Anreiz, offen darüber zu informieren. Fehler bleiben daher im System haften, reproduzieren sich oder weiten sich sogar aus. Aus begangenen Fehlern kann folglich auch nicht systematisch gelernt werden. Verbesserungen oder innovative Lösungen können auf dieser Basis ebenfalls nicht angestoßen werden. Langfristig betrachtet, verursacht eine „erfolgreiche" Null-Fehler-Kultur daher hohe Fehlerkosten – sie ist selbst ein Fehler.

Die Null-Fehler-Kultur herrscht in der einen oder anderen Variante noch in zahlreichen Organisationen vor, wie unsere Interviews mit Führungskräften verschiedener Organisationen zeigen. Ein beispielhafter Auszug aus einem Interview, welches im Jahr 2022 mit einem Abteilungsleiter durchgeführt wurde, veranschaulicht dies:

> „Die meisten Organisationen ... haben ein sehr schwieriges Verhältnis zu Fehlern. ... Fehler macht man nicht. Und wenn, dann spricht man nicht darüber. ... Auf jeden Fall [waren sie verbunden] mit teilweise auch harscher Kritik, je nachdem, wie gravierend der Fehler wahrgenommen wurde. ... Es [gibt] sicher noch Traditionsbilder, die Fehler mit Schuld in Verbindung bringen. Was aus meiner Sicht negativ ist. ... Und ich habe ... mitbekommen ... wie es eine Organisation schwächt, wenn sie nicht aktiv positiv mit Fehlern umgeht."

Angesichts dieser Ausführungen legt sich *prima facie* die Schlussfolgerung nahe, dass im Umgang mit Fehlern dann doch besser eine „Laissez-faire"-Kultur etabliert werden sollte. Doch welche Folgen hat die Devise „Fehler sind nicht schlimm"?

Welche Folgen hat eine Kultur mangelnder Gewissenhaftigkeit?

- Nachlässiges und ungenaues Arbeiten
- Kein Verlass auf die Arbeitsergebnisse
- Arbeiten, ohne Mehrwert zu schaffen
- Ineffizienz durch häufige oder aufwendige Korrekturen
- Hohe Kosten für die Schadenskompensation
- Imageschaden, Vertrauensverlust
- Lernen findet auch hier nicht statt
- Es gibt keinen Anreiz zur Verbesserung
- Es bestehen kaum Anreize für außergewöhnliche Leistungen
- Frustration derjenigen, die hohe Ansprüche haben oder *von sich aus* qualitativ hochwertige Arbeit abliefern wollen
- Die Rahmenbedingungen können als Freibrief für bewusste Regelverstöße aufgefasst werden

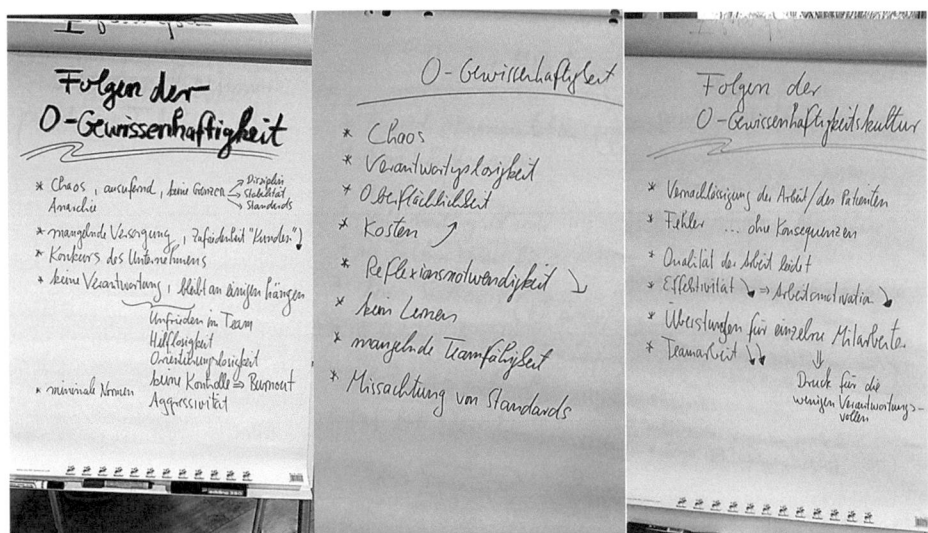

Abb. 7.2 Die Teilnehmer von drei verschiedenen Workshops (3×15; $N = 45$) sammeln mögliche Folgen einer Null-Gewissenhaftigkeits-Kultur. Die Ergebnisse sind durchaus vergleichbar: Chaos, Verantwortungslosigkeit, Oberflächlichkeit, geringe Arbeitsqualität, geringe Effektivität, hohe Kosten, keine Notwendigkeit zur Reflexion, kein Lernen, Teamarbeit funktioniert nicht, Orientierungslosigkeit, Missachtung von Standards, Druck auf die Verantwortungsbewussten, Überstunden für einzelne, Konkurs und weitere

Eine „Laissez-faire"-Einstellung gegenüber Fehlern kann auch eine „Null-Gewissenhaftigkeits-Kultur" mit sich bringen.[2] Die negativen Konsequenzen einer solchen Kultur sind klar erkennbar: Es resultiert ein völlig ineffizientes Arbeitsverhalten, z. B. aufgrund geringer Anstrengung oder hohen Korrekturaufwands. Zudem werden riskante Regelverstöße provoziert. Auch in einer solchen Kultur finden keine Lernprozesse statt. Letztlich wird die Organisation im Wettbewerb nicht bestehen können. Diese Art des Umgangs mit Fehlern ist … selbst ein Fehler.

Da beide Extrempole – sowohl die Null-Fehler-Kultur als auch die Null-Gewissenhaftigkeits-Kultur – wenig Erfolg versprechend erscheinen, empfiehlt sich die Implementierung einer *positiven Fehlerkultur*. Die „positive" Einstellung zu Fehlern sollte nicht im Sinne einer Höherwertigkeit von Fehlern im Vergleich zur Fehlerfreiheit missverstanden werden – Fehler sind und bleiben ein notwendiges *Übel*. Schließlich dient auch die positive Fehlerkultur letztlich der *Vermeidung von Fehlern*, d. h. z. B. der Vermeidung einer Ausweitung und Wiederholung von Fehlern oder auch der Vermeidung von ausbleibenden Verbesserungen und nachlassender Wettbewerbsfähigkeit. Ein Missverständnis liegt auch bei einem meiner Mitarbeiter vor, der 50 % seiner Fehler immer ein wenig variiert, damit er behaupten kann, er hätte aus den vergangenen gelernt. Die anderen 50 % macht er aber mehrfach, um wirklich sichergehen zu können, dass es falsch ist und er auch wirklich etwas

---

[2] Dies beinhaltet allerdings bereits eine moralische Wertung.

lernen kann. Spaß beiseite: Ein Fehler sollte tatsächlich knallharte Konsequenzen haben – für den Fehler!

Wodurch ist eine positive Fehlerkultur also tatsächlich charakterisiert?[3]

Merkmale einer positiven Fehlerkultur

- Fehler werden als Teil der komplexen Wirklichkeit akzeptiert
- Persönliche Anklagen, Schuldzuweisungen oder Sanktionen werden vermieden
- Ereignis und Person werden entkoppelt
- Die Lösung des Problems steht im Vordergrund, nicht die Suche nach Schuldigen
- Es findet eine offene und systematische Kommunikation über Fehler statt
- Es findet eine gemeinsame Fehleranalyse statt
- Es findet eine gemeinsame Suche nach Verbesserungsmöglichkeiten statt
- Lernen ist auf breiter Basis möglich
- Eine nachhaltige Problemlösung ist möglich
- Die Entwicklung von Innovationen wird gefördert
- Individuelle und gemeinschaftliche Stärken werden kultiviert und entsprechende Res-

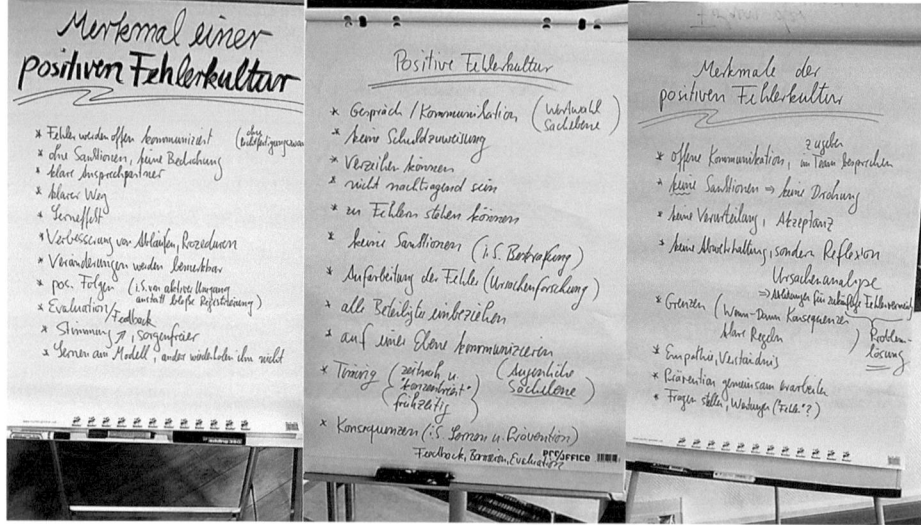

Abb. 7.3 Die Teilnehmer von drei verschiedenen Workshops (3 × 15; N = 45) sammeln Merkmale und Folgen einer positiven Fehlerkultur. Die Ergebnisse: Keine Schuldzuweisungen, keine Sanktionen, Akzeptanz, offene Kommunikation auf Augenhöhe und auf der Sachebene, keine Abwehrhaltung, gemeinsame Aufarbeitung und Ursachenanalyse, Reflexion, Lernen, Lernen am Modell, Problemlösung, Verbesserung von Abläufen, gemeinsam Präventionsmöglichkeiten erarbeiten und weitere

---

[3] Vgl. Argyris und Schön (2006, 2008); Edmondson (2011); Oser und Spychiger (2005); Schreyögg (2007); Schüttelkopf (2019); Wehner (1992).

sourcen genutzt

Die positiven Folgen einer positiven Fehlerkultur sind auf positive Weise erkennbar: Ein systematisches und konstruktives Fehler*management* erscheint nur unter den Bedingungen eines solchen kulturellen Umfelds möglich. Durch die Etablierung einer positiven Fehlerkultur ist auch die Möglichkeit der **kontinuierlichen Verbesserung** gegeben. Dabei gelten folgende Annahmen:[4]

- Fehler sind in komplexen Systemen etwas zwangsläufig Unvermeidbares
- Fehler stellen eine wichtige Informationsquelle bezüglich der Unwirksamkeit bestimmter Verhaltensweisen oder Prozeduren dar[5]
- Fehler zeigen auf, dass die Realität nicht den Erwartungen entspricht – dies führt zu einem Erkenntnisgewinn
- Fehler stellen Gelegenheiten dar, zu lernen und Sachverhalte kontinuierlich zu verbessern
- Diese Auffassung von Fehlern begünstigt die Lösungssuche und einen dauerhaft konstruktiven Umgang mit Problemen
- Dadurch steigt auch die generelle Kompetenz im Umgang mit unerwarteten Problemen[6]
- Organisationen sollten daher darum bemüht sein, einen offenen, proaktiven, systematischen, kontinuierlichen und konstruktiven – also einen *positiven* – Umgang mit Fehlern herbeizuführen

Die Implementierung einer positiven Fehlerkultur – mit ihren *Werten, Kompetenzen* und *Instrumenten*[7] – sollte auf mehreren Ebenen zugleich angestoßen werden: Auf der Ebene der *Organisation,* der *Führung,* des *Teams* und des *Individuums.* Die konkreten Maßnahmen können ebenfalls im Rahmen von einschlägigen Workshops erarbeitet werden. Die Abb. 7.4 stellt einige Elemente dar, die auf den genannten Ebenen im Dienst einer positiven Fehlerkultur umgesetzt werden können.

- **Auf der Ebene der Organisation** können wesentliche Elemente der positiven Fehlerkultur implementiert werden. Dazu gehört z. B. die allgemeine *Sensibilisierung für die Thematik,* die *Klärung rechtlicher Belange* (z. B. bei Klagen oder Regressforderungen), die *Rückendeckung seitens des Managements* für die eigenen Mitarbeitenden, die Verankerung der Lernwilligkeit und *Innovationsfähigkeit im Leitbild* oder die sprachliche *Verbannung des personenbezogenen Schuldbegriffs.* Auf dieser kulturellen Basis können sodann auch passende Maßnahmen des *Fehlermanagements* implementiert werden,

---

[4] Vgl. auch Harteis et al. (2006).
[5] Linden et al. (2001).
[6] Kolodner (1983).
[7] Schüttelkopf (2019).

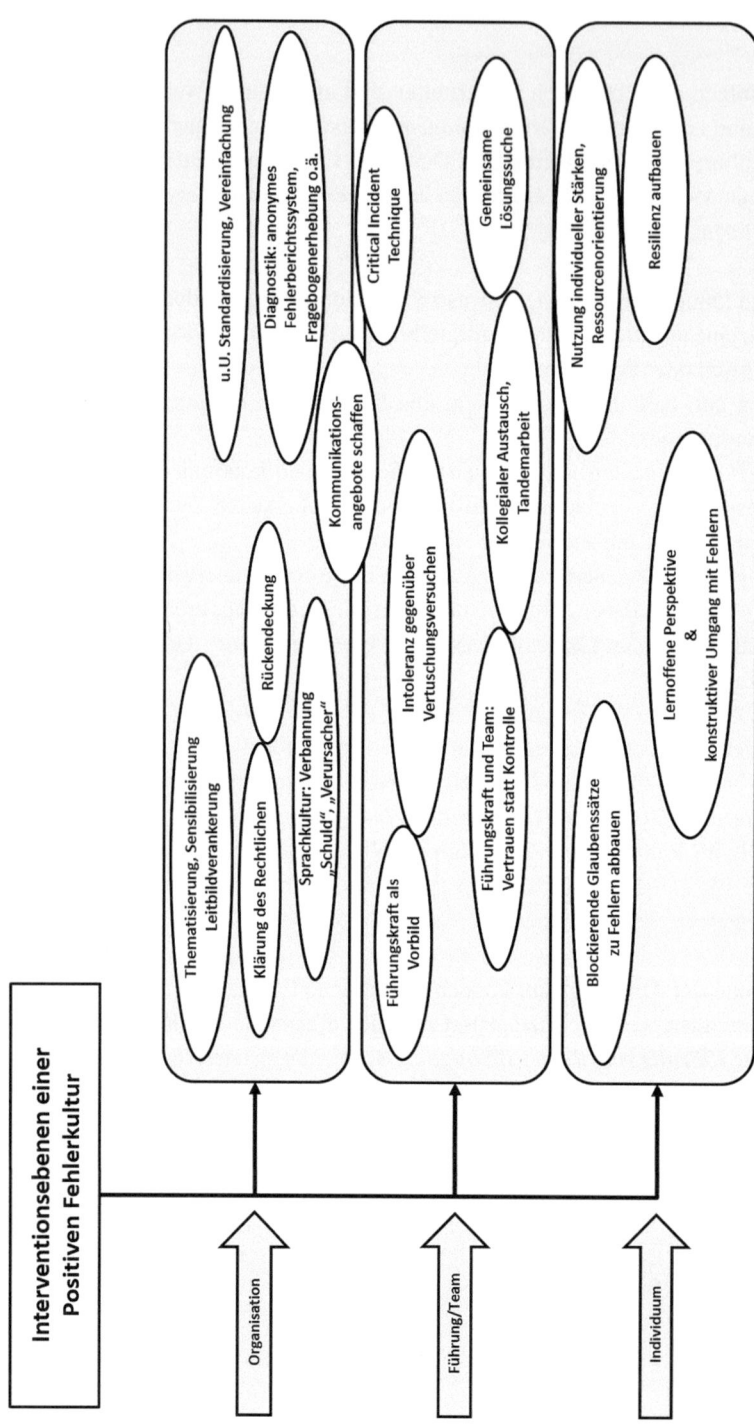

Abb. 7.4 Möglichkeiten, eine positive Fehlerkultur und darauf aufbauend ein konstruktives Fehlermanagement auf verschiedenen Ebenen einer Organisation zu implementieren

wie z. B. die Schaffung von einschlägigen *Kommunikationsangeboten,* die Einrichtung von (anonymen) *Fehlerberichtssystemen,* die Verwendung von *Feedback-Instrumenten* oder die Verfügbarmachung von *organisationseinheitlichen Fehlerprotokollierungsmitteln.* Darüber hinaus können *Prozessvereinfachungen, Standardisierungen* und *Automatisierungen* dort vorangetrieben werden, wo es möglich und sinnvoll erscheint. Auf allen Ebenen können verschiedene Varianten der *Critical Incident Technique* durchgeführt werden (zur individuellen Variante: s. Kap. 9).

- **Auf der Ebene der Führungskraft und des Teams** sollten Vorgesetzte geschult werden, *Vorbilder in der offenen und konstruktiven Fehlerkommunikation* zu sein. Eine positive Fehlerkultur kann nicht „von oben" aufoktroyiert werden, sie muss glaubwürdig vorgelebt werden, um Schambarrieren bei den Mitarbeitenden abbauen und das Verantwortungsbewusstsein für die Sache an sich stärken zu können. Führungskräfte dürfen eigene und vermeintlich mitarbeiterverursachte Fehler nicht vorschnell als Zeichen der Inkompetenz oder mangelnden Professionalität einstufen, sondern müssen unmittelbar *prozessuale und strukturelle Verbesserungsmöglichkeiten ausloten.* Sie sollten demgemäß auch eher *intolerant gegenüber der Vertuschung von Fehlern* sein. Insgesamt aber sollten sie ein *vertrauenswürdiges Klima* mit unterstützenden, *offenen Kommunikationsangeboten* in ihren Arbeitsteams schaffen und zur *gemeinsamen Problemlösung* anregen. Führungskräfte müssen sich in diesem Kontext auch der Tatsache bewusst sein, dass „Vorgesetzte" ihre „Untergebenen" in der Regel eher auf Defizite ansprechen als umgekehrt;[8] sie sollten daher Maßnahmen ergreifen, die geeignet sind, dieser hierarchiebedingten Tendenz aktiv entgegenzuwirken. Führungskräfte müssen es schaffen, vermeidbare Fehler einzudämmen, um die Funktionstüchtigkeit ihres Verantwortungsbereichs nicht zu gefährden, gleichzeitig jedoch müssen sie Fehlern in bestimmten Aufgabenbereichen auch den nötigen Raum geben, um Neues erschaffen zu können. Dies gelingt mit einem *transformationalen Führungsstil* erwiesenermaßen besonders gut und mit einem autoritären Führungsstil besonders schlecht.[9]

- **Auf der Ebene des Individuums** können Beschäftigte ihre zumeist negativen Einstellungen und blockierenden *Glaubenssätze* in Bezug auf Fehler auf den Prüfstand stellen und z. B. in einschlägigen Trainings oder Coachings zu einer differenzierteren, lernoffeneren, konstruktiveren und *lösungsorientierteren Perspektive* angeregt werden. Insgesamt können die Ressourcen, *Stärken* und Kompetenzen der Beschäftigten in den Vordergrund gerückt und systematisch kultiviert werden, um die *Resilienz* der einzelnen Mitarbeitenden und damit der gesamten Organisation zu fördern.

Die dargelegten Interventionsmaßnahmen können selbstverständlich auch schichtübergreifend implementiert werden. Eine bewährte Maßnahme für diesen Zweck besteht z. B. darin,

---

[8] Vgl. Norman (2013).

[9] Ein autoritärer Führungsstil verhindert aufseiten der Mitarbeitenden z. B. die Übernahme von Verantwortung für die Entdeckung und Korrektur von Fehlern, während es bei der transformationalen Führung gelingen kann, das Interesse an einem guten Endergebnis zu wecken (s. Yan et al., 2014).

im üblichen Jour Fixe oder auch in gesonderten Teambesprechungen regelmäßig einige Minuten für das Thema „Fehler" zu reservieren. Ein entsprechender **Gesprächsleitfaden,** der in diesem Rahmen niedrigschwellig eingesetzt werden kann, ist nachfolgend aufgeführt (Abb. 7.5).

Es können zur Vereinfachung auch anlassbezogene **Fragelisten** wie die folgende verwendet werden:

Gesprächsleitfaden - *Lerngelegenheiten*

- Wie wir gemeinsam vereinbart haben, wollen wir in jeder Teamsitzung die Gelegenheit nutzen, **Lernerfahrungen auszutauschen,** die seit der letzten Teamsitzung gemacht wurden.

- Daher besteht nun in den nächsten zehn Minuten die Möglichkeit, solche Erfahrungen zu beschreiben, zu besprechen und ggf. **Lösungen und Verbesserungsmöglichkeiten gemeinsam zu diskutieren.** Solle die geplante Zeit nicht ausreichen, erweitern wir den Zeitrahmen einfach.

- Wir wollen uns **stetig verbessern,** damit unsere tägliche Arbeit für jeden einzelnen angenehmer wird, die Arbeitsabläufe insgesamt verbessert werden und wir auf diese Weise letztlich alle entlastet werden. Dies steht natürlich auch im Dienste der Patienten/Kunden/Klienten.

- Daher möchte ich alle Anwesenden auffordern, frei über Lernerfahrungen und Lösungs- und Verbesserungsmöglichkeiten zu berichten, die uns voranbringen können.

- Ich erinnere nochmals daran, dass wir uns dafür die Regel gegeben haben, **dass niemand beschuldigt wird** und **niemand Sanktionen o.ä. zu befürchten** hat. Im Gegenteil, ich ermutige Sie aktiv, Vorschläge zur Verbesserung unserer Arbeit zu äußern, auch wenn damit möglicherweise Peinlichkeiten verbunden sind.

- Ich mache nun gerne den Anfang: …

  ➢ Lässt sich das Ereignis einem bestimmten **Ort** zuordnen?
  ➢ Lässt sich das Ereignis einer bestimmten **Zeit** zuordnen?
  ➢ Wie wurde das Ereignis bemerkt?
  ➢ Wie lässt sich das Ereignis möglichst konkret beschreiben?
  ➢ Welche **Folgen** hat das Ereignis bzw. welche Folgen könnte es haben?
  ➢ Durch welche Maßnahmen lassen sich die Folgen kompensieren?
  ➢ Auf welche **Ursachen** geht das Ereignis vermutlich zurück?
      Welche situativen Umstände haben es begünstigt?
      Welche Verhaltensweisen haben es begünstig?
  ➢ Welche **Maßnahmen** können ergriffen werden, damit sich das Ereignis nicht wiederholt?
  ➢ Was haben wir aus dem Ereignis für unser zukünftiges Handeln gelernt?

- Wer möchte die nächste Lernerfahrung schildern?

- Für Ereignisse, die heute aus welchen Gründen auch immer nicht genannt werden konnten, besteht die Möglichkeit, diese schriftlich zu beschreiben und die Beschreibung in unsere „Lern-Box" zu werfen.

Abb. 7.5 Ein Gesprächsleitfaden für die praktische Implementierung eines konstruktiven Fehlermanagements unter den Rahmenbedingungen einer positiven Fehlerkultur

- Was genau ist passiert?
- Wann, wo und wie ist der Fehler aufgefallen?
- Wann, wo und wie hat der Prozess begonnen, der zum Fehler geführt hat?
- Warum ist der Fehler passiert? Welche Faktoren waren beteiligt?
- Was wurde unternommen, um den Fehler zu korrigieren oder zu „mildern"?
- Ist der Fehler schon öfter passiert?
- Ist die Wahrscheinlichkeit hoch, dass der gleiche Fehler nochmals passiert?
- Wie kann vermieden werden, dass der Fehler in Zukunft nochmals auftritt?

Solche Arten des konstruktiven Umgangs mit Fehlern sollten sich letztlich auch in performanzrelevanten Unternehmenskennzahlen niederschlagen. Dem ist auch so: Die positiven Auswirkungen auf den Unternehmenserfolg konnten in verschiedenen Untersuchungen, in denen z. B. der Zielerreichungsgrad oder die Innovationsfähigkeit von über 60 Unternehmen erfasst wurden, tatsächlich empirisch nachgewiesen werden.[10] Eine geeignete Fehlerkultur führt in einem durchschnittlichen Unternehmen zu etwa 20 % mehr Produktivität; die Ausschusskosten und Fehlermeldungen gehen in entsprechender Größe zurück.[11] Der ökonomische Schaden, der hingegen durch einen weniger konstruktiven Umgang mit Fehlern entstehen kann, lässt sich schon an einem Beispiel der jüngeren Vergangenheit veranschaulichen: Der Börsenwert des Unternehmens *Siemens Energy* fiel am 23.06.2023 innerhalb weniger Stunden um 36 %, nachdem Qualitätsmängel bei den von der Konzerntochter *Siemens Gamesa* hergestellten Windkraftanlagen bekannt geworden waren. Der Konzernchef Christian Bruch kritisierte daraufhin die Fehlerkultur bei *Gamesa:* Dort sei zu viel unter den Teppich gekehrt worden.[12]

7.2 Organisationale Resilienz – *Potenzial nach oben*

Um die *organisationale Resilienz* zu steigern, können diejenigen Maßnahmen, welche im vorangegangenen Abschnitt beschrieben wurden, auch im Rahmen eines ganzheitlichen Ansatzes gebündelt und aufeinander abgestimmt werden.[13] Unter organisationaler Resilienz versteht man *„die Fähigkeit einer Organisation, etwas abzufedern und sich in einer verändernden Umgebung anzupassen, um so ihre Ziele zu erreichen, zu überleben und zu gedeihen"* (ISO-Norm 22316:2017). Resiliente Organisationen können Risiken und Chancen aufgrund plötzlicher oder allmählicher Veränderungen im internen und externen

---

[10] Vgl. z. B. die Befunde von Frese (1998); Hurtz und Flick (2002); van Dyck et al. (2005) oder Fischer et al. (2018); s. auch das Review von Frese und Keith (2015).

[11] Schüttelkopf (2019).

[12] Quelle: https://www.focus.de/finanzen/boerse/dax-konzern-im-historischen-sinkflug-siemens-energy-verliert-innerhalb-stunden-drittel-an-wert_id_197194459.html.

[13] Vgl. z. B. auch Brunnermeier (2021); Haas et al. (2022); Niehaus (2019).

Umfeld antizipieren und darauf reagieren. Solche Organisationen sind anderen, die Risiken hauptsächlich zu vermeiden trachten, potenziell überlegen. Wer sich *grundsätzlich* oder auch *konkret* auf Risiken einstellt, kann im Falle ihres Eintretens schneller reagieren und sich insgesamt besser anpassen. Resiliente Unternehmen sind „situationselastischer", robuster und zeigen sich offener für verschiedene (Lösungs-)Wege zum Ziel. Krisen können sie mit eigenen Ressourcen bewältigen und so auch gestärkt aus ihnen hervorgehen (z. B. durch eine gesteigerte Wettbewerbsfähigkeit).

Eine positive Fehlerkultur und das konstruktive Fehlermanagement sind integrale Bestandteile der organisationalen Resilienz, weil diese zur Reflexion der verfügbaren Stärken anregen und für die kontinuierliche Kompensation bestehender Schwächen sorgen. Aufgrund des systematischen Lernens aus vergangenen Fehlern und der damit verbundenen Höherentwicklung der Organisation ist es zudem unwahrscheinlich, dass sich vergleichbare Fehler in neuartigen Situationen wiederholen. Zur organisationalen Resilienz gehört auch die maximale Entfaltung der *persönlichen Ressourcen aller Mitarbeitenden.* Auf unberechenbare „Black-Swan"-Ereignisse und unerwartete exogene Schocks kann die Organisation dann nämlich mit dem voll entwickelten Potenzial der eigenen Mitarbeitenden souverän und kompetent reagieren (zur individuellen Potenzialentfaltung: s. Kap. 9).

Organisationen können als soziale Konstrukte aufgefasst werden. Die *Resilienz der Individuen,* aus denen sich eine Organisation zusammensetzt, trägt somit bereits einen erheblichen Teil zur *Resilienz der Organisation* bei. Organisationen sollten einschlägige Strukturen und Prozesse daher so gestalten, dass ihre Mitglieder mit Krisen grundsätzlich besser umgehen können. Dazu gehören z. B. soziale Maßnahmen der **Vertrauensbildung,** die Stärkung des **Teamzusammenhalts,** die Schaffung von **Weiterbildungs- und Mitwirkungsmöglichkeiten** und die **Verantwortungsübertragung** in dezentral organisierten Einheiten.[14] Dazu gehören aber auch betriebswirtschaftliche Maßnahmen wie der **Aufbau eines monetären Polsters** oder die **Diversifikation von Kundengruppen, Zulieferern oder des Produktportfolios.**

Unsere eigenen Untersuchungen in verschiedenen Organisationen zeigen, dass Fehler mittlerweile zwar zumeist offen angesprochen werden können, ein systematisches Fehler- oder Resilienzmanagement in der beschriebenen Form jedoch eher nicht praktiziert wird (s. Abb. 7.6). In einer dieser Studien fanden wir beispielsweise heraus, dass 67 % von 129 Befragten trotz der aktuellen und vergangenen Krisen (Corona, Migration, Klimawandel, Energieversorgung, Arbeitskräftemangel) keinerlei Maßnahmen zur Resilienzsteigerung in ihrer Organisation erkennen können; auch gebe es weder einen Plan zur Vermeidung zukünftiger Fehler noch eine Dokumentation oder ein systematisches Management begangener Fehler (auf einer 5-stufigen Skala erzielte Letzteres einen mittleren Zustimmungswert von lediglich M = 1,50). Hier gibt es noch erhebliches Verbesserungspotenzial.

---

[14] Vgl. Haas et al. (2022).

Umgang mit Fehlern

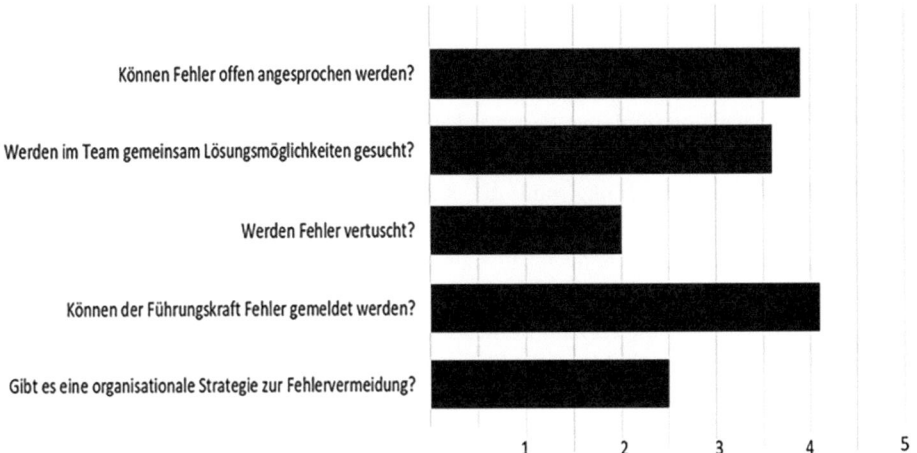

Abb. 7.6 Mittlere Zustimmung zu verschiedenen Aussagen und Fragen bezüglich der Fehlerkultur und des Fehlermanagements in der eigenen Organisation (N = 128; 5-stufige Skala von 1 = „trifft ganz und gar nicht zu" bis 5 = „trifft voll und ganz zu"). Fehler können zumeist zwar offen angesprochen werden, ein systematisches Fehlermanagement existiert jedoch eher nicht

Dieses Befundmuster geht auch aus zwei weiteren Befragungen in verschiedenen Organisationen hervor: Zwar stimmten nur 3 % der Befragten der Aussage zu, dass Fehler vertuscht werden (M = 1,55), der höchste Zustimmungswert war aber bei der Aussage zu verzeichnen, dass Fehler *ausschließlich* mit der eigenen Führungskraft besprochen werden (M = 3,55). Im Rahmen einer umfangreichen Befragung von 231 Beamten zeigte sich, dass konkret begangene Fehler zwar insbesondere durch *organisationale* Maßnahmen hätten verhindert werden können, zur zukünftigen Vermeidung solcher Fehler wurde faktisch jedoch keinerlei institutionelle Maßnahme ergriffen. Stattdessen gaben 152 Befragte (65 %) an, dass sie „das nächste Mal eben besser aufpassen" müssten. 35 Befragte gaben sogar an, sich geschämt zu haben, als sie den Fehler mit dem Vorgesetzten besprachen.

Im Rahmen dieser Befragungen zeigte sich auch ein bemerkenswerter Unterschied zwischen …

1. der *Selbsteinschätzung* von Führungskräften hinsichtlich ihrer eigenen Offenheit und Akzeptanz gegenüber Fehlern von Mitarbeitenden und
2. der *Fremdeinschätzung* der Mitarbeitenden bezüglich der Offenheit und Akzeptanz ihrer Führungskräfte gegenüber Fehlern von Mitarbeitenden.

Die Offenheit, welche sich Führungskräfte selbst gerne zuschreiben (M = 4,32), wird von ihren Mitarbeitenden als deutlich weniger stark ausgeprägt wahrgenommen (M = 3,00).

Zahlreiche Befragte wünschen sich einen entsprechenden Kulturwandel. Der Königsweg wird in der Tat in der Schaffung von organisationaler Resilienz gesehen. Die Befragten unserer verschiedenen Untersuchungen unterbreiteten zum Zweck des Aufbaus einer positiven Fehlerkultur, eines konstruktiven Fehlermanagements bzw. zur Stärkung der organisationalen Resilienz teils recht konkrete Vorschläge, die auf verschiedenen Ebenen der Organisation implementiert werden können:

- Eine detaillierte Einarbeitung und die ständige Weiterbildung sollten ermöglicht werden.
- Die eigenen Stärken und Schwächen müssten reflektiert und berücksichtigt werden können.
- Regelmäßige Besprechungen zum Lernen aus Fehlern sollten eingeführt werden.
- Strategien zur künftigen Fehlervermeidung sollten erarbeitet werden.
- Mitarbeitende sollten zu einem offenen Umgang mit Fehlern ermutigt werden.
- Zur eigenen Fehlbarkeit sollte man stehen können.
- Im Bedarfsfall muss Unterstützung eingeholt werden können.
- Man sollte öfter über den Tellerrand schauen.
- Flachere Hierarchien könnten gebildet werden.
- Beim Auftreten eines Fehlers dürfte die Führungskraft nicht aus der Haut fahren.
- Es sollte stattdessen eine gemeinsame Problemlösung stattfinden.
- Ein entsprechendes Wir-Gefühl müsste dafür kultiviert werden.
- Ein Sparringspartner wäre hilfreich.
- Personal müsste dafür aufgestockt werden.
- Mehr Zeit ist erforderlich, um die Wege zum Ziel im Detail durchdenken zu können.
- Führungskräfte müssten klar kommunizieren.
- Gesagtes müsste mit dem Handeln in Übereinstimmung gebracht werden.
- Funktionierende Werkzeuge müssten zur Verfügung gestellt werden.
- Sich wiederholende Prozesse sollten verschriftlicht werden.
- Checklisten und Schritt-für-Schritt-Anleitungen sollten dafür erstellt und genutzt werden.
- Musterfälle wären hilfreich.

Aus den Befunden einer Untersuchung mit 30 Angestellten konnten vergleichbare Schlussfolgerungen gezogen werden. Der nachfolgenden Auflistung lassen sich darüber hinaus die konkreten Zustimmungswerte zu den verschiedenen fehlerreduzierenden Maßnahmen entnehmen (N = 30; 5-stufige Skala):

- Vereinfachung von Prozessabläufen   (M = 4,48)
- Stille Arbeitszeiten   (M = 4,26)
- Vier-Augen-Prinzip bei fehlerträchtigen Aufgaben   (M = 4,10)

- Mehr Zeit für die Erfüllung der Aufgabe   (M = 3,94)
- Anpassung organisatorischer Strukturen *(z. B. klare*

  Zuständigkeitsregelungen)   (M = 3,42)
- Zeitmanagement-Trainings   (M = 3,39)
- Bessere Einarbeitung   (M = 3,10)

Zum Vergleich: Folgende Maßnahme wurde hinsichtlich ihres fehlerreduzierenden Potenzials als deutlich weniger effektiv angesehen:

- Kontrolle durch die Führungskraft   (M = 2,74)

Zwischenfazit

- Zur nachhaltigen Vermeidung von Fehlern empfiehlt sich der Aufbau einer positiven Fehlerkultur und eines darin eingebetteten konstruktiven Fehlermanagements.
- Beides wiederum kann im Rahmen einer ganzheitlichen organisationalen Resilienzstrategie umgesetzt werden.
- Falls in dieser Hinsicht noch Nachholbedarf besteht, muss dies allerdings kein langwieriges, abstraktes Unterfangen werden.
- Es kann vielmehr, wie dieses Kapitel Schritt für Schritt gezeigt hat, unmittelbar mit konkreten Maßnahmen niedrigschwellig begonnen werden, z. B. mit der Durchführung einschlägiger Workshops, mit der Verwendung entsprechender Gesprächsleitfäden für den wöchentlichen Jour fixe, mit der Platzierung einer anonymen Fehlermeldebox, mit der Reflexion von individuellen und organisationalen Stärken und Schwächen und mit der intensiveren Einarbeitung von Berufsanfängern.
- Wem selbst das zu mühselig ist, der kann auch einen Jäger einbestellen, der den Schuldigen ausfindig macht.

Literatur

Argyris, C., & Schön, D. A. (2006/2008). *Die Lernende Organisation. Grundlagen, Methode, Praxis.* Cotta.

Brunnermeier, M. K. (2021). *Die resiliente Gesellschaft. Wie wir künftige Krisen besser meistern können.* Aufbau Verlag.

van Dyck, C., Frese, M., Baer, M., & Sonnentag, S. (2005). Organizational error management culture and its impact on performance: A two-study replication. *Journal of Applied Psychology, 90*(6), 1228–1240.

Edmondson, A. C. (2011). Strategies for learning from failure. *Harvard Business Review, 89*(4), 48–56.

Fischer, S., Frese, M., Mertins, J. C., & Hardt-Gawron, J. V. (2018). The role of error management culture for firm and individual innovativeness. *Applied Psychology, 67*(3), 428–453.

Frese, M. (1998). Managementfehler und Fehlermanagement. *Personalführung* 31(2):58–62.

Frese, M., & Keith, N. (2015). Action errors, action management, and learning in organizations. *Annual Review of Psychology, 66*, 661–687.

Haas, O., Huemer, B., & Preissegger, I. (2022). *Resilienz in Organisationen. Erfolgskriterien erkennen und Transformationsprozesse gestalten.* Schäffer-Poeschel.

Harteis, C., Bauer, J., & Heid, H. (2006). Der Umgang mit Fehlern als Merkmal betrieblicher Fehlerkultur und Voraussetzung für Professional Learning. *Schweizerische Zeitschrift für Bildungswissenschaften, 28* (1), 111–129.

Hurtz, A., & Flick, D. (2002). *Verbesserungsmanagement – Was gute Unternehmen erfolgreich macht.* Gabler.

Kallenbach, I. (2016). *Führen in der Gesunden Organisation. Außergewöhnliche Leistungen durch Potenzialentfaltung.* Schäffer-Poeschel.

Kolodner, J. L. (1983). Reconstructive memory: A computer model. *Cognitive Science, 7*(4), 281–328.

Linden, van der, D., Sonnentag, S., Frese, M., & Dyck, van, C. (2001). Exploration strategies, performance, and error consequences when learning a complex computer task. *Behaviour & Information Technology* 20(3):189–198.

Niehaus, U. (2019). *Organisationale Resilienz in volatilen Strukturen. Ein ganzheitliches Modell.* Carl-Auer.

Norman, D. (2013). *The design of everyday things.* Basic Books.

Oser, F., & Spychiger, M. (2005). *Lernen ist schmerzhaft: Zur Theorie des negativen Wissens.* Beltz.

Schreyögg, A. (2007). Fehlerkultur, Fehlermanagement und ihre Bedeutung für Maßnahmen der Personalentwicklung in Kliniken. *Organisationsberatung – Supervision – Coaching,* 2:213–222

Schüttelkopf, E. M. (2019). *Lernen aus Fehlern. Wie man aus Schaden klug wird.* Haufe.

Senders, J. W., & Moray, N. P. (1991). *Human error: Cause, prediction and reduction.* Erlbaum.

Spychiger, M., Kuster, R., & Oser, F. (2006). Dimensionen von Fehlerkultur in der Schule und deren Messung. Der Schülerfragebogen zur Fehlerkultur im Unterricht für Schülerinnen und Schüler der Mittel- und Oberstufe. *Schweizerische Zeitschrift für Bildungswissenschaften,* 28(1):87–110.

Wehner, T. (1992). *Sicherheit als Fehlerfreundlichkeit. Arbeits- und sozialpsychologische Befunde für eine kritische Technikbewertung.* Springer.

Yan, Q., Bligh, M. C., & Kohles, J. C. (2014). Absence makes the error go longer. How leaders inhibit learning from errors. *Zeitschrift für Psychologie,* 222(4):233–245.

Internetquellen

Siemens Gamesa. Quelle. https://www.focus.de/finanzen/boerse/dax-konzern-im-historischen-sin kflug-siemens-energy-verliert-innerhalb-stunden-drittel-an-wert_id_197194459.html.

Humanzentrierte Gestaltung von Arbeitsmitteln – *der Roboter assistiert dem Mangelwesen*

8

Die Digitalisierung braucht uns nicht,
aber wir brauchen die Digitalisierung.

(in Anlehnung an unabhängige Zitate von Bartels und
Ford, https://www.careelite.de/umweltschutz-zitate-
nachhaltigkeit-sprueche/*)*

In diesem Kapitel betrachten wir systembezogene Möglichkeiten, Fehlern präventiv zu begegnen. Dabei gehen wir auf technische Unterstützungsmöglichkeiten ebenso ein wie auf die wirksame Gestaltung von Warnhinweisen. Die Darstellung ist insofern selektiv, als sie sich primär auf die für dieses Buch relevanten Zielsetzungen fokussiert. Die in Kap. 2 genannten **häufigsten Wiederholungsfehler** *(z. B. den E-Mail Anhang verges-sen, Dateien versehentlich löschen, Akten und Namen verwechseln, einen Arbeitsschritt nach einer Unterbrechung vergessen, Fristen versäumen, aufgabenrelevante Informatio-nen nicht verfügbar haben oder einfache Tippfehler begehen)* können mit den nachfolgend beschriebenen Methoden jedoch recht einfach vermieden werden.

Kap. 1	Zielsetzung	
Kap. 2	Fehlerbeispiele	
Kap. 3	Fehlertypen	
Kap. 4, 5 und 6	Fehlerursachen	
Kap. 7, 8 und 9 **Fehlermanagement**	7 Organisationale Fehler-vermeidungsstrategien	7.1 Positive Fehlerkultur
		7.2 Organisationale Resilienz
	8 Humanzentrierte Gestaltung von Arbeitsmitteln	8.1 Angepasste Assistenten
		8.2 Furchtappelle

(Fortsetzung)

© Der/die Autor(en), exklusiv lizenziert an Springer-Verlag GmbH, DE, ein Teil von Springer Nature 2024
M. Sauerland, *Fehler im Griff*, https://doi.org/10.1007/978-3-662-68472-6_8

(Fortsetzung)

| | 9 Individuelle Motivationsstrategien Fazit | 9.1 … 9.7 *(gesonderte Gliederung in Abschn. 5.3)* |
| Kap. 10 | Zusammenfassung | |

8.1   Angepasste Assistenten – *Zwangs- und Hilfsmittel*

Wird davon ausgegangen, dass der menschliche Faktor bei der Fehlerentstehung eher ein proximates *Symptom* eines *suboptimal gestalteten Systems* ist und weniger als die ultimate Ursache von Schäden, Unfällen u. Ä. anzusehen ist, dann liegt es natürlich nahe, *das System* nutzerfreundlicher zu gestalten und es den natürlichen Denk- und Verhaltensmustern des Menschen anzupassen.[1]

So kann durch strukturelle Maßnahmen beispielsweise dafür gesorgt werden, dass Personen bereitgestellte Kugelschreiber nicht „versehentlich" einstecken und mitnehmen: s. Abb. 8.1. Auch gewährleisten solche Maßnahmen, dass man auch *selbst* immer diejenigen Arbeitsmaterialien zur Verfügung stehen hat, die man im Büro ständig benötigt.

Abb. 8.1 Strukturelle Maßnahmen zur Vermeidung natürlicher, aber im konkreten Fall eben auch unerwünschter Verhaltensmuster: Der Kugelschreiber wird an die Kette gelegt, damit er nicht versehentlich mitgenommen wird und ständig neue Schreibgeräte beschafft werden müssen. Die menschliche, allzu menschliche Verlockung, einen Kugelschreiber „versehentlich" einzustecken, kann natürlich auch positiv für Werbezwecke genutzt werden

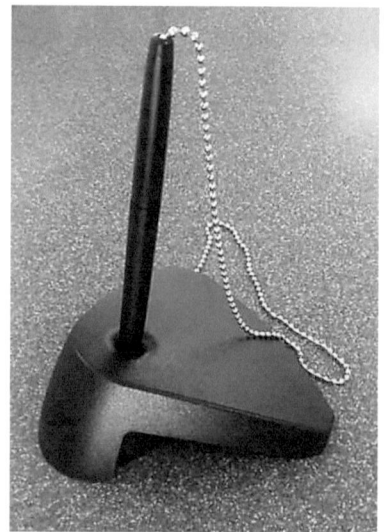

---

[1] Die DIN EN 894-1 fordert von Anzeigen und Stellteilen in der Tat deren Kompatibilität zur Leistungsfähigkeit des Menschen und die Erwartungskonformität des Systems.

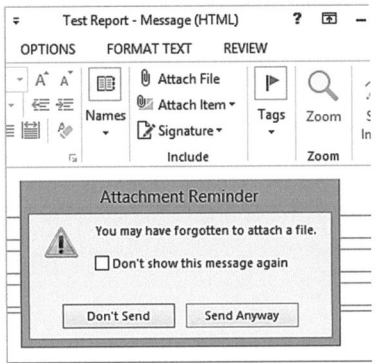

Abb. 8.2 Anhang vergessen? Der technische Hinweis erscheint, wenn im E-Mail-Text zwar ein Anhang erwähnt, aber noch keine Datei angehängt wurde. Damit werden die üblichen Folgemails „Diesmal mit Anhang ☺" überflüssig. Zuerst den Anhang anzufügen und dann erst im E-Mail-Text zu beschreiben, was die Empfänger im Anhang vorfinden, ist auch eine hilfreiche Strategie, um den Anhang nicht zu vergessen

Durch technische Maßnahmen kann des Weiteren verhindert werden, dass E-Mail-Anhänge vergessen werden, wenn im E-Mail-Text ein Hinweis auf einen Anhang formuliert wurde: s. Abb. 8.2. Durch diese Maßnahmen sollten sich die größten anzunehmenden Unfälle im Büro (Super-GAU) schon mal verhindern lassen.

Eine weitere interessante Anwendung dieses Prinzips illustriert das folgende Beispiel (s. Abb. 8.3): Wenn eine Person zu den glücklicheren Menschen zählt und zum Geldabheben an den Bankautomaten herantritt, besteht ihr primäres Ziel darin, Geldscheine mitzunehmen. Zu diesem Zweck muss sie zuvor ihre Bankkarte in den Geldautomaten schieben. Es ist leicht vorstellbar, dass es bei den ersten Automaten häufig vorkam, dass die Karte im Automaten vergessen wurde, sobald die Geldscheine herausgegeben wurden. Denn mit der Herausgabe der Geldscheine ist das primäre Handlungsziel erreicht, und die Nutzer aktivieren unmittelbar nachfolgende oder übergeordnete Handlungsziele, wie z. B., den Einkauf fortzusetzen. Um das massenhafte Zurücklassen der Bankkarten im Automaten zu verhindern, wurde das System so gestaltet, dass zuerst die Karte entnommen werden muss, bevor das Geld (als das eigentliche Handlungsziel) ausgegeben wird. Auf diese Weise gewährleistet *das System,* dass die Karte nicht vergessen wird; es passt sich also den natürlichen Denk- und Handlungsmechanismen des Menschen an. Für unsere späteren Ausführungen ist dieses Beispiel von besonderer Bedeutung, weil es den Anteil *motivationaler Faktoren* (hier die Zielerreichung) an der Fehlerentstehung und der Fehlervermeidung verdeutlicht.

Ähnliches gilt auch für digitale oder analoge **Checklisten,** deren lückenlose Abarbeitung verhindert, dass – z. B. nach Unterbrechungen – relevante Handlungsschritte

Abb. 8.3 Das menschlich motivierte Ziel, Geldscheine mitzunehmen, um damit unmittelbar einkaufen gehen zu können, kann erst erreicht werden, wenn zuvor die Bankkarte entnommen wurde. Das human-centered bzw. activity-centered Design von Geldautomaten gewährleistet auf diese Weise, dass die Bankkarten nicht im Automaten vergessen werden. Das System läuft den natürlichen Denk- und Verhaltensmechanismen des Menschen nicht zuwider, sondern nimmt entsprechende Schwächen explizit vorweg (Schlüssel-Schloss-Prinzip; vgl. auch Poka-Yoke-Methode)[2]

vergessen oder doppelt ausgeführt werden (vgl. Abb. 8.4).[3] Auf diese Weise habe ich es beim Kofferpacken für den Urlaub mit der Familie beispielsweise geschafft, immer an meine Ohrstöpsel zu denken.

Verwechslungen aufgrund der Ähnlichkeit von Zielobjekten gehören ebenfalls zu den häufigeren Fehlern. Davon betroffen sind Tasten, Knöpfe, Hebel, Kleidung, Münzen, Akten, Dateien, Namen, Behälter und manchmal wohl auch Ehefrauen. Badke-Schaub und Kolleginnen (2011) berichten sogar von Verwechslungen der zu operierenden Körperseite eines Patienten durch ein OP-Team. Eindeutige, unverwechselbare Merkmale, Markierungen, Ablagen, Anordnungen, Formgebungen oder eine der menschlichen Interpretation entsprechende Farbgestaltung (z. B. Rot als Warnfarbe) versprechen hier schnelle Abhilfe (s. Abb. 8.5).

Diese Methode kann auch *technisch* realisiert werden. Wie sich nicht nur am Beispiel eines Fahr- oder Flugsimulators veranschaulichen lässt, können **Virtual-Reality-Trainings** oder auch **Augmented-Reality-Applikationen** auf vielfältige Weise dabei helfen, kostspielige Fehler zu vermeiden, wie z. B. Verwechslungen oder das Übersehen relevanter Sachverhalte (vgl. dazu die Abb. 8.6).

---

[2] Aktivitätszentriert bedeutet hier, dass keine individuelle Anpassung nötig ist und auch keine Kulturunterschiede zu berücksichtigen sind, weil davon ausgegangen werden kann, dass die konkreten Handlungsmechanismen bei *allen* Menschen identisch ablaufen.

[3] Zur Problematik von Checklisten, z. B. hinsichtlich von Machtasymmetrien („Wer checkt wen?"), siehe Norman (2013).

Abb. 8.4 Die Verwendung von analogen oder systemimmanent-digitalen Checklisten kann verhindern, dass – z. B. nach Unterbrechungen – relevante Arbeitsschritte vergessen oder doppelt ausgeführt werden. Die sichersten Checklisten der Welt legen im ersten Punkt fest, dass der zweite beachtet werden muss, und im zweiten Punkt wird gemahnt, zunächst den ersten Punkt zu berücksichtigen

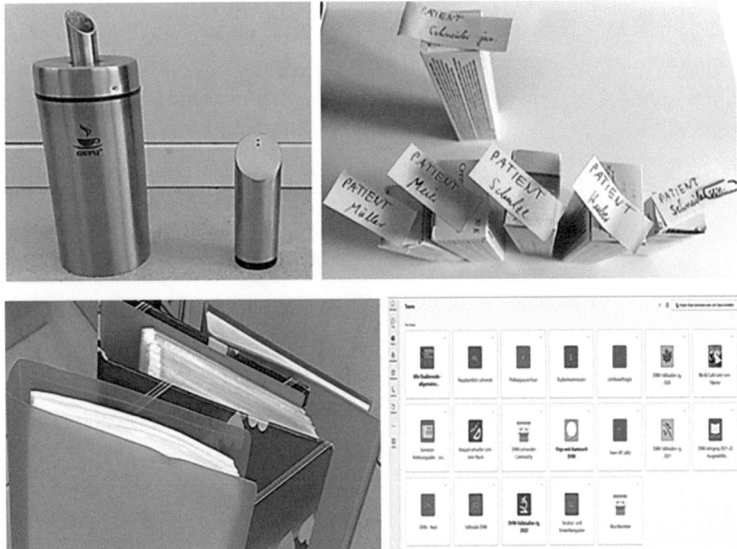

Abb. 8.5 Unterscheidbarkeit in Form und Farbe, damit der Zucker für den teils überlebenswichtigen Bürokaffee nicht mehr mit dem Salz verwechselt wird. Durch unterschiedliche Farb- oder Formgebungen und eindeutige Kennzeichnungen dieser Art können Verwechslungsfehler leicht vermieden werden. Äußerlich ähnliche Gegenstände, wie z. B. Medikamente oder Akten, können auch an verschiedenen Orten platziert werden, um Verwechslungen unwahrscheinlicher werden zu lassen

Abb. 8.6 Die technisch unterstützte Vermeidung von Verwechslungsfehlern durch Augmented-Reality-Anwendungen.[4] In der Kommissionierung werden beispielsweise Head-Mounted-Displays (HMD) eingesetzt, die den Mitarbeitenden anzeigen, in welchem Fach sich die zu verpackenden Produkte befinden. Die Anwendungen unterstützen damit die „situative Awareness"

Für administrative Arbeitstätigkeiten am PC lassen sich weitere anschauliche Beispiele für eine fehlerpräventive Systemgestaltung aufzeigen: So wird beispielsweise vor dem Löschen einer Datei in einem gesonderten Dialogfeld eine *Entscheidungsfrage* gestellt, über die man nachdenken muss, damit nicht einfach routiniert bis zur endgültigen Löschung „durchgeklickt" werden kann.[5] Die einfacheren Dialogfelder erwiesen sich nämlich wundersamerweise als wirkungslos:

> Mensch: „Ich will diese Datei löschen."
> Maschine: „Willst du diese Datei löschen?"
> …

Für die Hardliner unter uns stellt der Papierkorb dann den letzten Strohhalm dar.

---

[4] Schwerdtfeger et al. (2007); Bildquelle: mit freundlicher Erlaubnis von Dr. Björn Schwerdtfeger.
[5] Norman (2013).

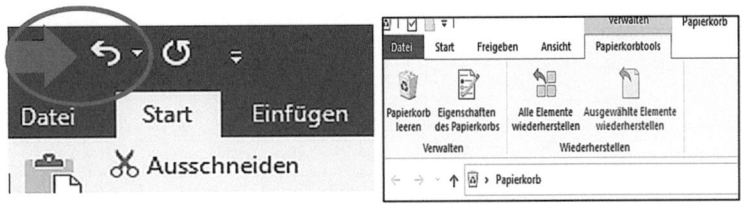

Abb. 8.7 Die Undo-Funktion zur unmittelbaren Korrektur erwartbarer Fehler und die Wiederherstellungsfunktion im Papierkorb. In zahlreichen Aufgabenbereichen können ähnliche Absicherungen geschaffen werden. Sogar bei größeren Projekten kann generell ein Reservebudget zur Fehlerkorrektur eingeplant werden

Zur Fehler*korrektur* kann also auch die sogenannte *Undo-Funktion* dienen, die bei der Büroarbeit dafür sorgt, dass Fehler unmittelbar und oft innerhalb von wenigen Sekunden korrigiert werden können (s. Abb. 8.7). Bekanntermaßen ist lediglich die Computertastatur von Chuck Norris nicht mit einer Rücktaste ausgestattet.

Die Ergänzung eines Dialogfelds zur Abfrage, ob eine Datei endgültig gelöscht werden soll, ist ein triviales Beispiel für ein generelles Prinzip der systemorientierten Fehlerprävention. Auch große Unfallkatastrophen kann man sich nämlich vorstellen wie einen Schuss durch alle Löcher eines Schweizer Käseaufschnitts (s. Abb. 8.8):[6] In der Regel gibt es in einem Arbeits- oder Produktionsprozess zahlreiche hintereinandergeschaltete Sicherheitsschichten, die im Alltag verhindern, dass es zu einem Unfall kommt. Diese Schichten sind aber allesamt nicht perfekt, sie weisen also „Löcher" auf. Wenn es zu einem Unfall gekommen ist, lag in der Regel eine „Verkettung unglücklicher Umstände" vor, die insgesamt dazu geführt hat, dass sämtliche Sicherheitsmechanismen durchdrungen wurden. Häufig wird daher empfohlen, **weitere Sicherheitsschichten in ein System einzuziehen,** um die Wahrscheinlichkeit für die Verkettung unglücklicher Umstände abzusenken. Zum selben Zweck können auch **prozedurale Redundanzen** eingeführt werden, wenn das primäre Ziel darin besteht, Unfälle zu vermeiden (z. B., *zwei* Entsicherungshebel betätigen zu müssen). Auch wird die **Entkopplung von Subsystemen** und Prozessen empfohlen, um die erwähnte Ursachenverkettung oder die Ausweitung von Fehlern zu verhindern.[7] Eine der vielfältigen Anwendungsmöglichkeiten bei der Büroarbeit besteht z. B. darin, das *Vier-Augen-Prinzip* bei fehlerträchtigen Aufgaben zu implementieren (vgl. dazu aber Kap. 9).

In administrativen Tätigkeitsfeldern kommt es zudem häufig darauf an, Mitarbeitenden vollständige oder wenigstens relevante und logisch konsistente Informationen am richtigen Ort und zur richtigen Zeit zur Verfügung zu stellen, um Fehler zu verhindern.[8]

---

[6] Reason (1991).

[7] Perrow (1987).

[8] Hacker (2005); vgl. dazu auch unsere empirischen Befunde zu den häufigsten Fehlerursachen bei der Büroarbeit in Kap. 4.

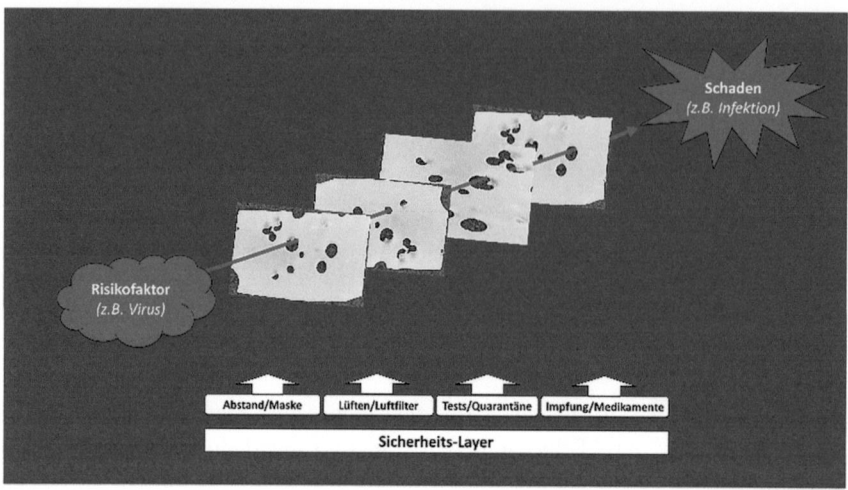

Abb. 8.8 Das Schweizer-Käse-Modell, angewendet auf das Beispiel „Virusinfektion".[9] Keine Schutzmaßnahme (Sicherheitslayer) ist perfekt – sie sind alle löchrig. Trotz aller Sicherheitsmaßnahmen kann es durch eine „Verkettung unglücklicher Umstände" zum Schaden kommen. Das Beispiel zeigt jedoch eindrücklich, dass Sicherheitsbedürfnisse auch gegen andere Motive und Interessen abgewogen werden müssen

Mittlerweile stehen zahlreiche technische Hilfsmittel zur Verfügung, um dies zu gewährleisten (s. z. B. auch die Augmented-Reality-Anwendung in Abb. 8.6). Dies kann schon damit beginnen, dass man Autoren den Duden beim Schreiben quasi *in direkter Anwendung* zur Seite stellt (s. Abb. 8.9). Die Korrekturfunktion von *Word* unterbreitet zuweilen aber auch recht eigenwillige Vorschläge, über die man geteilter Meinung sein kann: für „Schufa" beispielsweise „Schuft", für „iPhone" beispielsweise „Siphon", für „Kunden-PC" beispielsweise „Kunden-WC", für „STRG-Taste" beispielsweise „Sarg-Taste", für „MwSt-Gesetz" beispielsweise „Mist-Steuer-Gesetz", für „Zärtlichkeiten" beispielsweise „Tätlichkeiten", und über den Vorschlag für „Spam-Mail" reden wir besser nicht.[10]

Die Notwendigkeit, aufgabenrelevante Informationen an die natürlichen Informationsverarbeitungsmechanismen des Menschen anzupassen, kann auch am Beispiel der Beipackzettel von Medikamenten veranschaulicht werden. Mit natürlichen Häufigkeiten kann der evolvierte kognitive Apparat des Menschen problemlos umgehen, mit prozentualen Steigerungsraten oder abstrakten bedingten Wahrscheinlichkeitsangaben allerdings eher nicht.[11] Aus diesem Grund werden in Beipackzetteln in jüngerer Zeit zunehmend sogenannte *natural frequencies* – also z. B. „*1 von 100*" statt „*1 %*" – für die möglichen

---

[9] Reason (1991); vgl. dazu auch: https://de.wikipedia.org/wiki/Schweizer-K%C3%A4se-Modell.

[10] Quelle: https://www.t-online.de/digital/aktuelles/id_42619058/bilder/skurrile-korrekturvorsch laege-von-microsoft-word.html.

[11] Vgl. Hoffrage et al. (2015) und andere Werke von Gerd Gigerenzer.

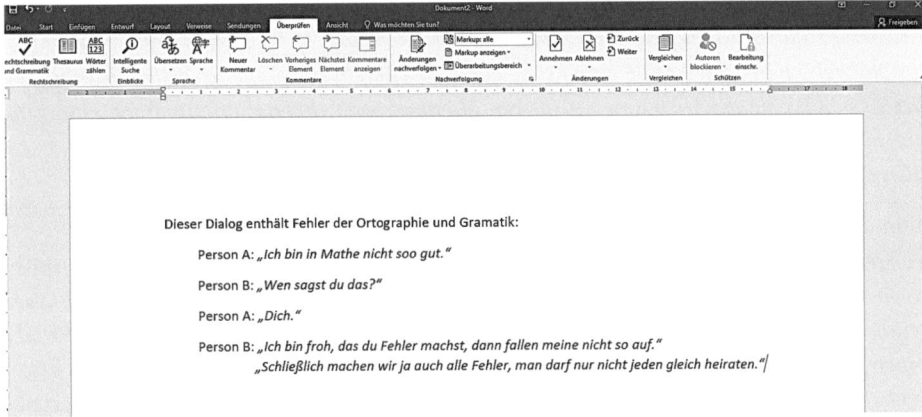

Abb. 8.9 Fehlervermeidung durch die direkte Bereitstellung von aufgabenrelevanten Informationen am richtigen Ort zur richtigen Zeit

Nebenwirkungen von Medikamenten angegeben. Andere Angaben provozieren erhebliche Fehleinschätzungen (vgl. z. B. Abb. 8.10).

Eine einfache Testaufgabe:[12]

4. WELCHE NEBENWIRKUNGEN SIND MÖGLICH?
Wie alle Arzneimittel kann IBU-ratiopharm® 4 % Nebenwirkungen haben, die aber nicht bei jedem auftreten müssen.

Die Aufzählung der folgenden unerwünschten Wirkungen umfasst alle bekannt gewordenen Nebenwirkungen unter der Behandlung mit Ibuprofen, auch solche unter hoch dosierter Langzeittherapie bei Rheumapatienten. Die Häufigkeitsangaben, die über sehr seltene Meldungen hinausgehen, beziehen sich auf die kurzzeitige Anwendung bis zu Tagesdosen von maximal 1200 mg Ibuprofen für orale Darreichungsformen, und 1800 mg für Zäpfchen.

Bei der Bewertung von Nebenwirkungen werden folgende Häufigkeitsangaben zugrunde gelegt:

sehr häufig	mehr als 1 von 10 Behandelten
häufig	weniger als 1 von 10, aber mehr als 1 von 100 Behandelten
gelegentlich	weniger als 1 von 100, aber mehr als 1 von 1000 Behandelten
selten	weniger als 1 von 1000, aber mehr als 1 von 10.000 Behandelten
sehr selten	weniger als 1 von 10.000 Behandelten, einschließlich Einzelfälle

Mögliche Nebenwirkungen sind

Gelegentlich:
- Magen-Darm-Beschwerden (z. B. Sodbrennen, Bauchschmerzen, Übelkeit)
- Kopfschmerzen, Schwindel, Schlaflosigkeit, Erregung, Reizbarkeit, Müdigkeit
- Überempfindlichkeitsreaktionen mit Hautausschlägen und Hautjucken
- Sehstörungen

Abb. 8.10 Menschengerechte Informationsaufbereitung: Die Wahrscheinlichkeit von Nebenwirkungen wird seit einigen Jahren in „natürlichen Häufigkeiten" angegeben, da die ursprünglichen Angaben als prozentual erhöhtes Risiko zu erheblichen Interpretationsfehlern und verzerrten Risikoeinschätzungen geführt haben

Die Wahrscheinlichkeit, dass eine Frau Brustkrebs hat, beträgt 0,6 %. Wenn eine Frau Brustkrebs hat, wird sie mit einer Wahrscheinlichkeit von 94 % einen positiven Mammographiebefund erhalten. Falls eine Frau keinen Brustkrebs hat, liegt die Wahrscheinlichkeit bei 7 %, dass sie dennoch einen positiven Mammographiebefund erhält. Wenn eine Frau nun einen positiven Mammographiebefund erhält, wie hoch ist dann die Wahrscheinlichkeit, dass sie tatsächlich Brustkrebs hat? Wie hieß doch gleich Ihr Mathelehrer?

Nun derselbe Sachverhalt ohne Tränen:

Von jeweils 10.000 Frauen haben 60 Brustkrebs. Von diesen 60 Frauen würden 56 einen positiven Mammographiebefund erhalten. Von den verbleibenden 9940 nicht erkrankten Frauen würden 696 fälschlich einen positiven Mammographiebefund erhalten. Wenn 100 Frauen einen positiven Mammographiebefund erhalten, wie viele von ihnen haben tatsächlich Brustkrebs?[12] In der Regel liegen die Schätzungen in dieser zweiten Formulierungsvariante deutlich näher am korrekten Wert von 7 (bzw. 7,4 %).

Risiken werden ständig in zahlreichen Arbeitsbereichen abgewogen und kommuniziert. Darauf aufbauend werden z. T. weitreichende Entscheidungen gefällt (z. B. während der Corona-Pandemie). Die Interpretation entsprechender Daten fällt den meisten Menschen jedoch sehr schwer: Wenn sich durch ein bestimmtes Verhalten ein Risiko z. B. verdoppelt, klingt diese 100-prozentige Steigerung dramatisch; es könnte sich jedoch bloß um eine Steigerung von *einem* auf *zwei* Fälle pro 100.000 Personen handeln. Es gibt auch drastische Unterschiede in der *Bewertung* solcher Angaben: Ist unter einer *„häufigen Nebenwirkung"* z. B. eine relative Häufigkeit von 0,1 %, 1 % oder 10 % zu verstehen? Selbst die Wortwahl beeinflusst entsprechende Entscheidungen: Für viele Menschen macht es einen großen Unterschied, ob eine Maßnahme mit einer Wahrscheinlichkeit von 50 % erfolgreich sein wird oder mit einer Wahrscheinlichkeit von 50 % scheitern wird. Die **bildliche Veranschaulichung entsprechender Daten** hilft in der Regel enorm, die zugrunde liegenden statistischen Sachverhalte realitätsnäher einzuschätzen.

Eindeutige **Warnhinweise** verhindern also typische Fehler. Auch eindeutige **Signale** und **Erinnerungen** können typische Fehler verhindern, solange sich Beschäftigte nicht daran gewöhnen und diese auch nach wiederholter Exposition noch ernst nehmen. Besteht die Gefahr der Gewöhnung, können solche Signale auch in wechselnden Farben o. ä. präsentiert werden (vgl. Abb. 8.11).

Wie Pirani und Reynolds (1976) schon in den 1970er-Jahren zeigen konnten, gehört die Platzierung von Warnhinweisen zwar durchaus zu den wirksameren Maßnahmen der Fehlervermeidung in Organisationen. Die schnellen Abnutzungs- und Gewöhnungseffekte wurden in den Untersuchungen aber ebenfalls offensichtlich. Wie die Forschung zeigt,

---

[12] Die 56 positiv Getesteten unter den tatsächlich erkrankten Frauen müssen durch die insgesamt positiv Getesteten (erkrankten und nicht erkranken Frauen, also 56 + 696) geteilt werden: 56/(56 + 696) = 0,074 (bzw. 7,4 %) – unter 100 Frauen also lediglich 7.

Abb. 8.11 Analoge oder digitale Warnhinweise, Signale und Erinnerungsstützen helfen der oft vagen Repräsentation von Zielen und Handlungsplänen auf die Sprünge. Sie können auch Interferenzvergessen durch Ablenkung verhindern. Ein Schild mit der Aufschrift „Achtung, Rutschgefahr" kann also durchaus das gewöhnlich sehr schnelle (Geh-)Verhalten von Beamten vorübergehend verlangsamen

gibt es aber durchaus auch langfristig *effektive* Gestaltungsmöglichkeiten für Warnhinweise – wenn dabei nämlich wieder typisch menschliche Denkmuster und motivationale Abwägungsprozesse berücksichtigt werden. Darauf gehen wir im nächsten Abschnitt ein.

8.2   Furchtappelle – *Akzeptanz oder Dissonanz?*

Zur Unfallvermeidung setzen viele Organisationen auch Lehrfilme ein, die sogenannte Furchtappelle beinhalten. Auch Schülern und Schülerinnen werden solche verfilmten Warnungen präsentiert, die Jugendliche z. B. davon abhalten sollen, sich alkoholisiert ans Steuer zu setzen. Ist die Induktion von Angst tatsächlich wirksam, um Fehler und Unfälle zu vermeiden?

Angst ist aus evolutionsbiologischen Gründen eigentlich eine sehr wirkmächtige Motivationsquelle, auch um (letale) Fehler zu vermeiden.[13] Für die Zwecke des betrieblichen Fehlermanagements erscheint dieser Zustand jedoch zunächst kontraproduktiv, da mentale Ressourcen für die Angstregulation aufgebracht werden müssen, die doch besser für die konstruktive Problemlösung zur Verfügung stehen sollten. Unter bestimmen Umständen muss gegen die Angst jedoch gar nicht vorgegangen werden, sie kann sogar bewusst angeregt werden, darf dann allerdings keinesfalls sich selbst überlassen bleiben. Wie kann dies gelingen? Wie kann eine Organisation die potenziell fehlervermeidende Wirkung von

---

[13] Vgl. z. B. auch Zander (2015).

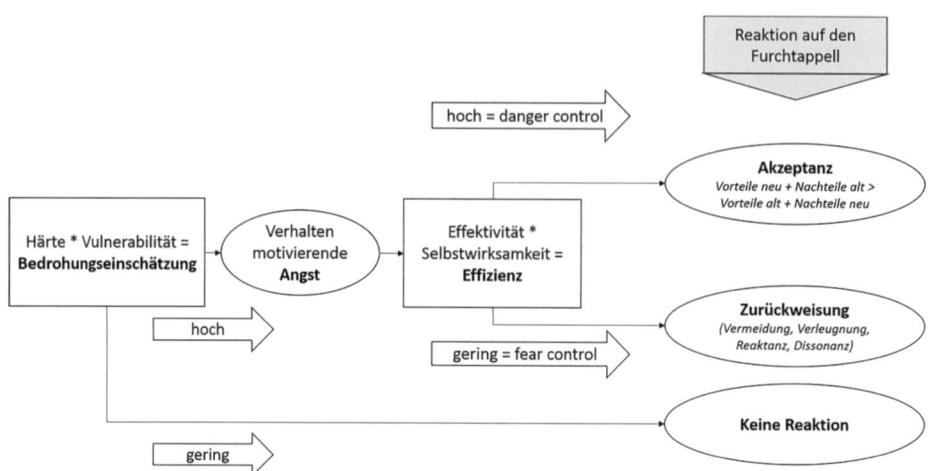

Abb. 8.12 Faktoren, von denen die Wirkung eines Furchtappells zur Unfallverhütung abhängt (Extended Parallel Process Model; modifiziert nach Witte, 1994)

Angst, die den meisten Leserinnen und Lesern vermutlich bekannt ist, konstruktiv nutzen? Um diese Frage zu beantworten, betrachten wir ein klassisches, aber immer noch aktuelles Modell aus der Risikokommunikation (s. Abb. 8.12).[14]

Zwei multiplikativ miteinander verknüpfte Faktoren entscheiden darüber, ob es bei den Rezipienten einer Risikokommunikation zu einer Bedrohungseinschätzung kommt: (1) Das eingeschätzte Ausmaß der Gefahr *(Härte)* und (2) die Wahrscheinlichkeit der individuellen Betroffenheit von dieser Gefahr *(Vulnerabilität)*. Lässt sich einem der beiden Faktoren der Wert „0" zuweisen, ist auch die wahrgenommene Bedrohung insgesamt „0", und der Furchtappell würde keine Wirkung auf das Verhalten zeigen. So kann zwar das Ausmaß der Gefahr als sehr hoch eingeschätzt werden, wenn die persönliche Betroffenheit davon aber als gering eingestuft wird, wird der Risikofaktor subjektiv insgesamt nicht als bedrohlich wahrgenommen. Es ist – *vice versa* – auch möglich, dass eine Person zwar der Auffassung ist, zur Risikogruppe zu gehören, wenn aber das Ausmaß der Gefahr als eher gering eingeschätzt wird, wird der Risikofaktor auch in diesem Fall insgesamt wohl nicht als besonders bedrohlich wahrgenommen. Beide Varianten führen daher zur Untätigkeit. Damit ein kommuniziertes Risiko eine Verhaltensänderung herbeiführen kann, muss also notwendigerweise (1) eine ausreichend große Gefahr wahrgenommen werden und (2) die Überzeugung vorherrschen, dass man selbst auch von dieser Gefahr betroffen sein wird.

Dies reicht für eine *effektive* Risikokommunikation jedoch nicht aus. Auch bezüglich der weiteren beiden relevanten Komponenten gilt, dass sie multiplikativ miteinander verknüpft sind und daher beide notwendig gegeben sein müssen, damit ein Furchtappell wirksam werden kann: Es muss von den Rezipienten einer Risikobotschaft nämlich

---

[14] Vgl. Witte (1994).

weiterhin wahrgenommen werden, (1) dass das empfohlene Mittel zur Abwendung der Gefahr *tauglich* ist – es muss also als effektiver Problemlöseoperator eingeschätzt werden *(Effektivität)* – und (2) dass man das Mittel auch selbst kompetent anwenden kann *(Selbstwirksamkeit)*. Lässt sich einem dieser beiden Faktoren der Wert „0" zuweisen, ist auch die Effizienzwahrnehmung des empfohlenen gefahrenabwendenden Verhaltens insgesamt „0". In diesem Fall kommt es daher eher zur Verleugnung oder Bagatellisierung der kommunizierten Gefahr oder auch zu einer aktiven Vermeidung einschlägiger Informationen (z. B. Reduktion kognitiver Dissonanzen). Unter diesen Umständen kann nämlich lediglich die ausgelöste Furcht *per se* reguliert werden, da kein effizient einsetzbares Mittel zur Gefahrenabwehr erkennbar ist. Zur konstruktiven Problemlösung kann es hingegen nur kommen, wenn von den Rezipienten erkannt wird, dass (1) ein effektives Mittel zur Gefahrenvermeidung existiert, welches sie (2) mithilfe ihrer bestehenden Kompetenzen auch niedrigschwellig anwenden können. Nur in diesem Fall wird die Botschaft akzeptiert und eine Verhaltensänderung in Gang gesetzt.

Nun kann ein Furchtappell durchaus als bedrohlich wahrgenommen werden und die empfohlene Änderung des Verhaltens auch als geeignetes Mittel erscheinen, die Gefahr abzuwenden. Dennoch kann der Appell wirkungslos bleiben, wenn dabei übersehen wird, dass Personen das gefährliche Verhalten bislang nicht ohne Grund an den Tag gelegt haben – zumeist profitieren sie in irgendeiner Weise davon. Den Fahrradhelm nicht zu tragen bedeutet beispielsweise auch, dass man ihn am Zielort nicht mit sich herumtragen muss, dass er die Frisur nicht zerstört, dass man nicht albern aussieht, dass es am Kopf auch nicht zwickt oder dass man sich freimütig aufs Fahrrad schwingen und spontan losfahren kann. Bei Männern verliert das Frisurenargument allerdings mit zunehmendem Alter an Bedeutung.

Eine entsprechende Risikobotschaft wird somit auch nur dann akzeptiert, wenn folgende Ungleichung erfüllt ist:

(Gewinn durch das gefährliche Verhalten) + (Kosten des empfohlenen Verhaltens)

$$<$$

(Kosten des gefährlichen Verhaltens) + (Gewinn des empfohlenen Verhaltens)

Warnungen von Führungskräften oder Sicherheitsbeauftragten erreichen ihre unfall- oder fehlerabwendende Intention also insbesondere dann, wenn dadurch Einschätzungen der folgenden Art herbeigeführt werden können: Der mögliche Schaden ist groß, er betrifft mich auch persönlich, es ist jedoch prinzipiell möglich, ihn abzuwenden, und ich kann die dazu dienlichen Mittel auch niedrigschwellig anwenden und kontrollieren; außerdem muss ich durch die Änderung meines ursprünglichen Verhaltens keine Vorteile aufgeben muss (vgl. zum letzten Punkt auch Abb. 8.13). Einfache Appelle, wie wir sie in Kap. 5 aufgelistet haben (z. B., sich doch an die Vorschriften zu halten), laufen also ins Leere, wenn die Organisation nicht auch praktikable Lösungsmöglichkeiten anbietet.

Abb. 8.13 Entscheiden Sie selbst: Stellt das Beispiel einen gelungenen Furchtappell dar? Würden Sie ihm wirklich Folge leisten? Ist die Gefahr groß? Ist man persönlich betroffen? Vor allem: Gäbe es insgeheim einen potenziellen Gewinn, der aus dem Verhalten resultiert, vor dem gewarnt wird?

Insgesamt sollten aus Gründen, die wir in den vorangegangenen Kapiteln bereits ausgeführt haben, aber immer *positiv gerichtete Alternativen* zu einem Furchtappell in Betracht gezogen werden.

Zwischenfazit

- In diesem Kapitel haben wir einige ausgewählte Beispiele für Hilfsmittel dargestellt, die vom *System,* sei es das technische, informationale oder organisatorische, bereitgestellt werden können, um Fehler und Unfälle zu verhindern.
- Individuen können solche **technischen Hilfen selbstbewusst einfordern und in Anspruch nehmen** oder diese sogar **selbst gestalten,** um die Fehlerwahrscheinlichkeit bei der Aufgabenbearbeitung zu reduzieren.[15]
- Die rasante Entwicklung der künstlichen Intelligenzforschung wird in naher Zukunft wohl noch weitere Assistenten zur Fehlervermeidung hervorbringen. Mit solchen technischen Mitteln könnten sogar strukturelle Fehlerursachen, wie z. B. der häufig genannte „Personalmangel", kompensiert werden.

Man kann für sämtliche sich wiederholende Vorgänge Checklisten zur Verfügung stellen, um keinen Arbeitsschritt zu vergessen. Man kann etliche Aufkleber, Erinnerungsstützen und Warnhinweise platzieren, um aufmerksamkeitsbedingte Verwechslungsfehler zu reduzieren. Man kann mit Simulatoren gefahrenabwendendes Verhalten trainieren. Man kann immer noch einen weiteren Sicherheitslayer in den Arbeitsprozess einbauen. Doch bei völlig neuartigen, dynamischen und komplexen Aufgaben helfen solche Mittel nicht mehr weiter. Strenge Sicherheitsvorschriften leisten sogar ihren eigenen Beitrag zur Demotivierung von

---

[15] Mit einem zu kurzen Stab wird auch der beste Stabhochspringer die Latte reißen. Das Beispiel illustriert, wie selbstverständlich es sein muss, ein angemessenes Arbeitsgerät einfordern zu können, um das erwünschte Ziel auch erreichen zu können.

Mitarbeitern. Und wenn keine individuelle Motivation vorhanden ist, eine Aufgabe erfolgreich zu meistern, nützt auch das beste Equipment nichts. Der menschliche Faktor ist aus dem Unfall- und Fehlergeschehen nicht vollkommen wegzudenken. Trotz aller Fortschritte und technischen Raffinesse bedarf es daher weiterer Forschung zu den Möglichkeiten der Fehlerprävention auf *individuell-motivationaler* Ebene. Solche Aspekte werden wir im nächsten Kapitel aufgreifen.

Literatur

Badke-Schaub, P., Hofinger, G., & Lauche, K. (2011). *Human Factors. Psychologie sicheren Handelns in Risikobranchen.* Springer.

Hacker, W. (1998/2005). *Allgemeine Arbeitspsychologie. Psychische Regulation von Arbeitstätigkeiten.* Huber.

Hoffrage, U., Krauss, S., Martignon, L., & Gigerenzer, G. (2015). Natural frequencies improve Bayesian reasoning in simple and complex inference tasks. *Frontiers in Psychology, 6*, 1473.

Norman, D. (2013). *The design of everyday things.* Basic Books.

Perrow, C. (1987). *Normal accidents. Living with high-risk technologies.* Basic Books.

Pirani, M., & Reynolds, J. (1976). Gearing up for safety. *Personnel Management, 8* (12), 25–29.

Reason, J. (1991). *Human error.* Cambridge University Press.

Witte, K. (1994). Fear control and danger control: A test of the Extended Parallel Process Model (EPPM). *Communication Monographs, 61*, 113–134.

Zander, L. (2015). Umgang mit Fehlern in schulischen Peernetzwerken. In M. Gartmeier, H. Gruber, T. Hascher, & H. Heid (Hrsg.), *Fehler: Funktionen von Fehlern im Kontext individueller und gesellschaftlicher Entwicklungen.* Waxmann.

Internetquellen

https://www.t-online.de/digital/aktuelles/id_42619058/bilder/skurrile-korrekturvorschlaege-von-microsoft-word.html

https://www.careelite.de/umweltschutz-zitate-nachhaltigkeit-sprueche/

Schweizer Käse Modell. https://de.wikipedia.org/wiki/Schweizer-K%C3%A4se-Modell.

Schwerdtfeger, B., Alt, T., & Klinker, G. (2007). https://campar.in.tum.de/pub/schwerdtfeger2007ForLogFehlervermeidung/schwerdtfeger2007ForLogFehlervermeidung.pdf.

Individuelle Motivationsstrategien – *Fehlervermeidung durch Authentizität*

9

Werde, der du bist.

(Friedrich Nietzsche, 1883/1999) (Also sprach Zarathustra, IV, Das Honig-Opfer, S. 297; vgl. Ecce homo. Wie man wird, was man ist. Kritische Studienausgabe (KSA), Band 6; Pindar: „Siegeslieder" Griechisch - Deutsch, Übers.: Dieter Bremer, Sammlung Tusculum, Patmos Verlag, Düsseldorf/Zürich: 2003, Zweite Pythische Ode, S. 124/72; 125.)

In diesem Kapitel werden zahlreiche Methoden vorgestellt, mit deren Hilfe die motivationalen Ursachen der Fehlerentstehung bekämpft werden können. Diese Methoden können von Personen niedrigschwellig und selbstgesteuert angewendet werden. Die Methoden fußen auf unserem motivationalen Modell der Fehlergenese, welches wir in Kap. 6 vorgestellt haben.

Kap. 1	• Zielsetzung	
Kap. 2	• Fehlerbeispiele	
Kap. 3	• Fehlertypen	
Kap. 4, 5 und 6	• Fehlerursachen	
Kap. 7, 8 und 9 Fehlermanagement	7 Organisationale Fehlervermeidungsstrategien	7.1 Positive Fehlerkultur
		7.2 Organisationale Resilienz
	8 Humanzentrierte Gestaltung von Arbeitsmitteln	8.1 Angepasste Assistenten
		8.2 Furchtappelle

(Fortsetzung)

(Fortsetzung)

	9 Individuelle Motivations-strategien	9.1 Selbstmotivierung
		9.2 Motivkonflikte lösen
		9.3 Energetisieren
		9.4 Inspiration
		9.5 Bewältigungsplan
		9.6 Fehlerkorrektur
Kap. 10	Fazit	
	• Zusammenfassung	

Odysseus bewies Geschick im Umgang mit potenziellen Fehlern: Um nicht den todbringenden Verlockungen der Sirenengesänge zu erliegen, ließ er sich an den Mast seines Schiffes binden und die Ohren seiner Matrosen mit Wachs verschließen (s. Abb. 9.1).

Abb. 9.1 Odysseus und die weise Fehlerprävention: etwas unbedingt wollen, sich durch ein bestehendes Risiko nicht ängstlich vom begehrten Ziel abbringen lassen, sondern es antizipieren, systematisch aus den Erfahrungen anderer lernen, sich in die wahrscheinlichen Szenarien „hineindenken", sodann passgenaue zusätzliche Sicherheitslayer einbauen und die Situation kontrollieren.[1] Zugegeben: Aus heutiger Sicht hätte es auch ein Navigationssystem getan

---

[1] Bildquelle frei: https://commons.wikimedia.org/wiki/File:Odysseus_Sirens_BM_E440_n2.jpg.

Die in den vorangegangenen Kapiteln dargestellten Ansätze zur Fehlerbewältigung und Fehlervermeidung haben sich als effektiv erwiesen. Allerdings hat die bisherige Fehlerforschung trotzdem wenig dazu beigetragen, dass ein Individuum sich selbst proaktiv in die Lage versetzen könnte, im eigenen Verantwortungsbereich und unter den gegebenen komplexen Umständen Fehler zu vermeiden. Die im Allgemeinen berechtigte Attribution von begangenen Fehlern auf suboptimale Systembedingungen hat dazu geführt, dass Mitarbeitende und Führungskräfte bezüglich der Entwicklung individueller Fehlervermeidungsstrategien weitgehend aus dem Blick gerieten. Mitarbeitende können oft jedoch nicht spontan das System ändern – wenn sie unmittelbar erfolgreich agieren wollen, müssen sie sich mit den vorgefundenen organisationalen Verhältnissen zunächst arrangieren. Teils können systemische Fehlerquellen aber selbst auf organisationaler Ebene nicht ohne Weiteres behoben werden – zu denken ist z. B. an den demographisch bedingten Personalmangel, den wir als eine der Hauptfehlerquellen im administrativen Arbeitsumfeld identifiziert haben (s. Kap. 5). Die allgemeine fehleraffine Komplexität des Daseins lässt sich ebenfalls nicht einfach beseitigen – auch mit diesem Umstand muss man sich arrangieren. Die Lösung liegt also nicht nur dort, wo das Problem zu verorten ist. Zudem kann der menschliche Faktor bei der Fehlerentstehung auch nicht vollkommen geleugnet werden; selbst in optimal gestalteten Systemen treten noch Fehler aufgrund von individueller Inkompetenz, mangelnder Gewissenhaftigkeit, hoher persönlicher Risikoneigung und motivationaler Gleichgültigkeit auf. Nicht zuletzt greifen die systemischen Strategien zur Fehlervermeidung, die in den vorangegangenen Kapiteln vorgestellt wurden, teils auch erst dann, wenn das Kind schon mindestens einmal in den Brunnen gefallen ist (Lernen aus *gemachten* Fehlern). Die Entwicklung weiterer individueller Fehlerpräventionsmöglichkeiten, welche insbesondere bei neuartigen Aufgaben in einer komplexen, sich immer schneller und teils abrupt verändernden Welt greifen können, ist daher wünschenswert. Eines der wesentlichen Anliegen unseres Forschungsprogramms bestand daher auch darin, Strategien und Methoden zu entwickeln, die Mitarbeitende und Führungskräfte auch unter solchen Bedingungen dazu motivieren und befähigen, Fehler zu vermeiden. Damit dringen wir zur zentralen Frage dieser Arbeit vor:

Was kann ein Individuum unter den gegebenen (komplexen) Umständen proaktiv unternehmen, um bei der beruflichen Aufgabenbearbeitung Fehler zu vermeiden?

Um die Antworten auf die gestellte Frage übersichtlich darlegen zu können, stellen wir unser motivationales Modell der Fehlergenese mit seinen verschiedenen Lösungsstrategien diesem Kapitel nochmals voran: s. Abb. 9.2.

Fehler entstehen gemäß dem Modell insbesondere dann, wenn Personen für die Bearbeitung ihrer Aufgaben nicht ausreichend motiviert sind.[2] Fehler sind dann ein Ausdruck

---

[2] Für Regelverstöße gilt dies ohnehin. Diese können von wohlgemeinten Auslassungen vermeintlich unnötiger Arbeitsschritte bis hin zu beabsichtigten Sabotageakten reichen. Verstöße werden zuweilen auch von Führungskräften akzeptiert und gebilligt; der Routineverstoß wird dann zur

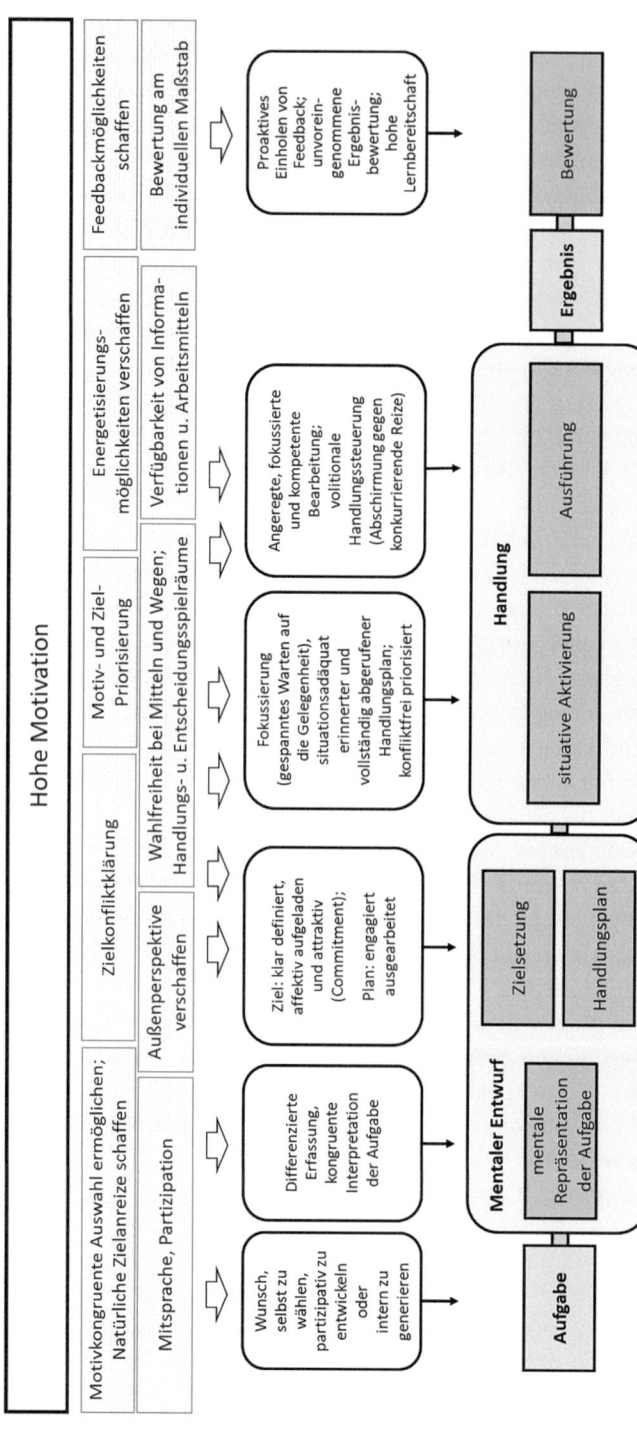

Abb. 9.2 Ein motivationales Modell der Fehlergenese mit den verschiedenen Interventionsmöglichkeiten (s. Bausteine in den oberen Zeilen). Die Implikationen zur Fehler*vermeidung* sind demnach: (1) Motivkongruenz herstellen (nicht gegen die inneren Antriebe arbeiten müssen) und die Berufs- und Aufgabenwahl entsprechend vornehmen (können); (2) Mitsprache gewähren, z. B. im Rahmen von Zielvereinbarungen, des Job Craftings oder des Intra- oder Entrepreneurships, und entsprechende Handlungsfreiheiten einräumen; (3) Motiv- und Zielkonflikte klären und entsprechende Prio- risierungen vornehmen; (4) Energetisieren durch die Bereitstellung und Nutzung von Regenerationsmöglichkeiten und die Berücksichtigung des Leistungshochs im Tagesverlauf; außerdem durch die Bereitstellung adäquater, d. h. fehlerreduzierender und nicht frustrierender Arbeitsmittel; (5) Einbezug einer inspirierenden und die Modelllernerfahrung fördernden Außenperspektive; (6) Bewertung von Ergebnissen am individuellen Maßstab, im Sinne authentischen Handelns, und (Ver-)Schaffung entsprechender Feedbackmöglichkeiten

von nicht authentischem Handeln oder wenigstens von mangelnder Akzeptanz oder defizitärer Internalisierung der durchzuführenden Aufgaben. Fehler sind, wie wir dargestellt haben, eine wichtige Informationsquelle bezüglich der Ineffektivität von organisationalen Abläufen; eine individuelle Fehlerhäufung ist aber noch viel mehr eine wichtige Informationsquelle in Bezug darauf, dass die persönlichen Motive nicht zu dem tatsächlichen Befriedigungsprofil der Aufgaben passen.

Die nötige Arbeitsmotivation leidet zudem oft unter inneren Konflikten. Diese provozieren z. B. aufgabenparallele oder tätigkeitsvermeidende Tagträume. Die Gedanken kreisen dann um vermeintlich attraktivere Beschäftigungen. Dies wiederum führt zu leichter Ablenkbarkeit, zu willkommenen Unterbrechungen und zu einer empfundenen wie auch realen Mehrbelastung. Damit bereiten Motivkonflikte ebenfalls den Nährboden für Fehler.

Dies gilt auch für die Fehleraffinität von Müdigkeitszuständen, die sowohl Ursache als auch Folge mangelnder Motivation sein können.

Demotivierung begünstigt überdies die verzerrte Beurteilung von Arbeitsergebnissen und verhindert somit effektives Lernen aus begangenen Fehlern, seien es die eigenen oder diejenigen anderer Personen.

Die motivierte Auseinandersetzung mit einer Arbeitsaufgabe hingegen kann Fehler auf allen beschriebenen Ebenen verhindern oder wenigstens deren effektive Bewältigung vorantreiben. Doch wie lässt sich eine solche motivationale Grundlage für Arbeitstätigkeiten erschaffen und aufrechterhalten?

9.1 Selbstmotivierung – *wo kein Wille ist, ist auch keine Fehlerfreiheit*

Eine verführerische erste Antwort auf die Frage, was Personen selbst unternehmen können, um Fehler zu vermeiden, lautet: Wer Fehler unbedingt vermeiden will, darf eben nichts mehr riskieren. Wer handelt, geht jedoch zwangsläufig Risiken ein. Das bedeutet in letzter Konsequenz: Je weniger eine Person unternimmt, desto weniger Fehler können entstehen. Denn *vice versa* scheint auf den ersten Blick auch zu gelten: Wer viel macht, macht viele Fehler.

> **Wer arbeitet, macht Fehler.**
> **Wer viel arbeitet, macht mehr Fehler.**
> **Nur wer die Hände in den Schoß legt,**
> **macht gar keine Fehler.**

Norm. Wenn eine prekäre Situation auf irgendeine Weise noch gerettet werden soll, kann sogar ein motivationaler Anreiz für einen absichtlichen Regelverstoß vorliegen.

(Friedrich Alfred Krupp)[3]

Ergänzen möchte man: Wer keine Fehler macht, macht wohl auch sonst nicht viel. Bedenklich wird es für eine Organisation, wenn jemand auf die Frage, wie viele Menschen im Unternehmen des Arbeitgebers arbeiten, tatsächlich antwortet: „Etwa die Hälfte."

Eine weniger radikale, aber dennoch verwandte Fehlervermeidungsstrategie besteht darin, sich überhaupt keine oder nur noch anspruchslose Ziele zu setzen. Auf diese Weise kann eine Zielverfehlung vermieden werden. Die Absenkung des eigenen Anspruchsniveaus garantiert in gewisser Weise, dass man die eigenen (niedrig gesetzten) Ziele erreicht. Unter diesen Umständen würde es kaum noch zu einer Abweichung von Ist- und Soll-Wert kommen, und Fehler wären, zumindest was das menschlich Kontrollierbare anbelangt, nahezu ausgeschlossen.

Eine Häufung von individuellen Fehlern ist ohne Zweifel ein wichtiger Indikator dafür, dass eine Person ihr Anspruchsniveau anpassen muss oder darüber reflektieren sollte, einen Tätigkeitsbereich zu wechseln oder diesen wenigstens neu zu organisieren (z. B. ohne Multitasking-Anforderungen). Die genannten beiden Fehlervermeidungsstrategien stellen insgesamt jedoch keine befriedigende Antwort auf die gestellte Frage dar. Erkennbar wird dies an den *motivationalen* Aspekten der Fehlerdefinition: Demnach liegt ein Fehler vor, wenn Bedürfnisse nicht befriedigt werden können (vgl. Kap. 3). Durch *Nichthandeln* ist es in der Regel aber nicht möglich, Bedürfnisse zu befriedigen. Im risikovermeidenden Nichthandeln, im ängstlichen Zögern und Zaudern und in einer *a priori* niedrigen Anspruchshaltung ist der Fehler somit zumeist schon angelegt.[4] Dies wird in dem bereits erwähnten Zitat von Hubbard pointiert zum Ausdruck gebracht: „The greatest mistake you can make in life is to be continually fearing you will make one" *(Elbert Hubbard, 1929; in Adamsky, 2019).*[5] Die motivationale Perspektive offenbart somit deutlicher als andere Ansätze, dass es auch ein Fehler ist, nicht zu handeln, nichts riskieren zu wollen, es sich bequem zu machen, den eigenen Leidenschaften nicht nachzugehen oder sogar die eigenen Potenziale nicht proaktiv zur vollen Entfaltung zu bringen – sind dies nicht auch Haltungen, die von Personen retrospektiv in der Tat zutiefst bereut werden?

Besondere Erfolge können durch eine Anspruchsniveausenkung auch nicht erzielt werden. Personen können auf diese Weise weder stolz auf Geleistetes sein, noch können sie ihre Kompetenzen systematisch aufbauen; das ihnen innewohnende Potenzial kann weder entdeckt noch entwickelt oder ausgeschöpft werden.[6] Doch auch dies sind menschliche (Wachstums-)Bedürfnisse, welche befriedigt werden wollen. Und auch nur auf diese

---

[3] https://www.handelsblatt.com/unternehmen/industrie/alfred-krupp-wer-arbeitet-macht-fehler/11794254-2.html

[4] Die überakzentuierte Befriedigung von Sicherheitsbedürfnissen durch zurückhaltendes, meidendes Verhalten geht allzu oft zulasten der Befriedigung anderer Motive.

[5] In Adamski (2019).

[6] Vgl. dazu Befunde zur Leistungsminderung von Senko et al. (2011).

Weise kann individuelle Resilienz aufgebaut werden, die in einer dynamischen, komplexen Welt notwendig ist, um Fehler kompetent bewältigen und nachhaltig vermeiden zu können. Den eigenen Anspruch *a priori* zu reduzieren, die eigene Erwartungshaltung abzusenken, sich zu bescheiden – dies sind bedürfnis*negierende* Strategien, die nur dem ersten Anschein nach der Fehlervermeidung dienen. Wer nie scheitert, hat zu niedrige Ziele, konstatiert Zitelmann (2019) daher treffend.[7] Mit anspruchslosen Zielsetzungen wird man zumeist auch den sozialen Normen nicht gerecht. Über entsprechende Reaktionen anderer Personen darf man sich dann nicht wundern: „Warum regen sich die Kollegen denn alle so auf – wir tun doch gar nichts!?"

Eine konstruktivere Strategie besteht daher offenkundig darin, nicht die Erwartungshaltung *a priori* abzusenken, sondern diese zunächst beizubehalten und sich mit allen Kräften darum zu bemühen, den hohen Ansprüchen gerecht zu werden, und, sollte dies im Einzelfall nicht gelingen, eher *Kompetenzen im Umgang mit nicht erfüllten oder nicht erfüllbaren Zielen* zu erwerben. Dies ist der Ansatz, den wir hier vertreten.

Zu diesem Zweck werden wir nachfolgend individuell beeinflussbare Strategien vorstellen, die Personen dabei helfen, die eigene Motivation zu steigern, damit sich deren fehlerreduzierende Wirkung voll entfalten kann. Zumeist sind gerade die anspruchsvollen Ziele attraktiv, weil sie eine bessere Bedürfnisbefriedigung versprechen. Wer also motiviert ist, wird weit davon entfernt sein, die eigenen Ansprüche senken zu wollen. Sollten Fehler auf dem Weg zu einem attraktiven Ziel passieren, würde deren Informationsgehalt von einer motivierten Person stattdessen unmittelbar konstruktiv und lernwillig dafür genutzt werden, sich kontinuierlich zu verbessern, um dennoch zum Ziel zu gelangen.

Die linke Seite der Abb. 9.2 zeigt, dass die Akzeptanz einer Arbeitsaufgabe von zentraler Bedeutung für die Fehlervermeidung ist. Individuen sollten im optimalen Fall einen Sinn in ihrer Tätigkeit sehen, bzw. die Aufgabe sollte persönliche Motive befriedigen können. Zumindest aber sollte die Aufgabenbearbeitung oder das Arbeitsergebnis als belohnend oder lohnend wahrgenommen werden können; d. h., aus der subjektiven Perspektive einer Person muss es etwas wert sein, die Aufgabe genau und fehlerfrei durchzuführen.

Wer sich auf eine Tätigkeit vollkommen einlassen kann und die Verantwortung für ein gutes Ergebnis übernehmen will, handelt zumeist authentisch und damit nach unserer Definition in gewisser Lesart ohnehin schon subjektiv fehlerfrei. Der Akzeptanz der Aufgabe kommt aber auch *objektiv* eine große Bedeutung für die Möglichkeiten der Fehlerprävention zu. Ihre Abwesenheit, die implizite oder explizite Nonakzeptanz der Aufgabe, begünstigt das Fehlergeschehen nämlich massiv.[8] Sowohl Personen selbst wie

---

[7] Schmerzvermeidungsideologien, wie z. B. diejenige Schopenhauers (1998/1819), welche auch darauf abzielen, Fehler zu vermeiden, müssen also zugunsten eines willensorientierten Lebensentwurfs, z. B. im dionysischen Geist Nietzsches (1996/1901), aufgegeben werden, selbst wenn nach Schopenhauer der Irrtum im bedürfnisorientierten, menschlichen Streben schon angelegt ist: „Es gibt nur einen angeborenen Irrtum, und es ist der, daß wir da sind, um glücklich zu sein."

[8] Vgl. schon Locke und Latham (1990, 2002), bezüglich der Leistungsminderung.

auch die Organisation mit ihren Führungsinstrumenten sollten daher sicherstellen, dass die Aufgabenbearbeitung mit einer ausreichenden motivationalen Grundlage versehen ist.

Es gibt Techniken, die dabei helfen, solche authentischen Motive ausfindig zu machen und, darauf aufbauend, klare und attraktive Zielvorstellungen zu entwickeln bzw. Arbeitsaufgaben mit passendem Anreizcharakter auszuwählen.

Dazu gehören …

1. **Die Identifikation und Analyse von Vorbildern**
   (Welche Personen lösen Begeisterung aus und warum? Welche ihrer Eigenschaften oder Fähigkeiten bewundert man, und warum erscheinen diese derart begehrenswert?)
2. **Tagtraumanalysen**
   (In welche Szenarien driftet man gedanklich häufig ab? Was ist daran derart attraktiv, dass man immer wieder in diese Phantasiewelten eintaucht? Was ist an diesen Szenarien attraktiver als an der aktuellen Situation, vor der man gedanklich flieht? Sagen Sie also ruhig mal „Tag" zum Traum.)
3. **Die Analyse von Tätigkeiten, die man ohne äußeren Anreiz immer wieder aufsucht**
   (Durch welche Merkmale sind Situationen charakterisiert, die man aus innerem Antrieb heraus, selbst in der Freizeit, freiwillig immer wieder aufsucht? Was verspricht man sich davon, wenn man sich voller Vorfreude in diese Situationen hineinbegibt?)
4. **Die Erstellung von Verstärkerlisten**
   (Durch welche kleineren und größeren Produkte, Gegenstände, Ereignisse oder Tätigkeiten kann man sich zuverlässig selbst belohnen? Wie und warum erzeugen diese Dinge einen zufriedenstellenden Zustand? Was ist deren Gemeinsamkeit?)
5. **Die Analyse von Ereignissen, die im bisherigen Leben eine tiefe innere Befriedigung ausgelöst haben**
   (Was lehrt die Vergangenheit über starke innere Antriebe? In welchen Situationen traten aus welchen Gründen in der Vergangenheit Glücksgefühle auf?)
6. **Die Reflexion des emotionalen Befindens, das sich beim systematischen Hineindenken in einen möglichen Zielzustand einstellt**
   (Ist die Vorstellung vom Zielzustand erfüllend? Wie würde man sich fühlen, wenn man diesen erreicht hätte? Könnte ein anderer Zielzustand noch attraktiver sein?)
7. **Die Beantwortung von Phantasiefragen**
   (Die Auflistung der Fragen findet sich weiter unten.)

Durch welche Motive menschliches Verhalten verursacht wird, verschließt sich nicht selten dem direkten bewussten Zugang. Werden Personen nach den Ursachen ihres Verhaltens gefragt, benennen sie diese oft einfach auf der Basis plausibler Kausaltheorien. Personen geben dabei häufig Gründe für ihr Verhalten an, die nachweislich überhaupt nicht verhaltensleitend gewesen sind, und übersehen zugleich die faktisch entscheidenden verhaltenssteuernden Einflussgrößen.[9] Die tatsächlich verhaltenssteuernden

---

[9] Wilson (1985); Wilson und Schooler (1991).

Faktoren lassen sich daher zumeist eher mithilfe frei-assoziativ angelegter Verfahren erschließen.[10] Um die dafür notwendigen Indizien zu sammeln, kann es hilfreich sein, auf bestimmte Phantasiefragen zu antworten. Kristallisieren sich bei den entsprechenden Antworten immer wieder bestimmte Themen oder Zielvorstellungen heraus, liegt die Vermutung nahe, dass sich darin bedeutsame persönliche Motive manifestiert haben. Arbeitstätigkeiten sollten solchen authentischen Motiven nicht zuwiderlaufen.

Einige Beispiele für solche **Phantasiefragen** sind nachfolgend aufgelistet.[11] Diese Phantasiefragen können auch auf einen spezifischeren Lebensbereich, wie z. B. den Beruf, bezogen werden.

- *Wenn Sie in 10 Jahren einen alten Freund wiedersehen, was würden Sie ihm (z. B. von Ihrer Karriere) erzählen wollen?*
- *Wenn Sie den Auftrag bekämen, einen Kinofilm zu drehen, wovon würde dieser handeln?*
- *Wenn Sie eine Eigenschaft an sich ändern könnten, welche wäre dies? Warum würden Sie diese Eigenschaft ändern wollen?*
- *Wenn Sie für 24 Stunden mit einer anderen Person (z. B. einem Kollegen) tauschen könnten, wen würden Sie wählen? Warum würden Sie diese Person wählen?*
- *Welche Situationen würden in Ihrem (Berufs-)Leben eine tiefe innere Befriedigung auslösen?*
- *Wenn Sie nur noch 5 Jahre zu leben hätten, was würden Sie in der verbleibenden Zeit tun wollen? Was wollen Sie in Ihrem Leben unbedingt noch machen oder erleben?*
- *Was würden Sie mit 80 Jahren bereuen, wenn Sie es nicht gemacht haben?*
- *Stellen Sie sich vor, Sie wären eine andere, Ihnen nahestehende Person! Welchen „Lebensrat" würden Sie sich geben?*
- *Stellen Sie sich vor, Sie könnten eine (karriererelevante) Entscheidung in Ihrem Leben rückgängig machen und ändern! Welche würden Sie wählen, und was versprechen Sie sich davon?*
- *In welcher Hinsicht und aus welchen Gründen weicht das aktuelle Leben von dem ab, was Sie idealerweise führen wollen? Was sind die Gründe dafür, dass Sie das (Arbeits-)Leben führen, welches Sie im Moment führen?*
- *Wie sähe ein gut verlaufender oder zufriedenstellender (Arbeits-)Tag für Sie aus?*
- *Wenngleich dies wichtige Faktoren sein mögen, was würden Sie machen wollen, wenn Geld, Zeit und Misserfolgsangst keine Rolle spielen würden?*

Anschließend ist zu analysieren, welche handlungsleitenden oder verhaltensenergetisierenden Hauptmotive sich in den Antworten manifestieren. Häufige Motive sind z. B.: positive soziale Kontakte pflegen; andere Personen beeindrucken, ihnen gefallen oder von ihnen bewundert werden; Macht und Kontrolle ausüben; Leistung zeigen, wetteifern mit

---

[10] Vgl. dazu auch die wissenschaftlich fundierte Motivdiagnostik (MMG) von Schmalt et al. (2009).
[11] Vgl. Kubowitsch (1995); Sauerland (2018).

anderen, der/die Beste sein wollen; etwas moralisch Gutes tun, anderen Menschen helfen; Geld verdienen, Wohlstand und Vermögen aufbauen oder Freiheit gewinnen. Nicht selten finden sich hier basale Antreiber wieder – vermutlich aus evolutionsbiologischen Gründen, denn letztlich wird bei den Fragen erwogen, welche Handlungen und Ziele eine Person glücklich machen könnten. Und was einen solchen belohnenden Charakter für Menschen hat, ist noch immer maßgeblich von unserer Evolutionsgeschichte geprägt.[12] Warum sollte man sich dies auch nicht eingestehen?

Aus der Analyse ergibt sich aber nicht unbedingt die Empfehlung, solchen Motiven nun bedingungslos nachzueifern – zuweilen handelt es sich durchaus um realitätsferne Wunschphantasien, bei denen man überdies einseitig die Vorteile und positiven Aspekte im Blick hat. Aber die aktuellen beruflichen Tätigkeiten sollten solchen starken Motiven auch nicht zu großen Anteilen und auch nicht dauerhaft zuwiderlaufen, denn der **motivgerechten Aufgabenwahl im Rahmen des aktuellen Berufs** bzw. der **motivkongruenten Berufswahl** *per se* kommt eine wichtige Rolle im Zusammenhang mit der motivationsbasierten individuellen Fehlerprävention zu (vgl. Abb. 9.3). Wie ein Freund kürzlich bemerkte: „Ein großer Fehler in meinem Leben bestand darin, im Jobcenter anzugeben, ich wolle irgendetwas mit Menschen machen."

Abb. 9.3 Ist man im richtigen Element, um den eigenen Motiven, Präferenzen und Interessen authentisch nachgehen und die eigenen Stärken ausspielen zu können? Oder muss die passende Umgebung – mithilfe von Zielvereinbarungen, Job-Crafting, Intrapreneurship oder sogar Entrepreneurship – erst noch gefunden und ausgestaltet werden? An Land mutet ein Pinguin wie eine *Fehl*konstruktion an, im Wasser hingegen, in „seinem Element", kommen die Vorzüge seiner natürlichen Anlagen deutlich zum Vorschein.[13] Und wer wollte nicht gerne ein Pinguin im Wasser sein? Die eigenen Stärken kann man mit dem Ressourcen-ABC ermitteln: zu jedem Buchstaben des Alphabets soll man mindestens eine Stärke/Ressource niederschreiben und einen Beleg dafür anführen (z. B.: *A – ausdauernd – Prüfungsmarathon 2023 bestanden*). Was fällt Ihnen zum Buchstaben B ein?

---

[12] Buss (2004).

[13] Pinguin-Beispiel in Anlehnung an Eckart von Hirschhausen; z. B.: https://www.hirschhausen.com/glueck/die-pinguingeschichte.php.

Sofern sich solche Motive nicht von selbst aufdrängen, darf nicht die Erwartung geweckt werden, dass man mithilfe der beschriebenen Methoden die absolute Erleuchtung bekommt, die perfekte Lösung findet oder die zweifelsfreie Gewissheit über die eigenen Motive erlangt, die von nun an und für immer konfliktfrei das eigene Handeln leiten könnten. Die absolute Gewissheit, die Möglichkeit von Letztbegründungen, die ewige Glückseligkeit oder das konfliktfreie Streben sind wohl eher den menschlichen Wunschphantasien zuzurechnen.[14] Selbst die erfolgreiche Verfolgung von Zielen kann schnell wieder zu dem Eindruck führen, dass *„es das doch noch nicht gewesen sein kann"*, dass *„da noch etwas fehlt"*, dass *„ich mich noch unerfüllt fühle"*, dass *„ich noch immer nicht zufrieden bin"*. Die motivationale Grundlage für das eigene Handeln kann jedoch zumindest phasenweise oder auch aufgabenbezogen durchaus optimiert werden, wenn man weiß, was man in dem Moment *vergleichsweise stark* will. Die Erkenntnis, dass sich die ultimative Beseelung oder die reine Berufung dabei höchstwahrscheinlich nicht einstellen wird, kann darüber hinaus auch *per se* hilfreich sein, um sich auf die motivational wenigstens *relativ stark* unterfütterten Tätigkeiten fokussiert einlassen zu können. Und auch dem *Ausprobieren* kommt im Angesicht dieser Einsicht wieder eine legitime Rolle zu, denn selbst im ungünstigsten Fall resultiert daraus das wertvolle Wissen, was man *nicht* (mehr) will, wodurch man *nicht* motiviert werden kann.

Durch verschiedene organisationale Maßnahmen kann die motivkongruente Aufgabenwahl systematisch unterstützt werden (s. Abb. 9.1, zweite „Baustein"-Zeile). Beispielsweise kann das Führungsinstrument der **Zielvereinbarungen** organisationsweit implementiert werden, mit dessen Hilfe Mitarbeitende erfolgreich an der Zielfindung partizipieren können.[15] Auch kann den Mitarbeitenden das sogenannte **Intrapreneurship** (Unternehmer im Unternehmen sein)[16] oder auch das **Job Crafting** ermöglicht werden,[17] jeweils der Devise folgend: *Turn the job you have into the job you want.* Solche Konzepte steigern nachweislich die Zielakzeptanz, die Arbeitsmotivation und die Leistung.[18,19] Die Gewährung entsprechender Entscheidungs- und Handlungsfreiheiten fördert die

---

[14] Schopenhauer (1998/1819).

[15] Locke und Latham (1990, 2002); Stoebe und Stroebe (2006).

[16] Fasnacht (2009).

[17] Vgl. Müller (2017); Wrzesniewski et al. (2010).

[18] Das Individuum kann sich im Rahmen solcher Strategien das Erfolgsrezept des *human-centered* Systemdesigns zu eigen machen – es kann seine Arbeitsaufgaben den eigenen natürlichen Präferenzen anpassen.

[19] Auch eine Führungskraft, die der Überzeugung ist, dass Menschen von Natur aus neugierig, motiviert und leistungsbereit sind, dass diese sich selbst verwirklichen möchten, Eigeninitiative zeigen und Verantwortung übernehmen wollen (vgl. McGregor, 1960), wird die Stärken der Mitarbeiter eher entdecken und ihnen Gelegenheiten zur Kultivierung und Ausschöpfung ihrer individuellen Ressourcen verschaffen. Darüber hinaus wird sie das Know-how der Mitarbeiter durch Mitsprachemöglichkeiten nutzen, deren Kreativität und Innovationsfreude fördern und somit auch die Leistungsbereitschaft der Mitarbeitenden nachhaltig steigern können. Unter solchen Bedingungen sollten sich auch Fehler reduzieren lassen.

Selbststeuerung und die Übernahme von Verantwortung, reduziert dadurch die Opfer-
wahrnehmung, erhöht wiederum das Selbstwirksamkeitserleben und ermöglicht auch eine
leichtere Identifikation mit der Organisation, was insgesamt dazu führt, dass sich Mitarbeitende auch in neuartigen und herausfordernden Situationen stärker engagieren *können*
und *wollen.*

Im Rahmen einer eigenen Untersuchung konnten wir auch für den administrativen
Tätigkeitsbereich bestätigen, dass sich die Befragten mehrerer Organisationen nach eigenem Bekunden insbesondere durch Arbeitsverhältnisse motivieren lassen, in denen sie
sich selbst verwirklichen können (s. Abb. 9.4).

Ein wirksames Mittel, um die natürliche Motivation von Mitarbeitenden zu fördern,
stellen, wie bereits erwähnt, Zielvereinbarungen dar. Ein entsprechender ressourcenorientierter Gesprächsleitfaden ist in Abb. 9.5 aufgeführt. Im Rahmen von Zielvereinbarungen
kann auch dafür gesorgt werden, dass Tätigkeiten, die von einer Person als zweitrangige

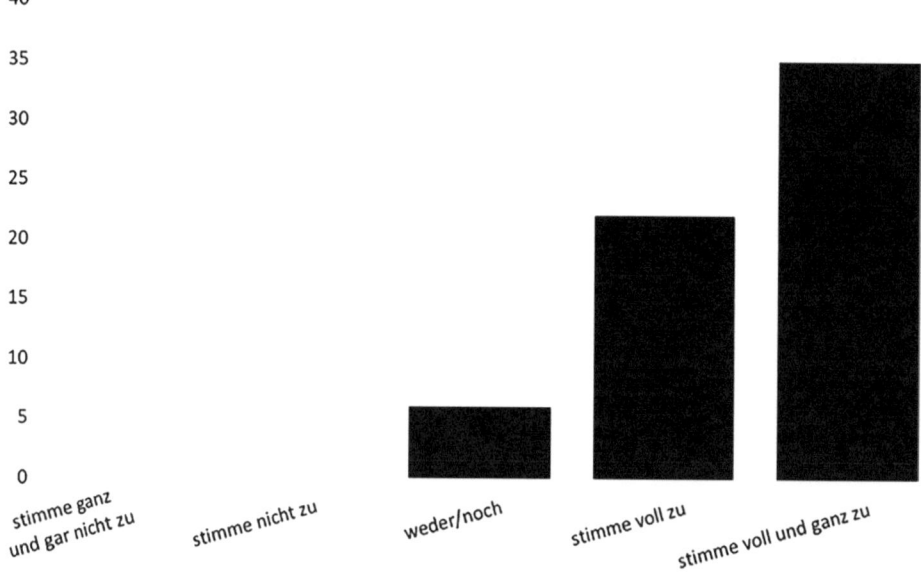

Abb. 9.4 Die Möglichkeit, sich selbst zu verwirklichen, fördert die Arbeitsmotivation. Der Faktor
Selbstverwirklichung erzielte den höchsten mittleren Zustimmungswert (M = 4,46) bei der Abfrage
der motivierenden Bedingungen. Zum Vergleich: Andere Faktoren, wie z. B. die Sicherung der
Grundversorgung physischer Bedürfnisse, fielen signifikant dahinter zurück (M = 3,52) (N = 64;
Anzahl der Befragten, die den jeweiligen Skalenwert auf einer 5-stufige Skala ankreuzten)

Nebenaufgaben angesehen werden und daher kein ernsthaftes Interesse an der gewissenhaften Bearbeitung auslösen, konsequent an Personen delegiert werden, welche dieselbe Aufgabe als Hauptaufgabe auffassen.

Die organisationale Förderung der Mitarbeitermotivation kann sogar so weit gehen, dass ein Unternehmen Möglichkeiten und Vergünstigungen für die Nutzung des selbst hergestellten Produkts gewährt. Sollte sich dies aufgrund der Beschaffenheit des Produkts als problematisch erweisen, können Mitarbeiter auch, z. B. durch Aktienpakete, **am Unternehmen beteiligt** werden, sodass es zu gewissen Anteilen auch ihr eigenes ist.[20]

Zwischenfazit

- Fehler lassen sich nicht durch Nichthandeln oder eine Anspruchsniveausenkung reduzieren.
- Nichthandeln verunmöglicht nämlich die Befriedigung von natürlichen Bedürfnissen, was *per definitionem* selbst als Fehler zu werten ist.
- Eine Person, die gemäß ihren Motiven authentisch handelt, handelt hingegen subjektiv fehlerfrei und objektiv langfristig fehlermindernd.
- Denn: Ein hoher Motivationsgrad steigert die Leistung. Dies betrifft auch die Qualität der Leistung. Bei hoher Motivation werden mithin weniger Fehler gemacht.
- Personen können ihre authentischen Motive durch diverse Techniken ausfindig machen (z. B. durch die Identifikation von Vorbildern, die Analyse von Tagträumen oder die Beantwortung von Phantasiefragen) und ihren *Beruf per se* oder auch *die Aufgaben innerhalb ihres aktuellen Jobs* motivkongruent auswählen oder ausgestalten.
- Auf organisationaler Ebene kann die Motivation der Mitarbeitenden durch diverse Maßnahmen unterstützt und gefördert werden (z. B. durch Zielvereinbarungen, Job Crafting, Intrapreneurship, Beteiligungen).
- Realistisch betrachtet, kann eine Person allerdings auch unter derart günstigen Umständen nicht ständig und für sämtliche Aufgaben des Jobs motiviert sein – so ergeben sich häufig fehleraffine Ziel- und Motivkonflikte. Auch wenn die Zielklarheit schon maßgeblich dazu beiträgt, motivationale Konflikte zu lösen (wenn man weiß, was man will), können sich entsprechende Spannungen im beruflichen Umfeld doch als durchaus beharrlich erweisen. Darauf geht das folgende Kapitel näher ein.

---

[20] Vgl. Weinert (2004).

Gesprächsleitfaden für Zielvereinbarungen

1. Gründe, Ziele, Inhalte und zeitlichen Rahmen des Gesprächs darlegen

2. Reflexion der bisherigen Arbeitssituation und des Arbeitsverhaltens

„Sie sind jetzt seit X Jahren bei uns beschäftigt und ihre Tätigkeit besteht darin, …"

Zufriedenheit mit der Arbeitssituation erfragen!

„Womit sind Sie bezüglich ihrer Arbeitssituation zufrieden, womit unzufrieden?"
„Sind Sie mit dem Arbeitsklima zufrieden, mit den Kollegen und den Beziehungen zu
*   Vorgesetzten?"*
„Was könnte man ihrer Meinung nach in diesen Bereichen verbessern?"

3. Selbsteinschätzung

Zufriedenheit etc. mit den Arbeitsinhalten erfragen!

„Welche Arbeiten erledigen Sie gern?"
„Bei welchen Tätigkeiten sehen Sie ihre Stärken?"
„Lässt sich dies mit Beispielen belegen – z.B. hinsichtlich Geschwindigkeit, Zuverlässigkeit,
*   Problembewusstsein, Selbständigkeit, Fachwissen o.ä.?"*
„Was können Sie besser als Ihre Kollegen; wann kommen diese auf Sie zu?"
„Was müsste geschehen, dass Sie sich auch weiterhin derart oder sogar noch mehr in diesen
* Bereichen engagieren?"*

4. Einschätzung des Vorgesetzten

„Sie wissen ja, wir beurteilen alle Mitarbeiter hinsichtlich der folgenden Kriterien!"
„Hinsichtlich des Kriteriums X ist mir aufgefallen, dass …"

- auf konkret beobachtbares Verhalten beziehen, Beispiele benennen! Ich-Botschaften verwenden!

5. Ziele des Mitarbeiters

Mitarbeiterziele systematisch erfragen

„Was von den Dingen, die gut gelaufen sind oder die sie gern machen, möchten Sie zukünftig so
* beibehalten?"*
„Wo sehen Sie brachliegende oder ausbaufähige Potenziale bei Ihnen für Ihre zukünftige
* Entwicklung? Was möchten Sie (noch) besser können oder besser wissen?"*
„Was davon können Sie sich konkret vornehmen? – wie, mit welchen Mitteln und bis wann?"
„Welche Schwächen oder widrigen Umstände, mit denen Sie konfrontiert waren, können Sie oder
* wir gemeinsam möglicherweise reduzieren?" – wie, mit welchen Mitteln und bis wann?"*
„In welchen Tätigkeitsbereichen möchten Sie sich möglicherweise noch engagieren – was würde Sie
* interessieren?"*

Abb. 9.5 Zielvereinbarungen steigern die Motivation und die Leistung – ein möglicher ressourcenorientierter Gesprächsleitfaden

---

6. Zielvereinbarungen

„Um das Unternehmen weiter voranzubringen und alle davon profitieren zu lassen, wollen wir im nächsten Jahr X und Y erreichen."

„Inwiefern wollen und können Sie zu diesen Unternehmenszielen mit Ihren Präferenzen und Stärken beitragen?"

Auf **s-m-a-r-t**-e, positiv formulierte Ziel- u. Teilzielsetzungen achten!

„Welche Mittel brauchen Sie dafür?"
„Wie müsste bzw. würde jemand denken und handeln, der dieses Ziel unbedingt erreichen will?"
„Welche Probleme, Konflikte, Hindernisse können dabei auftreten u. wie beseitigen wir diese?"
„Wie kann ich Sie dabei unterstützen?"
„Können Sie schon morgen etwas für diese (Teil-)Ziele tun?"
„Freuen Sie sich darauf?"

„Wann sollen wir gemeinsam prüfen, ob wir diese (Teil-)Ziele erreicht haben?"
„Wie genau wollen wir prüfen, ob wir diese (Teil-)Ziele erreicht haben?"
„Bei welchem Grad an Abweichung vereinbaren wir ein weiteres Gespräch?"
„Sind Sie damit einverstanden, dass wir das schriftlich fixieren?"

---

7. Resümee des Gesprächs

„Wie haben Sie das Gespräch empfunden? Halten Sie es für sinnvoll? Was können wir nächstes Mal gemeinsam besser machen?"

„Gibt es noch etwas, was Sie gerne loswerden möchten?"

Abb. 9.5 (Fortsetzung)

9.2 Motivkonflikte lösen – *wo ein Wille ist, sind zumeist auch zwei*

Mithilfe der bisher vorgestellten Methoden ist es möglich, herauszufinden, was man wirklich will; d. h. zu identifizieren, welche persönlichen Motive eine Person aktuell antreiben. Eventuell findet man dabei aber auch heraus, dass man durch mehrere starke Motive angetrieben wird, die sich widersprechen (z. B., die eigene Karriere forcieren wollen und gleichzeitig mehr Zeit mit der Familie verbringen wollen). Denkbar ist auch, dass sich verschiedene Unterziele, die man zur Befriedigung *eines* bestimmten Motivs verfolgt, widersprechen (z. B., konzentriert eine wichtige Aufgabe bearbeiten wollen und gleichzeitig einem Kollegen, der für den Aufbau des Karrierenetzwerks wichtig ist, Aufmerksamkeit widmen wollen). Häufig kommt es überdies vor, dass man – um ein attraktives Ziel erreichen zu können – zunächst einige unangenehme Dinge unternehmen muss, die man *per se* eigentlich nicht gerne macht. So bearbeitet man beispielsweise einerseits eine Aufgabe, weil man das Arbeitsverhältnis insgesamt nicht gefährden will oder weiterhin bezahlt werden will und die Aufgabe zum Tätigkeitsspektrum eben auch dazugehört, andererseits würde man diese konkrete Aufgabe eigentlich lieber nicht bearbeiten und sich stattdessen mit inhaltlich attraktiveren Aufgaben des Jobs beschäftigen. Man erledigt die Aufgabe, weil man sich dazu verpflichtet fühlt, weil man muss (extrinsisch, als Mittel zum Zweck), aber nicht, weil man will, man will interessantere Aufgaben bearbeiten (intrinsisch, als tätigkeitsbasierter Selbstzweck) – etwa nach der Devise: Der Wille war da, aber ich war nicht zu Hause. Wenn eine konkrete Aufgabe keinen intrinsischen Anreiz bietet, werden auch Fehler mit erhöhter Wahrscheinlichkeit auftreten.[21]

Ein interviewter Mitarbeiter äußerte sich zu dieser Problematik wie folgt:

> *„Bei fehlender Motivation muss ich mich selbst gedanklich motivieren, und das lenkt mich von meiner eigentlichen Arbeit ab – Gedankenreisen.“*

Arbeitsbezogene Motiv- und Zielkonflikte können, wie ersichtlich, unzählige Formen annehmen (vgl. auch Abb. 9.7).[22] So ist es auch vorstellbar, dass der aktuelle Job für eine Person zwar zufriedenstellend ist, ihr eine andere Beschäftigung aber auch attraktiv erscheint. Wer mit derartigen motivationalen Konstellationen konfrontiert ist, beschäftigt sich parallel gedanklich wohl immer auch mit der potenziellen Alternative. Die Person ist unter solchen Bedingungen mental nicht maximal *präsent*, es mangelt ihr ggf. sogar an der für die Fehlervermeidung so wichtigen *situativen Awareness*.[23] Sie kann sich nicht vollständig auf die anstehenden Aufgaben einlassen und begegnet diesen immer mit einer gewissen inneren Abwehrhaltung. Die Wahrscheinlichkeit ist hoch, dass sich betroffene Personen unter solchen Umständen in Tagträume flüchten (s. Abb. 9.6), Aufgaben nur halbherzig angehen oder sich ständig überlastet fühlen. Dies ist nicht erstaunlich, da Teile ihrer kognitiven Ressourcen immer auch von dem innerlich schwelenden Konflikt absorbiert werden – betroffene Personen haben gewissermaßen immer zwei Aufgaben zu erledigen. Durch diese Art der inneren Ablenkung und Zerrissenheit häufen sich auch Fehler. Konsequentes, entschiedenes, konzentriertes, fokussiertes, zielgerichtetes und ambitioniertes Handeln ist unter solchen Umständen nur schwer möglich. Die resultierende Minderleistung hat nicht nur ökonomische Folgen für den Arbeitgeber, sie geht auch für die betroffene Person mit erheblichen Belastungen einher.

Fehlern liegen somit häufig Konflikte zugrunde: „innere" Konflikte, Ziel- oder Motivkonflikte. Es ist unter solchen Umständen durchaus natürlich, sich nicht voll zu engagieren und stattdessen Ressourcen für die eventuelle Alternative zu reservieren. Wenn Personen derart unsicher sind, dass sie nicht wissen, was sie wollen, lassen sie sich auch leicht unterbrechen, ablenken oder stellen bei der Aufgabenausführung gar permanent deren

---

[21] Ariely et al. (2010).

[22] Aus Gründen der einfacheren Nachvollziehbarkeit wird nicht explizit zwischen Motiv- und Zielkonflikten unterschieden. Ein Ziel kann jedoch der Befriedigung mehrerer Motive dienen, und ein Motiv kann mit verschiedenen (z. B. gleich attraktiven) Zielen verfolgt werden. Ein Motivkonflikt impliziert somit nicht zwangsläufig einen Zielkonflikt, und ein Zielkonflikt impliziert nicht zwangsläufig einen Motivkonflikt.

[23] Banbury und Tremblay (2004).

Abb. 9.6 Tagträume, sich ablenken lassen, gedanklich nicht bei der Sache sein – Motivkonflikte in ihren unzähligen Erscheinungsformen stellen eine prominente Fehlerursache dar. Ob aus der Tätigkeit am Meer etwas wird? „Kann ich heute barfuß, mit Sonnenbrille und im Bikini am Strand arbeiten, bitte?" Chefin: „Besser nicht, Hartmuth!"

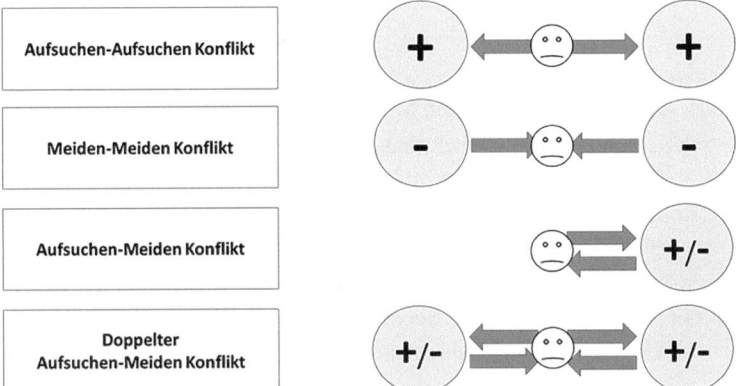

Abb. 9.7 Verschiedene Arten von Ziel- und Motivkonflikten.[24] Diese gilt es zu lösen, damit man nicht wie Buridans Esel zwischen zwei gleich attraktiven Heuhaufen verhungert. Lieber Pawlows Hund, Schrödingers Katze oder Kafkas Käfer als Buridans Esel

Sinn infrage. Fehler häufen sich bei Unterbrechungen und Ablenkungen – dies ist hinlänglich bekannt.[25] Wer solche Motivkonflikte also nicht löst oder die eigenen Motive und Ziele nicht wenigstens priorisiert, kann konkurrierende Anreize nicht abschirmen und wird daher vergleichsweise häufig Fehler begehen. Konflikte sind zwar integrale

---

[24] In Anlehnung an Lewin (1963).

[25] Vgl. z. B. Altmann et al. (2014).

Bestandteile der menschlichen Natur, allein schon aufgrund der Vielzahl von Bedürfnissen, die Menschen zugleich verfolgen, sie sollten jedoch wenigstens phasenweise oder
aufgabenbezogen geklärt, priorisiert oder in wesentlichen Aspekten gelöst werden, um
ihren fehleraffinen Nebenwirkungen nicht zu erliegen.

Auch das in Kap. 1 beschriebene und für viele Menschen gewissensbelastende Problem
eines *fehl*geschlagenen Belohnungsaufschubs (delay of gratification) ist das Resultat eines
Motivkonflikts zwischen einer kleinen, aber sicheren unmittelbaren Belohnung und einer
größeren, aber unsicheren späteren Belohnung (s. Abb. 9.7). Darauf kommen wir später
noch zurück (s. Abb. 9.9).

Fehler lassen sich also reduzieren, wenn solche **Motiv- und Zielkonflikte geklärt
oder entsprechende Prioritäten festgelegt werden können. Die Motivkonfliktklärung
und die Zielpriorisierung stellen somit zwei weitere vielversprechende Schlüssel zur
Fehlervermeidung dar.** Wenn eine Person gar nicht abgelenkt werden kann, weil sie
hochgradig motiviert ist, die aktuelle Aufgabe zum Erfolg zu führen, und daher ggf.
sogar entsprechende Vorkehrungen gegen Unterbrechungen und Störungen getroffen hat,
können aufmerksamkeitsbasierte Fehler auch nur schwer greifen. Wem das Ziel X das
wichtigste ist, der wird sich nicht leichtfertig von Y ablenken lassen.

Es gibt Techniken, die dabei helfen, Motiv- und Zielkonflikte zu bewältigen. Diese
werden nachfolgend vorgestellt.

Einberufung des inneren Teams

Eine Methode, die auch zur Klärung von Motiv- und Zielkonflikten eingesetzt werden kann,
wurde von Schulz von Thun entwickelt und als „Einberufung des inneren Teams" bezeichnet (z. B. 2013). Bei der Konfrontation mit einem Zielkonflikt verschafft man sich zunächst
Zeit, um den Konflikt genauer zu analysieren. Löst die Bearbeitungsanfrage einer Führungskraft beispielsweise einen Konflikt bei einem Mitarbeiter aus, weil dieser kaum Chancen
sieht, einen zusätzlichen arbeitsintensiven Auftrag in der gewünschten Zeit zu erledigen,
erbittet sich der Mitarbeiter zunächst Bedenkzeit. Da eine derartige Anfrage zumeist eine
ganze Reihe widersprüchlicher Gedanken auslöst, wird die Bedenkzeit genutzt, um ein „in-
neres Team" einzuberufen. Dazu lässt der Mitarbeiter alle gedanklichen „Stimmen" bzw.
die ihnen zugrunde liegenden Motive unzensiert „zu Wort kommen". Der Mitarbeiter kann
die unterschiedlichen Stimmen auch mit Namen versehen und deren Kernaussagen notieren
(z. B.: „der Ängstliche" meint: „Ich wäre mit dem Auftrag überfordert und könnte mich
blamieren; das Risiko des Scheiterns ist sehr groß"; „der Hilfsbereite" hingegen meint:
„Selbstverständlich sollte ich dem Chef und dem Team helfen, die haben mich ja auch
schon oft unterstützt"; „der Ehrgeizige" wiederum meint: „Wunderbar! Da kann ich endlich
mal zeigen, was ich alles leisten kann; das sollte meiner Karriere auf die Sprünge helfen!").
Nun lässt der Mitarbeiter die einzelnen Akteure des „inneren Teams" wechselseitig so lange
miteinander diskutieren, bis ein Kompromiss ausgehandelt ist, mit dem jeder innere Akteur
zufriedengestellt werden kann. Ein möglicher Kompromiss könnte lauten: „Ja, ich über-
nehme den Zusatzauftrag, möchte aber zugesagt bekommen, dass mir mehr Zeit eingeräumt

wird, um die aktuellen Aufgaben abzuschließen, dass mir für bestimmte operative Teiltä-
tigkeiten unser Praktikant zur Seite gestellt wird und dass beim nächsten Mal ein Kollege
gebeten wird, den Zusatzauftrag zu übernehmen." Das Ergebnis dieser Konfliktklärung kann
der Mitarbeiter nun selbstbewusst vertreten und somit konzentriert und wenig fehleraffin
handeln.

Verhandeln mit sich selbst

Wie aus jedem Konflikt kann man sich auch aus inneren Konflikten durch geeignete Ver-
handlungsstrategien befreien. So ist es möglich, *Kompromisse* zwischen widerstreitenden
inneren Kräften zu schließen. Es ist zuvor aber auch immer den Versuch wert, gemäß einer
eigenen Weiterentwicklung der oben beschriebenen Methode, eine *Win-Win-Lösung* ausfindig zu machen, indem man die *Bedürfnisse* erforscht, die sich hinter den Positionen oder
Forderungen der widerstreitenden „inneren Akteure" verbergen. Auf diese Weise können
neue, konfliktfreie Möglichkeiten der Bedürfnisbefriedigung gefunden werden. Oft genügt
es schon, Rahmenbedingungen für eine Wahl festzulegen, die gewährleisten, dass Ängsten,
die zumeist für einen Konflikt verantwortlich sind, die Grundlage entzogen wird („Ich ent-
scheide mich für Option X, aber unter der Bedingung Z, damit meine Befürchtung W nicht
eintreten kann.").

Besteht für eine Person der Konflikt z. B. darin, für ein höheres Einkommen den Arbeitgeber wechseln zu wollen, dafür aber eine deutlich längere Fahrtzeit mit entsprechendem
Freizeitverlust in Kauf nehmen zu müssen, wäre es doch durchaus möglich, sowohl den
Wunsch, der hinter der Forderung nach einer Einkommenserhöhung steht, wie auch den
Wunsch, der hinter der Forderung nach mehr Freizeit steht, gleichzeitig zu erfüllen. Zahlreiche Möglichkeiten, eine zufriedenstellende Konfliktlösung herbeizuführen, eröffnen sich
nämlich, wenn sich die Person fragt, *warum* sie mehr Freizeit haben will, wofür sie die täglich
gewonnene Stunde eigentlich nutzen will, welches Bedürfnis hinter dieser Forderung steht.
Natürlich kann sie sich andererseits auch fragen, *warum* sie überhaupt eine Einkommenserhöhung anstrebt, welches Bedürfnis sie mit dem zusätzlichen Geld befriedigen würde.
Sie muss also ergründen, was *hinter den Positionen* ihrer widerstreitenden inneren Akteure
steckt.

Sobald dies klar ist, kommt es gar nicht mehr auf den konkreten Betrag der Einkommenserhöhung an, sondern auf kreative Ideen, wie man dem inneren Akteur, der dies fordert,
auf andere Art gerecht werden könnte. Die Möglichkeiten, eine Einkommenserhöhung von
200 € zu erzielen, sind beschränkt und ohne schmerzlichen Kompromiss vielleicht gar nicht
erreichbar. Aber die Möglichkeiten, das hinter dieser Forderung stehende *Motiv* zu befriedigen, sind mannigfaltig und mit genügend Kreativität auch ohne Einkommenserhöhung und
schmerzlichen Kompromiss erreichbar (vgl. Abb. 9.8).

Andererseits könnte aber auch der Wunsch nach mehr Freizeit und der darauf basierenden Forderung nach der Einsparung von Fahrtzeit kreativ befriedigt werden, obwohl der
Arbeitsort für ein höheres Einkommen gewechselt wird. Wenn der Person beispielsweise
klar wird, dass sie durch das Pendeln eigentlich nicht noch mehr Freizeit einbüßen will,

Abb. 9.8 Die Auffassung konfligierender Motive und Ziele *(einerseits will ich X, andererseits aber auch Y)* als streitende „innere Akteure" mag auf den ersten Blick befremdlich oder sogar schizophren erscheinen (auch sieht die Person auf dem Bild entsprechend aus), dies erleichtert aber durchaus das *Verhandeln mit sich selbst* und somit auch die Entdeckung einer persönlichen *Win-win-Lösung*. Dies wiederum ermöglicht ein konfliktfreies und damit weniger fehleraffines Handeln

weil sie dann zur Feierabendzeit einkaufen gehen müsste, wenn sie also feststellt, dass *dies* der „verborgene" Grund war, der hinter ihrer Forderung nach einer kürzeren Pendelstrecke steckt, dann lassen sich unzählige Möglichkeiten auffinden, dieses *Motiv* zu befriedigen – z. B. könnte sie weniger frequentierte Geschäfte aufsuchen, zukünftig am Arbeitsort in der Mittagspause einkaufen gehen, die Einkäufe an den Lebenspartner delegieren, mehr Produkte im Internet einkaufen, am Wochenende vorrätiger einkaufen oder mit entspannender Musik über Kopfhörer über die Märkte gehen.

Prioritäten setzen

Scheinen solche Konflikte trotz aller Bemühungen nicht lösbar zu sein, sollten die zugrunde liegenden Motive oder Ziele wenigstens hinsichtlich ihrer Wichtigkeit und Dringlichkeit *priorisiert* werden. Diese Methode wird auch im Rahmen des Zeitmanagements erfolgreich genutzt („Eisenhower-Methode").[26] Vordringlich zu verfolgen sind solche Ziele, die als *wichtig und dringlich* einzustufen sind. Die Wichtigkeit kann sich auch am externen Maßstab der Organisationsprioritäten orientieren, sofern man keinen eigenen Maßstab ansetzen kann.

Somit kann auch die Organisation mithilfe ihrer Führungsinstrumente dazu beitragen, Motiv- und Zielkonflikte zu überwinden, z. B., indem mögliche Zielkonflikte im Rahmen von Zielvereinbarungsgesprächen explizit berücksichtigt werden. Auch eine Aufgabendelegation, die sich an den Stärken und Schwächen der Mitarbeiter orientiert, dient diesem Zweck.

---

[26] Vgl. z. B. Seiwert (2007).

Tätigkeiten stärkenorientiert delegieren

Um Ziele konfliktfrei verfolgen zu können, ist es in bestimmten Positionen auch möglich, Tätigkeiten, die nicht motivkongruent sind oder nicht dem priorisierten Ziel dienen, an andere Personen zu delegieren. Arbeitsaufgaben sollten allerdings nicht beliebig auf andere Personen abgeschoben werden – es sollten ausschließlich Personen um Hilfe gebeten werden, die über entsprechende Ressourcen verfügen und die Aufgabe auch erledigen wollen; andernfalls häufen sich Fehler bloß an anderer Stelle.

Klare Zielvorstellungen zu haben, also zu wissen, was man will, dient der Fehlerprävention. Unter solchen Umständen kann auch authentisch gehandelt werden. Die Klärung von Ziel- und Motivkonflikten verheißt daher die Entfesselung von energetischen Kräften, ein schnelles Lernen und die Stärkung des Willens, Fehler zu vermeiden.

Zielvisualisierung, Umweltkontrolle und Ersatzbefriedigung

Die Berufstätigkeit im Allgemeinen ist jedoch durchsetzt mit Konflikten. Dies beginnt oft schon damit, dass die meisten Menschen primär des Geldes wegen zur Arbeit gehen.[27] Wie schafft man es unter diesen Umständen, sich für konkrete Arbeitstätigkeiten zu motivieren, an denen zwar *per se* keinerlei Interesse besteht, die aber für die langfristige Zielerreichung oder den Karriereaufstieg notwendigerweise abgearbeitet werden müssen? Wie schafft man es, unangenehme Anstrengungen konsequent auf sich zu nehmen und nicht der Bequemlichkeit anheimzufallen, wenn man langfristig etwas Attraktives erreichen will? Wie schafft man es, attraktiven situativen Verlockungen zu widerstehen, um die Erreichung langfristiger Ziele nicht zu gefährden?

Die auf solche Konfliktsituationen zugeschnittenen „Marshmallow-Experimente" von Walter Mischel und Kollegen sind zur Beantwortung der Fragen durchaus hilfreich: Kinder wurden im Rahmen dieser Experimente vor die Wahl gestellt, entweder sofort *einen* Marshmallow essen zu können oder zu einem späteren Zeitpunkt *zwei* verspeisen zu dürfen.[28] Der Test wurde seitdem in zahlreichen Varianten und mit zahlreichen Personengruppen durchgeführt. Er soll die Fähigkeit zur Selbstkontrolle im Angesicht einer situativen Verlockung erfassen – *Lustgewinn jetzt* oder *größerer Lustgewinn später*. Menschen, die zu einem Belohnungsaufschub (delay of gratification) imstande sind, haben im weiteren Leben mehr Erfolg.[29] Wie sich herausstellte, wird diese Erfolg versprechende Fähigkeit zum Belohnungsaufschub durch bestimmte mentale Techniken unterstützt: Die erfolgreichen Belohnungsaufschieber schaffen es, sich im Angesicht der situativen Verlockung **die spätere, potenziell größere Belohnung vital vorzustellen,** sie verlagern also ihre Aufmerksamkeit auf die Vorstellung des zukünftig größeren Genusses (vgl. Abb. 9.9). Es ist darüber hinaus offenbar auch hilfreich, **sich den situativen Verlockungen gar nicht erst auszusetzen (Umweltkontrolle)** und **sich eine attraktive Ersatztätigkeit auszudenken,** mit der man sukzessive eine neue starke „Wenn-dann-Routine" in der kritischen Situation aufbauen

---

[27] Gallup (2014).

[28] Z. B. Mischel (2015).

[29] Vgl. Duckworth et al. (2013); Shoda et al. (1990).

Abb. 9.9 Das Aufschieben von Belohnungen ist schwer, zahlt sich zumeist aber aus. Auch einer situativen Verlockung zulasten langfristiger Ziele nicht widerstanden zu haben, ist ein häufiger Fehler, der oft mit intensiven Reuegefühlen und einem schlechten Gewissen einhergeht. Unabhängig von der konkret dargestellten Experimentalsituation erscheint die *Visualisierung* der Konsequenzen in beide Richtungen hilfreich zu sein, um diesen Fehlertyp zu vermeiden: (1) Was passiert Negatives, wenn man der Verlockung nicht widersteht (z. B. an Gewicht zunehmen, wenn man zu viel Süßes isst)? (2) Was passiert Positives, wenn man der Verlockung erfolgreich widerstanden hat (z. B. gesund sein und attraktiv aussehen)? (3) Zudem sollte man für die kritischen Situationen auch eine bessere *Ersatzbefriedigung* finden und darauf eine neue *Wenn-dann-Verhaltensroutine* aufbauen (z. B. nach Feierabend einen interessanten Artikel lesen, statt exzessiv YouTube-Videos anzuschauen). (4) Es ist auch hilfreich, die eigene *Umwelt* so zu *gestalten,* dass man den Verlockungen gar nicht erst ausgesetzt wird (z. B. keine Süßigkeiten in der Wohnung aufbewahren, wenn man abnehmen will). (5) Es ist sogar denkbar, dass man sich selbst bezahlt, wenn man es schafft, der Verlockung zu widerstehen („Wenn ich diesmal nicht vergesse, …, dann zahle ich mir 100 € am Monatsende für Freizeitaktivitäten")

kann. Diese Techniken lassen sich durchaus auf administrative Tätigkeiten übertragen, z. B., um die Steuererklärung doch noch fristgerecht abzugeben.

Gibt man einer Verlockung nach, wird ein unangenehmer Zustand (z. B. ausgelöst durch aufgestauten Frust am Arbeitstag) unmittelbar beseitigt; man wird also „negativ verstärkt" – man vergisst dann z. B. die entsprechenden Probleme einen Moment lang. Darüber hinaus versetzt man sich unmittelbar in einen angenehmeren Zustand; man wird also auch noch „positiv verstärkt" – z. B., weil die Schokolade einen Wohlgeschmack erzeugt oder das Sofa sehr weich und bequem ist. Stress, Anspannung und Frust stellen somit zumeist auch die akuten situativen Auslöser für das dysfunktionale Verhalten dar. Die Entscheidung, sich dafür selbst zu belohnen, ist an einem einzelnen Tag auf den ersten Blick unproblematisch – sie würde tatsächlich keinen Unterschied machen. Deshalb erliegen wir der Verlockung auch so leicht. Dieselben Gründe rechtfertigen das dysfunktionale Verhalten aber auch am nächsten Tag auf die gleiche Weise, und am übernächsten, ja, an vielen nachfolgenden Tagen. Insgesamt betrachtet lässt es dies dann eben doch zu einem Problem werden: Langfristig sinkt die Selbstakzeptanz, weil man sich selbst Vorwürfe macht, es wieder einmal nicht geschafft zu haben, der Verlockung zu widerstehen. Diese Selbstablehnung und auch die langfristig dann eben doch faktisch torpedierten Bemühungen, das langfristige Ziel zu erreichen, erzeugen wiederum neuen Frust, der die Person noch anfälliger für situative Verlockungen macht. Ein sich ständig selbst verstärkender Teufelskreis entsteht, den man nur durch die Etablierung stärkerer Routinen unterbrechen kann. Um dies zu schaffen, ist es nötig, zu wissen, was man wirklich will, die Prioritäten entsprechend zu setzen und realistische Handlungspläne zu erstellen, die Schritt für Schritt Erfolge erzielen können. Die Rechtfertigungen, die man den eigenen inneren Dialogen in den kritischen, verlockenden Situationen entnehmen kann (*„Der Tag war so anstrengend, jetzt habe ich es mir verdient, mich zu belohnen“; „Alle wissen, dass ich letzte Woche schon beim Sport war, dann ist es heute nicht unbedingt nötig“; „Die Aufgabe kann noch warten, ich kann mich noch eine Weile mit der anderen beschäftigen“*), sind sehr aufschlussreich, um den hinter den dysfunktionalen Verhaltensweisen liegenden Gründen und Motiven auf die Schliche zu kommen. Findet man alternative Lösungs-, Bewältigungs- oder Befriedigungsmöglichkeiten dafür, kann auch dies helfen, solche Konflikte ursächlich und nachhaltig zu lösen. So kann man sich für Geleistetes beispielsweise geplant, kontrolliert und dosiert etwas gönnen, was dem langfristigen Ziel nicht zuwiderläuft, aber das Bedürfnis nach Belohnung dennoch kurzfristig befriedigt.

Zwischenfazit

- Ziel- und Motivkonflikte führen zu leichter Ablenkbarkeit, zum Abdriften in Tagträume, zur willkommenen Wahrnehmung von Unterbrechungen, zu einer Absorption von kognitiven Ressourcen, zu unsicherem Verhalten und zu einer empfundenen Mehrbelastung.
- Ziel- und Motivkonflikte begünstigen auf diese Weise die Fehlerentstehung.
- Ziel- und Motivkonflikte lassen sich durch verschiedene Techniken klären oder lösen: z. B. (1) durch die Einberufung des inneren Teams, (2) indem man mit sich selbst um eine Win-win-Lösung verhandelt oder (3) Aufgaben interessens- und ressourcenorientiert delegiert.
- Ziele und Motive sollten wenigstens priorisiert werden. Dies kann auch auf organisationaler Ebene im Rahmen von Zielvereinbarungsgesprächen geschehen.
- Der häufigen und oft intensiv bereuten Fehlerart, einer situativen (Bequemlichkeits-) Verlockung nicht widerstanden zu haben und damit andere Bedürfnisse torpediert oder

auch die Erreichung langfristiger Ziele gefährdet zu haben, kann durch Visualisierungs-, Umweltkontroll- und Ersatzbefriedigungstechniken begegnet werden.

- Eine besondere Art von Motivationskonflikt entsteht, wenn man übermüdet ist: Einerseits will man eine Arbeitsaufgabe konzentriert bearbeiten, andererseits würde man aber lieber schlafen. Liegen beide Antriebe zeitgleich vor, entstehen Fehler wie im Schlaf. Wie man dies verhindert, zeigt der nächste Abschnitt.

9.3   Energetisieren und Rhythmisieren – *müde bin ich, geh' zur Ruh!*

You must sleep some time between lunch and dinner, and no half-way measures. ... Don't think you will be doing less work because you sleep during the day. That's a foolish notion held by people who have no imagination. You will be able to accomplish more.
(Winston Churchill)[30]

Müdigkeit trägt auf vielfältige Weise zur Fehlerentstehung bei. Müdigkeit schränkt z. B. die kognitive Leistungsfähigkeit ein; sie ist aber auch ein wahrer Motivationskiller. Um überhaupt von einem hohen Motivationsgrad bei der Fehlervermeidung profitieren zu können, darf die physiologische bzw. energetische Voraussetzung dafür nicht durch Müdigkeit unterwandert sein.

Die Ursachen für Müdigkeitszustände während der Arbeitszeit sind mannigfaltig. Darunter sind systembedingte Auslöser zu finden, wie z. B. monoton gestaltete Arbeitstätigkeiten. Es gibt allerdings auch Ursachen, die sich im individuellen Verantwortungsbereich verorten lassen, wie z. B. eine zu spät initiierte Nachtruhe. Überdies ist die Annahme nicht abwegig, dass auch mangelnde Motivation ihrerseits Müdigkeit erzeugen kann. Müdigkeitsbedingte Fehlerursachen stehen daher größtenteils unter der Kontrolle des Individuums. In diesem Kapitel werden die individuellen Möglichkeiten der Müdigkeitsvermeidung thematisiert bzw., um es positiv zu formulieren, es werden die Möglichkeiten zur Steigerung der energetischen Voraussetzungen für die qualitative Leistungserbringung erörtert.

Der Müdigkeit kommt im Rahmen der Fehlergenese in der Tat eine berüchtigte Rolle zu: Der Super-GAU im sowjetischen Atomkraftwerk von Tschernobyl 1986, der Zwischenfall im Reaktor von Three Mile Island 1979, das Bugklappenunglück der britischen Kanalfähre „Herald of Free Enterprise" vor dem belgischen Hafen Zeebrugge 1987 sowie das Öltankerunglück der „Exxon Valdez" vor der Küste Alaskas 1989 werden *auch* auf

---

[30] Quelle: http://www.winstonchurchill.org/i4a/pages/index.cfm?pageid=226.

Müdigkeitszustände der betreffenden Akteure zurückgeführt.[31] Im Luftverkehr sind, wie dem NASA Aviation Safety Reporting System zu entnehmen ist, 21 % aller gefährlichen Vorfälle mit Schläfrigkeitszuständen verknüpft.[32] Der Anteil schläfrigkeitsbedingter Unfälle im Straßenverkehr wird auf mindestens 20 % geschätzt.[33] Müdigkeitsbedingte Unfälle verursachen somit einen enormen volkswirtschaftlichen Schaden, der auf einen jährlichen Betrag in mittlerer zweistelliger Milliardenhöhe geschätzt wird.[34] Produktivitätseinbußen durch langsame, entscheidungsschwache, ideenlose, uncharismatische, dünnhäutige und unmotivierte Beschäftigte sind in dieser Rechnung noch gar nicht berücksichtigt.[35]

Im Rahmen einer eigenen Untersuchung führten mehrere Führungskräfte verschiedener Organisationen an konkreten Beispielen aus, dass Müdigkeitszustände (z. B. bei jungen Eltern) auch bei der Büroarbeit direkt für begangene Fehler verantwortlich gewesen sind. Aus einer Liste von 180 möglichen Fehlerursachen wurde *Müdigkeit* von den 15 Befragten darüber hinaus auf einer 5-stufigen Skala im Mittel mit einer fehlerverursachenden Relevanz von M = 3,0 bewertet. Müdigkeit rangierte auf Platz 22 der 180 möglichen Ursachen und lag damit auf vergleichbarem Niveau wie die Faktoren „Unterbrechungen" (M = 3,2) und „Komplexität des Problems" (M = 3,0). Auch in einer weiteren eigenen Untersuchung mit 31 Angestellten stimmten über 30 % der Befragten der Aussage zu, dass begangene Fehler auf Müdigkeit zurückzuführen sind (M = 3,06; auf einer 5-stufigen Skala).

Müdigkeitsbedingte Fehler werden über eine Reihe von Einbußen der kognitiven Leistungsfähigkeit vermittelt: Betroffen sind z. B. frühe perzeptuelle, zentrale und späte motorische Prozesse der Informationsverarbeitung.[36] Negative Auswirkungen auf die überwachende Aufmerksamkeitssteuerung und die feinmotorische Kontrolle konnten mehrfach nachgewiesen werden.[37] Über diese kognitiven Beeinträchtigungen hinaus sind es vor allem motivationale Einbußen, die z. B. zu energielosen Handlungsvereinfachungen oder situativen Anspruchsniveausenkungen führen.[38] Was kann ein Individuum unternehmen, um diese Fehlerquelle zu eliminieren?

Eine Voraussetzung für motiviertes Arbeiten ist die Befriedigung schlafbezogener Minimalbedürfnisse. Werden diese nicht erfüllt, treten unwillkürlich nicht kompensierbare Defizite auf.[39] In der Regel kann ein Individuum jedoch ohne Weiteres dafür sorgen, dass es **ausreichend Nachtschlaf** erhält. Auch wenn Generalisierungen in diesem Bereich mit

---

[31] Z. B. Mitler et al. (1988).

[32] Wright und McGown (2001).

[33] MacLean et al. (2003); Sprotte (2023).

[34] Vgl. Jakob (2017).

[35] Krajewski (2009).

[36] Bratzke et al. (2007); Tassi et al. (2000).

[37] Jasper et al. (2008); Jennings et al. (2003).

[38] Folkard et al. (2005); Rosekind et al. (2005).

[39] Krajewski (2009).

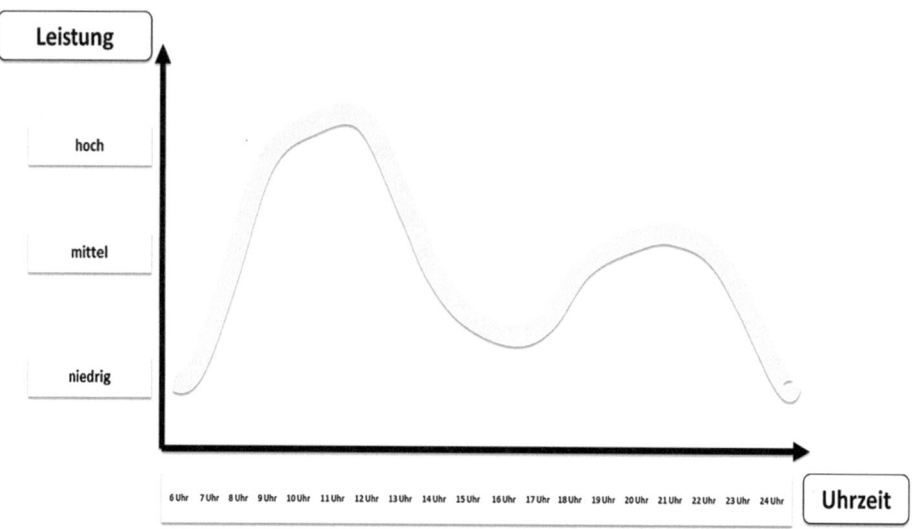

Abb. 9.10 Die grau schattierte Kurve stellt einen weitverbreiteten Verlauf der tageszeitabhängigen Leistungsfähigkeit dar. Zur Fehlervermeidung sollten komplexe und wichtige Aufgaben primär im täglichen Leistungshoch bearbeitet werden. Zeichnen Sie doch mal Ihre eigene Leistungskurve. Ich habe schon Personen gesehen, die von 6 bis 24 Uhr eine gerade Linie parallel zur Abszisse im unteren Drittel eingezeichnet haben und andere, die ihr Leistungshoch gar nicht einzeichnen konnten, weil es sich erst um 3 Uhr nachts einstellt

Vorsicht zu betrachten sind, geben einige Schlafforscher und auch einige Krankenkassen die allgemeine Empfehlung, für ca. 7 bis 8 h Nachtschlaf zu sorgen.[40]

Die konzentrative Kapazität schwankt jedoch auch im Tagesverlauf (vgl. die sogenannte Kraepelin'sche Arbeitskurve;[41] vgl. Abb. 9.10). Selbst die motivierteste Person ist nicht den ganzen Tag über gleichmäßig leistungsfähig, auch sie wird hochenergetische Phasen spüren und eben auch solche, die von Müdigkeit geprägt sind. Um Fehler zu vermeiden, sollten die natürlichen Schwankungen der Leistungsfähigkeit im Tagesverlauf bei der Aufgabenplanung berücksichtigt werden: **Komplexe und wichtige Aufgaben sollten primär im Leistungshoch erledigt werden,** da die Wahrscheinlichkeit für Fehler in dieser Phase geringer ist.

Darüber hinaus können auch in der ohnehin leistungsschwachen (Nach-)Mittagszeit Schlafbedürfnisse befriedigt werden. Wie aus zahlreichen kulturellen, historischen und chronobiologischen Beobachtungen bekannt ist, stellt das *Napping* ein effektives Mittel

---

[40] Vgl. z. B. Stiefelhagen (2014); Watson et al. (2015).

[41] Graf (1934); Seiwert (1984/2014).

dar, um die verbreitete Mittagsmüdigkeit nachhaltig zu bekämpfen. Ein kurzer **Büro-schlaf ist zur Fehlerprävention daher durchaus zu empfehlen** (vgl. Abb. 9.11).[42] Doch übertreiben Sie es nicht: Nicht, dass Sie einen Kollegen, dem sie auf dem Flur begegnen, irgendwann einmal fragen, ob er auch nicht schlafen kann.

Abb. 9.11 Es ist kontraproduktiv, den bi-phasischen circadianen Aktivitätsrhythmus zu leugnen, der bei vielen Menschen in den Mittagsstunden zu Müdigkeit führt. Um die Fehlerhäufung im sogenannten Mittagstief zu reduzieren, empfiehlt sich durchaus ein ca. 20-minütiger Powernap[43]

Auch wenn eine flächendeckende organisationale Verankerung der Möglichkeit, einen Mittagsschlaf zu absolvieren, aktuell noch nicht akzeptiert zu sein scheint, stellen fort-schrittliche Organisationen, wie z. B. Google oder Amazon, ihren Mitarbeitenden bereits eine entsprechende Infrastruktur zur Verfügung (vgl. auch Abb. 9.12). In asiatischen Kulturen ist dies bereits seit Langem Tradition. Die Diffamierung des Schlaf- und Rege-nerationsbedürfnisses gehört im mitteleuropäischen Raum dagegen zumeist noch zum betrieblichen Alltag. Das Schlafbedürfnis wird tabuisiert, belächelt, bagatellisiert und dessen Nichtexistenz vorgetäuscht.[44]

Individuen können sich zum Zweck der Durchführung des Powernappings jedoch auch selbstgesteuert entsprechende Freiräume im Büro, in der Bibliothek oder im Auto verschaffen (vgl. Tab. 9.1). Die Fähigkeit, sich über die erwähnten gesellschaftlichen Vorurteile und organisationalen Hemmnisse hinwegzusetzen, wird von einigen Autoren tatsächlich als individuelle Kompetenz aufgefasst.[45]

---

[42] Fietze (2018); Krajewski et al. (2010a, b).

[43] Fietze (2018); Krajewski (2009).

[44] Fietze (2018); Krajewski (2009).

[45] Krajewski (2009).

Anhand des Faktors *Müdigkeit* werden die multiple Verursachung von Fehlern und der interaktive Charakter dieser Ursachen besonders deutlich: Selbstverständlich ist es möglich, dass systembedingte monotone Tätigkeitsabläufe Müdigkeit induzieren. Der fehlerprovozierende Faktor ist somit primär organisationaler Natur. Das bedeutet, es liegt eine Fehlerdeterminante vor, die auf widernatürlich gestaltete Arbeitsaufgaben zurückgeht. Ähnliches gilt auch für die in der Organisationskultur verankerte Ignoranz in Bezug auf die Mittagsmüdigkeit. Wer wollte aber leugnen, dass auch das Verhalten von Individuen solche Müdigkeitszustände evozieren kann? Individuelle Verhaltensweisen wie die *zu spät initiierte Nachtruhe, langes Feiern* oder *nächtliches Surfen im Internet* setzen den Schwellenwert für Müdigkeitszustände während der Arbeitszeit natürlich deutlich herab. Individuen können darüber hinaus durch eine ungünstig gewählte Verteilung ihrer Arbeitsaufgaben auf die verschiedenen Tageszeiten dazu beitragen, Fehler zu provozieren, z. B., indem sie morgens zunächst den „Kleinkram" abarbeiten wollen, um sich anschließend, mit dann vermeintlich „freiem Kopf", den komplexen Aufgaben zuzuwenden – im Leistungstief des Nachmittags. Die zu erledigenden Aufgaben können also objektiv betrachtet durchaus kompliziert sein, allerdings werden Bearbeitungsfehler auch in diesem Beispiel erst durch das individuelle Verhalten wahrscheinlich.

Und hat man den Arbeitstag dennoch bewältigt und will abends nun endlich einschlafen, meldet sich das Gehirn und fordert: „Lass uns bitte noch mal alle Fehler des heutigen Tages im Detail durchgehen!"

Zwischenfazit

- Müdigkeit stellt eine bedeutende Fehlerursache dar.
- Müdigkeit torpediert die fehlerhemmenden Wirkungen hoher Motivation.
- Ein geringer Motivationsgrad ist auch selbst eine Ursache für Müdigkeit.
- Individuen haben auf mindestens drei Ebenen Einfluss darauf, müdigkeitsbedingten Fehlern präventiv zu begegnen:

Tab. 9.1 Anleitung für ein effektives Powernapping.[46] Nur bitten Sie Ihre Führungskraft nicht unbedingt darum, leise zu sein

Schritt	Maßnahme
1	Legen Sie eine fixe *Nap Time* fest (zwischen 13 und 15 Uhr)
2	Suchen Sie einen ruhigen Ort auf, an dem Sie ungestört sind
3	Sorgen Sie für Dunkelheit (z. B. durch eine Face Mask)
4	Begeben Sie sich möglichst in eine bequeme Liegeposition
5	Stellen Sie den Weckalarm auf 20–30 Minuten

---

[46] Quelle: Zulley (2002); https://www.zulley.de/dokumente/mittagsschlaf.html.

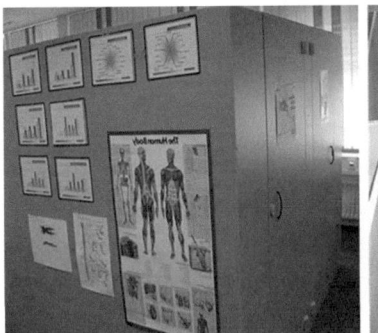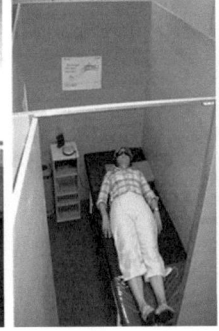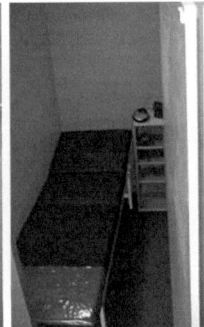

Abb. 9.12 Die Akzeptanz und Ermöglichung des Powernappings in bereitgestellten **Silent Rooms** stellt eine konkrete organisationale Unterstützungsmöglichkeit zur Reduktion der Mittagsmüdigkeit dar.[47] Doch Vorsicht: Die Akzeptanz ist eine negativ korrelierte Funktion des Schnarchens

1. *Vorkehrungen für ausreichenden Nachtschlaf treffen*
2. *Komplexe Aufgaben im Leistungshoch bearbeiten*
3. *Powernapping in den Mittagsstunden selbstgesteuert initiieren*

- Organisationale Unterstützungsmöglichkeiten bestehen z. B. darin, einen Silent Room im Unternehmen einzurichten oder Aufgaben abwechslungsreich zu gestalten.
- Regenerationspraktiken tragen dazu bei, dass die Arbeitsmotivation auch langfristig erhalten bleibt.

9.4 Mentale Simulation und Inspiration – *wer Visionen hat, macht weniger Fehler*

Menschen sind durch die natürliche Selektion mithilfe von Genen auf die Lösung bestimmter adaptiver Probleme programmiert.[48] Die natürliche Selektion hat auf diese Weise dafür gesorgt, dass Menschen mit äußerster Vorsicht vorgehen, wenn die Wahrscheinlichkeit hoch ist, einen letalen Fehler zu begehen (z. B. Absturz aus großer Höhe, Biss einer Schlange oder Spinne). Heute lebende Repräsentanten der Spezies Homo sapiens können keine Nachkommen von Vorfahren sein, die in solchen Situationen unbedacht gehandelt haben; diese Exemplare unserer Spezies sind nämlich ausgestorben, sie konnten die Gene für entsprechendes Risikoverhalten nicht in die nachfolgenden Generationen transferieren.

Die Welt ist jedoch dynamisch und komplex. Nicht alle fehlerträchtigen Situationen wiederholen sich derart oft oder sind derart eindeutig, dass die natürliche Selektion

---

[47] Krajewski et al. (2010b, a); Bildquelle: Krajewski, in Sauerland und Weikamp (2009, S. 107).

[48] Buss (2004); Dawkins (2014).

Abb. 9.13 Man gönne sich die Zeit – für die systematische mentale Simulation von Zukunftsszenarien. In einer komplexen und dynamischen Welt, die völlig neuartige Situationen hervorbringen kann, für die sich keine konkreten Risikoprognosen mehr angeben lassen, ist die mentale Simulation von Szenarien ein durchaus probates Vorgehen, um potenzielle Fehlerquellen zu entdecken und Fehler schon bei der Handlungsplanung vorauszuahnen

entsprechende Motivations- bzw. Verhaltensprogramme zur Fehlervermeidung herauspräparieren konnte. Daher hat sie einen noch deutlich flexibleren Mechanismus erschaffen – nämlich das Lernen. Wenn eine Spezies mit zahlreichen neuartigen Situationen umgehen können muss, dann versprechen *das Lernen am Erfolg oder Misserfolg* und auch *das Lernen am Modell* eine schnelle und hohe Anpassungsfähigkeit.

Solche Lernprozesse schützen jedoch auch nicht in jedem Fall vor kritischen Ereignissen. Wenn in einer neuartigen Situation bereits die erste Lernerfahrung zum Tod führen kann oder sich Nachteile erst verzögert zeigen würden, greift daher ein darauf aufbauender, aber auch darüber hinausgehender Mechanismus im Umgang mit möglichen Fehlern: die *mentale Simulation*. Menschen sind in der Lage, sich selbst in ihrer Umwelt, auch der zukünftigen, mental zu simulieren.[49] Sie entwerfen Zukunftsszenarien und versehen diese mit subjektiven Wahrscheinlichkeiten. Auf diese Weise können sie potenzielle Handlungsfehler antizipieren. Im Zweifelsfall stirbt durch dieses kognitive Instrument eben nicht mehr der biologische Organismus selbst, sondern sein mentales Modell; also schlicht eine Hypothese darüber, wie sich die Zukunft für die Person entwickeln könnte (vgl. Abb. 9.13).

---

[49] Vgl. z. B. Metzinger (2003).

Einer unserer Interviewpartner, Thomas Sommerrock (Polizeidirektor, Direktion Landau in der Pfalz), antwortete auf die Frage nach den Möglichkeiten der Fehlervermeidung in unübersichtlichen Einsatzsituationen wie folgt: *„Ich meine … eine bestimmte Art der Vorstellungskraft – sich zum Beispiel mit komplexen Dingen und der Vielzahl von Entscheidungsmöglichkeiten auseinandersetzen zu können. … Man muss im Grunde genommen auch Phantasie haben!"*

Dieses mächtige **Werkzeug der mentalen Simulation kann für die Fehlerprävention in vielfältiger Weise genutzt werden.**

Leitfragen

So kann man z. B. an neuartige Projekte immer mit Leitfragen wie den folgenden herantreten (z. B. auch im Rahmen der SWOT-Analyse):[50]

- Woran könnte das Projekt scheitern?
- Welche möglichen Misserfolgsfaktoren lassen sich identifizieren?
- Was müsste unternommen werden, um das Projekt vor die Wand zu fahren?
- Wann, wo und warum tritt vermutlich der nächste Fehler auf?

Auf die Problematik der *einseitigen Negativfokussierung,* die durch diese Vorgehensweise provoziert wird, gehen wir weiter unten noch näher ein.

Time-out

Eine Variante, die beispielsweise im klinischen Umfeld zum Einsatz kommt, besteht darin, direkt vor einem kritischen (z. B. bislang sehr fehlerträchtigen) Arbeitsschritt routinemäßig eine *Time-out-Reflexion* durchzuführen. Im Rahmen dieser wenige Minuten dauernden Auszeit unterbricht eine Person oder ein Arbeitsteam (z. B. ein OP-Team) die hektische Vorbereitungsphase (z. B. vor dem Eingriff) bewusst, um nochmals ohne Zeitdruck proaktiv und gewissenhaft die Zielsetzung, die geplante Vorgehensweise, den Arbeitsmaterialeinsatz und mögliche Fehlerquellen zu artikulieren, zu prüfen und zu überdenken. Diese Technik kann auch zur morgendlichen Routine gemacht werden: Zu Beginn eines jeden Arbeitstags kann darüber reflektiert werden, welche Aufgaben anstehen, wie man diese zum Erfolg führen will und was den Erfolg potenziell gefährden könnte.

Probehandeln

Falls es möglich ist, kann im Anschluss an die mentale Simulation auch noch ein **Probehandeln** stattfinden: *Virtual- oder Augmented-Reality-Applikationen, Trainings, Praktika, Hospitationen* oder auch die *Probezeit* sind z. B. durchaus sinnvolle Instrumente im Dienst eines prüfenden, erfahrungsbasierten Probehandelns, welches Fehler mit langfristigen Folgen (z. B. bei der Berufswahl) verhindern kann. Auch die Durchführung von *Pilotprojekten*

---

[50] Vgl. z. B. Kotler et al. (2010).

oder *Testdurchläufen* stellt eine funktionale Strategie dar, um weitreichende oder irreversible Fehler für eine Organisation oder eine Person zu vermeiden. Das Kalkül ähnelt demjenigen der guten Ehefrau, die sich mit Pilzen nur unzureichend auskennt, diese aber für ihren Ehemann dennoch liebevoll zubereitet, weil sie kürzlich gelesen hat, dass Ratten enorm vom sogenannten Vorkosterprinzip profitieren.

Gegenthesen

Ein „Fallstrick" besteht allerdings darin, dass Fehler häufig genau dann auftreten, wenn man nicht damit rechnet. Es ist daher ein proaktives, risikounabhängiges Ritual erforderlich, um Fehler auch unter solchen Bedingungen verhindern zu können. Eine zweckmäßige Möglichkeit besteht z. B. darin, vor jeder Aufgabe eine **Gegenthese** zu ventilieren. Bevor man mit der Bearbeitung einer Aufgabe beginnt, kann man sich beispielsweise spielerisch immer kurz mit dem Satz und der Frage auseinandersetzen: *„Das, was ich vorhabe, ist falsch! Warum?"*[51] Insbesondere, wenn sich Bedingungen ändern oder eine Situation vom Üblichen abweicht, sollte man auf der metakognitiven Ebene vorgewarnt sein und die Gegenthese reflektieren.

Bei einigen der in diesem Kapitel beschriebenen Methoden drängt sich die Frage auf, ob die empfohlenen Vorgehensweisen nicht zu einer Lähmung des Verhaltens führen können, weil eine zu starke und einseitige Fokussierung von Risiken, Gefahren und Bedrohungen provoziert wird. Die auf ein attraktives Ziel gerichtete Motivationslage sollte immer im Vordergrund des Bewusstseins bleiben. Der Umgang mit den genannten Methoden sollte daher in der Tat eher spielerischen Charakter haben. Es geht lediglich darum, auf detektivische und listige Weise potenzielle Fehler zu entlarven, die verhindern könnten, dass das positiv angestrebte Ziel erreicht wird.

Fiktive private Audienzen

Schon früh in der Kindheit lernen wir, dass das, was wir tun, von anderen, also z. B. von unseren Eltern, bewertet und ggf. entsprechend belohnt oder bestraft wird. Auch wenn meine fünfjährige Nichte kürzlich sagte, dass die Eltern nun mit der Erziehung aufhören könnten, so lernen wir nach und nach doch, vorausschauend zu antizipieren, wie wohl ein bestimmtes Verhalten, wenn wir es wählen und ausführen würden, von anderen Personen bewertet werden würde. Dies beeinflusst oft unmittelbar unsere Entscheidung für oder gegen die Ausführung der entsprechenden Handlungen. Auf diese Weise bilden sich sogenannte

---

[51] Fehler kommen auch häufig durch rigide Glaubenssätze zustande, die nicht hinterfragt werden. Die Formulierung von Gegenthesen kann auch dabei helfen, solche Überzeugungen und Gedankenmuster anlasslos zu hinterfragen. Ein Beispiel: Auf einer Fahrt mit dem Auto in den Urlaub fuhr ich ausgesprochen langsam durch die Nacht, um Kraftstoff zu sparen und keinen Unfall bei der nächtlichen Fahrt zu riskieren. Ich folgte dem unhinterfragten Glaubenssatz, nachts langsamer fahren zu müssen. Dies führte allerdings zu einer erheblichen Verlängerung der monotonen Fahrtzeit, die nun ihrerseits müdigkeitsbedingt zum Risiko wurde.

„Private Audiences" heraus.[52] Das bedeutet, viele Tätigkeiten, die wir planen, werden von der Überlegung begleitet, wie andere Personen, die von den Handlungen in irgendeiner Weise betroffen wären, diese wohl bewerten würden.

Unsere Eltern haben uns sicher vor einigen Fehlern bewahrt. Und werden denn nicht auch unsere heutigen Arbeitsleistungen qualitativ besser, wenn wir uns überlegen, wie diese wohl von unseren schärfsten Kritikern beurteilt werden würden? **Die absichtliche mentale Aktivierung von *Private Audiences,* von inneren Kritikern, kann also durchaus dabei helfen, Fehler zu vermeiden.** Wenn der Wille im Vordergrund steht, eine Aufgabe gut zu meistern, stellt dieses Vorgehen auch keine destruktive Belastung dar; im Gegenteil, man hat eher Freude daran, dass sich das eigene Denken durch diese Methode ausdifferenziert und das Ergebnis besser wird.

Reale Audienzen

Wer Fehler vermeiden will, bezieht sich mit diesem Anliegen zwangsläufig auf die Zukunft. Potenzielle Fehler, die zukünftig geschehen könnten, sollen verhindert werden. Wer aktiv darum bemüht ist, Fehler zu vermeiden, erstellt somit zwangsläufig eine Zukunftsprognose. Zukunftsprognosen stellen wiederum *unsichere* perspektivische Schätzungen dar.[53] Individuelle Schätzungen unterliegen nämlich in der Regel systematischen Verzerrungen – die individuelle Optik auf ein Problem ist zumeist durchaus einseitig und beschränkt. Dies ist auch nicht weiter verwunderlich, denn die subjektive Perspektive ist z. B. durch individuelle persönliche Erfahrungen geprägt, die in vergleichbaren Situationen gesammelt wurden.

Andere Personen in thematisch einschlägige Gespräche zu verwickeln kann durch **die Herstellung von *Multiperspektivität* daher die eigene Fehlerprognose verbessern** – viele Augen sehen mehr. Die Einbeziehung vieler Perspektiven erhöht die Wahrscheinlichkeit, dass irgendjemand unter den Vielen potenzielle Fehler und Gefahren erkennt. Die unsystematischen Schätzfehler der Einzelnen können sich dabei sogar „herausmitteln", sodass ein gemeinschaftliches Urteil bzw. eine Durchschnittsprognose besser ist als die Einzelschätzungen.[54]

Davon abgesehen können einschlägige Diskurse über persönliche Vorhaben, bevorstehende Projekte und anstehende Aufgaben natürlich auch höchst inspirierend und motivierend wirken (vgl. Abb. 9.14).

Erfahrungsgemäß ist auch schon die **Arbeit in Tandems** bei der Entdeckung potenzieller Fehlerquellen hilfreich; denn auch die Einbeziehung *einzelner* anderer Personen verschafft schon eine **Außenperspektive,** die einen rationalen Diskurs über die richtigen Wege und Mittel zur Zielerreichung anzustoßen vermag. Wer einen hoch motivierten „Sparringspartner" zur Verfügung hat, welcher ebenfalls an der Erreichung desselben Ziels interessiert ist

---

[52] Baldwin und Holmes (1987).

[53] Sofern keine einschlägigen statistischen Daten aus der Vergangenheit vorliegen, was in der VUCA-Welt tatsächlich oft der Fall ist. Statistische Daten sind schließlich auch bloß aggregierte Einzelerfahrungswerte aus der Vergangenheit.

[54] Vgl. Hofstätter (1994).

Abb. 9.14 Eine einfache Methode zur Fehlervermeidung besteht darin, andere Personen nach ihrer Meinung zu den eigenen Plänen zu fragen. Einschlägige Diskurse haben oft auch eine inspirierende und motivierende Wirkung. Dabei geht es nicht darum, zu tun, was andere sagen, sondern in der gemeinsamen Auseinandersetzung herauszufinden, was man selbst fehlerfrei umsetzen kann und will

und mit dem man sich ständig beraten und alle anstehenden Herausforderungen diskutieren kann, wird individuelle Fehler, die z. B. durch Übersehen oder Vergessen verursacht sind, eher vermeiden können. An dieser Stelle sei daran erinnert, dass die im Rahmen unserer eigenen Untersuchungen befragten Mitarbeitenden recht häufig den Vorschlag geäußert haben, zur Fehlervermeidung in Tandems zu arbeiten.

Solche sozialen Faktoren werden übrigens in den kognitiven und systembezogenen Fehlergenesemodellen nahezu ausgeblendet. Erst die motivationale Perspektive öffnet den Blick für die aus der empirischen Forschung hinlänglich bekannte Wirkung sozialer Motivatoren.[55]

Dabei darf jedoch nicht unerwähnt bleiben, dass Phänomene wie *Konformität* und *Gruppendenken* andererseits auch Fehler in Arbeitsteams provozieren können, die einzelnen Personen nicht passiert wären.[56] Allerdings wurden mittlerweile Methoden entwickelt, mit denen schlechte Entscheidungen im Team verhindert werden können. Darauf gehen wir nachfolgend kurz ein.

Advocatus Diaboli
Bei wichtigen Entscheidungen, die in der Gruppe getroffen werden, kann auf organisationaler Ebene ein sogenannter *Advocatus Diaboli* installiert werden, dessen Aufgabe darin

---

[55] Z. B. Wegge (2014).
[56] Vgl. z. B. Janis (1972).

Abb. 9.15
Fehlentscheidungen in der
Gruppe können durch einen
Advocatus Diaboli minimiert
werden, dessen Aufgabe
explizit darin besteht,
Handlungspläne zu kritisieren,
Schwächen
herauszuarbeiten und ständig
Gegenvorschläge zu
unterbreiten

besteht, immer wieder den aktuellen Stand der Diskussion zu kritisieren, auf die Einschränkungen und Einseitigkeiten von vorläufigen Entscheidungen hinzuweisen und laufend
Gegenvorschläge zu unterbreiten (vgl. Abb. 9.15). Sobald der Advocatus Diaboli selbst
nichts Substanzielles mehr gegen eine Einigung einzuwenden hat, kann konsequent und
höchstwahrscheinlich auch fehlerfrei gehandelt werden.[57]

Allein schon das Erfordernis, die eigenen Handlungspläne für andere Personen zu ver-
balisieren, hilft dabei, potenzielle Fehler zu erkennen. So müssen Befehlsempfänger im
militärischen Bereich die Anweisungen ihrer Vorgesetzten üblicherweise laut wiederholen.
Auf diese Weise kann sichergestellt werden, dass sich die betreffende Instruktion des Vorgesetzten besser im Gedächtnis des Befehlsempfängers konsolidiert und nicht vergessen wird.
Zudem können eventuelle Missverständnisse unmittelbar erkannt und ausgeräumt werden.
Diese Methode ist im administrativen Tätigkeitsumfeld zwar nicht angemessen, allerdings
können Beschäftigte die positiven Effekte dieser *Verbalisierungstechnik* nutzen, indem sie
Arbeitsanforderungen für sich selbst nochmals artikulieren. Dies mag eigenartig anmuten,
erfahrungsgemäß hilft dies aber tatsächlich dabei, Aufgaben besser zu durchdringen und
diese auch nicht zu vergessen.

Lernen am Modell

**Die Thoren behaupten,
dass man nur immer auf seine eigenen Unkosten lernt.
Ich habe immer gesucht, auf Kosten anderer zu lernen.**

---

[57] Vgl. Schulz-Hardt et al. (2002).

(Otto von Bismarck, 1872; moderne Version in Meyer, 1996:
„Ich ziehe es vor, aus den Erfahrungen anderer zu lernen,
um von vorneherein eigene Fehler zu vermeiden. ")

Wir sind davon überzeugt, dass eine weitere **effektive Methode, Fehler zu vermeiden, darin besteht, am Modell zu lernen.** Menschen fällt es schwer, Risikodaten oder statistische Informationen adäquat zu interpretieren. Wesentlich erfolgversprechender ist es, solche statistischen Informationen in entsprechende Fallbeschreibungen zu kleiden. Menschen haben nämlich überhaupt keine Schwierigkeiten damit, reale oder hypothetische Fallbeispiele zu verstehen, daraus zu lernen und sich davon inspirieren zu lassen. Schließlich sind wir, evolutionär betrachtet, *soziale* Wesen, deren Verstand die allermeisten Informationen auch in einem sozialen Kontext verarbeitet – „groups as the mind's natural environment" überschrieben Caporael und Baron (1997) daher treffend ihre Analyse des menschlichen Denkens. In der Auseinandersetzung **mit Fallbeispielen können Menschen somit am realen oder hypothetischen Modell den erfolgreichen Umgang mit bestimmten Aufgaben und den dabei möglicherweise auftretenden oder faktisch aufgetretenen Fehlern erlernen,** ohne die Fehler selbst machen zu müssen. Auf diese Weise können entsprechende Fehlermanagementkompetenzen motivierend, effizient und systematisch aufgebaut werden.[58]

Unser Interviewpartner Thomas Sommerrock, Polizeidirektor in Landau in der Pfalz, veranschaulicht die Methode wie folgt: *„Eine meiner Maximen ist es, einmal im Jahr auf eine Fortbildung zu gehen und mir Einsätze, die woanders passiert sind, in der Nachschau anzuhören, wie z. B. Amokläufe oder Zugriffe, die tödlich ausgingen. … Dabei erfährt man, in welchen Dilemmata sich andere Personen befanden; und man selbst kann sich parallel dazu immer wieder fragen: Wie hätte ich mich entschieden? Was hätte ich getan? Dadurch erhöht sich auch die eigene Entscheidungskompetenz. Wenn man nämlich wirklich mal in eine vergleichbare Situation käme, wäre man unterbewusst bereits darauf vorbereitet. …[dies] führt zu einer Art Vorklärung der Situation. … Man lernt die Entscheidungswege von anderen in schwierigen Einsätzen kennen. Auch solche Informationen fließen sicherlich ins Unterbewusstsein ein und beschleunigen eigene Entscheidungen!"* (vgl. Abb. 9.16).

Bekommen Personen kurze Beschreibungen von realen oder fiktiven Szenarien vorgelegt, können sie sich in diese Fallbeispiele „hineindenken" und für sich prüfen:

- Wie hätte ich mich in dieser Situation entschieden?
- Hätte ich alle Folgen vorhergesehen?
- Hätte ich die notwendigen Handlungskompetenzen gehabt?
- Wie wäre ich mit einer Fehlentscheidung umgegangen?

Die Fallbeschreibungen können ganz konkret sein: Beispielsweise kann in einer Organisation ermittelt werden, welche kritischen Einzelsituationen in einem bestimmten Tätigkeitsfeld

---

[58] Sauerland und Gewehr (2017).

Abb. 9.16 Eine nachvollziehbar fehleraffine Situation – wie reagiert man im Fall eines Amoklaufs oder einer Geiselnahme? Es gibt effektive Techniken, um Fehler in solchen Situationen zu vermeiden. Dazu gehören das Lernen am Fallbeispiel und das Lernen am Modell (Bildquelle, Amoklauf von Eching und Freising, von Andreas Bohnenstengel, https://commons.wikimedia.org/wiki/File: Amoklauf.jpg, Bildhälfte ohne Änderungen)

gemeistert werden müssen. Die Beschreibungen können aber auch Routineaufgaben abbilden, bei denen sich bestimmte Fehler häufig wiederholen. Liegen umfängliche Erfahrungen, empirische Untersuchungen oder statistische Daten in einem Themenfeld vor, können die Fallbeschreibungen auch die realen statistischen Verhältnisse von erfolgreichen vs. erfolglosen Vorgehensweisen in der jeweiligen kritischen Situation widerspiegeln. Oft sind statistische Daten für neuartige Situationen aber auch nicht verfügbar; unter solchen Umständen können die Fallbeschreibungen ein in der Gruppe zu diskutierendes offenes Ende haben, oder es werden mehrere Fallbeschreibungen mit unterschiedlichen Ausgängen vorgelegt.

Das beschriebene Vorgehen stellt eine Variante der **Critical-Incident-Technik** dar,[59] mit dem Unterschied, dass die Methode konkret auf Fehler bezogen wird und auch fiktive Fälle nach bestimmten Kriterien gestaltet werden können. Folgende Schritte müssen jedenfalls durchlaufen werden (s. Tab. 9.2):

Der enorme Profit, den man aus dieser Methode gewinnt, kann an einer Lernerfahrung eines Interviewpartners abgelesen werden: *„Theoretisch hätte man eines machen müssen: Man hätte außerhalb des Konzerns schauen müssen – das hätte schon gereicht. Denn es gab genug Beispiele, bei denen sich abzeichnete, dass dieses gar nicht so stattfindet. Über den Tellerrand schauen und nicht nur im eigenen Kokon bleiben!"*

Zwischenfazit

- Die mentale Simulation von Zukunftsszenarien hilft dabei, Fehler zu vermeiden.

---

[59] Flanagan (1954).

Tab. 9.2 Sechsstufiges Modell zum systematischen Aufbau von individuellen Fehlermanagement-kompetenzen durch fallbasiertes Lernen am Modell[60]

Schritt	Vorgehen
1	Identifikation von Personen, denen Fehler unterlaufen sind bzw. denen detaillierte Kenntnisse über häufige oder kritische Fehler vorliegen.
2	Durchführung von Interviews mit diesen Personen, um die entsprechenden Einflussfaktoren detailliert zu erfassen.
3	Erstellung von entsprechenden Fallbeschreibungen.
4	Zusammenstellung von kleinen Teilnehmergruppen, die ihre eigene Fehlermanagementkompetenz verbessern wollen.
5	Konfrontation mit den Fallbeschreibungen – zunächst einzeln, später gemeinsam in der Gruppe. Bearbeitung der Fallbeschreibungen anhand verschiedener Leitfragen: • wäre mir der Fehler auch passiert? • welche Faktoren haben zu dem Fehler geführt? • wie kann der Fehler optimal bewältigt werden? • wie kann der Fehler zukünftig verhindert werden?
6	Evaluation: Die Teilnehmenden prüfen, ob sie imstande sind, in den fehleraffinen Situationen kompetenter zu agieren.

- In dynamischen, komplexen oder neuartigen Situationen ohne erfahrungsbasierte Risikodaten ist die mentale Simulation ein geeignetes Verfahren, um potenzielle Fehler in der Zukunft ausfindig machen zu können.
- Es gibt zahlreiche methodische Varianten, mit denen die (mentale) Simulation von Zukunftsszenarien auch auf inspirierende und motivierende Weise angeregt werden kann:

1. Mit kritischen *Leitfragen* und *Gegenthesen*
2. Durch die *Time-out-Reflexion* vor einer fehlerträchtigen Aufgabe
3. Durch die Nutzung von *Augmented-* oder *Virtual-Reality*-Anwendungen
4. Durch *Probehandeln*, z. B. in Rahmen von *Test-* oder *Pilotprojekten*
5. Durch die Aktivierung *privater Audienzen* bzw. des *inneren Kritikers*
6. Durch die Einberufung *realer öffentlicher Audienzen (Multiperspektivität)*
7. Durch die Installation eines kritischen *Advocatus Diaboli*
8. Insbesondere mithilfe des *fallbasierten Lernens am realen oder hypothetischen Modell*

---

[60] Vgl. Sauerland und Gewehr (2017).

- Zur individuellen Fehlermanagementkompetenz gehört jedoch nicht nur die Kenntnis und Anwendung von Methoden zur Fehler*prävention*, sondern – da sich Fehler trotz aller Vorkehrungen in komplexen Umwelten nicht vollständig ausschließen lassen – eben auch die individuelle Fehler*bewältigungs*kompetenz. Damit setzt sich das nachfolgende Unterkapitel auseinander.

9.5   Der konstruktive Bewältigungsplan – *Erste Hilfe, wenn es passiert ist*

Fehler und Misserfolge kommen in allen erdenklichen Formen und Abstufungen vor. Eine sportliche Niederlage oder eine schlechte Leistungsbeurteilung können ebenso dazu gehören wie die Zurückweisung durch eine geliebte Person. Die emotionale *Reaktion* auf das Scheitern ist jedoch vielfach die gleiche: Ein Misserfolg ist spontan zumeist eine Scham besetzte und peinliche Angelegenheit, der Personen am liebsten aus dem Weg gehen würden.

Man kann jedoch auch anders reagieren und solche Situationen mit gestärkter Motivation in Angriff nehmen. Den Möglichkeiten einer *konstruktiven Fehlerbewältigung* auf individueller Ebene gelten die Ausführungen dieses Kapitels.[61]

Wenn Personen Fehler machen, nehmen sie oft eine Vermeidungshaltung ein. Dies stellt in der Regel jedoch keine adäquate Reaktion dar, um schnell wieder motiviert zu sein. Daher gilt:

- *Fehler nicht leugnen, ignorieren oder bagatellisieren*
- *Nach Fehlern nicht über verschiedene Lebensbereiche hinweg „vagabundieren"*
- *Sich aufgrund von Fehlern nicht thematisch einkapseln*
- *Kontrafaktisches Denken vermeiden*
- ***Fehler nicht leugnen, ignorieren oder bagatellisieren.*** Ein Fehler ist zumeist, wie bereits angemerkt, eine unangenehme und peinliche Angelegenheit. Eine bequeme Reaktion scheint daher die Verleugnung des Misserfolgs zu sein – mindestens vor anderen Personen und möglicherweise sogar vor sich selbst (vgl. Abb. 9.17). Damit vermeiden Personen jedoch die konstruktive Auseinandersetzung mit dem Ereignis und so eben auch die adäquate Analyse seiner Ursachen und Bewältigungsmöglichkeiten. Auch die Folgen des Fehlers werden nicht selten ignoriert oder deren Ausmaß vor sich und anderen bagatellisiert. Da die emotionalen Reaktionen auf einen Fehler im Allgemeinen jedoch nicht vollständig ignoriert werden können, erfordert ein heilsamer und konstruktiver Umgang mit dem Fehler die systematische und unvoreingenommene Aufarbeitung möglicher Ursachen, Begleiterscheinungen und Konsequenzen. Steht der authentische Wille im Vordergrund, ein begehrtes Ziel zu erreichen, ist es ohnehin erforderlich, den eigenen Aufmerksamkeitsfokus aktiv auf den Fehler zu lenken,

---

[61] Vgl. auch Martens und Kuhl (2009); Sauerland und Müller (2012).

Abb. 9.17 Ich sehe da keine
Probleme. Ignorieren, leugnen,
bagatellisieren, vagabundieren
und
sich einkapseln – menschliche,
allzu menschliche Reaktionen
auf einen Fehler, die es im
Dienst einer konstruktiven
Bewältigung zu vermeiden gilt.
Wenn man den Kopf in den
Sand steckt, verbessert sich die
Aussicht bekanntlich nicht.[62]
Man bedenke auch: Die Augen
des Straußes sind größer als
sein Gehirn

um dessen Informationsgehalt, z. B. hinsichtlich der mangelnden Zweckdienlichkeit bestimmter Verfahren oder Verhaltensweisen, maximal ausschöpfen zu können.

- *Nach Fehlern nicht über verschiedene Lebensbereiche hinweg „vagabundieren".*
Vagabundieren bedeutet, dass sich eine Person nach begangenen Fehlern in einem bestimmten Tätigkeitsbereich nunmehr einem anderen Lebens- und Arbeitsbereich zuwendet, in dem sie bessere Erfolgschancen und mehr Kontrolle zu haben meint.[63] So könnte sich eine Person nach glücklosen Karrierebestrebungen beispielsweise unvermittelt dem Sport vermehrt zuwenden. Weil der Misserfolg eventuell doch noch konstruktiv bewältigt werden kann und um zu verhindern, dass sich ein Fehlermuster auch im neuen Tätigkeitsbereich wiederholt, sollte das vorschnelle, vermeidende „Vagabundieren" über verschiedene Lebensbereiche hinweg jedoch vermieden werden.
- *Sich nicht aufgrund von Fehlern thematisch einkapseln.* Beim thematischen Einkapseln neigen Personen dazu, nach einem erlebten Misserfolg primär solche Probleme zu lösen, für die sie unmittelbar eine Lösung parat haben.[64] Sie wenden sich also denjenigen Detailaspekten oder Randgebieten des Problembereichs zu, die sie noch unter Kontrolle haben oder voraussichtlich schnell wieder unter Kontrolle bringen können. So widmen sie sich z. B. nur solchen Faktoren, für deren Veränderung sie unmittelbar eine Lösung zur Verfügung stehen haben, anstatt die zentralen Ursachen des Problems anzugehen, die tatsächlich eine nachhaltige Vermeidung künftiger Fehler gewährleisten

---

[62] https://www.aphorismen.de/zitat/55547; Keßler (1969) (auch Anais Nin).
[63] Dörner (1989).
[64] Dörner (1989).

würden. Wer etwas Bestimmtes begehrt, sollte auch das tun, was tatsächlich erforderlich ist, um das Ziel zu erreichen, und nicht nur alibimäßig oder symbolisch das, was aktuell bequem geleistet werden kann.

- **Kontrafaktisches Denken vermeiden.** Kontrafaktisches Denken im Angesicht eines Fehlers ist ein weitverbreitetes Phänomen.[65] Die Gedanken von Personen kreisen dann um Fragen und Aussagen wie z. B. „Warum musste das ausgerechnet mir passieren?", „Hätte ich doch besser aufgepasst", „Wäre ich nicht so dumm gewesen", „Hätte ich mich doch bloß anders entschieden" oder „Weshalb habe ich nicht reagiert, als es noch möglich war?". Kontrafaktisches Denken bedeutet also, sich vorzustellen, *was gewesen wäre, wenn...* So zu denken mag bei der Ursachenanalyse durchaus behilflich sein, verharren Personen jedoch in diesen „Jammergedanken", blockiert dies nicht nur die systematische Analyse der Fehlerursachen, sondern insbesondere die Möglichkeit, konstruktive Lösungen daraus abzuleiten.

Wem ist geholfen, wenn sich Personen dauerhaft mit solchen Selbstvorwürfen zermartern? Der Übergang zu einer hilfreichen Auseinandersetzung gelingt stattdessen schon etwas besser, wenn man **von der Vorstellung einer „fehlerhaften/schlechten/bösen *Person*" wegkommt und dieses Versagerkonzept durch die konkrete Vorstellung einer beobachteten „fehlerhaften/schlechten/suboptimalen *Handlung*" ersetzt.**

Wenn es gelingt, die beschriebenen Reaktionen auf einen Fehler zu vermeiden und den Fehler stattdessen proaktiv und konstruktiv zu bewältigen, besteht auch die Chance, mit gestärkter Motivation aus Misserfolgen und Niederlagen hervorzugehen (vgl. Abb. 9.18). Die emotionalen Begleiterscheinungen von Fehlern drängen in der Regel ohnehin ins Bewusstsein, sodass das heilsame Mittel nur darin bestehen kann, sich differenziert mit diesen Affekten und den unwirksamen Verhaltensweisen auseinanderzusetzen.

Ein systematisches Vorgehen bei der konstruktiven Fehlerbewältigung kann folgende Schritte umfassen:

- Emotionen niederschreiben
- Folgen benennen, Kompensationsmöglichkeiten suchen
- Ursachenanalyse auf mehreren Ebenen durchführen: *(a) Person, (b) andere, (c) Situation*
- Präventionsmöglichkeiten in Form von Wenn-dann-Regeln festlegen

Wie kann dies nun im Detail gelingen? Ein mögliches Vorgehen in sieben Schritten wird nachfolgend beschrieben (vgl. auch Tab. 9.4):[66]

1. **Die eigene Einstellung zu dem Fehler überprüfen.** In einer Welt komplexer Anforderungen und zahlreicher sozialer und ökonomischer Verflechtungen lassen sich Fehler nicht vollständig ausschließen. Daher ist es sinnvoll, Fehler als natürliche Bestandteile

---

[65] Vgl. Sauerland (2018).
[66] In Anlehnung an Sauerland und Müller (2012).

Abb. 9.18 Wie Phönix aus der Asche gestärkt aus Krisen hervorgehen: Dies setzt zumeist eine rigorose Auseinandersetzung mit den Ursachen des Fehlers voraus. Nach der *Warum*-Frage sollte die *Wozu*-Frage gestellt werden, um zu der Idee eines „schuldbefreiten Werdens" oder einer „komplettierenden Persönlichkeitsentwicklung" übergehen zu können: Turn failure into wisdom

des Lebens zu akzeptieren. Fehler bleiben zwar ein Übel, aber gerade deshalb ist es geboten, sich mit weniger destruktiven Glaubenssätzen den eigenen Fehlern anzunähern, sich mit ihnen auseinanderzusetzen und das Bestmögliche aus ihnen zu machen. Wer hingegen schlussfolgert, ein Versager zu sein, nicht zu genügen oder nun nicht mehr gemocht zu werden, wird auch zukünftig keine Erfolge erzielen können.

Darüber hinaus können auch die negativen Emotionen, welche sich nach einem Misserfolg unmittelbar einstellen, als Aufforderung interpretiert und als energetischer Antrieb genutzt werden, um sich zu verbessern, anstatt diese Affekte vergeblich unterdrücken zu wollen oder ihnen passiv leidend ausgeliefert zu sein. Am besten beginnt man ohnehin damit, niederzuschreiben, welche Gefühle entstehen, wenn man an den Fehler zurückdenkt. Mit einer entsprechenden Reflexion und Dokumentation der affektiven Begleitumstände kann bereits Erleichterung einhergehen, da die rationale Beschäftigung mit den eigenen Affekten oft dazu führt, dass man diese Regungen besser verstehen und kontrollieren kann. Man lagert sie gewissermaßen als Analysegegenstand aus.

2. ***Eine Reflexionsphase in Bezug auf das Geschehene planen.*** Für die konstruktive Auseinandersetzung mit einem Fehler ist die Festlegung von Koordinaten sinnvoll, *wann, wo* und *wie* man sich den Ursachen, Konsequenzen und emotionalen Begleiterscheinungen des Fehlers proaktiv stellen möchte (z. B. am kommenden Samstag, um 9.00 Uhr, im Büro, mit allen relevanten Unterlagen).

3. ***Die Fehlerursachen differenziert analysieren.*** Die umfassende und systematische Analyse des Fehlers mag aufwendig sein und Überwindung kosten. Sie ist jedoch unumgänglich, um aus dem Fehler lernen und ähnliche Fehler zukünftig verhindern

zu können. Dabei wird versucht, verschiedene Faktoren wie z. B. eigene Unzulänglichkeiten, ein mögliches Mitwirken anderer Personen und situative Erschwernisse zu identifizieren und deren Bedeutung für das Zustandekommen des Fehlers abzuschätzen. Oft kommen Personen bei genauerer Betrachtung zu der Erkenntnis, dass nicht sie allein für den Fehler verantwortlich sind, sondern dass es auch andere, ggf. sogar unkontrollierbare Faktoren gegeben hat, die ebenfalls dazu beigetragen haben, dass ein Vorhaben gescheitert ist.

Es existieren zahlreiche (sich nicht wechselseitig ausschließende) Methoden, die bei einer differenzierten Ursachenanalyse behilflich sein können, wie z. B. die **5-Why-**Methode (s. Tab. 9.3), die **Fishbone-**Methode (s. Abb. 9.19) oder der **Fehlerbaum** (s. Abb. 9.20), aber auch die Anwendung der **Attributionstheorie,** die wir in Kap. 5 bereits beschrieben haben, kann aufschlussreich sein.

In komplexen Umwelten gibt es für ein Fehlerphänomen selten nur *eine* Ursache. Aus diesem Grund kann das verbreitete reduktionistische Denken – also ein komplexes Phänomen monokausal zu attribuieren[67] – bei der Ursachensuche irreführend sein. Die gezielte Suche nach Ursachen auch außerhalb des eigenen Beitrags erscheint daher durchaus legitim. Bei allen sonstigen Vorzügen, welche mit der 5-Why-Methode einhergehen, sollte bedacht werden, dass diese Analyse, mit der Fehler auf ihre genuine Wurzel („root cause") zurückgeführt werden sollen, dieses monokausale und damit reduktionistische Denken zuweilen durchaus begünstigt. Allerdings deckt die 5-Why-Methode oft auch auf, dass Fehler tiefer liegende *strukturelle bzw. systemische* Ursachen haben (z. B. Personalmangel, Zeitdruck, eine mangelnde Einarbeitung oder eine widrige Unternehmenskultur), auch wenn sich Personen zunächst selbst die Schuld an einem Fehler geben.

Das Fishbone-Diagramm fordert indes *explizit* dazu auf, die Mitwirkung dieser verschiedenen Faktoren bei der Fehlerentstehung mitzudenken (s. Abb. 9.19). Damit kristallisiert sich durch dieses Verfahren die bei der Fehlerentstehung häufig vorzufindende „Verkettung unglücklicher Umstände" in der Regel auch deutlicher heraus.

---

[67] Vgl. Sauerland (2018).

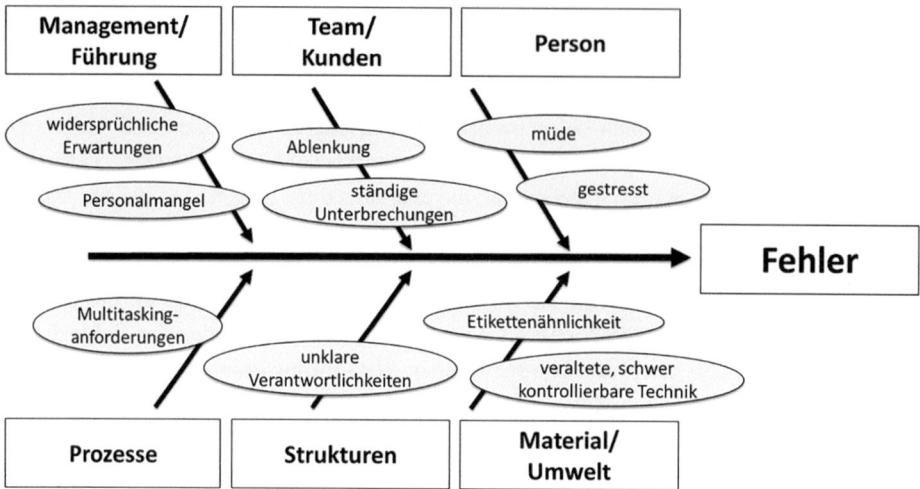

Abb. 9.19 Die Fishbone-Methode kann verhindern, dass ein Fehler monokausal dem menschlichen Faktor zugeschrieben wird.[68] Die Technik wird in der Literatur z. T. auch in der „4M"-, „5M"- oder „6M"-Variante vorgestellt, wobei die M's für *M*ensch, *M*aschine, *M*ethode, *M*aterial, *M*anagement und *M*itwelt stehen können[69]

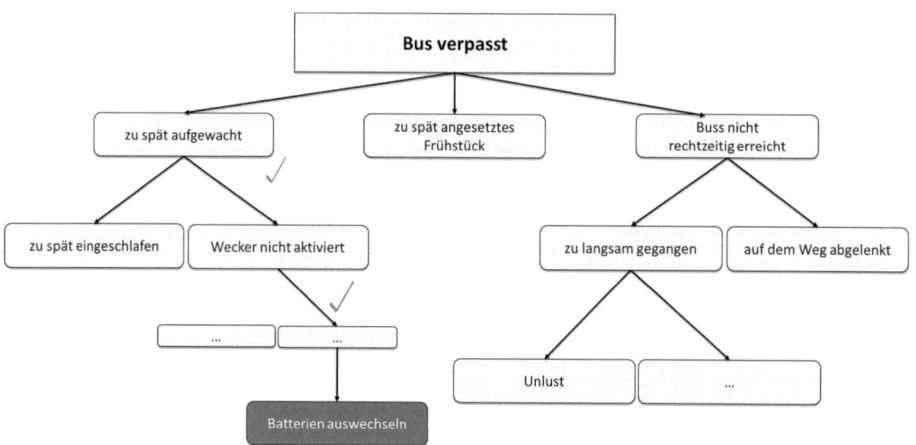

Abb. 9.20 Es gibt auch zahlreiche Analysesysteme, um Fehlern *aufgrund von Lernerfahrungen* auf die Spur zu kommen und unmittelbar passende Maßnahmen zur zukünftigen Vermeidung des Fehlers ableiten zu können (z. B. der Fehlerbaum)

---

[68] Ishikawa (1968).
[69] Vgl. z. B. Schüttelkopf (2019).

4. ***Den Fehler als Lernerfahrung ansehen und als Chance für Verbesserungen begreifen.***
   Fehler sind potenzielle Informationsquellen und oft auch überfällige Anlässe dafür,
   den eigenen Umgang mit Aufgaben zu hinterfragen, Verbesserungsmöglichkeiten zu
   erwägen oder längst notwendig gewordene Veränderungen anzustoßen. Dabei können
   Personen andere Ziele, Wege und Mittel in Erwägung ziehen und ausloten. Sie können
   auch ermitteln, welche neuen Qualifikationen sie ggf. erwerben oder welche vorhandenen Fertigkeiten trainiert werden müssen. Für diesen Zweck kann es sogar hilfreich
   sein, *sich hypothetisch zu fragen, was man einem guten Freund raten würde, wenn sich
   dieser in der gleichen Situation befinden würde.* Der auf diese Weise hervorgerufene
   Perspektivenwechsel regt zumeist dazu an, den Fehler in einem nüchternen, relative-
   ren und objektiveren Licht zu sehen und auf diese Weise auch neue und effektivere
   Bewältigungsideen zu generieren.
5. ***Andere Personen einbeziehen.*** Da Erfahrungen mit Fehlern weitverbreitet sind, ist
   die Wahrscheinlichkeit hoch, dass Angehörigen, Freunden, Bekannten oder Kollegen
   schon einmal etwas Ähnliches widerfahren ist. Spricht man mit vertrauten Personen
   über den Fehler, verschafft dies oft Erleichterung. Andere Personen können darüber
   hinaus auch emotionale Unterstützung geben, Trost spenden oder Mut zusprechen.
   Insbesondere aber können sie wertvolle Anregungen geben, wie sich die Folgen bewältigen lassen, die ein Fehler verursacht hat. Nicht selten können andere Personen auch
   als Modell für einen erfolgreichen Umgang mit Fehlern fungieren.
6. ***Neue, realistische Ziele setzen und zielführende Handlungen initiieren.*** Wenn eine
   Person auf die beschriebene Weise konkrete Vorstellungen darüber entwickelt hat, was
   sie künftig verbessern will, sollte sie zügig darangehen, sich möglichst realistische(re)
   Ziele zu setzen und einen vorwärtsgerichteten, auf *Wenn-dann-Regeln* basierenden
   Handlungsplan zu entwickeln, der unter ihrer unmittelbaren Kontrolle steht und zu
   schrittweise registrierbaren Erfolgen führen kann.
7. ***Neue Erfolge selbstbewusst für sich in Anspruch nehmen.*** Wenn sich nach dem Fehler
   auf neuen Wegen erste Erfolge einstellen, sollten Personen diese selbstbewusst für
   sich in Anspruch nehmen und ihre Leistung, selbst wenn diese noch nicht sonderlich
   bedeutend ist, positiv bilanzieren.

Zwischenfazit

- Fehler stellen Ereignisse dar, denen Personen am liebsten aus dem Weg gehen würden.
- Fehler zu ignorieren, zu leugnen oder zu bagatellisieren, über Lebensbereiche hinweg
  zu vagabundieren oder sich einzukapseln stellen jedoch wenig zweckmäßige Reaktionen
  für die Selbstmotivierung und die persönliche Weiterentwicklung dar.
- Sich mit Selbstvorwürfen zu zermartern hilft ebenfalls niemandem.

Tab. 9.3 Beispielhafte Darstellungen der 5-Why-Methode zur Ermittlung der tiefer liegenden Fehlerursache (nach Toyoda Sakichi). Die Methode funktioniert so, wie Kinder von Natur aus vorgehen, die beharrlich „Warum?", „Warum?", „Warum?" fragen und auf diese Weise gnadenlos die elterlichen Wissens- und Geduldsgrenzen testen. Es soll auch junge Paare geben, die deshalb beschließen, keine Kinder zu wollen … und ihnen dies beim nächsten Abendessen auch mitzuteilen

5 x	Why
1	Warum musste der Kunde umsonst warten?
Antwort	Weil ihn die E-Mail mit der Terminänderung nicht rechtzeitig erreichte.
2	Warum erreichte ihn die E-Mail mit der Terminänderung nicht rechtzeitig?
Antwort	Weil wir die E-Mail erst am Morgen versendet haben als der Kunde schon zu uns unterwegs war.
3	Warum wurde die E-Mail erst am Morgen versendet?
Antwort	Weil uns am Abend zuvor erst die Terminkollision aufgefallen ist.
4	Warum ist die Terminkollision erst am Abend zuvor aufgefallen?
Antwort	Weil wir uns erst bei der Planung des nächsten Tages daran erinnert haben, dass der andere Termin ansteht.
5	Warum wurde erst bei der Planung des nächsten Tages an den anderen Termin gedacht?
Ursache	Weil der andere Termin für uns vorher nicht handlungsrelevant war und uns daher langfristig nicht präsent war.
Denkbare Lösungen	Organisationsweiten Kalender mit vorab eingetragenen Pflichtterminen implementieren. Auch die Telefonnummern der Kunden erfassen.

- Die Vorstellung von einer fehlerhaften *Person* (Versagerkonzept) muss zugunsten der Vorstellung einer fehlerhaften *Handlung* aufgegeben werden.
- Um motiviert und gestärkt aus einem Misserfolg hervorgehen zu können, sollten Personen bereit sein, sich des Fehlers anzunehmen, seine Ursachen zu analysieren und mit anderen Personen darüber zu sprechen.
- Es gibt mehrere Methoden, die dabei helfen, ein differenziertes Bild von den Ursachen eines Fehlers zu erhalten, wie z. B. die 4M- oder die 5-Why-Methode.
- An die Ursachenanalyse sollte sich sodann die Umsetzung konkreter Maßnahmen zur zukünftigen Vermeidung des Fehlers anschließen. Diese Maßnahmen sollten unter der unmittelbaren Kontrolle der Person stehen (z. B. in Form von Wenn-dann-Regeln).

9.6   Feedbackmechanismen und effiziente Fehlerkorrektur
– Fehler im Griff

Die Unterscheidung zwischen vermeidbaren und „anderen" Fehlern erscheint sinnvoll. Vermeidbare Fehler sind z. B. solche, die in der Vergangenheit schon häufiger passiert sind. Wenn ein entsprechendes Risiko bekannt ist, sollten nach der Analyse solcher Fehler auch ursachenbezogene, räumlich und zeitlich verankerte Vorkehrungen dafür getroffen werden, dass sie nicht ein weiteres Mal geschehen. Die Mittel dafür wurden in den vorangegangenen Kapiteln bereits erwähnt: z. B. die Verwendung von *Checklisten, Warnhinweisen, Markierungen* oder *Erinnerungsstützen,* die Durchführung von *Time-out-Reflexionen* und *Kompetenztrainings,* die akribische *Einarbeitung* von Mitarbeitern, die *stärken- und ressourcenorientierte Aufgabendelegation,* ggf. auch eine *Anspruchsniveausenkung,* die *aktivitätszentrierte Anpassung des technischen Designs,* die Schaffung von *Redundanzen,* die *Standardisierung, Automatisierung, Simplifizierung* und *Strukturierung von Arbeitsabläufen* oder die *Entkopplung von Systemen und Prozessen.*

In neuartigen, dynamischen und komplexen Aufgabenfeldern hingegen lassen sich Fehler nicht vollkommen ausschließen. Der **Kompensierbarkeit** und **Korrektur** von Fehlern kommt unter solchen Umständen daher eine bedeutende Rolle zu, insbesondere im administrativen Tätigkeitsbereich. Fehler lassen sich bei administrativen Aufgaben nämlich zumeist unmittelbar vom Individuum selbst korrigieren. In den einschlägigen

Tab. 9.4 Destruktive und konstruktive Vorgehensweisen im Angesicht eines begangenen Fehlers[70]

Destruktives Vorgehen	Konstruktives Vorgehen
Ignoriere den Fehler. Vergiss ihn so schnell wie möglich. Beschäftige dich einfach mit anderen Dingen.	Setze dich proaktiv mit dem Fehler auseinander. Erfasse den Fehler bewusst in allen seinen Facetten.
Hoffe darauf, dass der Fehler unentdeckt bleibt. Überlasse eine mögliche Entdeckung jedenfalls den Kollegen, Vorgesetzten oder Kunden.	Informiere schnell und kommuniziere offen über den Fehler. Beziehe deine Arbeitsgruppe ein.
Mache andere für den Fehler verantwortlich. Suche die Schuld konsequent bei Kollegen oder Vorgesetzten.	Übernimm Verantwortung für die Fehlerbewältigung, selbst wenn du den Fehler nicht allein verursacht hast. Stelle die Problemlösung in den Vordergrund, nicht die Schuldfrage.
Tue den Fehler als einmaligen Ausrutscher ab. Bagatellisiere ihn als „keine große Sache" vor dir selbst und anderen.	Nimm den Fehler ernst, aber lasse dich durch ihn nicht lähmen oder zurückwerfen. Nutze eher den Informationsgehalt des Fehlers über unstimmige Abläufe oder Strukturen.
Es ist nicht nötig, etwas an deinem Arbeitsverhalten o.ä. zu ändern. Initiiere unter keinen Umständen irgendwelche aufwendigen strukturellen Veränderungen.	Lerne und verbessere dich kontinuierlich. Analysiere den Fehler (möglichst gemeinsam mit Kollegen) und revidiere, was nötig ist, um die Fehlerursachen zu bekämpfen.
Verlasse dich auf deine Erinnerung; die wird schon dafür sorgen, dass ein Fehler dieser Art nicht wieder passieren wird.	Ergreife Maßnahmen, wie z.B. die Erstellung einer Checkliste oder die Einführung einer Time-Out Reflexion, um den Fehler zukünftig systematisch auszuschließen.

---

[70] Eigene Darstellung, in Anlehnung an May, 2018; www.niagarainstitute.com.

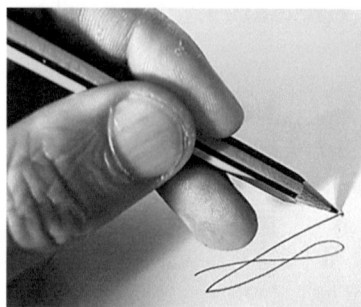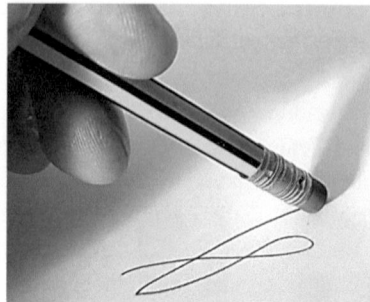

Abb. 9.21 Fehler im Griff: Viele Bleistifte enthalten bereits ihr eigenes Korrekturmittel

Aufgabenfeldern kommt es eher zu sogenannten *Friktionen* in einem verzeihenden, toleranten System,[71] Unfälle oder Katastrophen sind hingegen selten. Um den Unterschied zugespitzt zu veranschaulichen: Das mit dem Bleistift falsch gesetzte Kreuz auf einem neuen Antragsformular lässt sich schnell ausradieren, die fehlerhafte Verschweißung von Metallteilen hingegen kann *nicht* derart leicht rückgängig gemacht werden (s. Abb. 9.21).

Organisationen können aber auch für *komplexere* Aufgaben **Korrekturmechanismen** oder **Kompensationsmittel** bereitstellen, wie z. B. die Einplanung eines generellen *Budgetpuffers*. Die Möglichkeit der unmittelbaren Fehlerkorrektur setzt allerdings auch engmaschige Feedbackmechanismen voraus. Diese können ebenfalls auf der organisationalen Ebene implementiert werden, wie z. B. das *Vier-Augen-Prinzip* als generelles personenbezogenes Korrekturmittel im Rahmen fehlerträchtiger Aufgaben (s. Abb. 9.22). Unsere eigenen Untersuchungen zeigen, dass sich viele Mitarbeitende ein solches Instrument, etwa in der Form eines motivierenden „Sparringspartners", durchaus wünschen.

Aber auch aufseiten *der Beschäftigten selbst* kann eine entsprechende Sensibilität geschaffen werden: ***Ein geeignetes Feedbackinstrument für die Identifikation und Reflexion von (Beinahe-)Fehlern und zur Förderung des individuellen, iterativen Lernens in komplexen Aufgabenbereichen stellt beispielsweise*** das **Videotagebuch** *dar* (s. Abb. 9.23). Bei der Verwendung eines Videotagebuchs resümiert man für sich selbst den täglichen Arbeitsprozess – inklusive begangener Fehler. Dies dient einerseits der Schärfung des Fehlergedächtnisses, andererseits kann es niedrigschwellig als Feedbackinstrument zur Förderung des iterativen Lernens und der kontinuierlichen Verbesserung eingesetzt werden (lessons learned). Dabei können durchaus auch „Beinahefehler" in die dokumentierte Reflexion einbezogen werden, da diese in der Regel auch potenzielle Sicherungsmaßnahmen aufzeigen – schließlich ist der Fehler aus einem bestimmten Grund doch nicht passiert, und dieser Grund kann sich für die Fehlerprävention durchaus als nützlich erweisen.

---

[71] Dörner (1989).

Abb. 9.22 Beim Vier-Augen-Prinzip können bestimmte Arbeitsschritte nur initiiert oder weiter-verfolgt werden, wenn sie zuvor von zwei Personen begutachtet wurden.[72] Eine Variante dieser Maßnahme wurde z. B. im Bundesamt für Migration und Flüchtlinge (BAMF) eingeführt, nachdem dieses für Fehlentscheidungen in der Kritik stand

Zwischenfazit

- Es liegen zahlreiche Instrumente vor, mit denen bekannte Fehler zukünftig vermieden werden können (z. B. Checklisten, Standardisierungen).
- In neuen, dynamischen und komplexen Situationen lassen sich Fehler jedoch nicht vollständig vermeiden.
- Ein relevanter werdender Faktor im Rahmen des Fehlermanagements stellt daher die Fehlerkorrektur dar.
- Es gibt Möglichkeiten, allgemeine Korrektur- und Kompensationsmittel vor der Aufgabendurchführung einzuplanen und bereitzustellen, wie z. B. einen Budgetpuffer oder das Vier-Augen-Prinzip.
- Eine schnelle und unmittelbare Fehlerkorrektur durch die Mitarbeitenden selbst setzt allerdings den Einsatz entsprechender Feedbackinstrumente voraus.
- Das arbeitsbezogene Videotagebuch stellt ein individuell anwendbares Feedbackinstrument dar, welches dazu motiviert, sich ständig zu verbessern und weiterzuentwickeln.

---

[72] Die Methode sollte nicht überstrapaziert werden, da es durch die gewährleistete Kontrolle durch eine andere Person auch zur sogenannten Verantwortungsdiffusion kommen kann. Sie sollte im Idealfall nur auf freiwillige Initiative einer Person und bei wissentlich fehlerträchtigen Aufgaben zur Anwendung kommen.

Abb. 9.23 Das arbeitsbezogene Videotagebuch, in dem man für sich selbst den täglichen Arbeitsprozess – inklusive begangener Fehler – ehrlich resümiert. Diese Art der Protokollierung dient der
Erhöhung der Fehlersensibilität und der Schärfung des Fehlergedächtnisses. Darüber hinaus kann es
als niedrigschwelliges Feedbackinstrument zur Förderung des iterativen Lernens und zur Steigerung
der Motivation, sich kontinuierlich zu verbessern, eingesetzt werden

9.7   Fazit

Häufen sich individuelle vermeidbare Fehler, sollten die Betroffenen prüfen, ob sie für die
Ausübung ihres Aufgabenbereichs noch ausreichend motiviert sind. Fehler können näm-
lich auch ein Ausdruck von mangelnder Akzeptanz der durchzuführenden Aufgaben sein.
Im vorangegangenen Kapitel wurden Techniken vorgestellt, mit deren Hilfe die eigenen
starken Motive identifiziert werden können (z. B. mithilfe von Phantasiefragen). In diesem
Zusammenhang wurden auch Möglichkeiten dargestellt, wie die Motivation für berufliche
Aufgaben *individuell* (z. B. durch eine motivkongruente Berufs- und Aufgabenwahl) und
organisational (z. B. mithilfe von Zielvereinbarungen) gesteigert werden kann.

Die Arbeitsmotivation leidet nicht selten unter inneren Konflikten. Diese führen z. B.
zu Tagträumen von vermeintlich attraktiveren Tätigkeiten, zu leichter Ablenkbarkeit, zu
willkommenen Unterbrechungen und zu einer empfundenen wie auch faktischen Mehrbelastung. Wir haben Methoden beschrieben, mit deren Hilfe solche Konflikte geklärt
werden können (z. B. Verhandeln mit sich selbst), damit Personen ihre Ressourcen
„hundertprozentig" der zu bearbeitenden Aufgabe zuweisen können.

Als gut erforscht stellt sich die Fehler- und Unfallaffinität von Müdigkeitszuständen heraus. Müdigkeit kann auf mannigfaltige Weise verursacht sein. Einige Faktoren

stehen durchaus unter der unmittelbaren Kontrolle des Individuums. Wir haben Methoden dargelegt, zu denen Personen greifen können, um müdigkeitsbedingte Fehler bei
der Berufsausübung zu vermeiden, wie z. B. Powernapping oder eine dem circadianen
Leistungsverlauf angepasste Aufgabenzuteilung.

Eine effektive und je nach Ausgestaltung auch motivierende Waffe im Kampf gegen
Fehler stellt die mentale Simulation von Zukunftsszenarien dar. Die *mentale* Simulation
kann verhindern, dass eine Person *real* einen Fehler begeht. Da es harmlos ist, wenn
ein Schaden nur hypothetisch eintritt, sollte die mentale Simulation von Fehlern proaktiv
vorangetrieben werden, z. B. mithilfe von entsprechenden Leitfragen, des Einsatzes eines
Advocatus Diaboli, der Aktivierung von sogenannten Private Audiences oder auch durch
das fallbasierte Lernen am Modell.

Ist ein Fehler trotz aller Vorkehrungen eingetreten, stellt es sich als hilfreich heraus,
eine mögliche Demotivierung durch eine unmittelbare und konstruktive Fehlerbewältigung zu verhindern. Konstruktive Reaktionen bestehen für ein Individuum z. B. darin, das
übliche Einkapseln und Vagabundieren zu vermeiden, sich dem Fehler stattdessen proaktiv zu stellen und gemeinsam mit anderen Personen eine differenzierte Ursachenanalyse,
z. B. mithilfe der 4M-Methode, durchzuführen. Daraus sind sodann erfolgversprechendere
Handlungen abzuleiten, die unter der unmittelbaren Kontrolle des Individuums stehen
(Wenn-dann-Regeln eignen sich dafür in besonderer Weise).

Zahlreiche Strategien, Maßnahmen, Techniken, Methoden und Instrumente stehen im
konstruktiven Umgang mit Fehlern zur Verfügung. Diese können sich auf die organisationale, technische oder individuelle Ebene beziehen. Die Techniken schließen sich
keineswegs wechselseitig aus. Beispielsweise empfiehlt es sich, sowohl eine positive
Fehlerkultur in einer Organisation zu implementieren als auch die Arbeitsmittel an die
Bedürfnisse und Fähigkeiten der Menschen anzupassen. Doch auch die Beschäftigten
selbst können verschiedene Methoden einsetzen, um Fehler zu vermeiden. Dazu zählen insbesondere Methoden der Selbstmotivierung, der Lösung von Zielkonflikten, der
mentalen Simulation und der Vermeidung von Müdigkeitszuständen.

Literatur

Adamsky, V. (2019). *Never let your fear decide your fate*. Taschenbuch.
Altmann, E. M., Trafton, J. G., & Hambrick, D. Z. (2014). Momentary interruptions can derail the
train of thought. *Journal of Experimental Psychology, General, 143*(1), 215–226.
Ariely, D., Gneezy, U., Loewenstein, G., & Mazar, N. (2010). Large stakes and big mistakes. *Review
of Economic Studies, 77*(1), 45–72.
Baldwin, M. W., & Holmes, J. G. (1987). Salient private audiences and awareness of the self. *Journal
of Personality and Social Psychology, 52*, 1087–1098.
Banbury, S., &Tremblay, S. (2004). *A cognitive approach to situation awareness: Theory and
application*. Ashgate.
Bratzke, D., Rolke, B., Ulrich, R., & Peters, M. (2007). Central slowing during the night. *Psychological Science, 18*, 456–461.

Buss, D. M. (2004). *Evolutionary psychology: The new science of the mind.* Allyn & Bacon.

Caporael, L. R., & Baron, R. M. (1997). Groups as the mind's natural environment. In J. A. Simpson & D. T. Kenrick (Hrsg.), *Evolutionary social psychology* (S. 317–344). Erlbaum.

Dawkins, R. (1994/2014). *Das egoistische Gen.* Spektrum.

Dörner, D. (1989/2003). *Die Logik des Misslingens. Strategisches Denken in komplexen Situationen.* Rowohlt.

Duckworth, A. L., Tsukayama, E., & Kirby, T. A. (2013). Is it really self-control? Examining the predictive power of the delay of gratification task. *Personality and Social Psychology Bulletin, 39*(7), 843–855.

Fasnacht, D. (2009). *Intrapreneurial attitude: The basis for profitable growth. Open innovation in the financial services.* Springer.

Fietze, I. (2018). *Die übermüdete Gesellschaft. Wie Schlafmangel uns alle krank macht.* Rowohlt.

Flanagan, J. C. (1954). The critical incident technique. *Psychological Bulletin, 51*(4), 327–358.

Folkard, S., Lombardi, D. A., & Tucker, P. T. (2005). Shiftwork: Safety, sleepiness and sleep. *Industrial Health, 43,* 20–23.

Graf, O. (1934). Untersuchungen über die Wirkung zwangsläufiger zeitlicher Regelung von Arbeitsvorgängen (III). *Arbeitsphysiologie, 7,* 358–380.

Hofstätter, P. R. (1913/1994). *Gruppendynamik: Kritik der Massenpsychologie.* Rowohlt.

Ishikawa, K. (1968). *Guide to quality control.* JUSE.

Janis, I. (1972). *Victims of groupthink: A psychological study of foreign-policy decisions and fiascoes.* Houghton Mifflin.

Jasper, I., Häußler, A., & Hermsdörfer, J. (2008). Circadian influences on sensorimotor control. *International Journal of Psychology, 43,* 712.

Jennings, J. R., Monk, T. H., & van der Molen, M. W. (2003). Sleep deprivation influences some but not all processes of supervisory attention. *Psychological Science, 14,* 473–479.

Kotler, P., Berger, R., & Rickhoff, N. (2010). *The quintessence of strategic management.* Springer.

Krajewksi, J. (2009). Den Seinen gibt es der Herr im Schlaf. Wie betriebliches Pausenmanagement müdigkeitsbedingte Motivationsverluste verhindert. In M. Sauerland & J. Weikamp (Hrsg.), *Zündstoff Motivation: Motivierungsmethoden für Mitarbeiter, Führungskräfte und Organisationen* (S. 113–129). Kovac.

Krajewski, J., Wieland, R., & Sauerland, M. (2010a). Regulating strain states by using the recovery potential of lunch breaks. *Journal of Occupational Health Psychology, 15,* 131–139.

Krajewski, J., Sauerland, M., & Wieland, R. (2010b). Relaxation-induced cortisol changes within lunch breaks: An experimental longitudinal worksite field study. *Journal of Occupational and Organizational Psychology, 1,* 1–14.

Kubowitsch, K. (1995). *Power Coaching. Wie Sie sich besser vermarkten und mehr Einfluss im Unternehmen gewinnen.* Gabler.

Lewin, K. (1963). *Feldtheorie in den Sozialwissenschaften.* Huber.

Locke, E. A., & Latham, G. P. (1990). *A theory of goal-setting and task performance.* Prentice Hall.

Locke, E. A., & Latham, G. P. (2002). Building a practically useful theory of goal setting and task motivation. *American Psychologist, 57*(9), 705–717.

MacLean, A. W., Davies, D. R., & Thiele, K. (2003). The hazards and prevention of driving while sleepy. *Sleep Medicine Review, 7,* 507–521.

Martens, J.-U., & Kuhl, J. (2009). *Die Kunst der Selbstmotivierung. Neue Erkenntnisse der Motivationsforschung praktisch nutzen.* Kohlhammer.

McGregor, D. (1960). *The human side of enterprise.* McGraw-Hill.

Metzinger, T. (2003). *Being no one: The self-model theory of subjectivity.* MIT Press.

Mischel, W. (2015). *Der Marshmallow Test: Willensstärke, Belohnungsaufschub und die Entwicklung der Persönlichkeit.* Siedler.

Mitler, M., Carskadon, M. A., Czeisler, C., & Dement, W. C. (1988). Catastrophes, sleep, and public policy: Consensus report. *Sleep, 11*(1), 100–109.

Müller, E. B. (2017). Job Crafting Leadership. In C. von Au (Hrsg.), *Struktur und Kultur einer Leadership-Organisation: Holistik, Wertschätzung, Vertrauen, Agilität und Lernen* (S. 141–156). Springer.

Nietzsche, F. (1996/1901). *Der Wille zur Macht.* Kröner. (Originalarbeit erschienen 1901).

Nietzsche, F. (2003). Also sprach Zarathustra, IV, Das Honig-Opfer, S. 297; vgl. Ecce homo. Wie man wird, was man ist. Kritische Studienausgabe (KSA), Band 6; Pindar: „Siegeslieder" Griechisch – Deutsch, Übers.: Dieter Bremer, Sammlung Tusculum, Patmos Verlag, Düsseldorf/Zürich: 2003, Zweite Pythische Ode, S. 124/72; 125.

Rosekind, M. R., et al. (2005). Managing work schedules: An alertness and safety perspective. In M. H. Kryger (Hrsg.), *Principles and practice of sleep medicine* (S. 680–690). Elsevier.

Sauerland, M. (2015/2018). *Design Your Mind! Denkfallen entlarven und überwinden. Mit zielführendem Denken die eigenen Potenziale voll ausschöpfen.* Springer.

Sauerland, M., & Gewehr, P. (2017). *Entscheidungen erfolgreich treffen: Entscheidungskompetenzen aufbauen und die Angst vor Fehlentscheidungen abbauen.* Springer Gabler.

Sauerland, M., & Müller, G. F. (2012). *Selbstmotivierung und kompetente Mitarbeiterführung.* Windmühle.

Sauerland, M., & Weikamp, J. (2009). *Zündstoff Motivation.* Kovac.

Schmalt, H.-D., Sokolowski, K., & Langens, T. (2009). *Multi-Motiv-Gitter für Anschluss, Leistung und Macht.* Pearson Manual.

Schopenhauer, A. (1998). *Die Welt als Wille und Vorstellung.* Suhrkamp. (Originalausgabe erschienen 1819).

Schüttelkopf, E. M. (2019). *Lernen aus Fehlern. Wie man aus Schaden klug wird.* Haufe.

Schulz-Hardt, S., Jochims, M., & Frey, D. (2002). Productive conflict in group decision making: Genuine and contrived dissent as strategies to counteract biased information seeking. *Organizational Behavior and Human Decision Processes, 88*(2), 563–586.

Schulz von Thun, F. (1998/2013). *Miteinander reden 3. Das Innere Team und situationsgerechte Kommunikation.* Reinbek.

Seiwert, L. J. (2007). *Das neue 1x1 des Zeitmanagement: Zeit im Griff, Ziele in Balance. Kompaktes Know-how für die Praxis.* Gräfe und Unzer.

Seiwert, L. J. (1984/2014). *Das 1x1 des Zeitmanagement. Erfolg und Methodik.* Springer.

Senko, C., Hulleman, C. S., & Harackiewicz, J. M. (2011). Achievement goal theory at the crossroads: Old controversies, achievement goals, interest and performance. *Journal of Educational Psychology, 100*, 105–122.

Shoda, Y., Mischel, W., & Peake, P. K. (1990). Predicting adolescent cognitive and self-regulatory competencies from preschool delay of gratification. Identifying diagnostic conditions. *Developmental Psychology, 26*(6), 978–986.

Stiefelhagen, P. (2014). Wie viel Schlaf ist optimal? *MMW-Fortschritte der Medizin, 156*, 18–19.

Stroebe, A. I., & Stroebe R. W. (2006). *Motivation durch Zielvereinbarungen. Engagement bei der Arbeit – Erfolg in der Umsetzung.* Windmühle.

Tassi, P., Pellerin, N., Moessinger, M., Eschenlauer, R., & Muzet, A. (2000). Variation of visual detection over the 24-hour period in humans. *Journal of Chronobiology International, 17*, 795–805.

Watson, N. F., Badr, M. S., Belenky, G., Bliwise, D. L., et al. (2015). Recommended amount of sleep for a healthy adult: A joint consensus statement of the American Academy of Sleep Medicine and Sleep Research Society. *Journal of Clinical Sleep Medicine, 11*(6), 591–592.

Wegge, J. (2014). Gruppenarbeit und Management von Arbeitsteams. In H. Schuler & U. Kanning (Hrsg.), *Lehrbuch der Personalpsychologie* (S. 933–978). Hogrefe.

Weinert, A. B. (2004). *Organisations- und Personalpsychologie*. Beltz.

Wilson, T. D. (1985). Strangers to ourselves: The origins and accuracy of beliefs about one's own mental states. In J. H. Harvey & G. Weary (Hrsg.), *Attribution: Basic issues and applications* (S. 9–36). Academic.

Wilson, T. D., & Schooler, J. W. (1991). Thinking too much: Introspection can reduce the quality of preferences and decisions. *Journal of Personality and Social Psychology, 60*, 181–192.

Wright, N., & McGown, A. (2001). Vigilance on the civil flight deck: Incidence of sleepiness and sleep during long-haul flights and associated changes in physiological parameters. *Ergonomics, 44*(1), 82–106.

Wrzesniewski, A., Berg, J., & Dutton, J. E. (2010). Job crafting and meaningful work. *Journal of Organizational Behavior, 31*(2), 158–186.

Zitelmann, R. (2019). *Setze dir größere Ziele! Die Geheimnisse erfolgreicher Persönlichkeiten*. Redline.

Internetquellen

Churchill. http://www.winstonchurchill.org/i4a/pages/index.cfm?pageid=226.

Eckart von Hirschhausen; z. B. https://www.hirschhausen.com/glueck/die-pinguingeschichte.php.

Gallup. (2014). https://www.gallup.de.

Jakob, N. (2017). Müde Menschen kosten die Wirtschaft Milliarden. Wirtschaftswoche. https://wiwo.de/Erfolg.

Keßler (Strauß-Zitat). https://www.aphorismen.de/zitat/55547.

Krupp. https://www.handelsblatt.com/unternehmen/industrie/alfred-krupp-wer-arbeitet-macht-fehler/11794254-2.html.

Darstellung, in Anlehnung an May, 2018. www.niagarainstitute.com.

Odysseus. https://commons.wikimedia.org/wiki/File:Odysseus_Sirens_BM_E440_n2.jpg.

Schwerdtfeger, B., Alt, T., & Klinker, G. (2007). Augmented Reality – Mobile Version zur aktiven Fehlervermeidung. https://campar.in.tum.de.

Sprotte, C. (2023). www.bgetem.de.

Zulley. (2002). https://www.zulley.de/dokumente/mittagsschlaf.html.

Das Ende aller Fehler? 10

Ein Happy End haben nur Geschichten,
die unvollendet sind.

(unbekannter Autor)

In diesem abschließenden Kapitel werden die wesentlichen theoretischen Aussagen, empirischen Befunde und praktischen Maßnahmen, die in diesem Buch zu den verschiedenen Bereichen der Fehlerforschung beschrieben wurden, nochmals systematisch zusammengefasst.

Kap. 1	Zielsetzung
Kap. 2	Fehlerphänomene
Kap. 3	Fehlertypen
Kap. 4, 5 und 6	Fehlerursachen
Kap. 7, 8 und 9	Fehlermanagement
Kap. 10	**Zusammenfassung**

Eine zentrale These, die wir in den vorangegangenen Kapiteln herausgearbeitet haben, besagt, dass Fehlleistungen auch auf mangelnde individuelle Motivation zurückgehen können. Dies bedeutet im Umkehrschluss nicht, dass hoch motivierten Personen keine Fehler unterlaufen. Es bedeutet auch nicht, dass es über motivationale Faktoren hinaus nicht noch andere Ursachen für Fehler gibt oder die bisherigen kognitiv oder systemorientierten Fehlergenesemodelle falsch sind. Unsere Untersuchungen zeigen jedoch, dass der vorhandene Motivierungsgrad einer Person ebenfalls eine bedeutende Variable ist, welche die Fehlerwahrscheinlichkeit beeinflusst. Eine vollständige Analyse des Phänomens darf die motivationalen Faktoren, die das Fehlergeschehen beeinflussen, daher

M. Sauerland, *Fehler im Griff*, https://doi.org/10.1007/978-3-662-68472-6_10

nicht ignorieren, und dies gilt insbesondere für den administrativen Bereich, in dem sich zunehmend mehr neuartige, dynamische und komplexe Aufgaben stellen, die sich auf organisationaler Ebene nicht systematisieren, standardisieren oder automatisieren lassen. Die Berücksichtigung der motivationalen Faktoren ist aus diesem Grund auch für die Fehlerprävention von besonderer Bedeutung. Dies schließt systembezogene Maßnahmen jedoch keineswegs aus. Das System sollte sogar derart gestaltet werden, dass es Beschäftigte dabei unterstützt, sich selbst zu motivieren; es sollte wenigstens so gestaltet werden, dass es nicht (wie leider sehr häufig) dazu beiträgt, die individuelle Motivation der Mitarbeitenden zu torpedieren. Welche organisationalen Maßnahmen dabei behilflich sind, die fehlerreduzierenden Effekte der individuellen Motivation zur vollen Entfaltung zu bringen, haben wir ausführlich dargelegt (z. B. Zielvereinbarungssysteme, Feedbackinstrumente, Regenerationsmöglichkeiten, unterstützende Arbeitsmittel). Durch unsere Analyse der motivationalen Fehlerursachen wurde aber überdies deutlich, dass sich die interaktive Kombination einer Vielzahl von Techniken, sowohl auf individueller wie auch auf organisationaler Ebene, zur Fehlervermeidung anempfiehlt: s. Abb. 10.1 und Tab. 10.1.

Die Ziele dieser Arbeit wurden wie folgt formuliert:

1. **Die Untersuchung von Fehlern, Fehlertypen, Fehlerursachen und Fehlerbewältigungsmöglichkeiten im administrativen (nicht industriellen) Bereich, also z. B. bei der Büroarbeit**

   Dafür haben wir die wachsende Bedeutung und auch die Besonderheiten administrativer Tätigkeiten herausgearbeitet *(z. T. politisch bedingte widersprüchliche Zielsetzungen, Aufgaben mit breitem Ermessensspielraum, Kooperationserfordernisse mit einer Vielzahl unterschiedlicher Akteure)*. Zudem haben wir einschlägige Fehlleistungen in administrativen Tätigkeitsfeldern dokumentiert *(z. B. Zahlendreher, Fehladressierungen, unbeabsichtigte Datenlöschung, Falschauskünfte, Fehlbesetzungen)*, diese kategorisiert *(z. B. in fertigkeits-, regel- und wissensbasierte Fehlertypen, wobei Auslassungsfehler am häufigsten vorkommen)* und deren Ursachen identifiziert *(kognitive Ursachen wie die Ablenkung der Aufmerksamkeit durch Unterbrechungen, die letztlich jedoch durch organisationale Faktoren zustande kommen, wie z. B. Zeitdruck, Personalmangel und ein defizitäres Informationsmanagement)*. Unsere umfangreichen Untersuchungen in verschiedenen Organisationen brachten darüber hinaus zahlreiche Vorschläge zur Fehlervermeidung hervor *(z. B. das Vier-Augen-Prinzip in verschiedenen Varianten, die Einrichtung unterbrechungsfreier Bürozeiten, eine bessere Einarbeitung neuer Mitarbeiter oder allgemein die Etablierung einer positiven Fehlerkultur)*.

2. **Die Entwicklung eines motivationalen Modells der Fehlergenese**

   Auf der Basis bereits bestehender kognitiver und systembezogener Theorien haben wir ein eigenes ergänzendes motivationales Modell der Fehlergenese entwickelt und in Kap. 6 detailliert vorgestellt. Auch wenn motivational bedingte Fehlerursachen

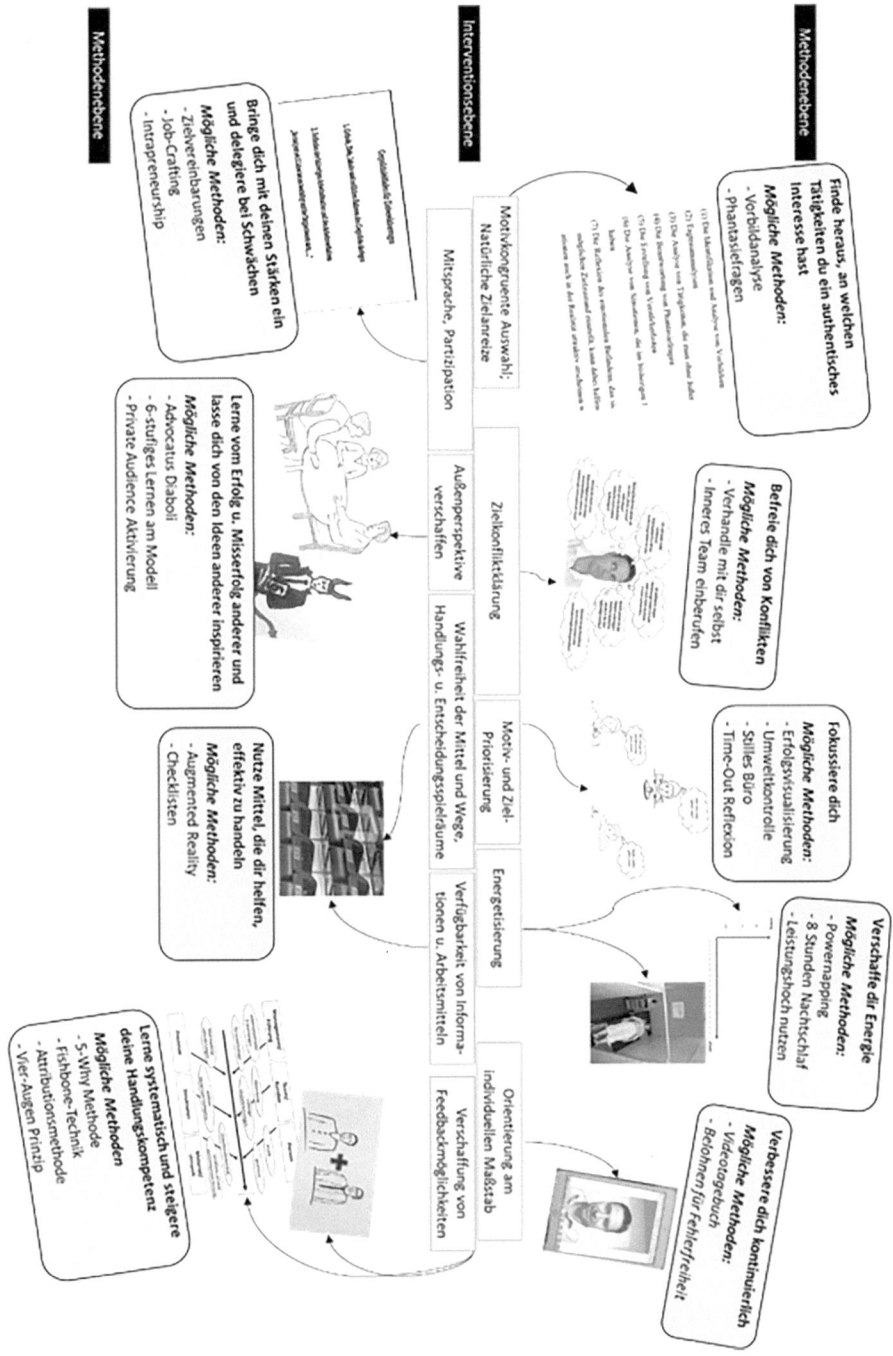

Abb. 10.1 Was kann eine Person selbst tun, um Fehler zu vermeiden? Zahlreiche Methoden existieren, um die Fehlerwahrscheinlichkeit zu reduzieren

Tab. 10.1 Das *eine* allmächtige Heilmittel existiert nicht: Eine Zusammenfassung verschiedener Maßnahmen zur Fehlerbewältigung und Fehlerprävention

Möglichkeiten des Fehlermanagements			
Interventionsebene		Maßnahme	Zur Vermeidung von … Gegen …
Organisationale Lösungen	**Kultur** – **Struktur**/Prozesse	Etablierung einer positiven Fehlerkultur, Naming-Blaming-Shaming-Kultur abbauen Präsentismus vermeiden Suche nach Fehlerursachen statt Fehlerverursachern Pilotprojekte, Testphasen für Neues zulassen – Kommunikationsmöglichkeiten schaffen: z. B. anonyme Reporting-Systeme (CIRS) Vorausschauende quantitative und qualitative Netto-Personalbedarfsplanung: Personalengpässe vermeiden (ggf. auch durch Digitalisierung) Akribische Einarbeitung neuer Mitarbeiter, Empowerment und Qualifizierung des Personals *(Job Enlargement, Job Enrichment, -rotation),* personelle und organisationale Resilienz aufbauen Standardisierung, Simplifizierung, Automatisierung von wiederkehrenden Prozessen Eindeutige und relevante Informationen und nach Möglichkeit auch unterstützende Arbeitsmittel zeitlich u. örtlich bereitstellen Checklisten, Markierungen und Erinnerungsstützen einsetzen, Multitasking vermeiden, „stille Büros" zur Verfügung stellen	Fehlerreproduktion oder Fehlerausweitung Stagnation der Organisation Fehlerreproduktion Fehlerausweitung Überlastung, Zeitdruck Missverständnisse Unkenntnis Desinteresse Überlastung Unkenntnis Vergessen Übersehen Verwechslungen Ablenkung Unterbrechungen

(Fortsetzung)

Tab. 10.1 (Fortsetzung)

Möglichkeiten des Fehlermanagements			
Interventionsebene		Maßnahme	Zur Vermeidung von … Gegen …
	Führung/Team	Führungskraft als Vorbild im Umgang mit Fehlern, eher Intoleranz gegenüber Vertuschung Offenheit der Fehlerkommunikation, regelmäßige Kommunikationsangebote schaffen: z. B. einschlägige Gesprächsleitfäden für Teammeetings nutzen, gemeinsame Problemlösung initiieren Stärkenorientierte Aufgabenzuteilung Vertrauen schaffen, Teambuilding Transformationalen Führungsstil pflegen Zielvereinbarungen statt -vorgaben	Fehlerreproduktion Stagnation der Organisation Verschleppen und Ausweitung eines Problems Überlastung Wirksamwerden von individuellen Schwächen Unlustbedingte Einbußen Stagnation der Organisation Trotzbedingte Verstöße
Humanzentrierte Gestaltung von Arbeitsmitteln	**Technikdesign**	Eindeutige Erkennbarkeit und Unterscheidbarkeit von Arbeitsmitteln herstellen „Mode"-Wechsel vermeiden, multifunktionale Steuerungselemente vermeiden Menschliche Zielorientierung beim Technikdesign berücksichtigen (vgl. Bankautomat) Redundanzen einbauen, Multi-Layer-Organisation der Schutzmechanismen, Undo-Funktion; AR- & VR-Apps (s. u.) Entkopplung von Systemen und Prozessen	Übersehen Verwechslungen Missverständnisse Vergessen bloß mittelbezogener Handlungsschritte Verkettungen unglücklicher Umstände Ausweitung von Fehlern
Individuelle Motivationsstrategien	**Selbst**motivierung	Motivkongruente, interessensgeleitete Auswahl von Aufgaben *(dafür: Phantasiefragen beantworten, Vorbildsuche, vergangene Situationen analysieren, Tagträume analysieren)* Job Crafting betreiben Eigene Stärken (und Schwächen) kennen *(z. B. mithilfe des Ressourcen-ABCs)* Individuelle Resilienz aufbauen Authentizität entwickeln	Mentale Abwesenheit Ablenkbarkeit Unlustbedingte Einbußen Wiederholung von Fehlern Frustration und Demotivierung Unlustbedingte Einbußen
	Motivkonflikte klären	Einberufung des inneren Teams Verhandeln mit sich selbst, Priorisieren, stärkenorientiertes Delegieren Visualisierung langfristiger Belohnungen (delay of gratification), Umweltkontrolle	Tagträume, sich auf die Aufgabe nicht einlassen können Kurzfristigen Verlockungen nicht widerstehen können

(Fortsetzung)

Tab. 10.1 (Fortsetzung)

Möglichkeiten des Fehlermanagements

Interventionsebene		Maßnahme	Zur Vermeidung von … Gegen …
	Incentives	Selbstverstärkung für erfolgreiche Fehlervermeidung Natürliche Anreize setzen „Furchtappelle" konstruktiv bewältigen	Vergessen Wiederholung von Fehlern Unlustbedingte Einbußen Risikoignoranz
	Energetisierung	Nachtschlaf sicherstellen, Powernapping im Mittagstief, Silent Rooms als organisationsseitige Unterstützung Komplexe Aufgaben im circadianen Leistungshoch bearbeiten	Müdigkeitsbedingte Konzentrationsfehler Nachlassende Leistung im Mittagstief
	Mentale Simulation	Leitfragen und Gegenthesen generieren und durchdenken Time-out-Reflexion Ggf. Augmented Reality, Virtual-Reality-Anwendungen nutzen Inspirierende Außenperspektive einholen: fiktive Audienzen, reale Audienzen, Advocatus Diaboli, Lernen am Modell, Lernen an hypothetischen Fällen Probehandeln, vernetztes Denken	Übersehen relevanter Sachverhalte Wiederholung bekannter Fehler
	Bewältigungsplan	Vagabundieren, Einkapseln und kontrafaktisches Denken nach Misserfolg verhindern Konzept einer fehlerhaften Person ersetzen durch Konzept einer fehlerhaften Handlung Emotionen niederschreiben Soziale Unterstützung suchen Ursachenanalyse (5-Why, Fishbone, Attribution) Systematisches Lernen Zielsetzung realistisch anpassen und in Wenn-dann-Regeln gießen, ggf. Anspruchsniveausenkung	Verschleppen und Ausweitung des Problems Erneutes Scheitern Frustration
	Weitere Techniken	Korrekturmittel einplanen und bereitstellen (z. B. auch Überbudgetplanung, monetäres Polster aufbauen) Vier-Augen-Prinzip (independent verification) Fehlergedächtnis stärken: Videofeedback, Protokollierung Persönliche Weiterqualifizierung	Fehlerzementierung Fehlerfortpflanzung Handlungsunfähigkeit Fehlerignoranz Fehlerwiederholung Persönliche Stagnation Kompetenzmangel

im administrativen Bereich nicht an oberster Stelle zu stehen scheinen, ist dennoch erkennbar, dass die Berücksichtigung energetischer Faktoren hilfreich ist, um gewisse Erklärungsdefizite der konventionellen Modelle zu beheben. Zudem ist zu bedenken, dass einzelne Beschäftigte einer Organisation und oft auch die Organisationen *per se* die häufig genannten *systembedingten* Fehlerursachen gar nicht ohne Weiteres beseitigen können (z. B. den Fachkräftemangel oder die Aufgabenkomplexität). Darüber hinaus ist zu bedenken, dass *kognitive* Fehlerursachen, wie z. B. Aufmerksamkeitsdefizite, häufig selbst noch eine dahinterliegende motivationale Ursache haben. Das motivationale Modell der Fehlergenese zeigt daher an den verschiedenen Prozessschritten einer prototypischen Aufgabenbewältigung *(Zielbildung, Handlungsplanentwicklung, Aktivierung und Ausführung des Plans, Ergebnisbewertung)* auf, wie Motivationsfaktoren **(a) fehlerbegünstigend** wirksam werden können *(mangelnde Beteiligung an der als unattraktiv empfundenen Aufgabenentwicklung; unvollständige und nicht internalisierte Zieldefinition; wenig durchdachte und von nicht kompensierten Wissensdefiziten geprägte Erstellung eines Handlungsplans; versäumte situative Aktivierung des Handlungsplans; nicht priorisierte, konflikthafte und halbherzige Ausführung des Plans; dabei leichte Ablenkbarkeit; fehlende Lernmotivation bei der Ergebnisanalyse)* oder wie Motivationsfaktoren eben auch **(b) fehlerhemmende** Prozesse anstoßen können *(differenzierte Entwicklung einer klaren und attraktiven Zielvorstellung; engagierte Ausarbeitung eines Handlungsplans mit vorsorglicher Kompensation von Wissensdefiziten; gespanntes, fokussiertes Warten auf die Gelegenheit zur Aktivierung des Handlungsplans; energische und fokussierte Bearbeitung der Aufgabe, inklusive getroffener Vorkehrungen gegen Ablenkung durch Unterbrechungen; hohe Lernmotivation bei der proaktiv eingeholten Ergebnisbewertung).*

3. **Die Ableitung eines Methodenkatalogs zur (individuellen) Fehlerprävention in einer komplexen Umwelt**

Aus dem motivationalen Modell der Fehlergenese haben wir sodann Methoden ableiten können, mit deren Hilfe eine ursachenbezogene individuelle Fehlerprävention möglich ist. Dazu gehört z. B. *die Identifikation starker persönlicher Motive und eine dazu passende Aufgabenauswahl, die Motiv- und Zielkonfliktklärung, die Beseitigung von demotivierenden Müdigkeitszuständen* oder auch ein *systematisch herbeigeführter Perspektivenwechsel zur Inspiration.* In der Abb. 10.1 und der Tab. 10.1 sind sämtliche (auch die flankierenden organisationalen) Methoden nochmals aufgeführt. Die maximale Potenzialentfaltung der Beschäftigten stellt in einer unsicheren Welt einen Resilienzfaktor dar, der sowohl Individuen wie auch Organisationen nachhaltig vor Fehlern schützen kann.

Jahrzehnte der Fehlerforschung haben es nicht vermocht, Fehler vollständig zu eliminieren. Unsere Ausführungen haben verdeutlicht, dass dies auch weder ein realistisches noch ein erwünschtes Ziel sein kann. Dennoch hat die angewandte Fehlerforschung zweifellos dazu beigetragen, verschiedene Tätigkeitsbereiche zu optimieren und diese auf höhere

Entwicklungsstufen zu bringen. Am Beispiel des medizinischen Fortschritts oder des Sicherheitszuwachses im Flugverkehr lässt sich dies exemplarisch belegen. So kann auch die motivationale Perspektive auf das Fehlergeschehen einen Beitrag dazu leisten, Fehler weiter zu reduzieren: Der individuelle Weg zur authentischen Motivation ist in der Tat nicht nur ein Weg zur faktischen Fehlerreduktion in einer komplexen Welt – weil er sämtliche der modellierten fehlerreduzierenden Prozesse in Gang setzen kann –, sondern er ist auch der einzig mögliche Weg zur subjektiv empfundenen Fehlerfreiheit.

Nun ist Feierabend. Ich muss jetzt auch tatsächlich aufhören zu schreiben, weil ich auf dem Weg von der Arbeit nach Hause noch das Geburtstagsgeschenk für meine Frau besorgen muss.

MIX
Papier aus verantwortungsvollen Quellen
Paper from responsible sources
FSC® C105338

If you have any concerns about our products,
you can contact us on
ProductSafety@springernature.com

In case Publisher is established outside the EU,
the EU authorized representative is:
Springer Nature Customer Service Center GmbH
Europaplatz 3, 69115 Heidelberg, Germany

Printed by Libri Plureos GmbH
in Hamburg, Germany